新知
文库

147

XINZHI

Smuggling:
Seven Centuries of Contraband

Copyright © Simon Harvey, 2016

Published by Reaktion Books Ltd.

走私

七个世纪的非法携运

[挪]西蒙·哈维 著　李阳 译

生活·讀書·新知 三联书店

Simplified Chinese Copyright © 2021 by SDX Joint Publishing Company.
All Rights Reserved.
本作品简体中文版权由生活·读书·新知三联书店所有。
未经许可，不得翻印。

图书在版编目（CIP）数据

走私：七个世纪的非法携运／（挪威）西蒙·哈维著；李阳译．—北京：生活·读书·新知三联书店，2021.10
（新知文库）
ISBN 978 – 7 – 108 – 07279 – 5

Ⅰ.①走…　Ⅱ.①西…②李…　Ⅲ.①走私贸易 – 贸易史 – 世界　Ⅳ.① F749

中国版本图书馆 CIP 数据核字（2021）第 193829 号

责任编辑	徐国强
装帧设计	陆智昌　刘　洋
责任印制	徐　方
出版发行	生活·讀書·新知 三联书店
	（北京市东城区美术馆东街 22 号 100010）
网　　址	www.sdxjpc.com
图　　字	01-2018-7540
经　　销	新华书店
印　　刷	北京隆昌伟业印刷有限公司
版　　次	2021 年 10 月北京第 1 版
	2021 年 10 月北京第 1 次印刷
开　　本	635 毫米 × 965 毫米　1/16　印张 25.5
字　　数	302 千字　图 24 幅
印　　数	0,001 – 6,000 册
定　　价	59.00 元

（印装查询：01064002715；邮购查询：01084010542）

新知文库

出版说明

在今天三联书店的前身——生活书店、读书出版社和新知书店的出版史上，介绍新知识和新观念的图书曾占有很大比重。熟悉三联的读者也都会记得，20世纪80年代后期，我们曾以"新知文库"的名义，出版过一批译介西方现代人文社会科学知识的图书。今年是生活·读书·新知三联书店恢复独立建制20周年，我们再次推出"新知文库"，正是为了接续这一传统。

近半个世纪以来，无论在自然科学方面，还是在人文社会科学方面，知识都在以前所未有的速度更新。涉及自然环境、社会文化等领域的新发现、新探索和新成果层出不穷，并以同样前所未有的深度和广度影响人类的社会和生活。了解这种知识成果的内容，思考其与我们生活的关系，固然是明了社会变迁趋势的必需，但更为重要的，乃是通过知识演进的背景和过程，领悟和体会隐藏其中的理性精神和科学规律。

"新知文库"拟选编一些介绍人文社会科学和自然科学新知识及其如何被发现和传播的图书，陆续出版。希望读者能在愉悦的阅读中获取新知，开阔视野，启迪思维，激发好奇心和想象力。

生活·讀書·新知三联书店
2006年3月

献给奥德丽（Audrey）和路易斯（Louis）

目 录

引言　传奇色彩、叛逆精神与权力源泉　　1

上篇　走私探究　　1

第一章　雄心勃勃：地理大发现时代的走私　　3

第二章　垄断：香料群岛与南中国海　　27

第三章　走私之海：加勒比海和"白银之河"　　44

第四章　走私之漠：今日的"西班牙大陆美洲"　　61

第五章　尝禁果：走私蔓延全世界　　78

第六章　革命和反抗：走私观念的颠覆　　100

中篇　走私与帝国　　121

第七章　爱国的海盗：反复无常又讲求实际的走私者　　123

第八章　生意如常：拿破仑时代的英国走私者　　138

第九章　走私世界：从拉普拉塔河到红海　　153

第十章　衰落的帝国：鸦片走私危害中国　　170

| 第十一章 | 提神和抵抗：鸦片太多，茶叶太少 | 187 |
| 第十二章 | 产业革命：奴隶、金鸡纳、橡胶和技术 | 202 |

下篇　一个走私的世界　　223

第十三章	走私文化：劫掠珍宝	225
第十四章	"要人逃离"：第三帝国将自己走私到阿根廷	244
第十五章	黑市：一切都有个好价钱	263
第十六章	向南，向东南："鸦片航空公司"和印度支那运输大动脉	285
第十七章	"冷战"对抗：飞进中美洲的风暴	310
第十八章	战争中的走私品：美国生意和非洲钻石	334

余　绪	357
注　释	359
致　谢	373
重要书目	375

引　言
传奇色彩、叛逆精神与权力源泉

今天我们到底怎样看待走私？最大的可能是，我们是从报纸或者电视上对走私有所了解的。或许我们是通过阅读讲述走私的历史小说来构建对走私的印象的。走私当真与我们密切相关吗，或者说这个问题当真重要吗？似乎通常人们都认为这是和我们风马牛不相及的事情，远在天边。那么，走私到底与我们生活的世界有什么重要关联呢？

当然，有些走私活动我们不可能忽视——海洛因、可卡因、枪支、性奴隶……你一下子就能说出来。这些都是新闻中经常报道的。我们会严肃地对待它们——它们威胁着我们，令我们担忧——但是，大体来说，它们还是在别处，它们流行于更大的世界，而不在我们的日常生活之中。

虽然我们的生活都像这样，表面上和走私没什么关系，但是对各种各样的走私品——不仅仅是危险物品——的流动，所进行的人类学、社会学和政治学研究却在不断增长。[1]对于走私与发展中世界边境地区的文化和社会的瓜葛，及其对发展中世界的整体社会的贡献，特别是关于非法打工和半非法物品的供应所形成的非法经济，人们显示出越来越浓厚的兴趣。不管怎样，走私在改变着我们生活的这个世界，尽管我们对走私往往仅有一鳞半爪的了解，但人们正在对其改变世界的力量予以特别的关注。这些都促使走私与诸如全球化、地缘政治等概念一起，成为新闻焦点。而新闻报道通常都倾向于指出，即使我们在自家的窗下看不到走私，但走私的确影响了我们的生活。

如果有人问我们关于今天的非法贸易的问题，我们为什么不问问他们关于昔日的走私问题呢？毕竟，"全球化"和"地缘政治"这些术语是与国际走私问题尤其相关的，虽然这些对我们来说或许是新名词，但它们绝非新现象。今天的枪支、可卡因、海洛因和性奴隶等走私问题对国际关系影响极大、威胁极大，那么，历史上能与之相提并论的走私问题有哪些呢？

不错，咱们是从枪支、毒品和奴隶说起的，但是也应该想一想过去七个世纪以来的大量其他各类走私品。其中的一些也对改变我们这个世界发挥了巨大作用，比如地理大发现时代的丝绸、香料和银器，以及帝国扩张时代的金币、鸦片、茶叶和橡胶。还有一些物品，像上述的危险品和被开发利用的产品一样，在所有时代都熠熠生辉，比如钻石、艺术品和工艺品，都曾被走私了好几千年。科学技术和违禁思想，是价值无限的走私品中的又一例证。

所有这些都曾给全球力量的分布带来过重大变化。正如本书将阐述的，走私一向是关乎政治的——而且，因其程度、范围和互联性，是关乎地缘政治的。换言之，走私是国际关系、战争和全球化方面的一个重要因素。

丝绸走私之路

走私不是世界上最古老的职业,不过无疑是最古老的之一。令人惊奇的是,自哥伦布的时代以来,在现代社会中,有超过七个世纪,走私都一直被视为浪漫性和叛逆性的行为,除了偶尔有些暴力外,人们忽略了对其的大多数其他印象。相形之下,很少有人提到走私的政治性。在本书中,我将试图更广泛且更深入地探讨走私的历史,而不稀释围绕着走私的地区性故事的能量和活力。

我们在讲述走私的历史时,有没有可能将政治和浪漫结合起来?一方面我们也许要承认两者是不相容的,在严肃地探讨走私史时,一味浪漫化只会产生问题。另一方面,我们也可以回头看看,两者在历史上的一些关键节点,是否、怎样以及在哪里相互影响,甚至融为一体,并以此为出发点,爬梳一下它们在更长的历史时期更广泛地彼此彰显的作用。我在选择走第二条道路时,受到了这样的事实的鼓励:一些讲述非法交易的杰作,的确是将看似不相干的主题,如浪漫、叛逆和地缘政治等,编排在了一起。

丝绸之路上就有这些故事中最引人注目的一些景象。古时候的贸易条件很差,汉朝的中国有着庞大的海关一样的组织,最早开始对食盐课税。丝绸更是一种独特的产品,被沿着好几条著名的商路交易,利润可观。这些商路在公众的想象中被汇成了一条,并以这种传奇的产品命了名,称为丝绸之路。但是丝绸的高利润也是与帝国的钱袋紧密地联系在一起的:无论桑树种子还是蚕,都是严禁出口的,生产技术也是严加保守的秘密。然而丝绸技术最终还是泄露了,起初是通过绑架中国织工,让他们利用大量流入商路的线,以及精致的布来做活。后来,大约在公元5世纪头二十五年的某个时候,在中国的夷狄发动重大叛乱期间,桑树种子和蚕被藏在一位与于阗（现位于中国西部）国王订婚的中国公主的头巾内私运而出。这位公主是为了避免为进口这种精致的布而付出令人破产的高价，才决心这样做的。

这个传说无论事实基础如何，至少告诉了我们有关走私的三个情况：走私能改变世界历史，走私经常是叛逆性的（甚至有时成为革命的工具），关于走私的故事经常弥漫着浪漫的气息。这个故事的次序也许应稍做调整，因为这一特定的走私事件的政治影响，其实远远超过其浪漫性。但是无论我们怎样看待走私历史的浪漫化与地域竞争（后者实际上并不排斥前者）的关系问题——浪漫和叛逆照亮了地缘政治，或者说地缘政治披上了浪漫的盛装，我们似乎都无法轻易地厘清这些线索。

我在本书中要强调的是走私所牵涉的巨大的政治和经济利益，特别是民族国家及其代理人们的利益，以及这些利益怎样影响了世界的历史和地理。然而，并不排除走私所伴随的浪漫和叛逆的概念。某种程度上，这位东方公主是个反叛者，这使我们联想到，走私也可以是与反抗相关的，这种反抗能够改变现状，也可能以一种稍微有些抽象的方式（例如通过传播违禁思想），改变我们的世界观和国家的命运。所以，正如这个丝绸之路上的故事所展示的，我们无疑永远无法将走私的浪漫影像，与其经济或政治利益的动机完全分开。浪漫扭曲了我们对走私的感知，但我们必须容许一定的扭曲存在，因为这样的扭曲在关于走私的记述中是的确存在的。

那么，在开始论述走私历史之前，我还想声明三点：首先，我的主要设想是，走私背后经常有影响很大的势力，加之其地区重要性，因而走私必须被视为全球政治的一部分；其次，走私有时是与反叛带来的变化携手共进的；最后，走私行为经常与浪漫交织在一起，为其利润动机添加了额外的光彩。按照这样的走私辩证逻辑，反叛和浪漫甚至可以视为地缘政治行为。

走私和地缘政治

有一种观点认为，在历史上某些关键时期，走私背后都有强大的凝聚力量，比如民族国家或大财团，或者像情报部门和科学组织那样的国家机构，这并非人们对所有时代的走私唯一公认或最普遍公认的看法。在一些评论家看来，这是非常零星的事情。

相对于贸易保护主义，走私可谓个人导向的自由贸易，虽然是地下的，[2]但也经常被视为对国家的威胁。分析家们认为走私是一种极端形式的跨国贸易，在19世纪上半叶进行的贸易保护主义者与自由贸易倡导者的辩论中，保护主义者认为走私侵蚀了主权，挑战了民族国家的权威，威胁了社会，破坏了爱国主义。[3]按照自由贸易的敌人的说法，走私者的危害，还远不只是造成了关税损失，还与大量的道德缺失有关，尤其是与其大逆不道、个人主义、异端邪僻，甚至有时"空虚茫然"的性质相关的性格缺陷和令人怀疑的生活方式。[4]在负面意义上，走私者被描述为（对祖国、同伴，甚至顾客）不忠且冷漠无情，然而，他们也有些许正面意义，被视为富有冒险精神和自由自在。他们无法与国家或地方社会形成纽带和义务，也几乎没有家庭价值，因而是反社会的。19世纪的走私者们的这种形象，使人们很难想象他们能够协同行动，发挥较大的力量。走私者不是奉献者，而是索取者。他们不负责任，甚至唯利是图，胡作非为。那么，我们怎么能够得出这样的结论：走私者也可以成为国家或大型商业公司的非正式代理人，成为地缘政治角逐重要的参与者，甚至偶尔也能成为爱国者呢？

一些文学作品中表现了一种奇特的走私者的忠诚。我们在司各特（Walter Scott）的小说《盖伊·曼纳林》（*Guy Mannering*，1815）和《雷德冈特利特》（*Redgauntlet*，1824）的结尾处都可以看到。两部都是最早以作者威弗利（Waverley）的化名出版的小说。在前者中，有一名荷兰走私者迪尔克·哈特里克（Dirk Hatteraick），虽然被描绘为一个以自我为中心且残酷无情的人，却始终忠于自己的船主，忠于自己的营生，坚决保卫自己的船货。在后者中，另一名走私者南蒂·尤尔特（Nanty Ewart）则为保护他的"走私品"（斯图亚特王子和一名詹姆士党人反叛者），而拼上了性命。[5]他们的职业精神虽然是以一种不正当的方式表现出来的，但由于忠实地效力于他们的投资者和赞助者，他们得以跻身于走私职业道德更出色的信守者的行列，而这种走私职业道德大概是16世纪由英国人弗朗西斯·德雷克（Francis Drake）爵士和约翰·霍金斯（John Hawkins）爵士开创的。

对18—19世纪拥有自由贸易思想的英国走私者的分析，也许会强调他们的情感冷漠和个人主义，但这些走私团伙也有更浪漫化的形象，肯定比文学作品和学术评论所认为的要更善交际、更讨人喜欢得多。口述历史告诉我们，尽管走私者大多谈不上有爱国主义精神，但他们在地方社会当中却非常兴盛。最突出的例证之一是英国康沃尔郡（Cornwall）的卡特（Carter）家族。按照该家族成员之一哈利（Harry）的记载，在拿破仑战争期间和之后，卡特家族享有其根据地普鲁士湾（Prussia Cove）周边地方选区的巨大忠诚。大约同一时期在法国新奥尔良海域活动的私掠船（战时被特准攻击敌方商船的武装民船）船长让·拉斐特（Jean Lafitte）走私团伙，也是靠家族和生意纽带维系的，17世纪初布宜诺斯艾利斯的走私文化也是如此。这种社区的涉入，使得走私者时而也能对国家官员，尤其是立法者和官吏施加影响。

如果我们继续追踪走私者这种更为微妙的形象，用不着迈出多大步子，我们就能想象到，他们在依附于社区之外，在为个人利益奔忙的同时，也会效忠于更大的商业网络，甚至偶尔也会致力于国家利益。随着他们涉入的加深，我们同样用不着多大的飞跃，就能进而想象到他们纵横于地缘政治事务，甚至充当先锋。

走私与反叛

隐秘的交易，虽然经常要依从于国家的雄心，但也总是隐含着对国家的危险，因为其最终可能失控，并经常会与反叛和革命结盟。于是，走私对现状的潜在威胁，将成为本故事的反面，不过这是次要的一面。

走私对叛乱和革命的起源、持续和成败发挥过关键作用，有大量脍炙人口的事例。牛贩子何塞·赫瓦西奥·阿蒂加斯·阿纳尔（José Gervasio Artigas Arnal），是19世纪早期乌拉圭独立战争的英雄，而该世纪中叶卡洛斯战争（Carlist Wars）中的改革者军队，则实际上是动员和扩充的走私团伙。北美独立战争是由走私行为开启的，当时爱国者约翰·汉考克（John Hancock）的船"自由号"（Liberty）因为拒绝缴纳过重的关税而遭到扣押。这场战争部分上也是受到了自由贸易的愿望的驱动，而北美人最终的胜利，很大程度上也要归功于战争中的走私品的供应。

走私本质上是一种叛逆行为，当其与一种事业相结合时，就会超越个人主义，而很容易地奉献于革命。秘技随时可派上用场，运输手段用不着多大改变，也没增加多少难度，只是改变了走私品的类型，其效果便是颠覆性的，尤其是假如"走私品"以变革的媒介物的形式出现，比如运送革命传单或传播危险的新思想。

从另一种视角来看，走私这种行为，以及近年来与之相关的其他非法经济的更广大的产业，例如黑市，也许可以视为在一种另类的劳动史中产生了必要的社会反抗和社会再调整。人们对苛捐杂税，经常是对社会具有危险性的强征的税收所做出的反应，通常都是走私，以及随之而来的革命的催化剂。甚至在个人层面上，走私扮演的都是一种叛逆角色，例如，当保持一种被禁止的身份——如英国宗教变革时期的天主教徒——的唯一办法就是隐忍，等待更自由的时代来临时。然而，是走私作为集体的反抗，带来了将其引入更广阔的背景下的变革。

这是否把人们的注意力集中到了使走私内在的叛逆性质工具化的更大的画面上？究竟是什么样的利润把走私构造成这种方式，或者就此而言移除了其浪漫？你当真可以这样看待走私吗？真是令人怀疑。浪漫精神像旋风一样在走私周围劲吹，我们无法简单地用诸如"地缘政治"这样的词将其抹杀。问题是，我们是否就应该尝试抹杀浪漫？

走私的浪漫和利润

走私在地缘政治或经济方面的影响力，与其浪漫化的形象之间错综复杂的关系，或者说矛盾，不应当轻易或者不分青红皂白地予以抹杀，因为两者经常是盘根错节地纠缠在一起的。政治阴谋是与浪漫的装饰携手共进的。

本书所要论述的，也许正是走私所涉及的强大的利益，尤其是民族国家及其代理人的利益，但是我希望，其中也有一些吉卜林（Rudyard Kipling）的诗作《走私者之歌》（"A Smuggler's Song"，1906）所传达的那种激动之情：

> 如果你在午夜醒来，听见外面的马蹄声，
> 不要把百叶窗拉起，也不要向街上张望，
> 不提问的人也不会听人说谎。
> 看着墙吧，我亲爱的，等那些走私的先生们过去！
>
> 二十五匹小马
> 慢跑着穿过黑暗——
> 给牧师带来白兰地，
> 给职员们带来草烟，
> 给女士带来饰带，给间谍带来信件，
> 看着墙吧，我亲爱的，等那些走私的先生们过去！

读到这里，我们可能陶然忘机，随着诗的韵律激动起来，并深深地为之好奇。人当然很容易受到走私的浪漫的诱惑，虽然在为之辩解时，我们会说，如果仅仅把话题限于枯燥的经济和政治分析，我们一定会有所失的。这首诗无疑不仅仅是为撩动人的贪心和物欲。有人在深更半夜出没，虽然不关我们的事，却是怎样地飞跃过我们的想象。

走私的这种闪闪发光的形象似乎无穷无尽，如果说其在小说中只是偶尔出现的话，那么几乎可以肯定都是根据经验描写的。例如，我们知道托马斯·哈代（Thomas Hardy）在英国多塞特郡（Dorset）的上伯克汉普顿（Higher Bockhampton）的房子的附属建筑，就坐落在一条走私道路上，有时被用作走私品仓库。这会不会为他的描写走私者的小说《心烦意乱的传教士》（*The Distracted Preacher*）提供了素材呢？走私经常会引起我们浪漫的遐思：与非法的货运产业短暂共存的僻静的小海湾或者隐秘的飞机跑道、走私

品中极其常见的白兰地味道。走私似乎经常是性感迷人的，最不济也是享乐主义的：女士的蕾丝饰带紧挨着间谍的信件，丰盛的烟草和烈酒挤在一起。

但转念又一想，咱们还是先别太陶然忘机了，这样的形象是不是又有点儿太过丰富了？我们可以以一种非常不同的方式看待走私。走私难道不就是一种肮脏的买卖吗？在拂去表面上令人激动的色彩后，走私不是与幕后黑暗的势力关系更大吗？对于走私，有一种绝对不感情用事，甚至非常世俗的理论诠释。其逻辑很简单：无论在哪里画了一条线，要征收繁重的关税，走私都会跨境发生。纯粹从利润上寻找动机，是否只有这样最符合逻辑呢？

非也。利润可以视为只是走私的副产品。假如我们认为任何能够走私的东西都将被走私（换言之，任何只要偷运过界就能够转化为比正常贸易更高额的巨大利润的东西，都是潜在的走私品），那么就总会有大量各种各样的商品被偷运，如此品类繁多的走私品会吸引形形色色的走私者。这些非正规交易者中的一些会成为有声有色的人物，围绕着走私也会发展出文化。

不管怎么说，利润似乎都是最底层的考虑因素。改写一下托马斯·杰斐逊（Thomas Jefferson）的话，任何能给国家带来好处的走私都不应忽视。然而，即使这样说，利润也是以多种面目出现的，因为这样的走私可以视为文化资本，甚至也可以视为唤起了一种迷人文化的商品。有大量的例证可以证明，走私像生意一样，同时在政治上也是灾难性的、浪漫的和过火的：金币、间谍和女士的蕾丝饰带，都能转化为利润！

如果说价值与重量之比是走私的黄金准则的话，那么可卡因和海洛因这些毒品就是理想的走私对象了。然而，即使是最常见的走私，也仍然保持着不断令人着迷的光环。当你研究走私这个课题时，也许你必须始终牢记：我们似乎无法接受其现实。走私始终是复杂的，需要重申的是，将其政治原理或物质原理与其浪漫诱惑完全分离，是毫无意义的。

我完全明白，这样的研究方法使我饱受指责，说我把走私浪漫化了，或者至少是延续了其神话性。但是本书不打算对走私背后的伦理及其怎样在历史上遭到了误传和曲解展开学术批判，尽管这些也很重要。我在另一本书中已经走过了那条道路[6]，但在这里，我要尝试些不同的方法。我将展示一部更为简明、更为直率的关系史，尽管其中闪烁着些许浪漫和叛逆的精神。

在我回到走私的地缘政治这个话题之前，关于其浪漫化的形象，还有一个侧面我们必须考虑。我们也许会想象，海关只是走私的浪漫冒险的呆板的背景，然而，事实也并非完全如此。

形形色色的海关

非法交易的色调总是模糊的。身为海盗，有时也是探险家、航海家，偶尔也是走私者的威廉·丹皮尔（William Dampier），为了给他的海外冒险活动挣钱，在家时却从事着一份有些严肃的职业——海关官员。18和19世纪，在其他方面都恪尽职守的英国皇家海军军官们，也经常干点儿利润可观的走私副业。虽然走私队伍里偶尔也出些海盗，但是古往今来，灰色阴影最深的部分，还得数预防走私的力量。海关似乎摆脱不了更生动有趣的走私人物的催生者和刺激者的名声。当世界上第一位驾飞机飞越英吉利海峡的路易·布莱里奥（Louis Bleriot）在英国着陆时，海关检查了他的飞机。在纳撒尼尔·霍桑（Nathaniel Hawthorne）的小说《红字》（*The Scarlet Letter*）的第一章"海关"中，海关官员甚至被认为受到了

"道德损害"。[7]在大多数港口都一向威严显赫、令人生畏的海关，在这里却受到了诅咒，正如霍桑所描述的："海关无论前门还是后门，都没有开向通往天堂的道路。"[8]海关的人似乎总是在走私者背后只有一步远，而走私者在冒险电影里经常得到更为同情的刻画，比如弗里茨·朗（Fritz Lang）的《慕理小镇》（*Moonfleet*，1955），或者另一部经典的"走私"故事片《席恩博士，化名"稻草人"》（*Dr Syn, Alias the Scarecrow*，1963）。

这样说是有点儿苛刻。实际上，在海关官员这个据说古板拘谨且多管闲事的职业中，也有不少杰出人物值得夸耀。理查德·惠廷顿（Richard Whittington）爵士，也就是童话故事中著名的狄克·惠廷顿（Dick Whittington），在飞黄腾达成为伦敦市长之前，也曾在海关任职（不过他免除了自己的羊毛出口产品的纳税义务）。写作《人权论》（*The Rights of Man*）的激进作家托马斯·潘恩（Thomas Paine），也是一位税务官，在他之前的同行中还有一位才华横溢的社会评论家——杰弗里·乔叟（Geoffrey Chaucer）。靠这一行赚取面包和黄油的，还有不少其他才子。例如，罗比·彭斯（Robbie Burns）也曾效力于预防力量队伍，尽管他无疑作为一名浪漫诗人更为著名；19世纪的法国画家亨利·"海关官员"·卢梭（Henri 'Le Douanier' Rousseau），以其故意令人产生错觉的热带情调印象派画作而著称，但他从来不单纯是一位艺术家。系列航海小说作者弗雷德里克·马里亚特船长（Captain Frederick Marryat），以浪漫但不表同情的笔法描写走私，他本人却是一位职业生涯的大部分时间都在远海追逐走私者的英国皇家海军军官。

对于海关形象的这种解冻，你大概要天马行空地任凭想象力驰骋，并开始欣赏海关与走私盘根错节的复杂关系了。然而，在公众的想象中，只有走私者能成为草莽英雄。最终，彭斯和潘恩都与事关他们的面包和黄油的职业变得格格不入，前者还在他的诗歌《恶魔那边的收税官》（"The Deil's Awa' Wi' the Exciseman"）中毫不含糊地痛斥了这个工作的腐败性质。走私似乎总是有更强的吸引力。

本书的结构，大致按年代顺序分成三个正式的部分，即上中下三篇，每篇代表焦点的一次转移。

上篇通过15—16世纪殖民地政权的出现，以及随后两个世纪广泛的走私文化的兴起，探讨走私与探索的交织。中篇探讨19世纪的走私与帝国建设。在下篇中，我研究了不同规模的走私，并继续关注其作为政治和经济力量的臂膀的展开和延伸。大而言之，这意味着审视走私网络是如何被用作实现全球外交政策目标的工具的。小而言之，我们将看到日用品、珍贵文物和人口走私在微观经济方面无孔不入的渗透和蔓延。将这两者结合起来，我们就能够开始探讨我们所生活其中的这个走私世界了。

虽然历史上无疑会有遗漏，但我希望我已经将一些较大的走私故事相互联系了起来，并将它们与另外一些相对不为人知却仍然具有全球影响的走私事件共同置于一个大背景下。所以，本书所讲述的不仅仅是一部历史，也是一种地理，将广泛散布于全球各地的走私故事拼接了起来。

尽管有上述种种，尽管走私在世界上大部分地区时常近乎无所不在，但我们实际上并没有亲眼见过多少走私活动。然而，假如我们也被类似于吉卜林那不该在深夜出现在窗外的二十五匹马惊醒，我们会不会什么问题也不问以免听到谎言，抑或我们会明知不明智，仍然要拉开百叶窗去承担冒险的后果？不过那样的话，我们会瞥见什么？恐怕不过就是走私正在进行——无论幕后是谁在指使，还是为什么走私，我们都不得而知。某种意义上，《走私：七个世纪的非法携运》这本书，就是要越过偶尔会出现在我们窗下的嘈杂声，放眼眺望，并将世界历史和地缘政治上能看到的和能听到的关于走私的一切拼接起来，并探究它们之间的关系。

上　篇

走私探究

第一章
雄心勃勃：地理大发现时代的走私

1568年春天，弗朗西斯·德雷克（Francis Drake）还只是一名年轻且默默无闻的船长，是私掠船头目和奴隶贩子约翰·霍金斯的助手和表弟。这时他正驶往新格拉纳达（New Granada）地区荒凉的瓜希拉半岛（Guajira Peninsula）颈部的南美殖民小镇里奥阿查（Riohacha）。当德雷克掌着他的小战船"朱迪思号"（*Judith*）的舵，在另一艘小战船"天使号"（*Angel*）陪伴下，离小镇越来越近时，他思忖着他此行的任务：这是一次"走私"行动，意在打破西班牙商品的垄断。[1]

今天的里奥阿查，是哥伦比亚一个令人昏昏欲睡的地方，是几个世纪来都主要以走私之地而闻名的一大片荒漠边缘最无足轻重的小镇。古往今来，走私都是这个地区的主要贸易形式。不到十年前，这里众多桀骜不驯的港口几乎完全在从事引进各种避税产品的非法交易，尤其是高保真音响设备和其他电子产品，以及名牌时尚产品和酒类。这里现在仍然是可卡因走私的重要地带。可卡因或者从遥远的小海湾海运而来，或者从无数隐秘的飞机跑道空运而来。[2]

瓜希拉半岛将是本书的这一部分反复提到的地区，因为它能将故事串联起来。这里是古老的西班牙美洲大陆（Spanish Main，特指从巴拿马地峡到委内瑞拉的奥里诺科河河口的南美洲北部海岸）的一个角落，从新世界帝国早期到波旁王朝时期再到今天，一直与走私有着非常特殊的关系。伊丽莎白一世女王时代的英国人，在加勒比地区的这一部分，同西班牙殖民者和原住民瓦尤人（Wayuu）进行的小规模的走私交易，与最近仍在此半岛上发生的走私活动是可以比拟的。比如，在日常的走私之外，我们还发现（或者更可能是并未察觉）有武装押运行动。我们不能据此就认为必然有某种政府行为涉入，但是在德雷克和他的同胞霍金斯——由国内贵族和大商人，甚至女王支持的私掠船头目和契约贸易商——这件事情上，我们无疑在很多方面都能看出走私是一种政府指导行为。今天半岛上的大量走私活动都是小规模的且每天发生的，但仍有人提出了其更广泛影响的问题：总体而言，如此普遍存在的小买卖意味着什么？如果这类活动已经深远地渗透进社会，那么是不是就已经变成了一种反国家行为？假如走私已经成为一种新的社会规范，难道不应该有更正式的实体，比如民族国家，注意这种在瓜希拉半岛已经发展了六个多世纪的趋向吗？我相信我在这里说这样的话肯定是超前了：毕竟我们谈论德雷克和霍金斯的事情，还只是坐而论道，而探查一个迄今尚未充分发展的市场，是充满危险的。

德雷克的船货，像今天进进出出瓜希拉半岛那些非正式港口的货物一样，是各种各样悲惨而又普通的东西——一手交出奴隶，另一手交出铁器、麻布和其他日用品。德雷克以为小镇的居民会屈从于他的"强力"贸易提议，就像此前霍金斯于1564年沿此海岸进行的那次走私航行时一样。[3]然而这次，小镇的财务官米格尔·德·卡斯特利亚诺斯（Miguel de Castellanos）拒绝屈从，未来的海盗和英国民族英雄受到的欢迎是一阵炮火，于是他也开炮还击，并炸毁了镇长的宅邸。他只损失了一个人——托马斯医生——就洗劫了小镇，然后开始了他的走私之旅。每到一个新的居民点，他便发出威胁，如不屈从，就烧杀抢掠，绑架人质。德雷克此行注定要成就一番大事业——他完成了一次环球航行，并被他的国家吹捧为给贸易开辟了新的可能性。但是对这次航行，以及此后在历史上被称为地理大发现之旅的许多其他次航行来说，走私就是为了面包和黄油。

地缘政治上的走私

地理大发现时代至此全面展开了，为像德雷克这样的人提供了激动人心的机会。他们对发现新大陆倒没有什么兴趣，他们更期望的是为自己的船货发现新的"物种"，比如黄金、白银、香料这些梦寐以求的商品。这不仅仅是探索性环球航行的时代，也不仅仅是绕过大陆穿越大洋的时代，而且是新流通的时代，是人和商品自由或被迫迁移的时代，无论是有许可状的还是走私的，尽管两者经常难以分清。虽然德雷克在走私活动中，大部分时间肯定考虑的都是眼前利润，但偶尔他或许也会短暂地想到他在英格兰祖国的赞助者们，他毕竟是那个时代的一个大人物。虽然他干的是非法交易，他也在开创着一种新的地缘政治理论。

大规模的地理发现始于15世纪40年代，葡萄牙亲王航海者亨利（Henry the Navigator）和他的伙伴们试探性地考察非洲西部海岸之时。随着哥伦布（Christopher Columbus）、达·伽马（Vasco da Gama）和麦哲伦（Ferdinand Magellan）纷纷远航，探索的浪潮不断高涨。从西方人的视角看，在大约二百多年的时间里，地图的颜色不断改变。到了18世纪早期，当世界上的大部分海岸线都被认为已经发现后，探索活动退潮了。这是一段激烈的商业竞争时期，西班牙人、葡萄牙人、荷兰人、威尼斯人、热那亚人和英国人混战一团。这段时期开辟了新的贸易路线,尤其是香料贸易。然而,无论谁宣称垄断了某条商路,都会受到所有其他列强的挑战,无论是在进行抢掠的手段上,还是在争夺霸主地位的战略上。

哥伦布是不是一个非法交易者?他的确不大符合一个狡猾的走私者的形象——带着装满食盐和布料的麻袋经常性地钻空子越境。然而随着欧洲人的地理大发现的开始,我们也许该为走私想象一个大得多的舞台。你必须回溯到哥伦布之前的世界探险的先驱者们那里,才能判断这些名满天下的美洲大陆的发现者们是否有可能遭到了诽谤中伤。当1488年,葡萄牙船长巴尔托洛梅乌·迪亚士(Bartolomeu Dias)成为第一个绕过好望角(Cape of Good Hope)的欧洲人,一直到达距非洲东部的"对岸"(Contra Costa)只有几百英里的大鱼河(Great Fish River),或称王子河(Rio do Infante)时,他的动机是与走私相关的:欲打破印度西海岸的古吉拉特人(Gujarati)、马拉巴尔人(Malabari)、阿拉伯人(尤其是马穆鲁克埃及人)和威尼斯人在香料贸易路线上的扼制。香料从东方到达欧洲,要经过一系列陆上和海上的接力运输。但是如果能开通一条直达印度以远的海路,那么对自由贸易者来说矛盾的是,葡萄牙人就有可能形成新的垄断。

所以,也许可以说,最早的全球级别的走私者就是葡萄牙人。达·伽马于1497年绕过好望角到达了印度,不过这第一次远航,他是两手空空地回去的。他的第二次航行,时间为1502—1503年,成果要丰富得多,但在1501年6月,一支由佩德罗·阿尔瓦雷斯·卡布拉尔(Pedro Alvarez Cabral)率领的船队已经满载着香料回到了里斯本,香料在当时是极其珍贵的商品。

当然,这是对地理大发现时代的一些早期英雄的一种歪曲和误读。然而当哥伦布向卡斯蒂尔女王伊莎贝拉（Isabella）提出他的冒险计划，寻找一条向西通往东印度的道路的时候——比达·伽马的翼侧机动之旅早五年，他的动机仍然是类似的，尽管他当时的意图不仅是危害威尼斯人，还要预防葡萄牙人。有一种不那么唯利是图的方式来看待走私与探索的这种重叠：走私有一个特点是与探索共有的，那就是渴望发现并尝试新事物。

香料贸易的阴谋与冒险性质是无可否定的。葡萄牙人是堪与维京海盗和巴斯克人相匹敌的水手，甚至是更好的航海家。对远洋零碎的经验和粗略的绘图在王室的资料库里得到了仔细研究，葡萄牙人绘出了宏大且分门别类的地图。其中一份这样的地图被称为《坎蒂诺世界地图》，是以意大利间谍阿尔贝托·坎蒂诺（Alberto Cantino）命名的。他设法于1502年从里斯本偷出了一份地图，送到了他的雇主费拉拉公爵（Duke of Ferrara）手中。地图上绘有巴西和加勒比地区，但美洲的南部却画得有些模糊，大概是鼓励其他人继续去探索从西边通向香料群岛的隐秘道路。美洲是个巨大的障碍，拦住了商路，直到麦哲伦在南美大陆和火地岛（Tierra del Fuego）之间发现了一条通道，后来被命名为"麦哲伦海峡"（Straits of Magellan）。当麦哲伦穿过这个海峡，来到一片平静的海域时，他相应地称之为"太平洋"，他确定了一条通向香料群岛的道路。他的航行给西班牙人带来了竞逐香料的兴趣，但在当时，葡萄牙人已经靠东方路线抢得了先机。

随着1616年1月，雅各布·勒梅尔（Jacob Le Maire）和威廉·斯豪滕（Willem Shouten）驾着他们的船"阿尔斯特号"（*Eendracht*）从荷兰的霍伦（Hoorn）出发，绕过南美洲最南端的合恩角（Cape Horn），这种通过地理发现进行的走私角逐仍在持续。于是，贯穿整个现代历史的早期，这种不间断地由殖民地推动的新商品的非法交易，简明地在光秃秃的地图上展现出来。这场角逐开发了大洋和新世界，既为控制贸易路线和商品，至少在一开始也为由国家赞助的香料走私活动，提供了可能性。

在地图上标出早期的殖民探险是多么简单，可以从1494年西班牙和葡萄牙瓜分世界的《托德西利亚斯条约》（The Treaty of Tordesillas）中看出。在佛得角群岛（Cape Verde Islands）以西大约370里格（league，旧时长度单位，相当于3英里或3海里）处画了一条假想的经线。该线以西的所有土地归西班牙，以东归葡萄牙。美洲，不含南美突出部的巴西，被划给了西班牙；而亚洲，包括香料产地，则划给了葡萄牙。

这个有潜在的巨大盈利能力的世界怎样看待16世纪初的走私者和原型自由贸易者呢？直达印度、印度尼西亚以远，受到不公平管制的海上商业世界，如今像古老的丝绸之路一样有利可图了。欧洲人避开与世隔绝的内陆地区，如中国、美索不达米亚、阿拉伯半岛、黎凡特（Levant）和安纳托利亚（Anatolia）等地，绕过新的半岛，驶进他们听说是香料源头的奇异群岛的环礁。他们很快就开始考虑沿着新的海上走廊建立交易工厂——在即将成为东亚大交易中心的地方储存辣椒、肉桂、肉豆蔻和丁香的仓库。

将走私视为地理大发现的一部分，视为对殖民主义的早期地缘政治的贡献，我们到底在多大程度上可以接受这种逻辑？一方面，走私似乎是一个必须考虑的重要因素。虽然这些早期的走私行动中有许多都是未经协调的、投机的和危险的，但其中一些背后的确有国家和君主的支持。走私的确发挥了现场作用，而其影响也显示，作为建立垄断的对应物，对于世界的重组，其潜在的重要性是多么大。走私就是对经济至关重要的违禁品的一场持续不断的秘密再分配的开始。这些违禁品不仅仅是香料，还有白银、鸦片、茶叶、橡胶和钻石，以及艺术品和技术。这种再分配将改变全世界的地缘政治配置。到了19和20世纪，走私与国家治理、经济发展和科学进步的关系，将变得尤其错综复杂。

另一方面，也许地理大发现就是走私，听上去有些像是臆测，有些太过抽象。也许早期现代时期的走私不应视为这样一种战略行动。在这方面，你只需看看西班牙大陆美洲地区，较小规模地调查一种非常具有当地特色，并且是日常生活所必需的物品，问题就会变成：这种自下而上的非正规贸易，对于更大的地缘政治面貌究竟有什么重要作用？走私仅仅是创造了一个在更广阔的背景之外独立生存的，由违禁品供给的社会吗？

加勒比走私者

秘鲁和墨西哥这时已处于"征服者"的控制之下。但是沿着西班牙大陆美洲地区，在一些壁垒森严的城镇——如新西班牙（今美国加利福尼亚州以南，哥斯达黎加以北的一片地区）北部的韦拉克鲁斯（Veracruz），以及铁拉菲尔梅（Tierra Firme，今巴拿马地峡）的波托韦洛（Portobelo）和卡塔赫纳（Cartagena，在今哥伦比亚，当时是新格拉纳达的一部分）——之外，有大片名义上属于西班牙的海岸线，不过或者未征服，或者只有一些偏远的西班牙人居民点，这些居民点很乐意引进一些另类的人物——加勒比走私者。在一些经常被忽视的地区，如今天委内瑞拉境内的卡拉巴莱达（Caraballeda）、科罗（Coro）和伯布拉塔（Burburata），伊斯帕尼奥拉岛（Hispaniola，即今海地和多米尼加共和国）上的拉雅瓜那（La Yaguana）和圣多明各（Santo Domingo），或者古巴的曼萨尼约（Manzanillo），胆大妄为、无法无天的居民们根本不把西班

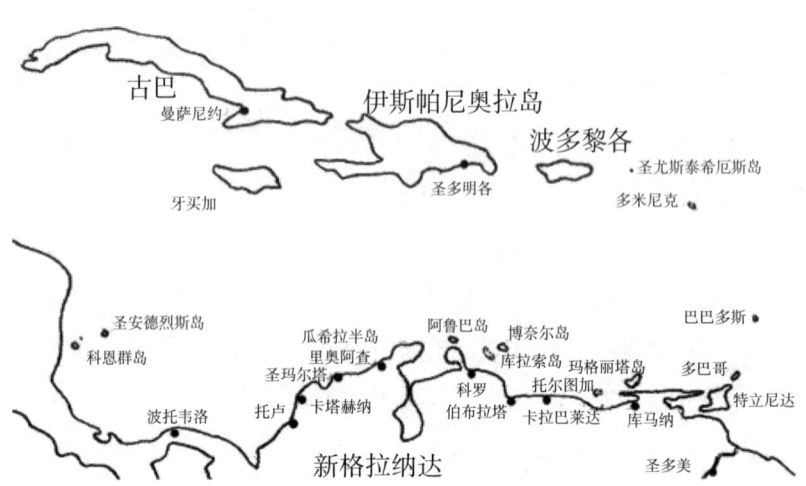

西班牙大陆美洲和加勒比地区地图

牙总督放在眼里,也不大瞧得起他们的商业供给。还有一些几乎没有殖民、有着怪异名字的小群岛,如邻近新格拉纳达的玛格丽塔(Margarita)和托尔图加(Tortuga),以及诸如莫纳(Mona)和绍纳(Saona)等极微小的小岛(在地图上看上去就像是围绕着伊斯帕尼奥拉岛嗡嗡叫的苍蝇),也是如此。这些不服管教的岛屿,为来自英国、荷兰、葡萄牙和法国的越来越多的走私劫掠船和船员们提供了补给和维修之地。即使这些小殖民点的居民是因生活所迫才参与走私的,但为他们内陆的同胞起见,他们总体而言还是构成了一种广泛的非正规贸易模式,这令西班牙殖民当局非常恼火。

葡萄牙人垄断香料贸易的企图

如果说初生的帝国能够完全控制世界各地广阔而多样的土地和

海洋——浩如繁星的群岛岛主和无可争议的地头蛇贸易了几千年的疆域——这简直令人难以置信。然而，葡萄牙人凭借他们优越的船只，从欧洲人的观点看，在香料角逐中抢得了先机。在被法国人称为"杂货商国王"（Grocer King）的曼努埃尔（Manuel）的治理下，葡萄牙捷足先登，给自家的麻袋里装满了香料，很快又为自己赢得了"辣椒王"（Pepper Potentate）的称号。但是只要对地理大发现的第二阶段粗粗扫视一眼，就会发现这种统治是不牢靠的。

一波又一波的冒险家们继承了达·伽马的火种，经常是毫不夸张地说，烧杀抢掠带欺凌恫吓地开辟道路，经由霍尔木兹海峡，穿越阿拉伯海，进入南亚，一路抵达印度的马拉巴尔（Malabar）海岸，远至马来半岛南端的马六甲（Melaka）。这座港口扼制着马六甲海峡，这是香料商路上一条令人生畏的水道，古往今来海盗都很猖獗。马六甲位于印度到摩鹿加群岛（Moluccas）和班达群岛（Bandas）的中途，正是这后两个群岛构成了香料群岛。葡萄牙人的战略是努力控制海洋和港口，所以当1505年弗朗西斯科·德阿尔梅达（Francisco d'Almeida）被任命为葡属印度（Estado da India）的总督时，他的总督辖区很大程度上是一大片海域。

葡萄牙阶段的香料角逐，其关键时刻在于征服马拉巴尔海岸的港口科钦（Cochin）、坎纳诺尔（Cannanore）和奎隆（Quilon）——尽管另一个当地部落卡利卡特（Calicut）进行了成功的抵抗；在果阿（Goa）建立殖民地，使之在此后的四百五十年都成为葡萄牙的领地；1511年，阿方索·德阿尔布开克（Affonso d'Albuquerque）突袭了马六甲。那一年下半年，一支队伍在安东尼奥·德阿布雷乌（Antonio d'Abreu）率领下，从这座重要的港口出发向东。他们共有三艘大船和一条补给用舢板，绕过了婆罗洲岛（Borneo）和西里伯斯岛（Celebes，今苏拉威西岛），最终将杂货商的国旗插在了芳香扑鼻且颇带有几分神秘色彩的香料之地。

这场角逐看来是赢了，1522年葡萄牙人正式宣布对摩鹿加群岛北部出产的丁香、摩鹿加群岛南部（即班达群岛）出产的肉豆蔻核仁和肉豆蔻干皮，以及印度和斯里兰卡及其以东出产的所有肉桂实行垄断。但这是否意味着香料角逐的结束？是否意味着其他列强在这一地区展示实力、走私或探索的可能性的终结？

垄断只持续了十七年，到1539年就完结了，而且垄断从一开始就渗漏不断。葡萄牙人能够先声夺人，抢在其紧邻的死对头西班牙人之前，原因之一是使西班牙成为一个强国的出自美洲的金银，当时大多还没有运抵塞维利亚（Seville）。不过，该地区总还有许多其他利益群体，是像葡萄牙人这种远道而来的强权搞不定的。古吉拉特人、马拉巴尔人和中国商人，还有许多其他人，都一直在马六甲做买卖，葡萄牙人到来后，他们只是退避到一些较小的港口，如苏门答腊岛（Sumatra）最西端的亚齐（Aceh）、爪哇岛西北海岸的班特姆（Bantam）。一些地区性领袖，如马来人的苏丹们，还有印度卡利卡特的马皮拉人（Mappila）的一个强大的商人群体的首领扎莫林（Zamorin）们，也同样不肯屈服。他们习惯于海上往来的自由（这恰好也是大部分欧洲探险家们信奉的原则，除非当他们想要实行垄断时），也习惯于以与西方闯入者相同的海上转口港模式高效地进行贸易。因此他们只是悄悄地将硬币翻转过来，继续进行他们有效的香料贸易，即使葡萄牙人这时称之为走私。

像后来在美洲的情况一样，可以说垄断的效果不是将非正规的贸易排挤掉，而是刺激了所有这样的行为，包括走私。按照这种说法，管制不仅促进了走私（因为走私正是依靠规避管制而产生利润的），而且有助于扩大整体贸易。无疑，自由贸易者会反驳这种说法，认为走私遏制了贸易增长的潜力。似非而是的是，虽然走私需要对商品课以高关税,从而规避高关税,但其轨道实际上却是伸向自由贸易的,所以走私最终会消灭自己。这也许就是启蒙运动时期的自由贸易思想家亚当·斯密(Adam Smith)在《国富论》(*The Wealth of Nations*)一书中对走私者很感兴趣的原因。

无论出于什么原因,市场上的价格总体上被推高了,使得走私越发有利可图,尤其是16世纪在爪哇岛外。不过,葡萄牙人的管制很是松懈。曼努埃尔名义上是辣椒之王,但实际上是扎莫林在交易质量最好的辣椒。葡萄牙人未能控制辣椒产地,所以还得依赖于当地供货渠道,而扎莫林知道辣椒的来源,能够对其进行控制,并且愿意卖给谁就卖给谁。葡萄牙人曾想将香料种植移到离自己控制的港口或要塞更近的地方,例如试图将肉豆蔻移植到帝汶岛(Timor),但事实证明是白忙一场。不过,如果说16世纪早期走私总是占据上风的话,那不单纯是因为香料种植超出了垄断网罗之外。葡萄牙人自己作为正式的垄断者,其实也深深地卷入了走私。

葡萄牙人的走私

本书的主张之一是:国家力量的发挥,经常要受到走私的促进,或有赖于走私作为其刀刃或刀尖。然而对葡萄牙人来说,情况却不是这样。其垄断之所以崩溃,似乎不仅仅是因为其他列强在其周围的走私,而且在很大程度上要归因于其自身的非正规贸易习惯,即其垄断内部的走私。

葡萄牙人有些矛盾:他们喜欢垄断,却又非常擅长走私。垄断居奇——只顾自己积聚利润,而不顾及他人——这种行为很普遍,新的商业阶层中也有大量自肥的机会。然而,在天主教统治的葡萄牙,就像在儒家思想盛行的中国一样,商人的社会地位不高。走私极其普遍，绝不仅仅是水手在船接近里斯本时，偶尔私藏一些辣椒籽什么的。无论在地理上还是行政上均掌管着贸易命脉的殖民地官员们，薪酬却非常低，于是下自最低级别的书记员上至总督，许多人都从事着这种双重贸易。只要私人的所得没有侵害国王的利润，或者明显妨害到由官方和海关执行的表面上的垄断，人们基本上都是睁一只眼闭一只眼的。

殖民地的总督和其他高官们悄悄地担任着许多"私人"企业的合伙人或债权人。通过特权或政府补助制度，走私甚至半官方化，尽管这种平行生计的另一面是，人们期望这些被喂肥的官员们在紧急关头能为国家的钱袋做出贡献。例如，前总督弗朗西斯科·巴雷托（Francisco Barreto）自1549年担任瓦赛（Baçaim）长官起就发了大财，但仍然爱国，将大部分财产都奉献给了国王的事业。[4]

对走私的这种半官方认可一直盛行到17世纪。甚至教会都卷入其中，将其免税权利发挥到极致，其方式的确只能称之为合法的走私：17世纪30年代，塞尔希培伯爵（Sergipe do Conde）在巴西巴伊亚（Bahia）开办的种植园，是耶稣会的财产，在巴西糖价较低时，会将其免税的糖运往葡萄牙。[5]在一些地区，走私堂而皇之：17世纪20年代，加利奥（galliot，旧时地中海的一种帆桨并用的平底小快艇）带着两套货物清单在中国澳门和印度果阿之间交易——其中一套是拒绝海关检查的。[6]走私贸易根深蒂固，即使引发了国际事件，所谓的"新基督徒"（犹太人）也会成为替罪羊，就像美洲的情况一样，尤其是在今天阿根廷、巴西和乌拉圭之间的拉普拉塔河（River Plate）流域。

走私在地缘政治上很重要，不仅仅是作为上层或中央建设帝国的工具，而且在于创造有重要意义的其他世界，建立在迅速提供走私品并产生自己的管理等级的基础上。这也许可视为不仅仅是从外部建设广阔的世界,而且是从内部建设——是一种巩固。(事例之一是本书第七章将讨论的私掠船船长让·拉斐特的走私世界,他使贸易在新奥尔良和得克萨斯海岸外的群岛得以扎根和巩固。)所以,早期现代葡萄牙人的这种走私,其效果也是为非正规贸易创造了一种内部结构,一种与之密切相连的垄断野心的替代物。在一些葡萄牙人看来,是走私将社会凝聚了起来,尽管对布宜诺斯艾利斯居民来说恐怕并非如此。

所以我们是否应当把走私看作葡萄牙贸易中最具创业精神的行为,而不是其核心的疾病?相对于垄断体制的健康,恐怕更多的葡萄牙人更热衷于走私,这使他们与公开宣布的国家计划离心离德。尽管所有这些都必须放在大背景下看,但垄断最好来说也是名不副实。肉桂是所有香料中垄断得最有效的,然而在16世纪上半叶,其利润只有三分之一被纳入了里斯本的皇家金库。其余的都被走私者和自作主张而并不为国王着想的官员们瓜分了。[7]1539年后,人们普遍意识到维护一个不切实际的体系的徒劳无益,于是贸易向所有人开放了,只要保证所有船货的三分之一以成本价卖给国王。所以说,在香料角逐中,葡萄牙人的努力从一起步就是错误的。

西班牙人在加勒比地区垄断之下的走私

在美洲,16世纪的大部分时间,走私也是同样的生活方式——一种人们心照不宣的秘密。西班牙人一向自不量力:其统治地区的未殖民部分为走私行为提供了极好的跳板,比如16世纪60年代霍金斯那样的走私。那十年他自东向西横扫了南美洲的北海岸,既卖奴隶,也卖从法国和荷兰贩来的亚麻制品。他将在西班牙帝国的墨西哥领地结束这次远航,乘西风回家去面见他的赞助者,至于结果好

约翰·霍金斯爵士,18世纪版画

坏,就要看他的获利情况了。

加勒比地区的垄断,像葡萄牙人在东方的垄断一样千疮百孔。如果说西班牙大陆美洲的城镇像是一口参差不齐的牙齿——有的坚硬而闪闪发光,有的则腐烂而至脱落——那么其岛屿则像是一串珍珠项链,既有白也有黑。还有一些,例如多米尼克(Dominica),则介于两者之间。这颗小安的列斯群岛(Lesser Antillean)上的宝石很多人都很熟悉,因为它是电影《加勒比海盗》(Pirates of the Caribbean)第二部和第三部的背景地,岛西侧的印第安河(Indian River)实际上是很多冒险家——例如德雷克和霍金斯——所喜爱的修船之地。

走私在加勒比地区既是致富机会,也是生活必需。新世界的殖民者需要走私产品,因为西班牙实行跨大西洋贸易垄断,只给外国商人颁发很少的许可证,无论是生活必需品还是奢侈品,都无法向新大陆充分提供。从塞维利亚前来的商船队并不频繁。供应经常受到限制，为的是维护殖民地的高价格。我们也许能从中窥出今天的黑市经济的早期影像，既为正规经济投下阴影，也与正规经济相互缠绕，并牵涉从遥远的地方供应违禁品。古往今来，世界上的某些部分假如没有一些走私行为，就根本无法生存和运转。也许这就是像瓜希拉半岛这样的边缘地区，至今还在以这种方式做生意的原因。

那些积极抓住机会走私的人，所做的事情被称为"rescate"，在葡萄牙语中是"resgate"，字面意思是"赎金"。这个词总隐含着非法交易的意味，这是一种早期的奴隶贸易方式，因为在地中海地区，从撒哈拉沙漠以南抓来的非洲俘虏，据说是只要收到赎金，就能从北非的巴巴里（Barbary）海岸遣返。[8]在加勒比地区，西班牙语"rescate"一词意味着以货易货的实物交易，而这交易的货物通常都是违禁品，于是"rescate"慢慢地就变成了"走私"的意思。

在非法交易之间的各种关系中，总有暧昧之处。走私对当地人来说，有时是自愿的，有时是被迫的。被派往各港口调查追究走私行为的地方官（alcaldes ordinarios）也频频卷入这种交易，这种情况一直延续到美洲各国独立。对于犯罪行为，往往根据犯罪者的国籍定以不同罪名：例如，同样的非法行为，葡萄牙人会被视为走私者，英国人和法国人则会被视为海盗。霍金斯曾经宣称，他维护过加勒比地区的秩序，有恩于西班牙人，但实际上这恐怕只是一种胡萝卜加大棒的策略，试图说服西班牙人进行交易。1564年他在里奥阿查做成了买卖，但1568年德雷克却像海盗一样受到了炮火伺候。在那一年，一条来自法国勒阿弗尔（Le Havre）的走私船，在一名叫作博戈林（Borgoing）的机会主义商人的带领下，来到玛格丽塔岛想交易珍珠，但西班牙人只给了他们10—12天的交易时间，就袭击了他们。[9]

16世纪50年代后期和60年代，加勒比地区走私活动的背景之一是贸易的扩张，无论是官方的还是非官方的。实际上从16世纪40年代到60年代后期这段时期，可谓走私的一个小的黄金时代。最早的有记录的走私活动之一发生在1544年10月，法国人将鲁昂（Rouen）的布匹和饰带非法贩运到珍珠交易地——瓜希拉半岛贝拉角（Cabo la Vela）附近的圣玛丽亚-德洛斯雷梅迪奥（Santa Maria de los Remedios）。[10] 一同贩入的还有亚麻布、肥皂、蜡和水银。这一阶段贩回的物品中，最受青睐的是黄金和珍珠，不过烟草也是令人饶有兴趣的违禁品新星。黄金无论如何是令人目眩神迷的，尽管实际上一些往往被人们忽略的走私品，如兽皮等，迅速转化为利润的可能性比这种稀缺金属要大得多。

法国水手多是老练的航海家，也是英国人跨英吉利海峡的羊毛和布匹走私交易的伙伴，双方在拉罗歇尔（La Rochelle）和圣马洛（St Malo）等港口外的交易非常火热。对于美洲走私，法国人也越来越活跃。起初他们只喜欢在库拉索岛外做交易，后来连伯布拉塔、莫纳和绍纳也都发展了进来。一旦遭遇西班牙人的拦截船，他们时常以天气恶劣为借口，来解释他们的非法闯入。然而，在荷兰人驾着他们的带灯轻舟到来之前，最频繁也最受优待的访问者，还得数葡萄牙人的小型轻快帆船。

梅嫩德斯和霍金斯

加勒比地区经常被与对"欺善怕恶"的西班牙人的勇敢反抗联系起来，因为诸如《海鹰》（*The Sea Hawk*，1940）等好莱坞电影制造的神话。在冒险片《海鹰》中，埃罗尔·弗林（Errol Flynn）扮演了英国女王伊丽莎白一世时代的一名海盗，那是一个英国与西

弗朗西斯科·德保拉·马蒂（Francisco de Paola Marti）创作的佩德罗·梅嫩德斯·德阿维莱斯像，1791年版画

班牙无敌舰队和美洲以外的私掠船对抗的时代。这个虚构的人物是霍金斯和德雷克的合体，兼有两个人的特点。故事完全是英国海上神话的一部分，表现了这个海上神话对英国创建民族国家的重要性。对于该地区数百年的走私全盛期，在两个方面上，所有的海盗电影都表现得有所缺失。第一个方面就是没有描写走私本身，许多私掠船在海盗行径之外也都走私；第二个方面是将西班牙的对手表现得太过勇敢和高效，英国、荷兰和法国的水手都被浪漫化和正义化了。对比一下约翰·霍金斯和佩德罗·梅嫩德斯·德阿维莱斯（Pedro Menéndez de Avilés）的人生，就是一番不同的景象。

大西洋上无论是正规经济还是非正规经济，这时都生机勃勃。黄金和白银从美洲的矿山掘出，经由波托韦洛或韦拉克鲁斯，源源不断地运往塞维利亚。1554年，年方35岁的梅嫩德斯·德阿维莱斯就被任命为西班牙珍宝船队（Armada de la Carrera）的总司令，并于1561年亲自指挥了从韦拉克鲁斯出发的船队。仅仅一年后，1562年，为了反抗西班牙人的垄断，约翰·霍金斯积极地投入了所谓的三角贸易。三角贸易就是将奴隶贩到新世界换取违禁品，卖到欧洲以生财，然后再重新投资进行远征，到西非捕捉更多的奴隶运往美洲。

葡萄牙人像往常一样，也在积极地走私。虽然塞维利亚的商会对于奴隶贸易往往不加审查便予以批准，但实际上许多葡萄牙人仍然要绕过商会。尽管这是个欧洲其他列强对西班牙在美洲的财富羡慕嫉妒恨的时代，但从很早的时候起，葡萄牙人就在奴隶贸易中冲在最前面，依靠把奴隶非法贩运到伊斯帕尼奥拉岛、波多黎各、古巴和铁拉菲尔梅而赚钱。

虽然梅嫩德斯的人生后来因为争夺佛罗里达而与法国人纠缠在了一起，但他为西班牙大陆美洲的主要城镇严密设防所发挥的作用，还是直接影响了像霍金斯这样的投机者们的走私活动。不过西班牙人在应对海盗和走私方面所采取的措施并不完全成功。走私者不仅仅是自己避向了一些防卫较弱，也越来越自由的港口，如玛格丽塔岛上的雷亚尔·德曼帕塔雷港（Puerto Real de Manpatare）、哥伦比亚的里奥阿查、委内瑞拉的伯布拉塔和伊斯帕尼奥拉岛上的圣多明各，而且他们也受到了当地居民的欢迎。这些小小的避风港不听梅嫩德斯的劝诫，不肯加强防卫，以免遭到洗劫，而且它们也的确需要走私者们带来的商品。不过，这也许是对双方来说都最为合适的平衡状态。这些地方的走私行为也没有总体升级为私掠和海盗行为，像16世纪70年代后所不时发生的那样。

假如霍金斯和梅嫩德斯直接交过手，他们都会从对方身上看出自己的很多特性。两人都生于富贵之家，都是极其忠实于自己君主的商人。他们都任人唯亲，搞裙带关系：梅嫩德斯任命他的兄弟巴托洛梅·门德斯（Bartolomé Mendez）和阿尔瓦罗·桑切斯·门德斯（Alvaro Sanchez Mendez）为西班牙珍宝船队的分队司令，而霍金斯则在其走私远航中，启动了他的表弟约翰·洛弗尔（John Lovell）和弗朗西斯·德雷克的人生。两人都冷酷无情和野心勃勃，都是既讲究战术也讲究战略。两人都是天生的优秀水手，也都喜欢突袭。但是，两人不仅在短兵相接的作战中都长于谋略，在更广阔的舞台上，当他们都官居高位后，也都成为各自国家外交政策的建筑师，以及海军对抗中船只和舰队的建设者。梅嫩德斯于1568年出任古巴总督，霍金斯先是担任过英国海军财务官，后来又成为舰队司令。前者设计了较轻便的加利恩帆船（galleon），船艏较低，船身较窄，有双排桨和两道帆。这使得他的舰队成了灵活的捕猎者，而不是笨拙的猎物。他的捕捉满载的海盗船的反常战术，最终成了一项战略，为他雄心勃勃的筑垒防御计划提供了经费。而霍金斯1588年在英吉利海峡，使用轻便快捷、操纵灵活的战船对付西班牙无敌舰队，证明是非常有效的（不过这时梅嫩德斯已经去世很久了）。他们一个是执法者，一个是海盗兼走私者，但是人们怀疑，假如两人的生活环境交换一下，他们的角色也许同样会颠倒过来。

霍金斯的走私远征

霍金斯的前两次走私远征，如果单从利润的角度衡量，都是成功的。第一次赚了3000英镑，尽管也许应考虑到船只的损失；第二次赚了大致同样的数目，不过总体的利润率更低，因为这回投资的钱更多。[11]然而你无法掩盖这些交易的残酷性。[12]实际上，霍金斯作为英国奴隶贸易的始作俑者，臭名远扬。

霍金斯偶尔也有受挫的时候：他在第一次远征时，曾采用了一个非同寻常的手段，将一条捕获的船"染色"（化装），使之看上去像是一条独立于西班牙大船队之外的自由船，然后用这条船将走私品运到塞维利亚，打算由一名英国代理商休·蒂普顿（Hugh Tipton）予以洗白。结果计划失败了，这批货物全都被没收了。[13]

早期远征的成功，很大程度上与后来的失败是出于同样的原因：他们是全副武装地胁迫，而不是说服被边缘化的西班牙殖民者做买卖。霍金斯的船队很强大，但也有些船不大灵便。至少有一条700吨重的"吕贝克的耶稣号"（*Jesus of Lubeck*），船身实在是太庞大了。船队由像德雷克、马丁·弗罗比舍（Martin Frobisher）和托马斯·温德姆（Thomas Wyndham）这样的勇士担任各船船长。他们起初全都因为暴力的走私贸易而成功，但是"一朝被蛇咬，十年怕井绳"这句俗话，放在这里是再合适不过了，而西班牙居民们也变得越来越不驯服了。霍金斯的第三次远征是由人代为指挥的，司令官是他的表弟约翰·洛弗尔。他在扫荡南美海岸时，遇到的或是沉默的回应，或是公然的反抗。他在玛格丽塔岛小有斩获，但在伯布拉塔和里奥阿查都吃了败仗，即使他因为与法国走私者和海盗让·邦当（Jean Bontemps）联手而增强了力量。

远征是准国家级的冒险——伊丽莎白一世女王捐赠了"吕贝克的耶稣号"，霍金斯还得到了海军财务官本杰明·贡松（Benjamin Gonson）和海军督察官威廉·温特（William Winter）的支持。不过，在这一时期，远征还不是外交政策，毋宁说王室贵胄们主要关心的还是赚钱，他们严厉地向霍金斯施压，要求他必须成功。像霍金斯第四次远航时所率领的那种规模庞大、投资昂贵、全副武装的船队——包括"吕贝克的耶稣号"，还有稍小一些的船"小兵号"（Minion）、"威廉和约翰号"（William and John）、"燕子号"（Swallow）、"朱迪思号"和"天使号"——是不可能在加勒比海闲逛的，势必要将贸易活动发挥到极致。的确，当霍金斯在墨西哥的韦拉克鲁斯附近的圣胡安德乌卢阿（San Juan de Ulúa）与西班牙舰队混战一团时，这次注定要倒霉的远征最终遭遇了灾难性结果，当他们回到英国时，已经损失了"燕子号""天使号""吕贝克的耶稣号"和四分之三的水手。

在16世纪60年代的三次走私之旅中，霍金斯大体上都是绕开对手行进的，同时在西班牙帝国的边缘地带，也或多或少地与西班牙人做些生意。例如，1562年他首次远航时，在伊斯帕尼奥拉岛荒凉的北海岸北班达（Banda del Norte），他的船装满了兽皮、姜、糖和珍珠。他的走私活动得到了被派来拦截他的人——洛伦佐·贝纳尔德斯（Lorenzo Bernáldez）的帮助。贝纳尔德斯准许人们与霍金斯进行有限的交易，以免受到攻击，但与此同时，他又公开宣称，与霍金斯的交易是非法的。[14]

梅嫩德斯的反应及效果

加勒比地区绝非西班牙人的安乐窝，断然采取措施的可能性总是存在的，也就是说，当梅嫩德斯决心强硬起来时。对他来说，临界点来自伊斯帕尼奥拉岛。首先是1565年让·邦当对北班达海岸肆无忌惮的袭击。对法国、葡萄牙和英国的商人们来说，那一年是有利可图的一年，他们都通过走私金银和海盗行为小赚了一笔。这是个形势日渐危急的时候，反抗走私的行动在各地区此伏彼起，而海盗时代也是在此时开启的。被西班牙人称为让·邦当的胡安·德尔布恩·廷波（Juan del Buen Tiempo），胆大包天地攻击了普拉塔港（Puerto de Plata），部分原因是梅嫩德斯只留了50人守卫该港。[15] 班达海岸的其他港口都拒绝这样的小部队驻守。理所当然地，它们担心这样反而会挑逗入侵者，不过，也许更确切地说，这样会妨碍它们自己的走私买卖。让·邦当明目张胆地在北海岸的蒙特克里斯蒂（Monte Cristi）和雷亚尔港（Puerto Real），以及西海岸的拉雅瓜那，然而，是洗劫有"银港"之称的普拉塔港，激怒了梅嫩德斯。作为报复，他在古巴的曼萨尼约追上了走私者兼海盗们，扣留了五条船上丰盛的货物。包括这次行动在内的沿佛罗里达海峡的扫荡，为他赢得了"海盗猎手"的名声。

西班牙人的报复战略是有一定成果的。在霍金斯折戟圣胡安德乌卢阿后，英国限制奴隶贸易二十年，此后十年也未再恢复更加多样化的走私活动。然而，16世纪余下的时期，走私依然兴盛，到1600年时，已主宰了伊斯帕尼奥拉岛的商业。

加勒比地区的非法行为会周期性地改变性质：就像螺钉被拧动一样，走私者也要借助海盗手段。这形成了一个恶性循环。英国人也许称之为政府征用武装民船是为了合法地对抗国家敌人，但这实际上还是海盗行为，使殖民地边缘地带，特别是西班牙美洲大陆的东部地区（今委内瑞拉和圭亚那的一部分），变得贫困起来。走私再度成为生活的必需，人们对西班牙提供不了的商品有了新的需求。

出于生活必需的走私，无论在美洲还是香料群岛，在日常生活中都是实际存在的。在摩鹿加群岛，像稻米和棉布这样的生活必需品，在短缺时都只能通过走私才能得到充足供应，而其祸根正是垄断主义者试图控制商业流。群岛的岛民们，像加勒比辉煌的殖民城市外的贫困殖民者和受压迫的原住民一样，出于迫切的生活需要，对于走私交易总是敞开怀抱，以换取生活必需品，而他们的交易对象，是在垄断者之外从天边驶来的任何船只。

就地缘政治而言，很容易忽视小规模走私在早期殖民地扩张和对抗方面的重要性。然而当你想到小规模走私似乎也预示着今天的黑市和灰市经济，而黑市和灰市经济又成为全球化如此重要的薄弱环节时，这就是一种更大的忽视了。如果说这种早期的微型贸易很重要，那么宏观贸易又当如何呢？地理大发现居然有走私的逻辑，这种想法的意义又当如何呢？我已对此提供了充分的理由，这些远征本身并不是宏大的走私计划，但是它们显示出，无论在规模上还是在地缘政治框架中，称之为走私并非毫无道理。

历史也许可以非常单纯地在走私和海盗行为这样五彩缤纷的戏剧中展开，但这种浪漫化、在地缘政治上令人失去理智的幻象，显然有不对称和缺失复杂性之处。在更广阔的背景下，这种不对称在荷兰走私者和扩张主义者身上被放大了：虽然在美洲，荷兰人和英国人、法国人和葡萄牙人一起加入了人人有份的走私竞技场，但在东方，他们却是残酷无情的通吃者。德雷克和霍金斯的那种浪漫的走私和海盗行为，甚至荷兰人自己的船队司令皮耶·海恩（Piet Heyn），在东方新出现的荷兰帝国都没有空间。这里从不打算容许像加勒比地区壁垒森严的西班牙主要港口之外的那种宽松的走私领地，取而代之的是精心策划的垄断。在一处海域，荷兰人是自由放任的海盗，而在另一处，却是毫不宽容的垄断者。

那么，你或许会好奇，加勒比海和班达海（香料群岛所在的海域）的殖民者和岛民们，会怎样看待这16世纪末在他们的奋斗之地升起的橙色太阳呢？对加勒比人来说，这意味着解脱，但是对香料群岛的岛民们来说，荷兰人来了，情况变得越来越糟了。

第二章
垄断：香料群岛与南中国海

摩鹿加香料群岛，自1999年后正式的名称为马鲁古群岛（Maluku），在今天的世界市场上只提供极少的香料。那里有多元的文化，这是欧洲人和印尼人反复殖民化和操纵人口的结果。新千年开始时，群岛充满了基督徒和穆斯林宗教矛盾激化、暴力不断升级的新闻，而在欧洲人到来之前，后来在17世纪遭到大肆屠戮的原有岛民美拉尼西亚人（Melanesian），却除了偶尔的火山爆发外，几乎没有什么可忧虑的事情。群岛树木繁茂，风光美丽，那时大概是个像伊甸园一般的所在。没有资本投入，主事的"富人"委员会（orang-kaya）甚至对他们珍稀的丁香、肉豆蔻核仁、肉豆蔻干皮等都满不在乎。

群岛被珊瑚礁和深深的大海环绕着，但这不足以抵御贪婪的欧洲入侵者。在他们之前，穆斯林和印度商人是受到欢迎的。他们来了，满载着香料走了，赚取了丰厚的利润。最重要的是，至少从摩鹿加人的观点看，他们走了。葡萄牙人和西班牙人也只是玩弄玩弄岛民，但荷兰人来得"郑重其事"——天堂般的日子结束了！

这里与西印度群岛和西班牙大陆美洲沿岸发生的走私和禁止的

角逐大为不同，尽管也是买卖高于冒险。英国人据说在美洲实施了"暴力"贸易，走私等同于炮舰外交。荷兰人在加勒比地区则不同，他们是"自由海盗"（Vrijbuiter）。这个词听上去更像是浪漫的反抗行为，这也许就是它今天仍在更广阔的背景下使用的原因，但也体现着荷兰走私者外表之下的冷酷和顽固。这个词实际上的意思是"自由抢劫者"，荷兰人像其他来自欧洲北部的闯入者一样，没少干这样的事情，其中最著名的事例是自由海盗的船队司令皮耶·海恩于1628年在古巴的马坦萨斯湾（Matanzas Bay）俘获了墨西哥的珍宝船队。海恩是为荷兰西印度公司的股东们效劳的，但是在东方运作的却是一个残酷得多也高效得多的组织——荷兰联合东印度公司（Vereenigde Oost-Indische Compagnie，VOC）。

荷兰联合东印度公司和扬·库恩

海恩在荷兰，就像德雷克在英国一样受到人们的崇拜：都是透过玫瑰色的眼镜去看的。至少就公众形象而言，海恩在东方有一个可以相提并论的人，就是扬·彼得松·库恩（Jan Pieterszoon Coen），他实际上是走私者的敌人，自1617年起担任荷兰东印度公司驻东印度群岛的总督，至今仍是在荷兰受到崇拜的人物。但是鉴于库恩为保证其国家的香料贸易以及他个人的财产增长所采取的残酷手段，当地人难以对他产生爱戴。高贵傲慢且神秘莫测的"赫伦十七"（Heren XVII，指荷兰东印度公司的17位主要股东和领导者），在我们看来在追求利润方面是令人惊叹的，然而就连他们，也为库恩一些尖刻的话语和暴力的行为感到震惊。他是个高效的人，也是位出色的数学家和饱学的会计师，然而他对自己的事业有着使命般的热忱，野心勃勃以至于心狠手辣。有些矛盾的是，在某些方面，

雅各布·范德施莱（Jakob van de Schley）和皮耶特·德洪特（Pieter de Hondt）创作的扬·库恩像，1763年，蚀刻版画

他倒很符合为国家效劳的走私者的典范——善于投机，胆大包天，又总是游离于上级的管制之外——但他仍然是一名公司官员和真正的爱国者。虽然在加勒比竞技场上，你能通过约翰·霍金斯这个角色，想象他的对应者、垄断执行人佩德罗·梅嫩德斯·德阿维莱斯的形象，但你却根本无法想象库恩除了猎场看守之外还能有什么形象。库恩的上司们了解他的勃勃野心，也据此而操纵他。

表面上看，东印度群岛和西印度群岛发生的事情有许多相似之处，似乎都是关于帝国的富人们和想致富的人们的故事。在个人层面上，则是勇气、野心和自负驱动着探索和贸易。无论在东方还是在西方，都有众多形形色色的人物相互排挤，争权夺利。与霍金斯和梅嫩德斯的争斗相比，东方的对抗有时可谓小巫见大巫，有时又大相径庭，但也有些时候，你不得不感慨天外有天。

然而，在东方，粗鲁而暴虐的帝国建设急先锋们之间的关系，比在西方还要紧张和个人化。例如，英国商人约翰·乔丹（John Jourdain）在扬·库恩决心实行残酷无情的垄断后，便设法激怒他。当他们于1613年在香料群岛的塞兰岛（Ceram）不期而遇时，库恩

第二章　垄断：香料群岛与南中国海　　29

对乔丹的贸易任务的合法性提出了质疑，结果只是招来了一番冷嘲热讽，被挖苦为鲁莽的"大胡子"（其实他胡子并不长）。然而，库恩在31岁那年，当上了荷兰东印度公司驻东印度群岛的总督。尽管肩负企业责任，他却将他早先对英国人的私仇和偶尔对雇主的憎恶，转化为在原本天堂般的香料群岛上凶残的战争和货真价实的屠杀。

荷兰东印度公司本身就是个决心坚定的组织。"赫伦十七"不顾追求短期效益的投资者们的不满，将利润又重新投入公司。公司自草创阶段就有大量的支持者——第一批投资人有1800个——因而公司得以持续以火力压制其新竞争对手英国人，偶尔也有法国人，同时击溃了老对手西班牙人和葡萄牙人。公司也时有挫折，但像英国东印度公司后来在印度的经营一样，因为信守承诺、持续投资，这些困难全都克服了。这两个东印度公司相对于各自的国家来说，有着相似的特点，包括都有大规模的私有武装，有在亚洲发动战争的意志和许可，同时又能在欧洲国内维持和平的现状。这导致了一些奇怪的矛盾，例如1609年，英国和荷兰在欧洲联手对抗天主教势力，与此同时却在东印度群岛大打出手。外交政策方面肯定有自相矛盾之处，然而也许从英国人的观点看，在地理大发现时代的大背景下，争取走私的权利只是个不必拘泥的小节。

荷兰人在香料群岛

荷兰的第一支开发远征队于1595年4月从阿姆斯特丹出发。早期是与摩鹿加群岛北部的特尔纳特岛（Ternate）的苏丹联手，对在附近的蒂多雷岛（Tidore）有联合驻军的西班牙人和葡萄牙人构成了威胁。特尔纳特岛在当地实力很强，因为有许多科拉科拉船

（kora kora，一种大型独木舟），所以说，至少在早期虚伪的接触中，荷兰人交对了朋友。

此后的形势发展得非常快。到16世纪末时，摩尔人和印第安人已经从历史舞台上销声匿迹了，丁香树从摩鹿加北部移植到南部的群岛——直到安汶岛（Ambon）和附近更大的塞兰岛西南端的半岛。从地理上看，塞兰岛就像个大哥哥伸出右臂搂着面对着班达海的安汶岛，荷兰人很快就将这里确定为其垄断计划的关键节点。荷兰东印度公司于1602年进驻这里后，不到三年就建成了一个牢固的据点，并于1605年夺取了葡萄牙人的一个要塞——安汶岛上的维多利亚港（Victoria）。他们将更多的香料移植到刚刚开发的殖民地内陆——肉豆蔻被从此前唯一的产地班达群岛迁移而来。

塞兰岛、安汶岛和班达群岛将成为香料垄断的战略要地。限制香料流量成为荷兰人的战略，首先是通过移植——将香料种植严格限制在这些密闭的岛弧上——然后是限制贸易，香料只能通过荷兰人严密控制的工厂体系，经由设在苏拉威西岛上的望加锡（Makassar）、马来西亚的马六甲、爪哇岛上的班特姆和巴达维亚（Batavia，今雅加达）的仓库出口。荷兰人自1619年占领巴达维亚后，便一直将其作为在亚洲最主要的根据地。

班达群岛被纳入这个岛弧，是通过逐岛进行残酷且迅疾的战争而完成的。主要出产肉豆蔻的奈拉岛（Neira），成为荷兰人的指挥部所在地。荷兰人也吃过败仗，但都只是暂时的。在攻打奈拉岛时，彼得·沃尔霍夫（Peter Verhoef）和手下的42人都阵亡了，但是他的助手西蒙·赫恩（Simon Hoen）得到了900多人的增援，确保荷兰人控制了该岛。1609年8月10日，班达群岛像塞兰岛、安汶岛，以及北方的特尔纳特岛和蒂多雷岛一样，成为荷兰东印度公司的属地。所有外国船只都须停泊在荷兰人的新港口——奈拉岛上的

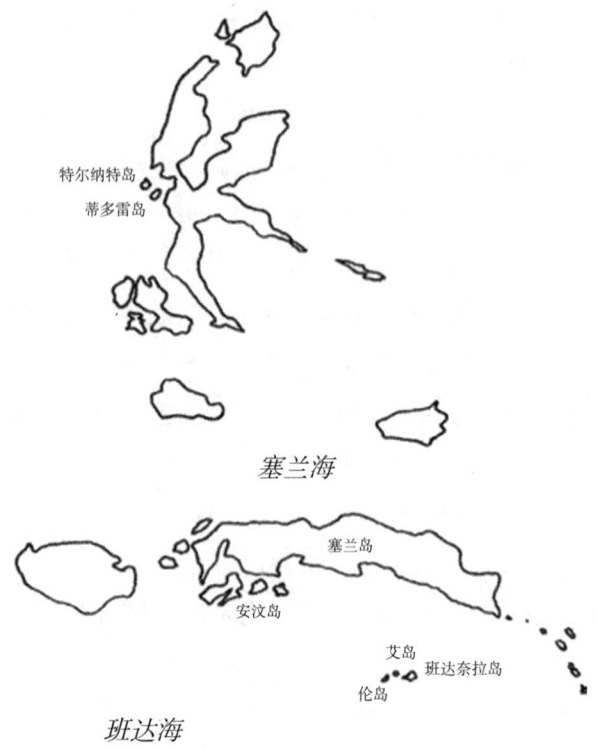

17世纪的香料群岛（摩鹿加群岛，今马鲁古群岛）

纳绍（Nassau）之外，岛际交易则是禁止的。至少在理论上，垄断全面展开了。但没过多久，走私就又一次证明，自身是一种令垄断失效的极有意义的刺激物。

东印度群岛的走私

这既不是这一地区走私的开端，也不仅仅是欧洲人之间的对抗：16世纪晚期，暹罗和婆罗洲的船只就将丁香、肉豆蔻、檀香木和辣椒运到了马六甲，而这些香料只可能来自一个地方——摩鹿加群岛。走私在东方各地一向存在，并且还将存在，不过现在，走私也成为香料群岛贸易的一个关键部分。

不应忘记，在西班牙人、英国人和荷兰人看到机会之前，葡萄牙人就已经宣布了垄断，不管有没有效果。所以说某种程度上，所有非葡萄牙人进行的香料贸易都得算走私。外国人的入侵使得这个群岛成了"香料群岛"，因为原本野生未耕种的香料，突然变成了经济作物。像水稻这样的主食作物不再种植了。荷兰人以极低的价格收购香料，将他们带来的极少的稻米价格猛抬，又向英国和亚洲的商人敞开大门，以弥补资金短缺。荷兰人需要钱来换取他们视为违禁品的香料。

英国人多年来一直想主宰香料角逐，但他们几乎总是扮演着半非法交易者的角色，尽管他们经常是公开对抗，起初是对葡萄牙人，后来是对荷兰人。当1579年，弗朗西斯·德雷克在其环球航行中停靠蒂多雷岛时，他就处于这样的境地。他还未及登陆，就在环礁处受到了附近特尔纳特岛的苏丹巴布（Baab）的使者的迎接。这位热情好客且富有主见的君主，慷慨地赠予德雷克大量礼品，让他载满了香料，竟致使船搁浅在海床上。直到德雷克下令将八门大炮沉入水中，船才重新浮起。一同抛进海里的还有大量粮食和三吨他非常幸运地搞到的违禁品丁香。[1]你可以说荷兰人在17世纪初是被迫耍手腕，试图从摩鹿加群岛北部开始实施垄断的，因为英国人也耍了手腕，硬说德雷克与当地苏丹早期的接触是合法地获取了贸易权。换言之，英国人坚称自己不是走私者，是荷兰人想要诬蔑他们。然而对特尔纳特岛的苏丹来说，和谁做买卖都是无所谓的，无论是英国、葡萄牙、爪哇还是马来商人，他都持续出售丁香。

英国人继续捣乱。亨利·米德尔顿（Henry Middleton）爵士在他1604—1606年的远航中，乘着他的"红龙号"（*Red Dragon*）船，访问了特尔纳特岛。他的助手科尔特赫斯特（Colthurst）船长，投机性地绕道去了趟班达群岛，成功地给他的船"基督升天号"（*Ascension*）装满了肉豆蔻核仁和肉豆蔻干皮。但是最终在这次远征中，他们还是被荷兰人打得大败。荷兰人派出了一支规模庞大的船队，有九艘战船，还有各种各样的大舢板和单桅帆船。在安汶岛上主要城镇安波那（Amboyna）进行的战役和攻占蒂多雷岛，是荷兰人建立霸权的开端。

英国人的侵袭是否只是短暂的和投机的？当然是投机的，但英国人也在吸取早先的经验教训。早在荷兰人开始发力之前若干年，英国的走私活动就已经到达了班达群岛。1601年，詹姆斯·兰开斯特（James Lancaster）航行到这一地区，曾派他的下属马斯特·克切（Master Keche）带人乘一条舢板外出侦察。他们到达了班达群岛，从其中的一座岛伦岛带回了肉豆蔻，来到了东印度公司在班特姆新建的前哨小基地。后来，亨利·米德尔顿的弟弟戴维也戏弄过荷兰人的垄断。甚至在荷兰人侵入奈拉岛后，正要宣布全面垄断开始时，他在1609年的第二次远航中，还是与班达群岛的商人完成了交易，获利甚丰。他没有用他的大船"远征号"（*Expedition*）在艾岛和伦岛一带凶险的水域冒险，而是以塞兰岛为基地，派出较小的舢板"霍普韦尔号"（*Hopewell*）往来穿梭，运回了大量的肉豆蔻。

1610年，亨利·米德尔顿爵士离开英国，开始了又一次远航，结果发现自己成了走私犯。在进入红海进行交易时，他在穆哈港（Mocha）被投进了监狱。他胆大包天地叫人偷偷送进一瓶烈性威士忌来，将狱卒灌得酩酊大醉，然后藏进一只木桶中，被人推着滚到海滩上，逃回了自己的船"小心肝号"（*Darling*）。[2]香料角逐晚期还有一位冒险家威廉·基林（William Keeling），是个彻头彻尾的走私者。在后来的一次航行中,他违反公司规定,将妻子偷偷地带上了船。当戴维·米德尔顿夜里在蒂多雷岛秘密地交易时,基林却驾着亨利爵士先前的旗舰"红龙号",大天白日之下就在艾岛堂而皇之、目空一切地做起了买卖。他们俩都充分利用了荷兰人驱逐葡萄牙人和西班牙人时给摩鹿加群岛带来的混乱。

伦岛的故事

英国人奋力坚守住一些地盘,令扬·库恩很是恼火。17世纪中叶的很多时候,英国和荷兰在欧洲都很不和,主要是因为贸易冲突,因此英国在香料群岛的走私活动便起到了火上浇油的作用。伦岛是摩鹿加群岛中英国能声称拥有的最后一片土地,尽管这只是一片破破烂烂的小小贸易殖民地,但在荷兰人看来却是非法交易的象征,是一种侮辱。他们最终于1620年攻占了该岛,其英勇的守卫者纳撒尼尔·考托普(Nathaniel Courthope)在战斗中坠海,下落不明。他的名声在公众心目中不像德雷克和霍金斯那样响亮,但他维系了走私作为英国外交政策的非正式原则之一的传统。

这是橙色浪潮吞噬的又一座岛,但却不是小小的伦岛故事的终结。这个从前的走私前哨小基地,将在历史中最重要的一次争夺殖民地的角逐中扮演一个大角色。1664年,英国人占领了荷兰人的商港——曼哈顿岛上的新阿姆斯特丹(New Amsterdam)。当这场英荷冲突趋于平静后,双方大批的外交官在谈判桌上展开了各自的筹码,其中摆在最前排的是,英国人要求归还伦岛,而荷兰人要求归还曼哈顿。双方都不肯让步,于是1667在布雷达(Breda)签订的条约中,伦岛正式割给了荷兰人,而新阿姆斯特丹,也就是今纽约,则归了英国人。这当然不是直接交换——一个将会变成世界上最富裕的城市的地方，是不可能拱手让出，去换一个只长了少量风吹雨打的肉豆蔻树的弹丸小岛的——然而，这个小小的走私前哨基地的丢失，仍然要算是英国的兽皮被荷兰狠狠地刺痛了一下，这是资本主义历史上一个有重要象征意义的时刻。

结合背景看垄断

英国这种冒险而非法的交易，很大程度上指向荷兰人千疮百孔的垄断——在这方面荷兰人与此前葡萄牙人别无二致。然而尽管荷兰人的垄断计划也是捉襟见肘的，但他们在很多方面与他们的殖民地前辈还是有所不同，他们在整个东亚改变了贸易模式。

扬·库恩屡次起到了决定性作用。在1619年占领巴达维亚后，他又于1621年率船队到班达群岛应对起义。他残酷地镇压了奈拉岛的班达人，然后永久性地改变了那里的面貌——他将当地人成千上万地赶走，卖到巴达维亚做奴隶，而在奈拉代之以荷兰殖民者。故事如果这样讲下去，就绝对是以欧洲人为中心了。那么在荷兰人的侵略之外、之下，以及尽管有荷兰人的侵略，又发生了哪些事情呢？

在荷兰人来到东印度群岛之前，这个地区的商业地图清晰地显示出由影响力形成的局部区域和传统的贸易伙伴之间形成的渠道。例如，中国明朝的商人很大程度上是同像马六甲的室利佛逝（Srivijaya）商人这样熟悉的伙伴做买卖。许多港口都有一种老主顾制度，只给极少数人特权，因而也没有动力去发展新贸易伙伴。这使得大部分市场都显得规模小、本地化和可预测。但是在海峡地区则有更大的雄心在上下冲击。马来苏丹能够在战略层面上挑战荷兰人，甚至在马六甲陷落后仍能如此，因为他们主导的海上贸易模式与荷兰人实际上的模式非常近似。室利佛逝是个以苏门答腊为大本营的地区性政权，长期派出战船巡视马六甲海峡，使得所有商船都要访问他们的首都巨港（Palembang）。如果说亚丁（Aden）是阿拉伯半岛的门户，而霍尔木兹海峡便利了印度古吉拉特和德干（Deccan）与西方的来往，那么马六甲和巨港便主宰着这些海峡。当然，关税制度在这些地方的出现导致了大量的走私活动，但非正规贸易者的大型船队，却并非关税刺激出来的。

室利佛逝在全亚洲都以经商而闻名，早在荷兰人到来之前，他们就已开放马六甲，进行广泛的贸易了。但是荷兰人大规模改组，甚至在很多方面是颠覆了决定着印度洋及更广大地区先前迟缓的贸易模式的旧仓库，将它们重新导向于具有鲜明荷兰特色的全球贸易竞争。他们首先于1641年攻占了马六甲，继而于1667年占领了望加锡，最后班特姆也于1682年陷落了。稻米、棉花、布匹和其他日用品使得一种世界货币进入了这些港口，以地缘政治的视角来看，随之成为帝国的种子和大量商业信贷的重要受体。商业信贷这时也刚刚开始注入正在形成的全球贸易体系。然而，荷兰人的垄断无疑未能覆盖整个东南亚，例如，除了古吉拉特之外，英国人也在苏门答腊的亚齐占领了一个据点。

具有讽刺意味的是，荷兰人支持的洲际贸易，大多超出了其所钟爱的垄断体系。甚至在他们试图向除荷兰船之外的所有船停止香料供应后，他们仍要依靠，甚至企求一个不断扩大的市场（而这个市场无疑是能够靠更宽松的制度存活的，不像走私）。

这是否意味着荷兰人超越了他们自己的垄断呢？荷兰人在东方，不像在加勒比海，他们从来不是自由贸易者，但他们仍怀有更大的贸易野心，并且因为他们拥有火力更强、操纵更灵活的船，在很大程度上他们是能够为所欲为的。有一段时间，他们持续将欧洲船只设计的先进性兑换成资本，然而后来，他们自满了，于是被适应性更强，更善于抓机会的对手的更快捷的船队超越并遏制了。

香料群岛造就了荷兰东印度公司，但是垄断从未趋于完满。望加锡从17世纪初直到1667—1669年被荷兰人围困并攻克，一直是走私香料，特别是丁香和肉豆蔻的重要转接点。大量的舢板来往于望加锡和班达群岛之间，用黄金和稻米换取丁香、肉豆蔻核仁、肉豆蔻干皮和檀香。英国人甚至在从摩鹿加群岛撤离后，仍然做香料走私买卖，亚洲的走私者将他们的货物卸在望加锡和婆罗洲，卖给英国商人。

后来英国人对东印度群岛不再抱有庞大的野心了，他们将小打小闹般的香料走私贸易并入了一个更为广阔、自力更生且不断升级的贸易体系中。从英国出口的羊毛、铅、铁和锡，可以在印度换成广受欢迎的棉花和香料群岛的人也很爱穿的白棉布，再换回香料。这意味着英国可以不再动用珍稀的金银储备，而是用本土的出口商品来对香料进行支付，从而实现了外贸盈余最大化——这是重商主义的指导逻辑。两个世纪后又发生了类似的交易，只是规模更大了。英国东印度公司做起了骇人听闻的买卖，用印度鸦片来交易中国的茶叶，从而使大英帝国壮大成一头庞然巨兽。英国人逐渐厌弃了摩鹿加群岛，但他们始终染指兴旺发达的非正规贸易。

17世纪，走私贸易在东亚的很多地方都是大买卖，并不局限于"马来亚—印度尼西亚—香料群岛"这个轴心。尽管我们偏爱这里发生的欧洲强权制造垄断而其他欧洲列强打破垄断的故事，但不能忽视这个时代在东方还另外有一个走私大战场：南中国海。

南中国海的走私

虽然荷兰人17世纪早期在塞兰海和班达海一带称王称霸，但到了南中国海，他们就只能算小虾米了，尽管他们并非不想兴风作浪。他们在公海上倒是不忌惮中国人（实际上日本海盗要可怕得多），但是中国的明朝政府不允许外国人在中国沿海设据点，只除了让葡萄牙人在澳门停留。与中国的所有贸易都受到了严格的管制，到了明朝晚期只剩下涓涓细流。中国实际上只关注沿岸贸易，对海外贸易毫无兴趣：所有中国船都不准携带超过两天用量的淡水，大多数船只根本不许出海。然而中国的海岸线也并不像明朝政府希望的那样神圣不可侵犯。

福建处于中国海岸线的中部，在台湾的西北方。福建人在中国，就相当于18世纪和19世纪初的康沃尔人（Cornish）在英国。他们桀骜不驯，思想独立，并有相当高超的航海技术。福建的海岸线参差不齐，藏有很多河流入海的水湾和隐秘的港口，地理条件得天独厚，福建人是惯常的走私者。福建人打着在当地港口间运输货物和沿海捕鱼的幌子，将他们的网撒向更远方，一旦他们的渔船越过地平线，就将用于其他目的了。他们将竹片制成盾，固定在船的两侧以抵御风浪，将二级龙骨放低以保持船的平稳。他们驾船越过可怕的深水"黑沟"（指台湾海峡）来到台湾岛。这些胆大包天的水手，表面上是当地渔民，这时便形成了一个巨大的走私链条的第一环。这个链条向东北伸向琉球群岛，以其作为躲避暴风雨天气的栖息地，然后一直伸向更大的日本群岛的最南端——九州岛上的平户（Hirado）和长崎（Nagasaki）。

走私到日本的主要货物是丝绸，获利可达在中国销售的十倍，利润稍低的是一些其他珍稀货品，如木材和麝香，还有一些普通的日用品，如糖、铁罐和铁锅等，也能卖个好价钱。[3]当这些船只返航回家后，卸下的可不是银色的鱼，而是同样颜色的珍贵金属。

中国的走私者也有人沿海岸南下，远到越南的东京湾

（Tonkin）和安南（Annam），还有更大胆的人航行得更远，直到菲律宾。在那里就与西班牙人的链条连接了起来，可以得到从美洲运来的奢侈违禁品，如干辣椒和烟草，还有更重要的，将成为新主食之一的红薯，在饥馑之年能够救命。

在17世纪早期和中期南中国海的走私生意中，有两个主要人物，都是福建人，分别是被在日本经商的英国人称为"中国船长"（Captain China）的李旦（Li-Dan），以及李旦的义子和继承人尼古拉·一官（Nicholas Iquan），大名为郑芝龙。

"中国船长"起初靠在菲律宾做合法生意，也赚了不少钱，但他随之运交华盖，被西班牙人抓了起来，在大帆船上当了九年划桨的奴隶。不过，他最终逃了出来，又在另一伙完全不同的亡命之徒中发现了自己真正的使命，成为"台湾—琉球—平户"走私者的首领。他实行家族式经营，和贸易者们情同兄弟。虽然他把越来越多的时间花在日本，但他的伙伴们也在马尼拉和澳门给他赚到很多钱。

然而，他真正发迹还是在日本。在经过了一段时期的内战后，新获胜的幕府将军德川家康试图闭关锁国，将所有外国人拒之门外——对于想走私的人来说，这既是挑战也是机遇。然而，曾经做海盗但这时已是受人尊敬的地主和商人的长崎地区的松浦家族，却努力保持了开春供给线的开放。平户和长崎的所有外国人这时也已聚集了起来，李旦成为走私的教父。他游走于正规社会，是松浦隆信家的常客，还与长崎的地方长官做生意。这般上下打点使得他的走私活动几乎处于半公开状态，尽管他也不厌烦使诈。例如，他欺骗英国人说将给他们提供在中国的潜在贸易机会，促使他们持续投资，但他始终不让英国人越过他本人，而且他明知英国人的投资根本不可能有回报。李旦还以获利贸易特权的希望来撩拨荷兰人。

但当荷兰人失去耐心并封锁了厦门后,他又假称是中华帝国政府的代表,表示可以谈判。

实际上李旦总是招摇撞骗、背信弃义,中国人也都这样对待他。就连授予了他的团伙从安南和东京湾贩卖丝绸权利的日本幕府,也不完全光明正大地对待他。李旦冒着巨大的贸易危险。他没有费心去从中国西部的少数民族地区贩来承诺的精美丝绸,而只是从福建运来廉价的布。

如果说李旦很大程度上以九州岛为大本营,那么这个已经相当完备的走私体系在中国一端的情况又怎样呢?有一人把持着福建走私的浪潮。福建沿海实际上的统治者是郑氏家族及其冉冉上升的新星郑芝龙,又被称为"海峡之主"。他在澳门受天主教洗礼后,又得了个名字叫尼古拉·一官,这似乎是便利于他融入那里的西方人贸易圈子。[4]他生为中国人,受福建文化熏陶,与洋人交往和与中华帝国的官僚们同样频繁。一官经常出国,是个天生的水手和走私者。他努力为自己打造多重身份,而这是非法交易所非常需要的。例如,他还有个裁缝的名声,不过这可能是指他在丝绸尺寸方面经常使诈。[5]一官是李旦最信任的船长,也是与荷兰人打交道时的使者、密探和翻译。他与荷兰东印度公司驻平户的代表杰克·施佩克斯(Jack Specx)相处得尤其好,后者后来成了荷兰驻东印度群岛的总督。

一官称王称霸的海峡,就是郑家的大本营所在的厦门和台湾之间的水道。他发了很大的财,尤其是靠仿效李旦,不断地挑拨一派人斗另一派人。但是对他来说,事情最终闹得太大了,倒不在于他和荷兰人打交道,而是因为他误读了导致中国分裂和明朝垮台的剧变。

明朝的崇祯皇帝面临的重大威胁来自两个方面。满族虎视眈眈，一直有跨越长城、袭击北京之势，然而明朝却是被一场内部的叛乱首先击倒了。中华帝国始终是个税收很重的国家。17世纪三四十年代，一个独眼的前邮差李自成，领导了一场有十万心怀不满的士兵和农民参加的起义，宣称未来将免除税收。起义军最终攻克并短暂地占领了北京，崇祯皇帝自杀了。李自成宣布建立新的王朝，但是只持续了一个月左右，他就被凶悍的满族游牧部落赶出了北京。

海峡之主作为中国沿海的主宰者，玩弄的是典型的两面派手段。他是朝廷任命的舰队司令和海盗缉拿者，但他不仅玩忽职守，而且自己也做海盗和走私的勾当。当他出海时，这使他如鱼得水；但在陆地上，这却招致了他的毁灭。他的身份移位意味着明朝最后的继承人做出了致命的误算：他把信任寄托在一官身上，将其作为逃避一路南下跨越整个中国的满族骑兵的追杀而存活下来的最终希望。随着这位皇帝被废，一官不久便投降了满族。他作为满族人的"客人"，在北京生活了若干年，然后满族人决定用他做人质，来招降他那著名的儿子——反叛清朝而忠于明朝的郑成功。南中国海周边的所有人都知道郑成功"国姓爷"的大名。然而这位杰出而骄傲的反叛者，曾经多次战胜过荷兰人，却难敌新政权。他无视清朝的招降，也不顾及他父亲的死活——尼古拉·一官最终被凌迟处死。走私者有时候像海盗一样，生于剑下，也死于剑下。

这一地区的走私当然还在持续，比以往更为频繁，也不乏确有实力或徒有虚名的领袖人物。但在东南2000英里外的香料群岛，英国人的事情却不大顺。他们从群岛撤退了，长远来看，此事意义十分重大，因为英格兰（还不是英国）王室东印度公司将注意力转向了印度。他们在印度西北部海岸古吉拉特附近的苏拉特（Surat）建立了新的亚洲总部，取代了爪哇岛上的商站班特姆。英国人将贸易重点从香料转移到丝绸和制造火药的重要原料硝石。野心不断膨胀的帝国人在思索着如何奋进，成为亚洲的霸主。

就贸易而言，17世纪是荷兰人的世纪。那么我们为什么不把荷兰人视为和英国人或法国人等量齐观的主要殖民主义者呢？为什么荷兰人的重商主义未能持久呢？答案相当简明：到了18世纪，香料变得不那么重要了，荷兰人的香料种植园普遍经营不善，渐趋没落以至被遗忘。一种恐怕无可避免的大势是，他们的垄断从一开始便命运不妙：历史学家詹姆斯·密尔（James Mill）和经济学家大卫·李嘉图（David Ricardo）后来都曾指出，因为有走私，贸易保护主义注定是要失败的。

到了18世纪90年代，荷兰人最终放弃了他们的垄断。

第三章

走私之海：加勒比海和"白银之河"

西班牙人在加勒比地区的凶残，丝毫不亚于荷兰人在班达。1603年一艘英国走私船"玛丽号"（Mary）被俘获后拖进了古巴的曼萨尼约港，船主被剥光衣服，绑在树上大卸八块——先是被割下鼻子，然后割下耳朵，最后砍下脑袋。他的躯干被抛进了河里，头颅则被钉在巴亚莫（Bayamo）附近的一根柱子上示众。三年后就任加拉加斯（Caracas）总督的桑乔·德阿拉斯加（Sancho de Alquiza），也拿被捕捉上岸的一艘荷兰走私船的船长和十一名船员立威，于1608年当众处决了瑟瑟发抖的船组成员们。[1]

走私是一种危险的生意，而西班牙人惩罚起胆大包天的英国、荷兰和法国走私者时，是毫不留情的——上述故事在持续发生着。然而仍有许多拉丁美洲人热爱和依赖走私贸易。也有些时候，走私船是能够在曼萨尼约靠岸的。走私者上岸打保龄球、建商店，甚至设岗哨。大体的趋势是，走私先是像一股平缓的浪潮，起起落落若干年后，最终形成汹涌的高潮。那么，既然塞维利亚如此热衷于报复，加勒比海怎么就慢慢地变成了一个非正规贸易的欢乐池塘呢？

故事的发展是从盐到烟草再到白银,从地区规模的走私到偷运的白银大规模流入这一地区,使得走私形成空前的、尽管并非绝后的全球性现象。盐将荷兰人招引到南美洲北海岸,他们就赖着不走了,成为在这一地区除半袭击抢掠行动之外最早开展走私活动的势力。烟草是西班牙新世界帝国边缘的叛逆地区的主要经济作物,其首要流向就是非法贸易。白银走私改变了世界。

荷兰盐贩子

今天我们都会将盐视为最稀松平常的食品之一,但在17世纪,盐极其重要,因为它不仅能改善食品味道,而且能储存肉和鱼。荷兰人不顾一切地蜂拥而至加勒比地区,是因为他们丧失了欧洲的食盐供给。1595—1598年,西班牙捕捉运盐船以打击北方的新教教徒,使他们不能再腌制他们的主食之一鲱鱼。那些年有大约500艘到卡斯蒂尔(Castile)和葡萄牙,尤其是到葡萄牙西部的塞图巴尔(Setúbal)交易食盐的荷兰船被捕获。迫于生计,荷兰人必须另寻供给。他们首先来到佛得角群岛,但是1600年他们又发现今委内瑞拉东部的阿拉亚半岛(Araya Peninsula)有更丰富的食盐供给。这一带有许多西班牙人和原住民的小村落,不仅能提供淡水,还能拿出可供走私的珍珠、烟草、糖和兽皮。参加走私活动的船只从1595年的大约14条船发展到1600年的50条船,此后每年都超过了100条船,直到1605年,西班牙当局动手镇压了。[2]

走私活动之所以持续了这么久,部分原因是半岛的浅水非常适合于荷兰人的船,对于维持商业垄断的载满重炮的西班牙船却很是不利。用于须德海(Zuider Zee,即荷兰的艾瑟尔湖)的平底船(vlie)被拉到了加勒比海,来往于半岛和深海之间,能给大船

（urcas）装上超过400吨货物，使得食盐走私从小打小闹发展成大产业。后来荷兰人又用上了一种更长但仍然吃水超浅的船（fluyt）。这时他们成了海盗。

虽然荷兰人在东亚是执法者，但在美洲及其周边，他们却是狂热的走私者。因缺乏食盐而产生的生计需求，也带来了有利润可能的贸易机会和新领土。他们在库拉索群岛和圣尤斯泰希厄斯岛建立了基地。库拉索群岛变得尤其重要，因为可以从这里捕捉奴隶，到新格拉纳达换取兽皮、烟草、可可和木材。

这一时期的所有走私行动的背后，都有国内的私人投资者的支持。这些富裕的个人经常通过庇护人或王室与国家联系起来。荷兰人尤其有企业心态：远征归来后，贸易利润并非简单地被个人消费掉，而是经常用于再投资。这样的经济往往既是合法的也是非法的：荷兰人通过波罗的海和伊比利亚半岛间的合法贸易所创造的财富，资助了在美洲令西班牙人受到损害的非法贸易。

荷兰人的走私行动很快便发生了重大变化，走私品远不仅限于食盐——1603年他们从库马纳（Cumaná）贩出了3万磅烟草，1606年有大约20艘荷兰船从古巴和伊斯帕尼奥拉岛运出了200吨兽皮，价值80万荷兰盾。[3]但他们绝不是为所欲为的，西班牙人于1605—1611年进行了严厉镇压。1606年他们曾在古巴海外与一支由31艘走私船组成的船队交战，其中包括24艘荷兰船。[4]然而，大体来说，风头还是偏向于违法者的。

那么，利用西班牙当局对帝国边缘地带的失控，给西班牙人伤口上撒盐的，是否只有荷兰盐贩子呢？答案当然是否！当时的法国和英国走私船，也是相当活跃的。

法国走私者

对法国人来说,"合法-非法"的轨道掉了个头,他们需要从美洲贩来生猛的走私品,来供给国内合法的产业。不过这合法产业最初也是靠非法交易起家的——葡萄牙走私者将兽皮贩进法国港口,极大地刺激了诺曼底的皮革业。随着产业扩张,他们需要更多的兽皮,而这只能由南美,尤其是秘鲁提供。作为交换,他们贩卖鲁昂的优质亚麻布,而这并不在为新格拉纳达上流社会的商人和官员们提供供给的西班牙垄断船队的违禁品之列。

法国人起步的方式和约翰·霍金斯一样:用于交易的资金来自从非洲捕捉的奴隶。残酷无情的贩奴者们是为一些有着异国名字的船主效劳的,比如让·勒卡龙(Jehan le Caron)、西厄尔·德·莫帕(Sieur de Maupas)和纪尧姆·勒埃里谢(Guillaume le Héricy)。他们很早就被吸引到伊斯帕尼奥拉岛,也体会了和英国人同样的成功和失望。例如,1593年,一艘从法国卡昂(Caen)出发的船在老水手德拉·巴博蒂埃(De la Barbotière)的率领下,来到伊斯帕尼奥拉岛旁边的小岛莫纳。他们以这里为跳板,和主岛上的瓜奈伊韦斯(Guanahibes)和拉雅瓜那交易兽皮。然而船在返航途中,却在百慕大海域失事了。但是走私者们锲而不舍。那年晚些时候,又有两艘来自法国迪耶普(Dieppe)的船在伊斯帕尼奥拉岛上的北班达交易了两个月。1594年,"希望号"(*Espérance*)和"大主教号"(*Princesse*)两艘船从法国勒阿弗尔(Le Havre)出发,到达莫纳岛进行交易。1604年,他们甚至还和昔日的死敌英国人在曼萨尼约进行了合作。这就是与走私密切相连的务实精神。[5]

后来法国人在伊斯帕尼奥拉岛西侧(今海地,不过当时叫作圣多明各)殖民,给了走私贸易更大的刺激。因为甚至在政府层

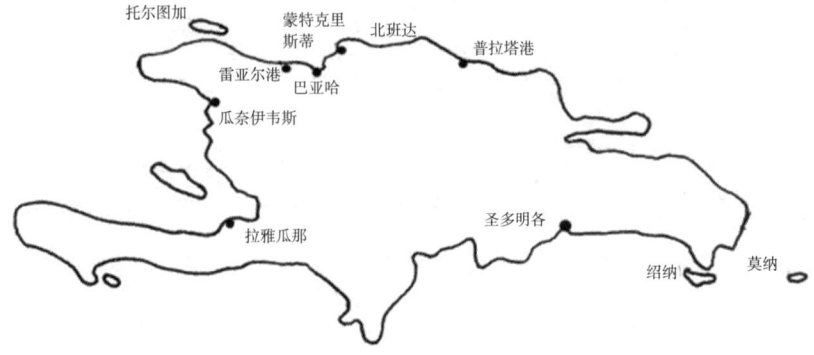

16世纪晚期的伊斯帕尼奥拉岛

面,对走私者都是同情的,对走私贸易采取顺水推舟的保护措施。他们对先前的走私者非常宽容,因为积极的反制措施将妨害当地法国人羽翼未丰的经济。而且,法属圣多明各还要与英属牙买加和荷属库拉索群岛在走私领域明争暗斗。如果说要允许黑市经济存在的话,那么最好还是将其限制在法属美洲。走私变得完全像正常买卖一样:在一次远航中,"凯旋号"(*Triomphant*)、"加斯帕德号"(*Gaspard*)和"武力公爵号"(*Duc de la Force*)甚至还未及扬帆,就把他们的走私货物卖给了墨西哥韦拉克鲁斯的商人。

这是否意味着加勒比海的走私业已经变成了像香料非法贸易那样的企业行为?还不能这样说。虽然在东亚,运出适量甚至是少量香料就能获取巨大利润,但就规模而言,加勒比地区进行的完全是不同的买卖。只有大规模交易才能获利,尤其是必须预先投入大量资金买枪买炮。有时候,是做海盗还是做大规模的走私,是一项重大抉择。在这个方程式中,就像今日的瓜希拉半岛每天仍在进行的酒类、香烟、衣服和电子产品的非正规贸易(将在下一章详细介绍)一样,有利可图的走私活动的高价值、低重量的黄金法则,是非常复杂的。但是，就像今天发生的情况一样，这些非正规交易仍然是与更暴力的经济活动一起在进行的。

英国人的走私生意

说到这一时期的英国走私者，与16世纪有一个显著的不同。虽然德雷克和霍金斯都是小贵族——是野心勃勃的朝臣兼探险家，他们的走私行动从来不是完满成功的——但是17世纪新一代的走私者们则是务实的商人，更像是荷属东印度公司的荷兰商人，而非伊丽莎白一世时代的英国走私者。他们从战略角度做出了自己最初的走私决策，然后才着眼于可能性不大的机会。例如，当欧洲往来于西班牙的半合法交易变得困难起来后，他们才将目光投向大洋彼岸西班牙的后门——南美洲。一些奇特的南欧产品，只能通过非西班牙人从美洲获得，即使经过长途运输，产生了船运成本，但当这些产品运抵英国市场后，仍然比从西班牙贩来要便宜得多。

这些精明而务实的商人中，典型的有约翰·埃尔德雷德（John Eldred）和理查德·霍尔（Richard Hall）。他们羡慕地看到热那亚商人兼走私者蓬皮利奥·卡塔内奥（Pompileo Cataneo）与英国代理商约翰·威廉姆斯（John Williams）合作，靠在加勒比地区走私发了大财。这后两人的船从伦敦出发时是合法的，从伊斯帕尼奥拉岛返航时，就是非法的了。埃尔德雷德和霍尔在一次远征中，率大帆船"五月花号"（*Mayflower*）和"海神号"（*Neptune*），及大舢板"理查号"（*Richard*）和"迅捷号"（*Dispatch*）进行了走私活动，有赔有赚，喜忧参半。"理查号"于1603年在蒙特克里斯蒂附近，伊斯帕尼奥拉岛的北班达海岸被捕获，但其他船都畅行无阻。"海神号"则抓到了在瓜奈伊韦斯交易到兽皮后正驶往哈瓦那的两条西班牙船。这是走私与海盗行为相互作用的一个很好的例证。然而，即使他们能从这片走私胜地全身而退，返航时也不见得一帆风顺，因为这已不是伊丽莎白一世女王统治的年代了：这批交易到的货物在西班牙大使的要求下，一到伦敦就被没收了，尽管他们在1585—1619年是由诺丁汉伯爵（Earl of Nottingham）和英国海军大臣查尔斯·霍华德（Charles Howard）资助的。不过，总体来说，国家对走私行为是睁一只眼闭一只眼的，甚至会利用走私者在加勒比地区实施某种炮舰外交政策，以便在欧洲与西班牙人谈判时捞取好处，也许目标就是要在美洲争取到合法贸易的权利。

像荷兰人的食盐贸易一样，一些英国走私者起初也是与地中海的贸易，以及那里的商业阴谋有关系。罗伯特·萨维奇（Robert Savage）是一名走私者，也是商业或政治间谍，起初以里斯本为根据地，逐渐发展到加勒比地区。一切都是因为关系：罗伯特·塞西尔（Robert Cecil）爵士是萨维奇的资助人，这证明与伊丽莎白女王的联系也并未完全断绝。他的合伙人是一个代理商，名叫威廉·雷索尔德（William Resould），曾于1602年进行了一次"贸易"冒险，航行到了加勒比地区。他们野心勃勃，一心只想赚大钱，因此其关系跨越了阶级界线。这伙人中有一个很引人注目的家伙，叫作罗杰·米德尔顿（Roger Myddelton），他和雷索尔德一起，组织人将兽皮转移到自己的船"葡萄园号"（*Vineyard*）上，以换取英国货。

总体来说，每年大约有4万张兽皮被走私船运出美洲，相当于16世纪80年代全部许可配额下允许交易的数量。[6]不过，这个统计数字有些误导，因为到这时为止的贸易几乎全是非法的。即使许多走私者都依赖于兽皮生意，但他们仍然时常投机地到委内瑞拉东部海岸外，寻求更有利可图的非法烟草交易的机会，直到1605年。

浪漫化的人物

关于数字,不多说了,但是当我们思考走私时,难道我们不是经常将这些干巴巴的统计数字浪漫化,想象成一个五光十色的走私神话世界吗?任何务实精神,不也不妨碍我们将主要的走私者像海盗传奇一样编成神话吗?基德船长(Captain Kidd)就是这样一个人物。当然,关于他隐藏的宝藏的传说是他长留世间的痕迹,但是至少他的部分赃物还是流入了非正规经济中,当1699年他将他那来路不正的战利品卖给了伊斯帕尼奥拉岛的走私者亨利·博尔顿(Henry Bolton),后者又将买到的布匹卖给了库拉索岛和圣托马斯岛(St Thomas)。

在此之前二十年,随着亚历山大·奥利维尔·艾斯克默林(Alexandre Olivier Exquemelin)的小说《美洲海盗》(*De Americaensche Zee-roovers*)于1678年在阿姆斯特丹出版,关于海盗的浪漫故事——有着走私的潜台词——进入了大众想象之中。当该书于1684年被译为英文时,书名让所有人都不再怀疑其浪漫性质了:《美洲的抢掠者和放逐者:关于西班牙美洲领地一些臭名昭著的海盗胆大妄为的故事》(*The Buccaneers and Marooners of America: Being an Account of the Famous and Daring Deeds of Certain Notorious Freebooters of the Spanish Main*)。20世纪20年代,拉斐尔·萨巴蒂尼(Rafael Sabatini)以艾斯克默林的书为素材,创作了他的《铁血船长》(*Captain Blood*)和《黑天鹅》(*The Black Swan*),两本书都拍成了电影,分别由埃罗尔·弗林和泰隆·鲍华(Tyrone Power)主演。在艾斯克默林的书名中叠加在一起的走私和海盗行为,是一直到19世纪都在反复盛行的故事主题。正像歌德所说的:"战争、贸易和海盗本是一事,合为一体密不可分。"[7]

然而，尽管往来海上的英国和法国走私者或海盗很出风头，却是以海岸为基地的走私者对于满足西班牙人最有助益。无论是对日用品还是奢侈品，西班牙人的需求和欲望都在不断增长。这种贸易依赖于两种特定人群的行为：一种是胆大妄为、贪得无厌的西班牙官员，特别是拉普拉塔河流域的贪官；另一种是定于进取心的所谓"新基督徒"——犹太人——他们被西班牙当局视为积习很深的走私者。当需要通过走私白银的流通牟取高额利润时，就没有空间留给浪漫了——毋宁说这是一项商业风险性投资，而不是冒险行为。

非法烟草生意

如果说有些走私者披上了浪漫的光彩，有些走私者以更像商人的面貌出现，那么西班牙美洲大陆东部的烟草走私者，则纯粹是迫切需要、极度渴望这种走私品交易以谋生。这种商品尽管在那样早的年代极富异国情调，却经常是出自极其偏远、贫困凄凉的村落。当地官员对帝国边缘地带他们的哨站、营地旁发生的这种非法经济，经常持同情态度。小规模地种植烟草以供走私交易便是很恰当的例子。当某个地区的高等法院施压，要求查禁走私时，这种小规模烟草种植就会转移到更边远的地带。

烟草种植在委内瑞拉东部和玛格丽塔岛上是禁止的。当地的总督佩德罗·苏亚雷斯·科罗内尔（Pedro Suarez Coronel）下令减少大陆上的库马纳地区的人口，但是问题只不过是向周边转移了，烟草走私在奥里诺科河（Orinoco）三角洲地区，特别是圣多美一带，深深地扎下根来。在这里，烟草走私不是太敏感问题，因为利润较低，完全可以容忍，但是更有利可图的珍珠、兽皮等走私行为，就不那么容易进行了。市镇议员（cabildo）们经常都是与走私者串通一气的，因为市镇长（alcalde）往往就是该地区最大的走私者。

烟草种植也转移到"蛮荒海岸"圭亚那，从西班牙殖民地逃离的人们在那里继续种植。但是烟草种植转移到特立尼达，意义却更为重大，特别是在走私处于更大的政治和经济发展的最前线的背景下。烟草走私是贸易保护主义和为自由市场经济进行种植园栽种的中间时期。委内瑞拉、圭亚那、玛格丽塔岛和特立尼达的叛逆地区抵制种植园组织，因为这意味着走私终结。然而，尽管面对的是帝国对走私根除的政策，烟草作为一种经济作物，却存活了下来，并的确为种植园经济打下了基础。烟草走私最终转移到圣基茨和巴巴多斯，这一转移将永久性地改变加勒比地区。

特立尼达的非法烟草种植，为这一移植的轨道提供了一座危险的桥梁。唐·费尔南多·贝里奥（Don Fernando Berrio）是来美洲寻找黄金国（El Dorado）的无数老兵之一，他最终认定烟草就是他的黄金。他利用烟草走私被禁止地区的栽种者，经营起特立尼达岛上的走私贸易。英国人大约从该岛买走了10万磅烟草，以满足他们的新口味。[8]这个走私社区兴旺的年代与荷兰人的盐业是并行的，都是1605—1612年，并在最后两年达到巅峰。贝里奥被严令停止走私贸易，但由于他已陷得太深，他采取了一项残酷无情的政策，攻击了一部分走私者，同时继续与许多其他走私者交易。他最终于1612年被撤职。

清除贝里奥，是一次管控走私的协同行动的收官之举。1603年，西班牙当局下令，伊斯帕尼奥拉岛上的城镇普拉塔港、巴亚哈和拉雅瓜那减少人口。1605年，圣多明各凶残的驻军司令奥索里奥（Osorio），为回应荷兰战船出现在近海，纵火焚烧了瓜奈伊韦斯。但是，其他走私利益还是得到了保护。例如，今古巴巴亚莫地区的最高法官曼索·德孔特雷拉斯（Manso de Contreras），就支持从伊斯帕尼奥拉岛移居这里的一些叛逆社区。曼索不像奥索里奥是纯种的西班牙人，他是出生在南美洲的混血殖民者，他在圣多明各（伊斯帕尼奥拉岛东部）、玛格丽塔、里奥阿查和圣玛尔塔都有秘密投资。曼索表面上很顺从，但是当古巴驻军总司令佩德罗·德巴尔德斯（Pedro de Valdés）的特使苏亚雷斯·德波瓦加（Suarez de Poaga）来到巴亚莫，并判处80个牵涉走私的人死刑时，这些人根本没在设有绞刑架的迎接仪式上露面。

　　伊斯帕尼奥拉岛上的减少人口政策，效果适得其反，因为这样拙劣的措施只能更加激化矛盾，使原本顽固的走私者在若干年内变成彻头彻尾的海盗。加勒比地区像潮汐般缓慢上涨的走私活动，随着17世纪的流逝，并没有使西班牙人意识到应当放松他们严加管制的贸易战略：例如，1631年，加勒比地区所有殖民地间的贸易都被禁止了。后来，并非巧合，但与艾斯克默林的《美洲海盗》几乎是同时问世的，还有一本何塞·贝蒂亚·利纳赫（José Veitia Linaje）所著的《西班牙对西印度群岛的贸易管制暨印度大厦账目》（*The Spanish Rule of Trade to the West Indies Containing an Account of the Casa de Contratacion, or India House*）。此书出版于1672年，于1688年译成英文，被称为可怕的"垄断圣经"。这个手册是关于走私的浪漫故事的对立面，详细阐释了一个限定词"关税"（almojarifazgo）。

白　银

　　如果说非法烟草交易在加勒比地区向自由市场的转化中，是一个虽小但意义重大的因素，那么逃离了垄断者金库的走私白银的洪流,则改变了整个世界。

在巴尔托洛梅奥·德梅迪纳(Bartolomeo de Medina)发明了汞齐化法,可通过汞将银从矿石中分解出来后,白银变成了一种意义重大的全球性商品。汞齐化法就是将银矿石溶解于汞中,使之成为水银,待水流尽再加热蒸发,留下的就是贵金属了。汞齐化法于1571年左右投入工业生产。银的产量一下子翻了十倍。玻利维亚波托西(Potosí)巨大的银矿山,就像先前人们想象中的黄金国一样,变成了传说中的财富之源。西班牙帝国似乎稳固了。但是,正如荷兰人在东印度群岛实施的香料垄断一样,走私几乎是立刻就开始了渗透。

全世界对白银的需求迅猛增长。白银成了世界通币,荷兰人、英国人、法国人和葡萄牙人都需要白银来资助自己在东亚的帝国野心。直到19世纪白银仍然重要:被称为"值八个"(pieces of eight)的西班牙古银币[因为一块银币值8里亚尔(reale)],成了拿破仑战争时期最可靠的货币;正如中国广东,在18世纪晚期和19世纪成了鸦片走私的中心。

是葡萄牙人、荷兰人和默许的犹太人所构成的商业网络,真正刺激了白银流通。早在1558年,正式摆脱了垄断的葡萄牙人,就从美洲运出了白银。从委内瑞拉运来的墨西哥白银,填满了荷兰人的钱包。但实际上,加勒比路线并非最重要的白银走私路线。官方的路线是,将白银从波托西运下山,到达太平洋岸边,然后装船北上巴拿马,越过地峡后,再由珍宝船队运回西班牙。主要的走私路线则是,从波托西到巴西,沿拉普拉塔河进入大西洋。拉普拉塔河的意思就是"白银之河"。与乌拉圭共同拱卫该河的阿根廷(Argentina),就得名于拉丁语"argentum"一词,意为"白银"。葡萄牙人通常经由巴西与波托西进行交易,用来换取白银的,经常是他们沿途从荷兰人那里搞来的工具和其他施工用品。

英国人在白银浪潮中获益，主要是通过在加勒比地区，而不是在南方的新世界的冒险。他们贩来奴隶和制造品，换回白银以资助其方兴未艾的殖民事业。17世纪末时，他们通过牙买加赚到了20万英镑，其中大部分是东印度公司经手的，而该公司的所有渠道加起来，每年能向东亚注入40万英镑。[9]荷兰东印度公司也是如此。

法国对白银财富的流通也有贡献。使白银悄悄流入法国经济的最好办法之一，是经由法属加勒比群岛。但是法国也能从欧洲获取白银：西班牙人尽管是天生的狭隘岛民和贸易保护主义者，却不得不向法国购买小麦和船帆布。巴黎和鲁昂变成了正规贸易和非法贸易的钱袋子。西班牙人无法阻止其白银成为世界资本——他们需要进口产品，但只能用银币支付。

那么走私白银对全球有什么重要影响呢？我们在此谈论的走私白银的总体数量又是多少呢？17世纪波托西出产的全部白银中，据估计有四分之一以上从官方渠道流失，[10]但实际情况可能更糟。甚至在17世纪之前，考虑到官银泄漏的各种方式，经济灾难就已经在敲西班牙富丽堂皇的镀金大门了。1597年，有66万磅以上的走私白银从墨西哥的阿卡普尔科（Acapulco）流出，经由马尼拉流向印度和中国。[11]这个数量甚至超过了进入塞维利亚的合法白银。16世纪，全部美洲白银中可能有四分之三都流失到了西班牙之外，从欧洲一直流通到亚洲，虽然破坏了国际收支平衡，但是创造了世界上最早的全球性经济。从日本德川幕府（为缓解美洲白银流入的压力）而注入西班牙太平洋帝国的白银——无论是通过合法还是非法交易——虽然减缓了西班牙的经济衰退，但是不用多想便能想到，走私白银甚至早在16世纪，就已经开启了西班牙帝国的衰落进程。

西班牙人的走私

西班牙殖民者自己也绝非走私的牺牲品,而是与走私有着千丝万缕的联系。1621年后西班牙人和荷兰人的敌对,刺激了走私贸易。战争往往会加速地区性贸易,抬高稀缺物品的价格,这就使一些能作为仓储地的岛屿真正繁盛了起来,因为它们是当地组织的小船走私和欧洲支持的大型非法船运贸易的交汇点。走私的需求也有转移。随着帝国的边缘地带越来越离心离德并最终分裂出去,产生了对奢侈品的大量需求——不仅仅是巴洛克风格的宏大教堂,还有走私的时尚衣物和家居用品。

在帝国的边缘地带因为短缺和需求而产生的走私现象,是怎样蔓延到帝国的核心地带的呢?嗯,其实走私某种程度上是一直在核心地带存在着的。以烟草为例,在巴西、加勒比地区和北美海岸进行的小型非法贸易,形成了全新的叛逆社会,有点像中国的福建沿海,对尼古拉·一官和"中国船长"来说,对抗明朝是非常有利可图的。但是在帝国的核心地带,也已经存在着一些不大顺从塞维利亚的贸易署(Casa de Contratación)的事情。强大的城镇附近,往往有一个弱小但从事非正规贸易的对应城镇,如哥伦比亚卡塔赫纳(Cartagena de las Indias)附近的巴鲁(Baru)、巴拿马波托韦洛附近的埃尔加罗特(El Garote)。甚至是帝国的这些牢固设防的中心城市,都没有完全与四周的荒野隔离开来。当西班牙美洲大陆的一些二级城市受到私掠船和海盗的侵袭时,它们一定也会感到些许的恐慌。你只需看看1655—1667年的哥伦比亚海岸,就会不寒而栗:里奥阿查被洗劫了五次,圣玛尔塔是三次,而托卢(Tolú)则有八次。[12]那么,还有一些边远的荒凉海岸,但是从另一个层面上看,整个西班牙大陆美洲都是一片蛮荒的海岸。

西班牙偏远地带的殖民者为什么如此大胆地对抗他们核心地区的上司呢？或许是因为尽管有官员被指控走私，有时也会因此而丢官，但几乎无人会坐牢。鉴于汹涌的走私大潮不仅制造短缺，也创造机会，所以当局既无意愿也无办法制止商品的非法流通。走私品甚至进入了官方运输体系：哈瓦那和圣多明各的海盗们将走私品卖给西班牙自由商人，而自由商人又将它们混入官方船队的船货中，在西班牙美洲大陆重新流通。进出像圣尤斯泰希厄斯岛和库拉索这样的仓储地的，既有大船，也有成群结队穿梭来往的小型纵帆船，在西班牙帝国官方的核心地带之间转运着走私品。但这绝非毛细血管般的细流：由于贸易署的短视政策，帝国的主动脉——官方大船队——也被渗透了。大船队的商人们被迫承担运输成本，走私品渗入所产生的任何成本和损失，都须由这些商人设法找补。为了弥补损失，他们往往自己也投入了走私，这反过来又抬高了官方货物的成本，于是又导致了更多的走私——形成了一个恶性循环。

垄断的渗透性之强，从对外国中间商的容忍度上，也可豹窥一斑。在西班牙帝国的核心地区，除卡塔赫纳、墨西哥城、利马、波托西和布宜诺斯艾利斯外，有一片半获准的空间，葡萄牙人非常活跃。从16世纪晚期起，荷兰人开始替代葡萄牙人，成为更受青睐的中间商，承担船运非法商品进出西班牙属美洲的业务，就像后来英国人在巴西一样。这些荷兰走私者是公开运作的，虽然被鄙视为外人，但他们在帝国新的运营总部所在地加的斯（Cádiz）却是有据点的，在当地的社交界，他们也是大出风头的座上客。

非法奢侈品的交易

走私品堂而皇之，甚至非常招摇地出现在西班牙帝国的核心地带，这是不合走私逻辑且违反常理的。这种风气很大程度上来自东方。

这也许是独立于塞维利亚的声明，也许是在艰难的征服岁月之后社会某些阶层追求温柔生活方式的表现，但无论什么原因，家族和团体开始采取东方主义的观点了。1573年，第一批中国丝绸、缎子、瓷器和香料从菲律宾进口到阿卡普尔科。进口有限制：二十年后中国产品仍然只能合法地进口到新西班牙（包括墨西哥，以及除巴拿马之外的中美洲），配额只有两船300吨。然而这却是"卡努特大王"（King Canute），也就是秘鲁总督、卡涅特侯爵（Marqués de Cañete）的高光时刻。他曾警告说，对中国货的任何禁止都不会有效的。1593年，像是出现了一股新潮流，西班牙货卖不动了，虽然那年并无大船队满载而来，商铺里仍积压了许多卖不出去的西班牙货。秘鲁商人很快便贩起中国布，转售到利马，因为中国布价格是西班牙布的十分之一。鉴于所有人都想分一杯羹，垄断根本不可能维持。港口官员、墨西哥的高级法官，甚至总督们，都与在墨西哥和利马之间，通常经由尼加拉瓜进行交易的走私者们串通一气。有时候秘密的交易在海上进行，有时候则根本无必要：例如，被没收的货物是免检的。教士尤其是个问题。尽管他们于1615年被勒令严禁参与走私，但他们神圣的光环背后，仍然藏污纳垢。葡萄牙耶稣会会士一马当先，西班牙传教士紧随其后：例如，弗雷·阿隆索·德古斯曼（Fray Alonso de Guzmán）就是古巴西部巴拉科阿（Baracoa）地区众所周知的走私大腕。

加勒比地区走私大潮的高涨，并不完全出于当地的生活必需：走私推动了蛮荒海岸的烟草贸易，刺激了荷兰人的走私行动，因为他们需要盐。不仅是荷兰自由商人，而且是荷兰整个国家都需要盐，因此走私与国家行为的联系，在此又清晰地显示出来。而且，日用品获取，即使是通过非法交易，也会转化成力量和影响，有时是通过其显著的消费。走私开始变成大买卖。白银的非法流通是个量级更大的故事，是它缔造了全球化的经济体系。

那么加勒比最终变成了一个怎样规模的走私之海？数字非常明白。1599—1606年，走私产生了加速度。[13]到1619年，走私的规模已经超过了官方的美洲贸易。[14]到17世纪60年代腓力四世的统治结束时，走私已经成为常规而非例外。[15]加勒比地区流通的走私品超过官方商品的现象，一直持续到18世纪中期。这时，走私之海又受到了另一种走私现象的影响：波旁王朝所属的美洲殖民地，在所有层面上都受到走私无可救药的渗透，社会同时在向西方和东方寻找走私品来源。

对走私品的欣赏正在席卷全球。

第四章
走私之漠：今日的"西班牙大陆美洲"

　　1686年12月，探险家、博物学家、作家兼海盗威廉·丹皮尔乘坐的船在菲律宾群岛中的棉兰老岛（Mindanao）海域颠簸摇摆，他怀疑起船长海盗斯旺（Swan）和许多船员的决心。他们的船"小天鹅号"（Cygnet）刚刚进行过维修和补给，然而却不能很快逃离，难道这是因为海王爷诡异的好客之情？丹皮尔不耐烦了。他有很多故事可讲，但说到他多年来兼职的海盗事业和偶尔的走私业务所积累的物质财富，却乏善可陈。他的思维又驶入了传统的水道：或许他的船长在此徘徊不去，是希望在香料群岛再装满货，让所有人都觉得很值得返回旧世界。但这是不可能的。棉兰老岛本身就很适宜栽种肉豆蔻，但丹皮尔他们不敢在那里开启买卖，因为担心荷兰人报复。取而代之的是，丹皮尔在思考着走私便宜货到西班牙属菲律宾群岛的可能性。那里也许能成为一百年前的加勒比。

　　精疲力竭的丹皮尔在这次原本充满希望如今却仓皇而逃的旅程中，憧憬着走私的微小可能性。这是个令人熟悉的故事。德雷克和霍金斯也曾做过海盗以碰运气，他们梦想过西班牙的黄金，却不得不靠走私那点虽稳定却微小得多的利润惨淡经营。走私的浪漫对于他们来说，或许也对于我们来说，就仿佛地平线上分辨不清的航船一样，是隐隐约约、捉摸不定的微光。走私并非每天都在发生的事实，尽管经常发生，但走私令我们感到迷人的，经常是错觉和复杂的情况，既可能令人感到不可思议，也可能是稀松平常的。以16世纪60年代德雷克和霍金斯亲眼所见，并视为潜在的走私之地的哥伦比亚瓜希拉半岛当年的走私为例。那里的走私活动持续了好几个世纪，有些时候非常明显，有些时候隐介藏形，奇怪的是，也有些时候两种现象同时存在。这里的非法贸易经常很俗，以做买卖一般的方式低调进行，但有时也大肆招摇，闹得沸沸扬扬。你倒是还不能把这种矛盾现象称为魔幻现实主义，但也实在够吊诡的。

文献记载的瓜希拉半岛登陆

哥伦比亚小说家加夫列尔·加西亚·马尔克斯（Gabriel García Márquez）在其短篇小说《死亡不断压倒爱情》（Death Constant Beyond Love）中，刻画了一个"虚构的"瓜希拉村庄——"总督的玫瑰"（Rosa del Virrey）。他这样描绘这个走私港口外的大海："枯燥无味，没有方向。"[1]在同一片海岸上的洛佩斯港（Puerto Lopez），既是真实存在的，但也同样是虚构的。这是一片受到了冲蚀的海岸，人们对其自然的反应是没精打采：难道这里说的不是加勒比海吗？不是德雷克和霍金斯、梅嫩德斯，或者小说人物杰克·斯帕罗（Jack Sparrow）船长的故事发生的地方吗？不是那个在冬天吸引我们去度假的浪漫的加勒比地区吗？当你站在码头上，寻找这些景象时，你会不可抑制地产生一种被抛弃的感觉。

洛佩斯港也叫图卡卡斯（Tucacas），是这座半荒漠化的半岛东北岸上一连串曾见识过好日子的小港口中的一座。这是片荒凉的地方，自其水域因沉积物淤塞后，已经很大程度上退化成沙漠，使其无法再开展商业活动。附近的港口因格莱斯（Inglés）和埃斯特雷亚（Estrella）也是如此。这条海岸线看上去如此凄惨，真有些令人困惑：这座半岛可是举世闻名的啊！亨利·查理尔（Henri Charrière）在回忆录《巴比龙》（*Papillon*）中所描述的，他逃离法国流放地那座人间地狱后，所发现的天堂海滩，那有着瓦尤人部落众多潜水采珍珠的童贞仙女们的庇护所，就在这座半岛上。

奇怪的是，洛佩斯港在遥远的高原上的首都波哥大（Bogotá）也有标志。在波哥大市中心以西数英里的一个商业区，有一座仓库上醒目地展示着"Comercio Puerto Lopez"（洛佩斯港商业中心）的字样。在一座并不出名的建筑物上打出这样的招牌，倒并不能等同于高喊出"走私"，但是这座建筑物恰好归圣安德烈西托（San Andrésito，以昔日的海盗岛圣安德烈斯岛命名，该岛在20世纪八九十年代是兴盛的可卡因中转站和洗钱地）所有，也肯定不是巧合。圣安德烈西托是哥伦比亚所有大城市都能看到的大走私市场之一。

不过，在半岛东北的这片海岸，却很少有商贸活动，无论是合法的还是非法的，在图卡卡斯则根本没有。在这些小小的村落里想寻找走私活动，是徒劳的，这很容易使人沮丧，陷入令"总督的玫瑰"的村民们深深烦恼的那种倦怠，对此，加西亚·马尔克斯曾写道："没有人会怀疑，有人能够改变住在这里的任何人的命运。"[2]但是洛佩斯港的邻居埃斯特雷亚港，却的确给一位陌生人留下了深刻的印象。

1962年，心情多少有些郁闷的美国记者、作家亨特·斯托克顿·汤普森（Hunter S. Thompson），从阿鲁巴乘一条走私小船静悄悄地在这里登陆。他在给家人的信中写下了自己对这里的第一

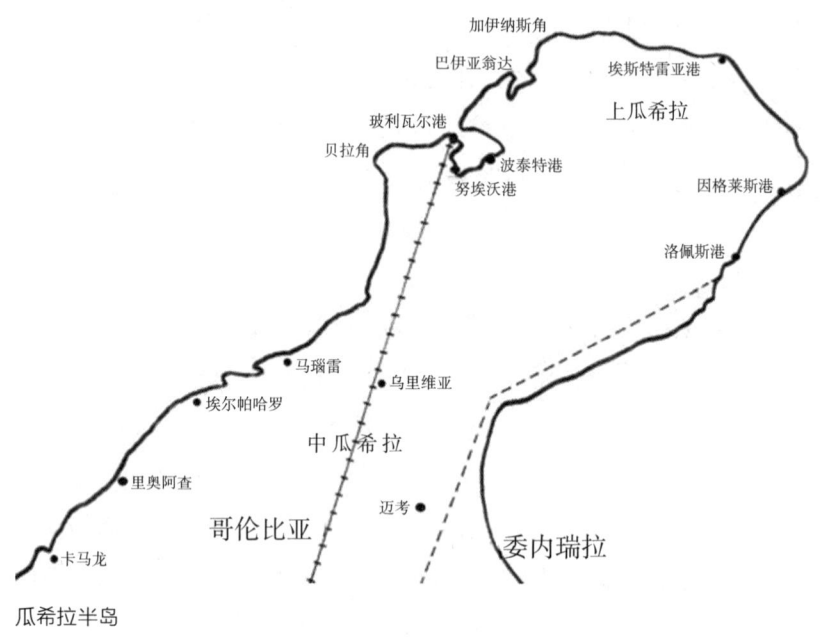

瓜希拉半岛

印象，后来被收入《恐惧和厌恶的信件》（*The Fear and Loathing Letters*）一书和《一个自由自在的美国人在走私者的巢穴里》（*A Footloose American in a Smugglers' Den*）一文中。他说得很中肯："他们通常都在谈论走私……这里没有移民官员，也没有海关。实际上，也根本没有法律，而这恰好是埃斯特雷亚港成为一个如此重要的港口的原因。"[3]他立刻体验到走私品，主要是威士忌、烟草和珠宝。这使他在当地逗留了一阵子，因为起初曾令他害怕的他的瓦尤人主人，介绍他到南美去参加一次为期三天的纵酒狂欢。

汤普森是为了走私而来，也身处走私活动当中，但他经历的走私，似乎无论如何也算不上大买卖。然而，走私这种低调的表现本身就是一种错觉，因为瓜希拉半岛的走私，尽管今天在特征上和外表上都显得有些怪异和另类，但在历史上却也曾范围广、深度大。

走私在这个半岛上持续了将近五百年。浮出水面的有荷属安的列斯群岛的一些自由港，提供各种品类和风格的走私品，再深一些的有奢侈豪华的加勒比群岛，那里是向美国市场运输可卡因的中转站。

漂流和机会

让我举两个凝望大海且视野不同的事例。第一个是我的亲身经历，第二个是一个关于海难的非同寻常的真实故事，是加西亚·马尔克斯在他最早的作品之一中讲述的，是一篇他称之为"一位海难水手的故事"的新闻报道。

2002年12月，当我在南美洲的最北端加伊纳斯角逗留时，接待我的大家庭住在一个筑有牢固高墙（既为防风，也为防匪）的孤立的院落里。他们家的大女儿是个约莫14岁的小姑娘，她给我讲了下面的故事。几年前，有一条美国风帆游艇遭遇了海难，漂到了海角的岸边。瓜希拉人尽其所能地打捞了游艇里的东西。姑娘的父亲多年前曾在阿鲁巴打工，跟她说过那里的豪华和诱惑。她的梦想就是有朝一日能去阿鲁巴看看，但是现在，通过一本破破烂烂的杂志《读者文摘》(*Reader's Digest*)，她竟然得偿夙愿。她给我看了那本杂志，上面有那座岛的图片——主要是游客度假村的广告。杂志来自那条失事的游艇。走私品也是以同样的方式被冲上岸的，并且实际上影响了半岛上每个人的人生。

"一位海难水手的故事"是一个真实故事，讲述的是一艘哥伦比亚海军战舰从美国的莫比尔港（Mobile）出发，返回哥伦比亚北部海岸的卡塔赫纳时发生的事情。途中有八名水兵失踪了，据说是在到达前两小时，在一场暴风雨中被吹落海里。在经过一番史诗般的垂死搏斗后，乘着一只小筏子的路易斯·亚历杭德罗·韦拉斯科（Luis Alejandro Velasco）上了岸，成为唯一的幸存者。他先是向当局做了证，然后又向加夫列尔·加西亚·马尔克斯谈了自己的经历——那是1955年，马尔克斯还是国营报纸《观察家报》（*El Espectador*）的一名年轻记者。十五年后，一本书出版了，加西亚·马尔克斯重新讲述了这个故事。韦拉斯科的证词揭露了一个丑闻，那艘军舰的甲板上载有走私品——有收音机、电冰箱、洗衣机和炉子——那些水兵丧生，只是因为裸露堆积在甲板上的货物在暴风雨中松动了，他们奉命到甲板上固定货物。

瓜希拉半岛是走私者的地盘，船进船出运送着那些最危险的走私品，如枪和毒品，但这里也是那些松动的收音机、洗衣机和电冰箱被冲上海岸的地方。我们都知道，可卡因经由各种各样的小岛，如巴哈马群岛和其他群岛，被输入佛罗里达和美国东海岸。但是那些来自巴拿马的科隆（Colón）的自由港和老荷兰殖民地库拉索、博奈尔（Bonaire）、阿鲁巴，卖进哥伦比亚的锅碗盆罐、衣服、烟草和电器，又怎样呢？正因为有这些走私品和危险的禁运品，加勒比海仍然可以被想象为走私之海，正如在西班牙大陆美洲时期一样。

在地图上标出新的走私流

在巴拿马运河的大西洋一端，坐落着小镇科隆，是以哥伦布命名的（Cristóbal Colón是哥伦布名字的西班牙语拼法）。不过，如果说运河是巴拿马对正规贸易的伟大贡献的话，那么科隆就是非正规贸易的阔干爹，因为坐落在这里的，是拉丁美洲最大的自由市场之一，将各种各样的商品注入我在前一章中称为"走私之海"的水域（指17世纪及以后走私在加勒比海地区的逐渐发展）。科隆市场和荷

"走私船正在卸货,哥伦比亚瓜希拉半岛波泰特港",本书作者拍摄的电影《走私荒漠》(Contraband Desert,2005年)中的镜头

属群岛的众多市场一起,从一开始就在为瓜希拉半岛提供不纳税的商品。

在因格莱斯、埃斯特雷亚和洛佩斯等港口以西,还有更晚近建起的波泰特港(Puerto Portete)和努埃沃港(Puerto Nuevo),是为接待更多更大的船。成群的雇佣劳工,主要是原住民瓦尤人,将船货卸在这片荒漠中为特定目的而建的人力码头(muelle artisanal)之上,再装上卡车。走私品大多为香烟、酒类、衣物和电子产品。它们将被卡车载运,穿越沙漠到达100多公里外的哥伦比亚走私之都——地区性城镇迈考(Maicao)。走私品将在这里"合法化"——获得各种证明文件——其中的一部分将以除了哥伦比亚全世界再也找不到的最低税率课税。这时，半岛上走私这个"公开的秘密"就被加盖了公章。

部分商品就在当地销售，尤其是销往省会里奥阿查，其余的则销往前面提到过的各大城市的"圣安德烈西托"。圣安德烈西托是半官方但却非常成熟的像现代购物中心一样的市场。波哥大那座打出"洛佩斯港商业中心"字样的仓库，之所以叫那个名字，可能是因为洛佩斯港在很多年都是一个——引用一下亨特·斯托克顿·汤普森的形容词——"重要的"着陆点。我们由此开始看出这个当代走私胜地想象的地形构造。瓜希拉半岛就在这个走私胜地的心脏地带。

走私领地的地形

在一片在人们的成见中除了走私别无其他的土地上，瓜希拉半岛就是走私的国中之国。如果你认为走私是瓜希拉半岛上唯一的产业的话，那么是情有可原的，不过近年来，走私与该地区另一项大产业——采煤业——逐渐地融合起来。这也全仗此地靠近加勒比海，加勒比的洋流掠过西班牙大陆美洲，再北上北美，然后折向大西洋对岸的欧洲。煤的开采仍然相对廉价，并且主要供出口。半岛上的煤码头玻利瓦尔港（Puerto Bolívar）实际上离走私港口都不远，而大部分可卡因就是从那些走私港口输出的，十年前经常就是装上那些运来高保真音响设备和香烟的船运走的。可卡因是和巨额的美元一起运走的，这些钱将通过购买大量不纳税的商品而洗白。进口和出口、黑市和白市、官方产业和地下产业……这有点儿像是桌游"冒险"（Risk），调动起资源、基础设施和竞争力。

这场桌游或许可以说是像这样：国家通过采煤和采盐而被雕刻在大地上。埃尔塞雷洪（El Cerrejón）是半岛南部或称下瓜希拉的一座巨大的露天煤矿，通过一条笔直的铁路与西北部，或称中瓜希拉的一个深水大码头连接起来。在铁路的西边，大约20公里远的最近的海角处，就是马瑙雷港（Manaure）及其有好几百年历史的采盐池（salina）。这里仍在中瓜希拉，其海岸外的水在变"浅"（seco，西班牙语字面的意思是"干涸"）。走私活动在式微，因为船需要拖到更深的水域，而船的载运量却越来越大。门上有一个巨大的"S"标志的，就是国家特许经营的盐业机构的办公室和仓库。该机构很大程度上是公有的，其运营活动要延伸到南边几英里外，但最引人注目的还是在城镇附近，盐被收集后，倾倒在一些高达50英尺的永久性白山上，方圆几英里外都能看见。工人们将盐打包、装上卡车，一座带有输送带的庞大吊车则在不断地填充着盐山。

盐已经不再走私了。走私活动大多在铁路线以东和北海岸的煤码头玻利瓦尔港进行，该港是以哥伦比亚和南美洲独立运动时代的英雄西蒙·玻利瓦尔命名的。我们这时来到了上瓜希拉，这里的海水很深，海湾的名字叫"巴伊亚翁达"（Bahia Honta），意思就是"深"。在这里，国家只是在概念上存在的。这里没有官方认可的产业。机械和成堆的矿产品都不能视为合法经营的标志。走私在这里也经常是公开进行的，没有丝毫的遮掩和躲藏。

进入21世纪后，合法和非法利益之间达成的妥协似乎非常融洽。然而2004年，笼罩在现代走私业周围的暴力，终于打破了这种宁静。4月18日，一股右翼准军事武装对巴伊亚波泰特（Bahía Portete）一带的村庄进行了劫掠，杀死12人并导致另外35人"失踪"。这是对一大批可卡因失窃所进行的报复行动。这批可卡因原本储存在港口附近，等待装船运走，结果被与瓦尤人部落有关联的一个匪帮科诺科尼托人（Cono Conito）窃走了。此后这一地区，包括波泰特港，就完全被瓦尤人劳工抛弃了。现在这个准军事武装名义上已经宣布解散了，但实际上，他们已转化为更加顽固的犯罪团伙，其主要兴趣为高端走私品，如毒品和武器等。

这是否意味着家居用品、时尚饰品和奢侈消费品的走私，就迎来了末日呢？

这儿根本没有走私这种事情

走私作为如此众多的人日常生活的一部分，已经有如此长时间了，是不会一下子就灰飞烟灭的。瓜希拉半岛的低端产品走私，在活跃了五百年后，不大可能就此走到穷途末路。低端走私无论如何是与更为暴力的毒品和枪支走私难以切割的。多年来，这里从委内瑞拉偷运汽油的买卖也很红火：日常用品的走私仍然深深地植根于公共意识中。

那么，在这样一个暴力且显然是文化贫瘠的地方，人们对走私还有没有什么幻想呢？令人惊奇的是，某种既浪漫又务实的态度一直在瓜希拉半岛人人相传、代代相传。尽管走私充满血腥暴力，但也始终散发着一定的魅力。走私给当地人带来了引人向往但又贫贱悲惨的生活，所以浪漫也许就是另一种暂时的心灵慰藉吧。

如果我们再回到加西亚·马尔克斯的作品，我们就能从晦暗的现实中看出这种朦胧的形象。这个走私每天都在发生的既寻常又奇异的半岛，不止一次地吸引过他的目光。他在多部短篇小说中都曾描写过这种海市蜃楼般的贸易，如《因诺森特·埃伦迪拉和她狠心的奶奶令人难以置信的悲惨故事》（"The Incredible and Sad Tale of Innocent Eréndira and her Heartless Grandmother"，1983年曾被拍成电影）、《好人布拉卡曼，神奇的小贩》（"Blacamán the Good, Vendor of Miracles"）、《死亡不断压倒爱情》（"Death

Constant Beyond Love"）、《鬼船最后的航行》（"The Last Voyage of the Ghost Ship"）。

他展现的首要矛盾之一，是走私若有若无的可见度。走私在波泰特港和努埃沃港如此明显，哥伦比亚国家电视台RCN都报道过。然而，加西亚·马尔克斯却在《因诺森特·埃伦迪拉》（"Innocent Eréndira"）中，通过一个卡车司机之口，夸张地说出走私根本不存在。这位司机让女孩儿埃伦迪拉和她的奶奶搭了便车，他说："这儿根本没有走私这种事情……人人都在谈论走私者，可谁也没见过。"[4]但作者又以暗示的笔法，戏剧性地揭露了走私的泛滥程度，埃伦迪拉在装稻米的口袋中发现了一条走私的珍珠项链，甚至还在司机高谈阔论的同时，就将它拽了出来。

在加西亚·马尔克斯的这些小说中，走私无处不在，如果不在公路上，那也总是在公路两旁。橘子长在树上，然而装橘子种子的口袋里装的却是钻石，当钻石由荷兰移民押运，穿越半岛从阿鲁巴前往未说明的边境地区时，人和货都藏在装满笼鸟的卡车里。在小说《鬼船最后的航行》中，我们看到驾着好几条双桅纵帆船的走私者，在圭亚那给船装满了胡萝卜，但他们的手指上却套满了钻石。

在另一次交流中，走私的可见度就令人可悲了。那是一位（正在等待另一桩案件的线人的）警察和驾驶满载的卡车恰好路过的走私者的邂逅。当警察断定车上的是走私者，而不是前来接头的"密探"时，他说："至少……你们用不着在大太阳底下东跑西颠。"[5]

我本人也见识过走私这种模棱两可的关系。在马瑙雷，我曾同一名老盐工交谈，他说"根本没有走私这回事儿"。他并不是否定走私码头、运输走私品穿越荒漠，或者走私市场这种事物的存在，而是表示这已是一种生活方式，如此显而易见，已经合法化了。他的观点，得到了在迈考市场里的小亭子就能使商品"合法化"这一事实的支持。在这个地区性的商品集散地，只需交一小笔钱——算是纳税——就可以获颁假证书。

不要命的走私者

鉴于这种自欺欺人，加西亚·马尔克斯从其天生的古怪状态又往前迈出一步，进入了魔幻现实主义的王国，也许不足为奇。但是，当我们评估瓜希拉半岛走私的概况时，当面对集体意识中其丰富多彩的剖面时——这是一个非常现实的存在——我们需要求助于魔幻现实主义吗？走私无疑为这里的日常生活添加了些调料，并且在某些人中和某些地方被放得很大。

以一个被哥伦比亚媒体称为"万宝路牛仔"（Marlboro Man）的人为例。塞缪尔·桑坦德·洛佩谢拉（Samuel Santander Lopesierra）倒卖过大量走私香烟到瓜希拉半岛。据说，这些香烟是他通过荷属安的列斯群岛的生意伙伴，从"万宝路"的生产商菲利普·莫里斯烟草公司（Philip Morris）和英美烟草公司（British American Tobacco）倾销廉价香烟的市场免税购买的。新闻报道暗示，这两个公司完全清楚这些香烟会被走私到南美。2003年5月，洛佩谢拉面带微笑的特写照片出现在哥伦比亚《坎比奥》（Cambio）杂志的封面上，当时他被押上美国缉毒局（DEA）的专机，引渡到美国。他穿着红白相间的运动衫，头戴棒球帽，衣服和帽子上都有"万宝路"的名称和商标。洛佩谢拉的公开面目是哥伦比亚国会的当选议员，但是根据《坎比奥》杂志的报道，他还有很晦暗的一面，与用毒品利润资助1994年在总统选举中胜出的埃内斯托·桑佩尔（Ernesto Samper）之事有牵连。他通过在阿鲁巴岛和库拉索岛为他供应香烟的生意伙伴、以阿鲁巴岛为基地的曼苏尔

里奥阿查机场的失事飞机残骸

(Manzur)家族,向竞选活动捐赠了55万美元,以保护他们的生意。洛佩谢拉还与政治对手、律师阿尔瓦罗·戈麦斯·乌尔塔多(Álvaro Gómez Hurtado)被暗杀一事有关,这是他们掩盖其贿赂行为的计划的一部分。

其他人物则像是薄雾中若隐若现的幽灵。20世纪70年代,当"圣玛尔塔黄金"(Santa Marta Gold)大麻被认为是地球上最好的大麻而在美国卖高价时,有几个美国毒品走私者曾悄悄地出入瓜希拉半岛。这些冒险者中有一位名叫艾伦·朗(Allen Long),像罗伯特·萨瓦格(Robert Sabbag)的书《烟幕》(*Smokescreen*)中所描绘的那样,飞机坠毁在瓜希拉。他的飞机上装载了太多的货包,也没能避开树木。在瓜希拉省省会里奥阿查的小飞机场的航站楼前,有一架扭曲变形的轻型飞机的残骸,像是个另类的艺术设施（或者说是和害怕坐飞机的人开了个令人作呕的玩笑），实际上是对走私者的警告。在里奥阿查以西大约10公里的小村庄卡马隆斯（Camarones），人们仍在谈论着一架飞机一头栽进满是火烈鸟的潟湖，而飞行员无影无踪的事情。没人能说出他死了没有，但是瓜希拉的这些海岸低地与加西亚·马尔克斯的《好人布拉卡曼，神奇的小贩》里的流沙——也就是那些卖"能使走私者变成隐形的逃跑药"的懒散的人们所处的环境[6]——倒并没有多大不同。

走私的文化

大麻使一些外国人发了财，也在哥伦比亚的加勒比海沿岸创造出一种虚饰的繁荣景象。从1974年持续到20世纪80年代早期的大麻走私潮，产生了一个新的社会经济阶层，主要来自从哥伦比亚内地迁来的移民。投资的大鳄们始终躲在幕后不露面，但是在巴兰基亚（Baranquilla）、圣玛尔塔和里奥阿查这些海滨城市，组织船运的中层管理者们却是极其常见的。里奥阿查其实也在瓜希拉半岛上（尽管不是在上瓜希拉，而是在较偏远的部分），但是20世纪90年代曾风靡一时的浪漫电视肥皂剧《瓜希拉省》（*La Guajira*）中所描绘的阴谋活动，就是以那里为原型的。电视剧中那些住在海滨大理石豪宅里的大麻走私者，在来自首都波哥大的被美化的外国"文明人"和原住民瓦尤人之间，担任了调解者的角色。这个新的中间商群体存在还不到三十五年，却很快成为半岛当地走私神话的代表者，并且显而易见。

在这部电视剧中，骡子被SUV汽车取代，而SUV几乎总是开得飞快，守卫豪宅大院的年轻匪徒们装备的则是自动武器。这是生活中的真实情况吗？哥伦比亚记者何塞·塞尔万特斯·安古洛

(José Cervantes Angulo)在他的书《萤火虫之夜》(*La noche de las luciérnagas*)中认为的确如此。他不仅刻画了秘密小道和海盗抢滩登陆的场景,而且描写了大麻走私者们社会生活风格,甚至是他们的国内顾客的偏好,这些估计是好莱坞都忽视了的素材,哥伦比亚的电视肥皂剧却没有忽略。肥皂剧不可避免地要在一定程度上反映日常生活,烈酒、衣服和高保真音响设备,更不用说洗衣机和收音机的走私,有时是拐弯抹角地与毒品走私纠缠在一起的。当这些走私升华进大众电视肥皂剧时,在哥伦比亚就全都变成了家常便饭。

走私的时尚趋向于由中产阶级,而不是超级富豪来引领,大异于20世纪八九十年代的可卡因大亨,如麦德林集团(Medellín Cartel)的巴勃罗·埃斯科瓦尔(Pablo Escobar)和卡洛斯·莱德(Carlos Lehder)、卡利集团(Cali Cartel)的罗德里格斯·奥雷胡埃拉(Rodríguez Orejuela)兄弟等人的趣味。例如,在巴兰基亚(在瓜希拉半岛之外,不过是海滨最大的城市)有一条街(第72街)成了暴富的人们喜爱的地方。随着瓜希拉新贵们蜂拥而来,众多家具店如雨后春笋般出现在那里。大理石成为最受欢迎的建材。巴兰基亚的皇都酒店(Hotel Royal)被人买下进行了翻修,以与20世纪20年代兴建的国家级地标普拉多(Prado)酒店相抗衡,并且将传统在后者举行的一个选美比赛——在哥伦比亚,这可不是小事情——挖了过去。

在瓜希拉进行走私的,并不只是一个单一的团伙:安古拉确认,迈考的走私品批发生意不完全掌握在哥伦比亚内地移民手中,来分一杯羹的还有阿拉伯人、叙利亚人、黎巴嫩人和土耳其人。他们的数量如此众多,以至于那里出现了一个兴旺的穆斯林社区,还建起了一座大清真寺。

走私也多少成为狂欢题材。瓦伽娜多(Vallenato)是起源于塞萨尔省（César）省会巴耶杜帕尔（Valledupar）一带的音乐，但在哥伦比亚全国都很流行。著名的瓦伽娜多作曲家，也是加西亚·马尔克斯的朋友的拉斐尔·埃斯卡洛纳（Rafael Escalona）在他的好几首歌，尤其是为浪漫肥皂剧创作的歌中，都曾写到瓜希拉半岛的走私。瓦伽娜多与科里多（corrido）很近似。科里多是墨西哥北方的一种民间音乐形式，主要内容是讲故事、报道新闻和抗议政府的弊政，在墨西哥和美国的边界的两端都很受欢迎。科里多有一个亚种，叫作"嗑药科里多"（narcocorrido），其歌曲主要是将向美国走私可卡因的故事神话化。随着走私在这些歌曲中被编成神话，一个毒品电影的产业也红火起来。瓦伽娜多并没有发展出同样的亚种"嗑药瓦伽娜多"，因为与之相关的大麻走私如今已在很大程度上销声匿迹了。不过，哥伦比亚也不能算逊色，墨西哥"嗑药科里多"的一个（亚）亚种，以"危险科里多"（corrida peligrosa）的形式出现在哥伦比亚。这是这个音乐种类最"危险"的版本——直到"恶心科里多"（corridos enfermos）出现。后者因表现墨西哥近年来毒品战争的血腥和伤痕而得名。

  不过在瓜希拉，你很难亲眼见识到太多这样的危险能量。我在上瓜希拉所遇到的烦恼，到了该省南方的下瓜希拉，就变成了不过是一种倦怠的生活方式。在海关所在的里奥阿查，有一些壁画反映了走私生活中的狂欢景象，不过壁画中描绘的可不是在海滩上喝加冰的香槟酒，而是喝苏格兰威士忌。

  巴比龙就是在里奥阿查被囚禁的。我寻找过那座监狱，但听说它已被拆除了，取而代之的是城市另一端的一座新监狱。很多人都怀疑查理尔的故事中所描写的哥伦比亚那部分的真实性。当你站在加伊纳斯角寸草不生的沙漠中眺望地平线上的阿鲁巴岛时，毫无疑问，那里根本没有1973年拍摄的电影中让史蒂夫·麦奎因（Steve McQueen）流连忘返的郁郁葱葱的热带天堂的一丝迹象。不过瓜希拉半岛上的走私故事，可也不是枯萎的蓓蕾：也许在加夫列尔·加西亚·马尔克斯的小说《死亡不断压倒爱情》中的故事叙述者看来，这里的确像是一片贫瘠之海，但是加勒比海一向是有利可图的啊！

　　瓜希拉半岛一面是海，一面是洋。假如不汇入洋流，去邂逅乘风破浪往来于欧洲的荷兰、英国、法国和葡萄牙走私者，你永远不可能想象和认识到这座半岛的走私景象。我刚刚讲述了一个美洲的故事，不过走私的潮流正变得越来越全球化。

第五章

尝禁果：走私蔓延全世界

走私的河流和海域，走私的地区性舞台——加勒比海、拉普拉塔河、班达群岛和南中国海——到了19世纪已经变得越来越一体化。形成走私的海洋，这时已具备了可能性。可是，形势是怎样发展成这般状态？走私在地缘政治方面是怎样变成了全球化的呢？正如走私经常发生的情况一样，故事的发展伴随着浪漫和时髦的泛音，但是也像以往一样，其实全是实力和影响力的较量。是竞争的逻辑和牟利的动机，注入了新的自由主义的理念，在实际上驱动走私超越地区范围。不过，在探讨这一实质之前，让我们还是从浪漫的角度入手吧。

在亚历山德罗·巴里科（Alessandro Baricco）的中篇小说《丝绸》（*Silk*）中，埃尔韦·容库尔（Hervé Joncour）是一位法国探险家，是马可·波罗和那位嫁给于阗国王的中国公主的后继人。马可·波罗最早将丝绸之路引入西方人的想象之中，而那位公主将蚕走私出了中国。容库尔经过艰苦卓绝的长途跋涉，从陆路来到日本，这里也是丝绸传说的核心地带。西方人仍未掌握丝绸生产技术，容库尔的使命就是偷出蚕卵，将其走私回法国南方。如果这些蚕卵能存活下来，方兴未艾的法国丝绸产业，在受到瘟疫的肆虐后，或许可以起死回生。然而在日本，容库尔一时忘却了自己的经济目的，与强悍的军阀原敬美丽而神秘的小妾坠入了爱河。

并非第一次，一种对华丽服饰的贪求，加之一种浪漫情调，产生了一种对东方的奇异幻想，也催生了走私的动机。巴里科将其故事发生的时间设在19世纪60年代，但其实是在此前一个世纪，对东方的幻想变成了消费激情。哥伦布曾梦想有一条向西通往香料群岛的道路，能够满足欧洲奢侈品市场的需求，当他邂逅美洲时，起初他不肯相信还存在这样一个障碍。这个倔强的大陆现在清清楚楚地标在了地图上，大陆上越来越任性的人口中心，尤其是利马、布宜诺斯艾利斯、墨西哥城和基多，至少在某些方面，已经积聚起它们自己的东方式体验所需的令人惊叹的财富。波旁王朝管辖的美洲太平洋沿岸地区，时尚奢华，人口密集，与"远东"只隔一个大洋而不是两个，当其熟悉了走私的门道后，供应就不成问题了。1750年，一名对布宜诺斯艾利斯的商业公会心怀嫉妒的律师，给西班牙波旁王朝的国王费迪南德六世写信说，仿佛北京的博览会搬到利马举行了似的。[1]

波旁时期的秘鲁令人咋舌的消费

墨西哥城的执政厅，正是太平洋沿岸非法贸易背后的发动机。精美的布料和衣服、家具和珠宝，以及稀有的家居产品，如潮水般涌进阿卡普尔科。这些走私品都是塞维利亚的贸易署严格禁运的，尤其是不准运往秘鲁总督辖区的利马、皮乌拉（Piura）和瓜亚基尔（Guayaquil）。18世纪30年代，秘鲁北方皮乌拉省的港口派塔（Paita），和瓜亚基尔一起，成为该地区的主要走私中心。秘鲁总督辖区的上层社会，多是向往东方和崇拜法国的人士，喜好中国的绸缎、法国卡尔卡索纳（Carcassone）的精致服装和佛兰德斯的蕾丝饰品。产自加那利群岛（Canary Islands）的拉拉古纳（La Laguna）的深红色长筒袜，使得利马单调乏味的街道一下子变得色彩斑斓起来。今厄瓜多尔境内的瓜亚基尔，在为高原上的首都基多服务，使基多不仅成为走私品的目的地，也成为其集散地和中转站。从那里，部分走私品将沿内陆路线向北进入新格拉纳达，尤其是经由马格达莱纳河（Rio Magdalena）到达加勒比海或卡塔赫纳。这条东向的走私路线可以一直远达今巴拿马境内的波托韦洛和农布雷-德迪奥斯（Nombre de Dios），而这两座城市昔日却曾是西班牙官方贸易最早的垄断港口。

走私现在既是一种炫耀，也是一种雅致的行为。一方面张扬招摇，一方面又巧妙地加以掩饰。例如，早年间曾刮过一阵子"老旧时尚风"，时髦的银饰边被故意磨损，以避免给王室缴纳"老五"（quinto，即税）。可以通过敲打、烧灼等办法使之显得陈旧，换言之就是看上去根本不像银色的，然后将稀有金属嵌入其中，并使之几乎称不出重量来。有时候甚至还把白银冒充成黄金，以避免缴纳银税。所以，走私风格在有些方面吸取了西班牙人的保守，另外的方面又炫耀无界限：你能看到混血女子或黑人女子戴着珍珠或宝石，招摇地走在街上。

18世纪的南美曾试图整治走私

18世纪早期，为打击走私而颁布的一系列法令，即使在最严厉的时期，都不过是"嘴炮"。时不时还有公然藐视这些法令的狂妄举动。1705年，利马的高级法院颁布了一项法令，严禁走私金银，违者将被没收全部船货和设备，然而1707—1710年担任秘鲁总督的曼努埃尔·德·奥姆斯（Manuel de Oms），还是得了个"皇家财富窃贼"（Ladrón de Tesoro Real）的绰号。前往新西班牙总督辖区的商船，时常会经停利马的卡亚俄港（Puerto Callao），向当地商人廉价兜售商品。在西班牙王位继承战争引起的动荡年代（1700—1713），总督还办起了一项小小的走私副业，非法特许法国商船进行贸易。

西班牙当局也企图打击走私，但意愿不足，真正认真的人往往都在西班牙本土而不在当地。曼努埃尔·德·奥姆斯的继任者迭戈·拉德龙·德·格瓦拉（Diego Ladrón de Guevara），曾在基多担任大主教，但继续推行这种秘密交易。战争结束后上台的西班牙波旁王朝的第一位国王腓力五世，曾试图整治走私。格瓦拉于1716年因贪污被革职。腓力先是于1720年，继而于1723年，两度颁布禁令，凡是与走私船交易者，一旦被查获，将被判处死刑并没收全部财产。稽查的矛头特别指向智利的港口巴尔迪维亚（Valdivia）、康塞普西翁（Concepción）和瓦尔帕莱索（Valparaíso）。

反垄断的法令有时也斥责走私有伤风化。总督何塞·德·阿曼达里斯-佩鲁雷纳（José de Amendáriz y Perurena）在1736年发表的讲演《政府的关系》（*Relación de Gobierno*）中，也曾号召居民们反对这种堕落行为，并指斥那些炫耀时髦穿着的人伤风败俗。[2] 也许他做的有些事情令人扫兴，但他加强沿海城市防御，并重组海军以向走私开战的行动，却绝不只是摆摆样子。不过他对反走私行动的领导却有些令人费解：他也使用了一些反面人物。例如费尔南多·阿尔瓦雷斯·德卡斯特罗（Fernando Álvarez de Castro）于1744年受命稽查走私，然而1745年他本人就因为走私遭到了起诉。在高原地区，环境也并不干净。基多的高级法院院长何塞·德·阿劳霍-里奥（José de Araújo y Río）1743年和1744年两次因腐败和与走私贸易有牵连而受到指控，他奋力为自己辩护，但他的罪行似乎是显而易见的：当他来到派塔时，他带来了那么多大行李箱，里面装满了从亚洲和西班牙贩来的走私品，甚至连赶骡人都抬不动。他的行李箱里有衣服、烈酒，还有130张银箔，此外他还有另外66箱行李在里奥班巴（Riobamba），等着运过来呢。[3]

非常偶然的情况下，对于针对海上和陆上特定不法行为的反走私法令，西班牙当局也会予以更多的关注。在海上，走私对西班牙的大船队制度的渗透问题，加之一些顽固对抗的外国公司的威胁，导致西班牙成立了一些新的贸易公司，试图通过它们以更加高效和创新的方式予以应对。诸如英国和荷兰的西印度公司和英国南海公司（British South Sea Company）等外国公司，除了名称中没有"走私"之外，都是彻头彻尾的走私公司，西班牙为对付它们而组建的公司有：1714年成立的洪都拉斯公司（Honduras Co.）、1728年成立的加拉加斯公司（Caracas Co.）和1740年成立的哈瓦那公司（Havana Co.）。海军巡逻队也更加仔细地检查来自西班牙的邮船，因为它们经常伙同走私者作案。然而，执法者在这些方面的相对成功，只不过是助长了太平洋上来自其他方向的荷兰和法国走私者的利润。

在陆上，皇家邮路也受到了严查。这些皇家道路就是商人们的贸易路线，走私者从中看到了机会。[4]贵金属被藏进烟草箱子，以至于"国王的烟草"成了黄金的代名词。很多骡子据说都"坠下了山涧"，它们驮运的货物，像今天"从卡车上脱落的"货物一样进入了黑市。针对混在商人队伍中的走私者，西班牙当局为告密者设立了奖励制度，如果说原住民可以获得终身免税待遇，原住民和西班牙人后裔所生的拉丁美洲混血儿（mestizo）可以得到没收货物的三分之一的话，商人中的告密者的赏金还要高得多。甚至奴隶都可以获得解放，并得到一笔小小的奖金。不过，这是个异常凶险的世界，骗局一个接着一个。事例之一是，先将走私品卖出，然后告发买主，在拿到赏金后，再以低价把这时已合法化的货物买回来。1773年，总督马梅尔·德·阿马特–胡尼安特（Marmel de Amat y Junient）又颁布了一项新法令，进一步减少了商人免罚的情况，因为在这个经常谎报货物的时代，已经能从走私品中检查出毒品了。

大多数反制措施，都像今天针对安第斯山区的可卡因生产的禁令一样，并不能非常有效地从源头上遏制走私品的供给。如果说稀有金属大多是在运输线上的某处变成走私品的，那么其他物品则是从矿区就渗入非法经济渠道的："kajchas"或"calcas"都是对原住民劳工的称呼，他们都会非法地加些班，再兼职卖些金子或银子。这些都是小偷小摸、小打小闹，但汇集起来，意义就非同小可了，不管颁布多少高大上的法令，都不能影响这些涓涓细流渗入走私世界。大量未及铸币的白银，向东经由这些商路形成的网络，以及最终汇入拉普拉塔河河口的巴拉那河和乌拉圭河，流出了布宜诺斯艾利斯总督辖区。此外，提取白银用的汞也走私进入矿区，如秘鲁的万卡韦利卡（Huancavelica）。其他走私的招数也层出不穷：例如波托西（Potosí）附近查尔卡斯（Charcas）的"银教堂"一直笼罩着一层神秘色彩，那里闻名遐迩的银火炬似乎分量很轻，人们怀疑教堂在白银中掺入了廉价的合金，而将大部分纯银抛售了。

西班牙在海上的反走私行动收获大致是不错的，截获一条满载的走私船，就是一笔肥厚的赏金。但总体来说他们并不成功：执法行动每投入6—7比索，才能得到1比索的回报。[5]

1713年《乌得勒支条约》（The Treaty of Utrecht）的签订，结

束了西班牙王位继承战争，带来了和平，也改变了加勒比海和太平洋上非法贸易活动的性质。随着新的特许状的颁发，官方贸易激增，但是走私和海盗行为也在高涨。和平时期经常会使走私者变成海盗（而不是私掠者，"私掠"是战时对海盗行为的辩护），因为执法国家这时是专门对付非法贸易了。走私者有时也会转移到公海进行打劫活动，以应对持续进行的反走私行动。弱小的国家往往会容忍走私。然而在1714—1750年，走私和海盗行为经常是交叠的，其界限很难分清。

走私者之间的争斗

在瓜希拉半岛走私品的集散地——哥伦比亚城市迈考的市场里，有一家店铺门上的标牌是"Deposito El Pirata"（海盗仓库）。隔着两个门的另一家店则写着"Comercializadora River Plate"（拉普拉塔河商店），暗指大陆另一端阿根廷和乌拉圭之间的拉普拉塔河，是又一个臭名昭著的走私领地。走私世界的内部联系今天非常明显，但并非新生现象。白银像血管里的血液一样在美洲大陆各处流动，四通八达的邮路为其运输提供了便利。但是，正如海盗团伙之间一样，走私团伙之间也充斥着明争暗斗，特别是波旁王朝统治时期的美洲，利马、布宜诺斯艾利斯和墨西哥城几座城市之间充斥着团伙的争斗。

利马有时对墨西哥城和阿卡普尔科积极地迎合亚洲的新商机感到愤怒，对拉普拉塔河地区红红火火的非法经济感到嫉妒。走私者从亚洲来到新西班牙，泊船卡亚俄港卸下他们的部分货物，令利马的商人非常生气。然而这往往不过是"老鸹笑话猪黑"，正所谓无商不奸，当他们自己的走私行为受到其他人的走私行为损害时，他们就会像婴儿一样向国王哭诉。

那么，布宜诺斯艾利斯和拉普拉塔河地区是怎样变成了一个走私的心脏地带的呢？这里的走私结构与利马不同。布宜诺斯艾利斯的走私基础也许更深厚一些。在利马，混血人中的精英处于走私金字塔的顶端；而在布宜诺斯艾利斯，则是商人，也就是富裕的西班牙人的后裔，靠非法交易的奢侈品而自肥。从西班牙帝国中期塞维利亚当局的观点看，利马是老大哥——货物要卸在利马，然后通过陆路运到布宜诺斯艾利斯。走私者则反其道而行之，他们的货物从布宜诺斯艾利斯运往利马。后来，进口货物获准直接运进布宜诺斯艾利斯，但这只是扩大了走私的流量。为降低风险，走私者们使出的花招是，先将货物合法地卸在布宜诺斯艾利斯，然后再非法地重新出口。英国南海公司在这方面最典型，该公司从这里经由巴西，非法地与秘鲁交易。公司在布宜诺斯艾利斯建立了合法的蓄奴运作体系，但很快就变成了走私。到1728年时，秘鲁总督辖区的全部非法交易中，三分之一是由南海公司运作的。[6]

有时候拉普拉塔河地区也有严打走私的行动。有一件这样的事情就引人注目地闹大了。1731年，一群西班牙官员登上了一艘由罗伯特·詹金斯（Robert Jenkins）任船长的英国商船，指责詹金斯走私，并割下了他的耳朵。在经过漫长的抗议行动之后——詹金斯一度还在伦敦向英国议会展示了他被割下的耳朵——英国向西班牙发起了所谓的"詹金斯耳朵之战"（War of Jenkins's Ear，1739—1748），导致了南海公司的贩奴贸易于1750年被迫中止。战争中的走私活动极其活跃，特别是在巴拿马东海岸的又一座西班牙主要港口波托韦洛在战争初期被英国短暂攻占并关闭之后。战争未能消灭走私，只不过是改变了其性质。

走私之河

拉普拉塔河像瓜希拉半岛一样,是一片走私似乎永远不会消亡的地区。20世纪80年代末90年代初,如果你沿拉普拉塔河上溯到巴拉那河(Rio Paraná),直到与巴西相邻的巴拉圭的东方城(Ciudad del Este),你就能领略到南美闭塞地区的非正规交易的风貌。像许多主要从事走私活动的小城镇一样,这里看不到多少公民的自豪感。这里所展现的几乎全是塞得满满当当的小店铺和小货摊,其间仅仅点缀着一些烤肉馆和快餐店。大多数来这里的人,都是做笔买卖,吃顿饭,然后就坐最近一班的公共汽车离开,通常都是返回巴西。巴拉圭的首都亚松森也有走私活动,不过稍微要收敛一些。巴拉圭先前的独裁者阿尔弗雷多·斯特罗斯纳(Alfredo Stroessner)控制了一个由将军们组成的小集团,致力于打造"巴拉圭股份有限公司"(Paraguay Incorporated),也就是这个国家最大最成功的产业——走私。[7]从武器到酒类到小汽车到电子产品的一切,都可以从巴拉圭走私而过。

在亚松森东北大约20英里,沿巴拉那河的支流巴拉圭河稍微往回走一些,就是阿雷瓜镇(Areguá)。在英国作家格雷厄姆·格林(Graham Greene)的小说《与姑妈同游》(*Travels with my Aunt*)中,先是堕落后来得到拯救的主人公亨利·普林(Henry Pulling)就是在这里结束生命的。他们所进行的,就是从布宜诺斯艾利斯溯游而上的旅行。亨利经过了阿根廷的福莫萨(Formosa),这是又一座著名的走私城,他在那里了解到"巴拉圭股份有限公司"的实情。至此,这位伦敦附近银行的退休经理漫长而丰富多彩的旅行就接近了尾声。通过与他性情古怪的姑妈奥古斯塔(Augusta)一起旅行,他重新振作了起来。最终他除了也成为一名走私者,还能做什么呢?

18世纪，拉普拉塔河就像是一个向秘鲁走私的大漏斗，而把方向颠倒过来，走私的白银也借这条河涌向了河口地区。葡萄牙人尤其积极地从欧洲各地贩来各种非法产品，但是当地还是有一个盘根错节的地区性走私网络的。交易是非常秘密的：巴拉那河上有无数小岛，走私品可以卸在岛上，由农场主兼走私者拾起，或出售或囤积在河口附近的科洛尼亚-德尔萨克拉门托（Colonia del Sacramento）。运木材的船都很愿意捎带走私品。货物一旦上了岸，便在夜间一个农场接一个农场地运输，保驾护航的正是一些负责制止这种交易的人。科洛尼亚于是便成了走私之都。那里除了自身就是个市场外，也是个走私品集散地，来自布宜诺斯艾利斯的走私品与来自巴西的走私品在那里会合后，又与沿海的蒙得维的亚（Montevideo）和马尔多纳多（Maldonado）的走私品非法交易。

与巴西的联系

来自拉普拉塔河地区的皮货、小麦、石油和肉类，与来自东方的巴西烟草交易。葡萄牙烈酒也是贸易的一部分。

走私在亚马孙地区很早就开始了。17世纪初，有一个在卡塔赫纳城外经营的葡萄牙商人，据说就曾经将走私品长途运输到亚马孙地区，供应这里防卫最严密的西班牙殖民城镇。葡萄牙人的格朗公司（Companhia do Graõ），是为经过亚马孙地区和马托格罗索（Matto Grosso）地区在巴西和基多之间走私而专门建立的贸易公司。像在布宜诺斯艾利斯一样，殖民者无论贫富，都会从走私贸易中获利。如果说荷兰人是加勒比地区走私的领跑者，葡萄牙人，或者毋宁说是葡萄牙犹太人，就是南美洲东海岸自由贸易者中的急先锋。在这些地区，英国人与"新基督徒"和荷兰人相比，也并没有落后多少，尤其是在巴西，英国人还经常与他们串通一气。这种宗教的起源，还要归于宗教裁判所。

18世纪早期，犹太人为躲避宗教迫害，曾大量逃离葡萄牙。许多人都乘船偷渡到英国。对于走私之都来说，这要算是人才流失。通过贸易、知识和关系网方面的接触和交流，英国人和以里斯本为大本营的巴西–葡萄牙贸易体系搭上了钩。在很大程度上，这意味着将商品走私到巴西，同时将黄金走私出里斯本。有时是利用英国皇家海军的战船，有时也借助定期客船，尤其是从法尔茅斯（Falmouth）发出的客船。这使走私更加便利，因为自中世纪以来，英国的所有船只都获得了免检的特权，1654年，奥利弗·克伦威尔（Oliver Cromwell）又强加给葡萄牙人一个条约，进一步巩固了这一特权。

走私之海变本加厉的活动

18世纪时，加勒比地区大量的走私活动依然非常活跃。今天，随着走私退潮并转而流向诸如瓜希拉半岛（如上一章所述）这样的地方，一些比露营地大不了多少的小码头，开始为走私服务。那些叛逆的居民点，如努埃沃和波泰特，并不能算是托尔图加和罗亚尔港（Port Royal）那样的老海盗窝的继承者，但也不是什么新现象。加勒比海周边总是有这样的码头。

伊斯帕尼奥拉岛上北班达地区的蒙特克里斯蒂，大致是在西班牙殖民地和法国殖民地的交界处，规模不过是个小村庄，有大约100名西班牙居民。但是从18世纪中叶到晚期，这里每年要接待好几百条船，就像今天的哥伦比亚港口一样。许多走私者都来自北美殖民地，不过岛屿之间的贸易也很红火，这意味着法国产品最终有可能进入英伦三岛的人家中。很多法国糖到达英国时，都已改换了英国包装。战争中的禁运品（这段时期法国和英国在欧洲经常掐架）经过蒙特克里斯蒂双向流动。例如，糖、糖蜜、朗姆酒、咖啡和靛蓝从（法属伊斯帕尼奥拉岛上的）圣多明各流出，与之相匹配的英国禁运品则反向流动。这个走私港的副总督，是整个体系运作的关键人物，他向来访的外国船只颁发许可证，为走私品在各岛之间流通大行方便，还默许走私品借助西班牙船进入加勒比海上更广大的地区。

正如兰斯·格兰（Lance Grahn）对西班牙波旁王朝时期的瓜希拉半岛的研究专著《走私的政治经济》（*The Political Economy of Smuggling*，1997）所详细阐述的，原住民瓦尤人对外界的干涉继续反抗。走私也仍然在某种程度上是殖民者的必需：1713—1763年，就没有办了登记注册手续的船来过里奥阿查。主要的走私品是丝绸、塔夫绸和锦缎，来此换取牲畜、绿宝石和黄金。走私品中也有扑克牌、小麦粉、棉花、布料和枪炮，不过只要好枪好炮。1737年春天，一名西班牙上尉何塞·巴龙·德·查韦斯（José Barón de Chaves）带领14名士兵，来到了走私者的老巢——瓜希拉半岛上的埃尔帕哈罗（El Pájaro），那里有六条外国单桅纵帆船正忙着交易。他们被瓦尤勇士缴了械，好像这羞辱还不够似的，瓦尤人最终把武器还给了他们，说是能从英国和荷兰走私者那里搞到的武器，比这些要好得多！[8]

那里的走私"不屈不挠"。1734年，共有25条走私船卸下了价值超过100万比索的走私品，而到了1737年，已经至少有35条船在运作了。[9]他们主要是荷兰人，但也有英国人和叛逆的西班牙人。如有冲突，通常都是走私者获胜。1734年8月，一个由英国人和荷兰人联手的走私团伙，遭遇了一支由多明戈·德莱昂（Domingo de Léon）带领的由20名瓜希拉弓箭手和西班牙士兵组成的小分队，后者被打得落花流水，不得不逃回里奥阿查，才得以重新集结和重新武装。登陆行动继续进行，丝毫未有收敛，而下一波走私者对西班牙稽私部队的出现毫不在意。[10]

瓜希拉人在所有各派势力之间担当起中间人，他们护送走私品甚至远达哥伦比亚的大河马格达莱纳河（Rio Magdalena）。货物在那里转手，从卡塔赫纳运往利马的合法布匹与走私布匹混合在一起。

大陆之间的走私

走私品看来正在整个美洲大陆蔓延，那么可不可以说这个时代走私也在横扫全世界？我们可否开始探讨一个走私是其一部分的全球性经济？

首先让我们看看走私最容易突破的地方——巴拿马地峡。任何人坐在今天巴拿马运河的米拉弗洛雷斯水闸（Miraflores）边上，观看着巨大的"巴拿马标准"的轮船在两大洋之间穿行时，如果怀疑起某些集装箱内可能藏着走私品，都是情有可原的。很长时间以来，这个地峡都是任何数量的阴谋都可以穿透的。旅行指南书也许会引导我们从游客的视角看问题，但其他文献则更富洞察力。格雷厄姆·格林的书中的另一段，讲述他和巴拿马将军奥马尔·托里霍斯（Omar Torrijos）的友谊的那部分——《认识将军》（Getting to Know the General），描述过这片地区："科迪勒拉山脉的中部一跃而上3000米，从运河区的一端伸延至哥斯达黎加边境，而茂密的达连（Darién）森林几乎像巴尔沃亚（Balboa，西班牙探险家，1513年发现太平洋，曾任南海地区和巴拿马与科伊瓦省的总督，后被上司以叛乱、卖国等罪名处死）时代一样不为人知，从运河区的另一端伸展至哥伦比亚边境,其间只有走私者的小路穿过。"[11]

如果再稍稍往前回溯一些,再带上一定程度的怀疑精神,我们也许能想象到,威廉·丹皮尔那个老海盗和时而的走私者,曾经谋划过一个萌芽中的帝国。1697年6月,他在伦敦接受了英国议会上院贸易委员会的咨询,关于一个苏格兰人威廉·帕特森(William Paterson)提出的诱人的计划。帕特森想在达连建立一个殖民地,将香料之地和白银之地以一条完全由新教徒主宰的路线连接起来——避开蜿蜒曲折的西班牙骡队,摈弃遥远的海角航线,为英国贸易开辟一条直接而高效地通向东印度群岛的捷径。丹皮尔认为自己了解那片地域,觉得帕特森的计划是可行的。像哥伦布执意探索通向香料群岛的更直接的路线,而不肯绕非洲的好望角一样,他们也试图避开合恩角,展开另一种形式的地缘政治走私。他们行动了,但是失败了。于是,问题又一次提了出来,走私在18世纪是怎样变成大陆际而不仅仅是泛大陆的呢?

本书是以香料走私的故事开始的。至此,要展开走私品横扫全世界的故事,则必须借助香料,下面是皮埃尔·普夫瓦尔(Pierre Poivre)的故事。

香料的流通:皮埃尔·普夫瓦尔的故事

托马斯·杰斐逊曾说:"一个人能为国家提供的最伟大的服务,就是在其栽培的作物中增添一种有益的植物。"[12]这可不是什么大忽悠闲扯的老生常谈:他本人就卷入过将稻种(装在口袋里)走私出意大利的活动,这是能判死刑的罪名,他还为将大麻种子走私出中国行过方便。

巴里科的中篇小说《丝绸》中令人悲伤的主人公埃尔韦·容

皮埃尔·普夫瓦尔半身像,位于法属留尼汪岛首府圣但尼的国家花园内

库尔,既为自己也为了其投资者,致力于将蚕种走私出日本。但是在18世纪,比杰斐逊还早一个世代的皮埃尔·普夫瓦尔,就为践行杰斐逊倡导的"增添一种有益的植物"的爱国精神树立了榜样,他成功地将丁香和肉豆蔻从荷兰人手里走私到法国领土,并植入其沃壤中。

普夫瓦尔(这个姓氏在英文中意为"辣椒")使自己的姓氏命名了一大类辣椒品种:胡椒(Poivrea)。他是一位富裕的丝绸商的儿子,他本人有时也做传教士和投机商,不过最为著名的,他是最终打破了荷兰人的香料垄断的博物学家。他像他之前的威廉·丹皮尔和他之后的亚历山大·冯·洪堡(Alexander von Humboldt)一样,既有强烈的好奇心又足智多谋,他还善于发现奇特的异域植物——也就是西方鲜为人知的潜在资源——的细节,当不可一世的商业大亨们围坐在各家东印度公司阴暗总部里的长桌旁,算计着利润和损失时,他能撩动他们的心。

他们所有人所面对的,既是一个园艺问题,也是政治和军事问题。商用丁香是干花,既不是种子也不是果实,无法用来种植,因此如欲栽种丁香,就需要籽苗。保证籽苗在运输过程中存活尤其困难。荷兰人当然不是省油的灯,肉豆蔻在离开他们的手掌前,都要一丝不苟地去壳、烘焙,甚至裹上石灰,以免其发芽。出口籽苗是死罪。然而在垄断圈子的边缘,仍有一定数量的种子已经散失了出去:当地人很早就在从一些荷兰人不知道的地方,将香料卖到棉兰老岛和吉打(Kedah)。

普夫瓦尔的故事像儒勒·凡尔纳的小说《八十天环游地球》一样令人不可思议。他甚至也有自己的"路路通"(Passepartout)(《八十天环游地球》中的人物,主人公福格先生的仆人),那就是他的亲密助手西蒙·普罗沃(Simon Provost),法属东印度公司的一名职员，或者说是"押运员"。他们的荣耀之路可比80天要长，而且普夫瓦尔出师不利。他在苏门答腊岛东边的邦加海峡（Straits of Banka）被英国人俘获，并且还因为挨了一发炮弹而失去了右小臂。他在巴达维亚被卖给了荷兰人，不过他没有浪费时间，在此期间学会了马来语，正如他在中国广东时因为被弄错身份也坐过牢，结果学会了广东话一样。在这个荷兰人地盘的心脏地带，他嗅到了另一个机会，香料的香味使得巴达维亚获得了高于欧洲人的其他货物集散地的地位。

在奥德赛一般返回法国的途中，他在快到家时又一次做了俘虏，这回是在圣马洛港外落入了法国海盗的手中。继而他们又一起在根西岛（Guernsey）外被英国私掠船捕获。他最终于1749年回到法国。他没有屈服于命运，很快就再次前往远东。他在毛里求斯、中国的广东和澳门筹到了一些资金，又去找马尼拉总督奥万多·索利斯（Ovando Solis）寻求支持。他们在1751年和1752年搜集了香料群岛的地图和情报，一起密谋了摧毁荷兰垄断的计划。行动将从印度南部的本地治里（Pondicherry）开始，但普夫瓦尔不得不克服的第一个障碍，却是法属印度总督杜布雷（Dupleix）的嫉妒和竞争，杜布雷本人也对那笔赏金眼热。远征没有取得太大进展，不过普夫瓦尔的确设法搞到了九棵已生根的肉豆蔻树。他把树带到了毛里求斯。途中有四棵树死了，但他还是让代理总督布韦·德·洛齐耶（Bouvet de Lozier）看到了树。德·洛齐耶是一位狂热的园艺学家。普夫瓦尔随即得到了一点儿小小的支持——一条将将能出海的小船：60吨重的"鸽子号"（Colombe）。小船在被迫靠岸大修前及时地赶到了马尼拉。不过现在，他又有了新的目标，他打算在东印度群岛搜索一切能得到香料植物和种子的地方，或许甚至在荷兰人的鼻子底下偷袭香料群岛。他的船员们都非常害怕，因此他没有告诉他们可能的最终目的地。

他们四处漂泊，却并没有多少好运气，最终在葡属帝汶岛的利佛（Lifao）精疲力竭。普夫瓦尔也在这里碰了碰运气，但总督只拿出了11棵肉豆蔻树和少量的丁香种子。普夫瓦尔带回了毛里求斯。他似乎经常因为自负而与人交恶，此番归来，又很快与公司的植物学家菲塞−奥布莱（Fusée-Aublet）发生了冲突。他最早带回的肉豆蔻树中，那五棵存活下来的这时也死了，而他新近的小小收获是不足以扳倒垄断帝国的。当剩余的树也枯萎后，普夫瓦尔指责他的对手欺诈，说他们只是把肉豆蔻嫁接在品种完全不同的植物的嫩枝上。菲塞−奥布莱则反戈一击，指责普夫瓦尔毁坏了从不同渠道获得的其他肉豆蔻树。

普夫瓦尔的幻想破灭了，他经由马达加斯加回了家。尽管他被逐离战场，灰心丧气，但回到法国后，却因为搞来的园艺学方面的情报，得到了法国总审计长贝尔坦（Bertin）和外交部长普拉兰公爵（Duke de Praslin）在政治上和财政上的支持。然而他似乎在某种程度上丧失了动力，将精力转到建设家园、结婚和打理植物园方面。他滑进了试管和拖鞋的领地。

腐败而低效的法国东印度公司也已气息奄奄，不过当其被撤销后，毛里求斯项目倒是起死回生了。普拉兰说服普夫瓦尔作为毛里求斯岛和波旁岛（Bourbon，即后来的留尼汪岛）的行政长官返回非洲。普夫瓦尔在毛里求斯着手建设一个大植物园庞波慕斯（Pamplemousses），还修了一个大宅院供自己居住，他命名为蒙特普雷希尔（Montplaisir）。同样重要的是，大约在这段时间，他认识了普罗沃。

现在手里有了资源，真正的使命就可以正经八百地重新启航了。1769年5月，普夫瓦尔派普罗沃前往香料群岛，他们将经由吉打和马尼拉，以免引起过多的怀疑。参加这次远征的有两条船，"拉埃图瓦勒·迪马丁号"（*L'Etoile du Matin*）和"警惕号"（*Vigilant*），目标是特尔纳特岛。不过这回普罗沃贴着该岛的边缘绕了过去，停靠在其西北方无人居住的小岛苗岛（Miao），因为他听说那里生长着无人照管的香料。结果这次突袭徒劳无功：荷兰人也很精明，早就察觉到这处危险，把这里所有的香料树都摧毁了。"警惕号"随即载着普罗沃单独向南，到达塞兰岛。在碰了一些钉子后，普罗沃时来运转了。一个对荷兰联合东印度公司心怀不满的荷兰人向他提供了地图、情报，还有一项无价的贡献——指出了荷兰人岛链中的薄弱环节。普罗沃于1770年4月来到格比岛（Gueby），与当地人的首领一见如故。首领将他带到了附近的佩塔尼岛（Petani），给了他们大量肉豆蔻树，不过这里没有丁香。法国人担心季风将至，觉得不能再耽搁了，然而在最后一分钟，他们的船就要起锚时，佩塔尼岛的首领出现了，既带来了丁香种子，也带来了树。

像普夫瓦尔先前一样，他们的归程也历尽艰险。"警惕号"还没等进入公海，就被一支由荷兰人统领的本地小船队拦截。不过，法国人表现得机智勇敢，坚称他们是因暴风雨而偏离航线的，他们原本就是要去巴达维亚的。荷兰人不仅相信了这个破绽百出的故事，还帮助他们导航，使他们避开了凶险的暗礁群。船员们与荷兰人挥手道别，假装驶向了荷兰联合东印度公司的海外总部。然而他们刚驶出荷兰人的视线，便掉头驶往帝汶岛。他们在那里将价值连城的样品分给"拉埃图瓦勒·迪马丁号"一部分，然后一起驶向毛里求斯首府路易港（Port Louis），并于1770年6月24日顺利到达。刚毅勇敢的普罗沃向他的老板上交了400棵已生根的肉豆蔻树和70棵丁香树，还有数以千计的果仁和种子，其中的一些注定能成活。在后来的一次航行中，他又带回了更多的丁香树。

皮埃尔·普夫瓦尔将他的大部分样品都种植在蒙特普雷希尔。具有讽刺意味的是，毛里求斯本是一座被荷兰人抛弃了的岛。普夫瓦尔还把部分香料样品送到了塞舌尔和法属圭亚那首府卡宴（Cayenne）。他最终也转移到卡宴以继续实现其雄心，因为毛里求斯的内斗使得植物园经营越来越困难。从卡宴，普夫瓦尔又把丁香样品送到了马达加斯加、桑给巴尔和马提尼克岛（Martinique），把肉豆蔻样品送到了格拉纳达。香料在这些地方生长得比班达群岛还要茂盛。这是历史上荷兰香料垄断倾覆的临界点，而这一倾覆完全是由走私造成的。

其他移植行为

英国人目睹了法国人的成功，也尝试起自己的园艺走私。他们很早就委派走私者搞到了香料籽苗，种植在他们的苏门答腊殖民地明古连（Bencoolen），但这些植物都死了。在经历了多次其他失败后，他们设法从卡宴偷运出了香料种子。后来，1801年，趁荷兰人在欧洲专注对付拿破仑之机，英国人侵入了香料群岛。虽然1802年他们归还了香料群岛，但这短暂的机会还是使他们得以随心所欲地移植了大量香料，到他们在锡兰、明古连、加尔各答和槟榔屿（Penang）的植物园中。作为国家与走私者关系的典型，有一位自由商人摩尔船长，从蒂多雷岛的努库苏丹（Sultan Nuku）那里得到6000磅丁香，用他的船"凤凰号"（Phoenix）运到了明古连。除了这次隐秘的走私，还有一次公开的行动，是由帝国园艺界大腕之一，印度马德拉斯（Madras）的罗克斯伯里博士（Dr. Roxbury）组织的，总共将21000棵肉豆蔻和7000棵丁香籽苗移植到明古连。然而这两次移植行动都悲惨地失败了。

17—19世纪发生了许多"植物海盗"行为，导致了地缘政治财富的诸多大挪移。17世纪初，约翰·罗尔夫（John Rolfe）将西班牙的烟草种子从加勒比地区走私到弗吉尼亚。大约与普夫瓦尔同时代，还有其他探险家将植物从国外走私到自己国家的领土上。1741年，一个名叫弗朗西斯科·德·梅洛·帕列塔（Francisco de Melo Palheta）的巴西人，诱惑了法国在阿拉伯半岛上的一位总督的夫人，得到咖啡种子并带回了家。巴西的咖啡产业便是由这次偷摸行为起步了。英国人将成为这场走私大角逐的专家，他们移植了茶、金鸡纳树（其树皮是抗疟疾药奎宁的主要原料）和橡胶。然而，说到香料，还是法国人的园艺造诣更高，尽管有很多其他人仿效。1817年，英国人再度侵入班达群岛，又抢走了好几百棵肉豆蔻籽苗以及土壤样品，移植到他们的帝国境内，这回又有锡兰、槟榔屿和明古连，不过又多了个新加坡。短短几十年内，这些新种植园的产量就超过了班达群岛。

现在我们终于可以谈谈全球走私这个话题了。无论你放眼地球上哪个角落，都能看到走私的日用品和奢侈品的买卖。18世纪的英国，对走私的白兰地、烟草和茶有巨大的需求。俄国的波雅尔贵族（Boyars）贩卖从高加索的切尔卡斯亚（Circassia）和乌克兰走私来的烟草，还将毛毡和兽皮从西伯利亚走私到中国。据笛福的《海盗史》（History of the Pyrates）所述，在马达加斯加岛外打劫的海盗，将抢来的货物在亚洲、欧洲和美洲之间贩卖，破坏东印度公司的官方生意。所有人都想把自己的丝绸腰包填满。自18世纪80年代以来，非法交易全面开花，堪称五彩缤纷。孟加拉的丝绸和棉花变得像香料一样抢手。

结果便是垄断衰败了,鉴于走私已经如此广泛地生根开花,矛盾的是非法贸易已经没有必要了,因为世界已经变得太过放任自由了。从某个角度看,走私非常成功。到18世纪90年代时,走私量只相当于正规贸易的三分之一,不过走私量在持续增长。[13]即使西班牙人都在改弦更张:像中国的明朝一样,垄断管制推行得太严苛了,最终不得不自我收缩,反倒使大多数走私活动都失去了存在意义。这是走私事业黄金时代的结束,走私将转为帝国扩张的先锋。不过,历史首先迎来的是革命的时代,走私也是传播和体现激进的新思想的完美载体。

第六章

革命和反抗：走私观念的颠覆

>……坦白一下你都在走私些什么吧：情绪、优雅风度，还有挽歌！
>
>——伊塔洛·卡尔维诺（Italo Calvino）所著《看不见的城市》（Invisible Cities）中忽必烈对马可·波罗说的话

走私者是浅薄的，这是19世纪很多自由贸易反对者的观点。[1] 与之相反的自由放任的观点，我们看到也出现在一些文学作品中，在这些作品中，不仅人物，而且思想都是自由流动的。如果不能自由流动，就会有走私。这种观点显然太理想化了，那么走私怎么会如此轻易地被认为是肤浅的呢？走私无疑有肤浅的一面，但也载有最高贵的思想。走私可以是与道德无关的，或者在道德上是不可原谅的，但也可以是崇高的英雄行为。走私经常支持着理想的事业，正是走私者载运伏尔泰的《关于百科全书的问题》(Questions sur l'Encyclopédie) 翻越侏罗山（Jura Mountains），从日内瓦来到大革命前躁动不安的法国，不过也是走私者偷运了他的《赣第德》(Candide)，这本书则被认为纯粹是色情文学。这些革命的走私者，或者说自由贸易者，赚钱是否有底线？或者说这两种动机是否应认为必然是相互排斥的？

有些情况下有鲜明的界线，走私有时可视为为人们提供服务，但是贩卖奴隶永远不是。在摩里斯科人（Morisco）起义及随后的阿尔普拉哈斯战争（War of Alpujarras，1568—1571）中，阿尔梅里亚（Almeria）地区反抗强制皈依基督教的本地贵族，也采用了同样冷静而残酷的逻辑：他们从巴巴里和阿尔及尔（Algiers）走私大炮、稻米、谷物和面粉，也走私毛瑟枪，交易的比率是一支枪换一个基督徒奴隶。不过，通常这界线不是那么清晰的，交易从来不是直截了当的，走私和走私者的面目多少是晦暗不明的。

皮埃尔·普夫瓦尔既是个窃贼，也是个起而实干的爱国者和英雄，这就要看你在什么背景下看待他野心勃勃地移植香料的行动了。不过，从他给自己的自传起的名字——《一个哲学家的航行》（The Voyages of a Philosopher）——来看，上述头衔他恐怕都不接受。德高望重的美国革命家托马斯·杰斐逊曾读过他的这部自传。不过，如上一章所提到的，杰斐逊当年提倡的"为国家提供的最伟大的服务"，并不是建立一块自由的土地，而是从另一个国家偷出植物，走私回自己的祖国。看来，走私行为可以在同时既是高尚的又是可耻的。

再看看围绕这一问题的其他思想感情。曾任秘鲁总督的卡斯特尔富埃尔特侯爵（Marquis de Castelfuerte）何塞·德·阿曼达里斯-佩鲁雷纳，在其1736年发表的《政府的关系》中，痛斥走私为"邪恶的贩运"。忽必烈大汗则相反，如前面所引述的，他从较绵软的走私品中感受到"优雅风度"；而在科幻小说《走私品》（Contraband）中，作家乔治·福伊（George Foy）笔下的主人公是一名走私者，他认为自己的船货中只有两件东西有价值——人和思想。[2]

有些事情似乎是明确的：走私是高效的，是根据人们的需求而进行的，并且冒着其他贸易——无论是商品的还是思想的——所不敢冒的风险。这使得走私成为人和变化的重要载体。于是，本章暂且放下对以走私为先锋的帝国建设的讲述，先探讨一下走私与革命、自由和社会融合的关联。

走私与革命

1756年时，后来因《人的权利》(The Rights of Man)一书而享有盛誉的托马斯·潘恩还很年轻，他在英国沃平（Wapping）的"处决码头"（Execution Dock）想加入私掠船"惊骇号"（Terrible），但是被他的父亲制止了。假如他的这次冒险成功了，他也许最终像威廉·丹皮尔一样，成为一名海盗兼走私者、探险家和编年史家。然而与父亲的愿望相反，他仍然深深地纠缠于人间社会，成了革命家。他以写宣传小册子的形式进行反抗，而小册子作为媒介，经常具有非法性质，与走私品很相似。潘恩的小册子《常识》（Common Sense）和《美洲的危机》（American Crisis）对美洲革命起到了火上浇油的作用。具有讽刺意味的是，在他的激进思想形成的时期，他做的是海关官员的工作。也许不那么令人吃惊的是，1774年6月，在一场争取为税吏们改善工作条件的斗争中，他在伦敦认识了本杰明·富兰克林（Benjamin Franklin），此后不久他便移民美洲了。没有证据表明潘恩卷入过走私活动，但他本应是个天生的走私者，因为走私的理想之一就是思想自由流通这一原则。

点燃美国革命导火索的火硝纸，又是一件更具体的走私事例。

一条载着马德拉（Madeira）葡萄酒的船"自由号"，1786年在波士顿港被英国当局扣押，因为船主约翰·汉考克拒绝缴纳关税。当局指责他是走私者，但是他的反抗行动却广为人们钦佩，以至为1776年的《独立宣言》奠定了重要的基石。

美洲革命的第二阶段，南美人对西班牙人的战争，是又一次付诸行动的走私者革命。何塞·赫瓦西奥·阿蒂加斯·阿纳尔是一名加乌乔人（Gaucho，指居住于南美大草原上的印第安人和西班牙人的混血种族）牛贩子，他走出布宜诺斯艾利斯总督辖区荒凉的东部，来到蒙得维的亚，梦想建立一个拉普拉塔河联合省。也许是他作为牛仔和走私者的技巧，使他成为一名非常优秀的战士和革命者。尽管他最终被阿根廷人和巴西人的联军打败了，但他被认为是乌拉圭共和国的奠基人。

还有其他杰出的走私者将军，其眼光超越了单纯的牟利动机。马丁·苏尔瓦诺（Martin Zurbano）是一位反抗者，他将走私作为在西班牙王位继承战争期间发动大规模游击战的平台。他靠走私发了大财，但是他与保守而残暴的地区性朱安党人（Chouans）不同。朱安党是法国布列塔尼（Brittany）的一个走私团伙，像巴尔扎克的同名小说中所描述的那样，反对革命的法兰西共和国。苏尔瓦诺同情改革者。他为"克里斯蒂娜党"（Cristinos）而战，就是拥护现任君主伊莎贝拉二世，及其母亲、摄政王玛丽亚·克里斯蒂娜（Maria Cristina）的力量，他们反对的是支持王位觊觎者、伊莎贝拉的叔叔唐·卡洛斯（Don Carlos）的保守的"王位继承党人"。苏尔瓦诺将各种各样的反抗力量联合起来，包括反关税党（Partido de Contra Aduaneros），形成了一支强大的私人军队，叫作"阿拉瓦火枪手连"（Compañia de Tiradores de Alava）。他们绝非由走私者、土匪和其他亡命之徒组成的乌合之众。不过最终，苏尔瓦诺落入了与伊莎贝拉女王更为亲近的一名将军拉蒙·马里亚·纳瓦埃斯（Ramón Maria Narváez）的手中，遭到了处决。

传奇的路易斯安那海盗和走私者让·拉斐特，也是一个具有叛逆精神的人，尽管他与革命的关系不大，更多是与阴谋、间谍活动联系在一起，并致力于建设他自己的走私世界。不过，像许多真正的走私者兼间谍的故事一样，有很多正史之外虚构的神话成分。有一个关于拉斐特的故事尤其别出心裁，尽管很可能是不真实的。拉斐特之死，正式的记载是在1823年2月5日，他的船"桑坦德将军号"（General Santander）在此前一天被诱入了埋伏圈。他被实施了海葬。但是还流传着一个故事，说拉斐特当时并没有死，无疑是在他的走私技巧的帮助下，他隐姓埋名地活了下来。二十四年后，有人在巴黎发现了他，他正在为一个颠覆性的美国银行家团伙效劳。他还结识了卡尔·马克思和弗里德里希·恩格斯，并资助了《共产党宣言》后来的出版！[3]在这个传说故事里，走私文化和革命思想直接面对面了，尽管你无疑会提出，到这个时候，拉斐特作为走私者，早就该退休了。实际上，卡尔·马克思很厌恶走私，因为他认为走私弥补了长期性的短缺，破坏了主流资本主义社会，从而延缓了革命。但是几乎可以肯定的是，他会同意对他的"危险"思想进行秘密传播的。

禁　书

危险思想及其主要载体——走私图书，显然是将走私视为一项较高尚的事业的起点之一。某些被禁的图书似乎每页之间都隐藏着蛊惑煽动的能量，自古以来便会令保守的势力变成偏执狂。尽管马克思的书与革命有着直接关系，但却很少被禁。不过在很多情况下，唱反调的著作的存在，总是令当权者无法忍受的。这当然只能刺激这样的著作的秘密传播了。捷克作家伊万·克里玛（Ivan Klíma）在其小说《我的黄金交易》（My Golden Trades）"走私者的故事"一章中，通过讲故事人之口说出："多年来我一直不停地在与那些把这些书当作炸药和毒品的人辩论。"⁴这些印在纸上的思想中，总有一些部分本身便具有巨大的价值。但是这些思想只能与印刷它们的纸张一样牢固和持久，这便存在着一定的隐忧。克里玛在"走私者的故事"中将这种矛盾的力量和脆弱性表现得恰如其分。标题中所指的走私者载运着一车书被警察截住，情急之中他回忆起有一回曾有一位朋友带着一封给他的信穿越边境，为了不让海关官员读到那封信，朋友将信吞入肚中。带着偷运的书的走私者这时心想：我能把这三整包书都吞下肚去吗？

再回到一个本书已重彩描绘过的地区。1607年，在伊斯帕尼奥拉岛，有人看到外国人在传播异端书籍和其他走私品，导致宗教裁判所出来干预。结果，他们转而对卡塔赫纳的无视正教的人加强了管制。这并不能改变宗教裁判所因其专制立场而通常为人们所畏惧这一事实，但走私者同样是死硬的、执着的，尤其是在书这个问题上。

还有一个与宗教裁判所有关的事例。16世纪末17世纪初时，巴斯克地区的葡萄牙犹太人移民——被蔑称为"玛拉诺"（marrano）——将异端书籍从法国的圣让-德吕兹（St Jean de Luz）和巴约讷（Bayonne），经当沙里亚（Dancharia）偷运进西班牙，远至潘普洛纳（Pamplona）。巴斯克地区跨越法国和西班牙边境，是同族人之间走私的理想地带。走私在这里是一件竞争性很强的生意：一些巴斯克人，甚至是惯常的走私者，反对外人，尤其是犹太人涉足其中。

18世纪还有一个词暗指走私，就是"marroner"，意思是做秘密工作，经常就是指偷运禁书。这个词来源于法语中的"marron"，其字面上的意思是"甜栗子"。这些禁书的提供者之一是纳沙泰尔印刷协会（Société Typographique de Neuchâtel）。通常的偷运路线是，革命书籍或色情读物从纳沙泰尔（Neuchâtel）瑞士印刷商们的工厂里新鲜出炉后，沿着侏罗山北边的众多峡谷穿越边境，送到蓬塔利耶（Pontarlier），然后深入法国心脏地区。这是一项信誉相当好的买卖：走私商提供保险，如果禁书在运输途中被没收，走私者会出钱赔偿纳沙泰尔印刷协会。禁书经常要"涂上猪油"——即藏在其他书当中。约翰·克莱兰（John Cleland）的色情小说《芬妮·希尔》（Fanny Hill）上面覆盖的是福音书，而后来的《欢场女子》（Fille de joie）则夹杂在《新约》中。你也许会在一堆法律书中发现一本伏尔泰的著作。还有一些书之所以非法，是因为属于盗版，尤其是旅游书。

哪里有革命倾向，哪里就会有书籍走私。拉丁美洲独立战争时期，那里的图书贸易就是一种半走私行为。其中的关键人物之一是一位英德混血人士鲁道夫·阿克曼（Rudolph Ackermann），自1825年起在墨西哥活动了四年。他采用了久经时间考验的一些走私办法，如低估货物价值或虚报商品，还雇用了一名代理人同海关做"交易"。为了保密，他还使用距重要港口不远但又不在一起的较小港口来进口他的书籍，如通过坦皮科（Tampico）而不是韦拉克鲁斯和圣玛尔塔，将货物运往卡塔赫纳；或者利用与主要商业中心有竞争关系的港口，如以瓦尔帕莱索取代利马。他偷运的书并不全都是政治论著，但有很多是。也许他为鼓动革命所做的最大贡献，就是为西蒙·玻利瓦尔在委内瑞拉的起义军提供了两台小型平版印刷机。

除了政治宣传小册子直接涌向革命之地外，在其他地方，走私也可以规避无端检查所带来的麻烦。例如，西西里有一种淫乱，对民众最基本的启蒙都产生了不利影响。朱塞佩·托马西·德兰佩杜萨（Giuseppe Tomasi de Lampedusa）在小说《豹》（The Leopard）中，以讲故事人的口吻说道："由于波旁王朝通过海关实施的烦琐检查，这里没人听说过狄更斯、艾略特、乔治·桑、福楼拜，甚至大小仲马。"[5]

类似的情况19世纪晚期在立陶宛也存在。1864—1904年，一个叫作"图书运输者"（Knygnešiai）的组织，将在小立陶宛（Lithuania Minor，即东普鲁士）地区以被禁的拉丁字母印刷的文学作品、启蒙读物和报刊偷运进立陶宛，以反抗俄国当局关于所有文本都必须以西里尔字母印刷的禁令。仅举两例，浪漫的自由主义杂志《黎明》[Aušra，由约纳斯·巴桑维修斯（Jonas Basanvicius）创办]和《钟声》[Varpas，由爱国者文卡斯·库迪尔卡（Vincas Kurdirka）主编]，都是通过走私跨越边境的。沙皇俄国企图将他们的土地和文化强行俄罗斯化，这就是他们的反抗。后来，文学作品又出现了反方向的流动。鲍里斯·帕斯捷尔纳克（Boris Pasternak）的小说《日瓦戈医生》（Dr Zhivago），今天看起来似乎并不具备什么煽动性，但在20世纪50年代，却被认为太过个人主义，并隐含着对苏联制度的批判。1956年，其手稿被哲学家以赛亚·伯林（Isaiah Berlin）偷偷带出了苏联。这些原本会被历史湮没的文字和思想于1957年出版（在意大利，同时以俄文和意大利文出版），1958年获得诺贝尔文学奖，并于1965年改编成著名电影。

走私思想

从一个实行检查制度的国家将手稿走私到外国发表,或者将这样的地方发生的重大事件的图像证据——通常以照片的形式——走私出来,都还有许多其他事例。

匈牙利犹太作家阿瑟·库斯勒(Arthur Koestler)在"二战"中滞留被纳粹占领的法国,不得不先将他的小说杰作《中午的黑暗》(*Darkness at Noon*)走私到英国,然后他本人在逃离法国外籍军团后,也跟随非法移民们逃到了英国。德国作家汉斯·法拉达(Hans Fallada)甚至在纳粹时期都能写反法西斯作品,但是当要他顺从的压力袭来,并且他也无法克服自己的毒瘾后,他被送进了精神病院。他在那里写下了一部关于酗酒和精神错乱的小说《酒鬼》(*The Drinker*)。他是将小说小段小段地写在一篇无伤大雅的短篇小说的行间,然后将手稿偷运出精神病院的。著名犹太摄影记者罗伯特·卡帕(Robert Capa)、大卫·西蒙(David Seymour)和格尔达·塔罗(Gerda Taro)拍摄的反映了西班牙内战之残酷的照片,是由墨西哥大使偷偷带出维希法国的,但这件事情的结果很大程度上只剩下了历史意义,因为这些照片是直到大约六十年后,才在墨西哥城重见天日的。

此处利害攸关的是一个比革命,或者正义事业更为广大的原则——思想的自由流动,不仅仅是以纸的形式。由威廉·吉布森(William Gibson)根据自己的短篇小说改编的电影《捍卫机密》(*Johnny Mnemonic*,1995),展示了一种非同寻常的传输数据文件的方法:将其存进芯片,再植入片中主人公的头脑。这是科幻小说,但改变知识的形式以避开对其的压制,长久以来便是学术界深感兴趣的问题,艺术史学家阿比·瓦尔堡(Aby Warburg)在汉堡和伦敦都建立了与传统体系极为不同的图书馆，能够成功地规避他称为"边境警察"的学科分隔。在一些情况下，处于孤立状态的思想被视为禁忌、不宜传播。罗伯特·梅普尔索普（Robert Mapplethorpe）的艺术作品，就被认为有危险的同性恋倾向。1979年，他不得不将他的部分照片装进加拿大外交信袋偷运出美国，以在伦敦的当代艺术学院（Institute of Contemporary Arts）展出。

我们也不应仅仅赞扬西方知识分子有这类奇思妙想。在墨西哥和中美洲，哥伦布到来之前就存在的宗教，也将它们的神像伪装成天主教的圣人，躲过宗教裁判所的检查进行偷运。墨西哥裔美国作家阿妮塔·布伦纳（Anita Brenner）写作于20世纪20年代的《祭坛背后的偶像》(*Idols Behind Altars*) 一书，便描述了大量这类一种宗教隐藏于另一种宗教中进行走私的事例。海地的伏都教（Vodou）也发生了类似的情况。

还有一种当自由被禁锢则走私盛行的情况，便是有激进人士或其他理想主义者被关押时。新近缅甸有两起事例。1998—2004年，画家兼政治犯腾林（Htein Lin）从他在缅甸被囚的牢房里偷运出上千幅批判性的画作，分别是画在塑料袋上或布片上的。他贿赂了一名监狱看守，给他带进颜料，然后将部分画作藏在垫子里由他的家人带出监狱。曾有一名看守发现了一两幅画作，但以为是地图，便丢弃了。持不同政见的政治家昂山素季（Aung San Suu Kyi）曾有很多年遭到软禁，她把为英国广播公司（BBC）的"里思讲座"（Reith Lecture）所录的节目偷偷送出，于2011年在英国播出。

有许多这样的姿态，是由名人，或者因为自己的思想成功地得以秘密传播从而在后来出了名的人做出的。这样的姿态是代表被压迫者做出的，而这些人往往都是理想主义者。但是知识与走私相交会，并不总是传播启蒙思想或者甚至是解放的思想。一个鲜明的事例，便在伊朗导演萨米拉·马赫马尔巴夫（Samira Makhmalbaf）的电影《黑板》（*Blackboards*，2000）中表现出。电影中的故事发生在伊朗，一位教师跟随着一列驮运走私品的骡队前往一个未指明的边境地区，他想给骡队中一些永无休止地奔走于走私道路上的孩子们上一课，代表着理智和稳定与躁动不安的交锋。这在下面一段对话中表现得尤其明显。教师首先说："听我说，我的孩子，你如果受了教育，你就能读书了，甚至更好的是，你能读报纸了，那么再旅行时，你就能学着阅读和写字了！你就能知道世界上正发生着什么事情了。"走私的男孩回答道："我们，我们就是骡子，永远得走来走去。你怎么能指望我们读书？要读书，你得坐下来。而我们，我们得永远不停地动。"然而，孩子们仍然非常团结，有一种本能的社会参与感，要通过走私来改变他们所竭力规避的令人绝望的经济现实。

那么，还有一种将走私视为高尚或至少是受欢迎的活动的办法，就是考虑其朴素的现实性及其社会包容原则。

社会价值：作为反抗的走私

人们很容易被走私者中一些有声望的人物所迷惑，比如阿蒂加斯或苏尔瓦诺，更不用说一些没有原则的人物了，比如约翰·霍金斯和"中国船长"。但是底线通常都是各种形式的金钱利益，从这种观点看，唯一能使之崇高的办法，便是为其附加一个社会包容的动机——一种使所有人都卷入走私所形成的共同体。实际上，这一点并不难证明，因为很多人都是被压迫性的经济法规逼上了走私之路，走私是他们存活下来的唯一生计。理查德·普拉特（Richard Platt）在《不列颠群岛的走私》（*Smuggling in the British Isles*）一书中，非常清楚地总结了这点，改变了走私者浪漫的形象："也许在英国劳工史的页边，应该重新评价走私。也许对那些被绞死和被流放的人，应给予和托尔普德尔受难者（Tolpuddle Martyrs）（1834年，英国托尔普德尔村有六名农业工人因参与工会组织而被判处流放澳大利亚十年。后因引起公愤，六名受难者终获赦免）及瓦特·泰勒（Wat Tyler，英格兰1831年农民起义领袖，率义军攻占坎特伯雷和伦敦塔，要求废除农奴制，没收教会土地，在与国王会见时发生争斗，受重伤而死）同样的地位。"[6]

那么，走私者的下场是不是都很惨呢？或者，他们是不是命定要进入这一行呢？两者皆有可能，要看具体情况。要看他们是在哪里运作，以及社会是怎样对待他们和他们的面包、黄油主顾，也就是老百姓的。假如你因为走私被抓住，如果你是个西班牙美洲殖民者，那比是个欧洲人待遇要好得多：刑罚将是天壤之别。比较走私与宗教异端刑罚的地区差异，是颇为启人深思的。在西班牙及其殖民地，直到波旁王朝时期，宗教异见者会被处决而走私者只会被罚款，这与英格兰不同；而在英格兰，走私者会被监禁或处决，而宗教异见人士却会逐渐被人们所接受。[7]

在美洲殖民地，宽容很大程度上是社会务实精神的一种体现。起初，走私是使更多人能够从贸易中获利的要素，也是使社会顺利运行在经济上的必要保证。哈布斯堡王朝的官员们往往会认为，法律经常是无法实现的理想，比如在现实世界中，奴隶的口粮必须满足，如果合法供给不足的话，就必须容许非法供给。走私者又会将法律得不到执行作为犯法的借口：换句话说，所有人都这么干，为什么我不行？甚至在英国，人们对走私的态度都在改变：到了18世纪末，广泛流通的走私品有时已被视为实利，视为整个社会的边沁主义收获。贩奴总会受到重罚，但其他"无害"的走私活动刑罚则轻得多，除非是走私战争禁运品。

从美德的阶梯上再向上一些，你就会开始以新的眼光来看待走私。加西亚·马尔克斯的《好人布拉卡曼》中有一个人物曾说，走私者是"可以信赖的人，也是那些盐滩上水银般的阳光下唯一有能力探险的人"。[8]乔治·福伊在他的小说《走私品》中，似乎也有片刻从他幻想的未来世界里走了出来，做出既实际又有价值的总结，他引用哈利·贝克（Harry Beck）的《民俗和大海》（*Folklore and the Sea*）中的话说道："对许多人来说，走私就是一种生活方式。走私者认为自己是在为所属的群体服务，而不是犯罪。"[9]

走私不同类型的违禁品，有时也会产生相互矛盾的道德。亨利·德·蒙弗雷（Henry de Monfreid）在其自传《珍珠、武器和大麻》（*Pearls, Arms and Hashish*）中，便表示他于20世纪初在红海地区进行的走私活动，其动机便既有浪漫的冒险，也有反抗和逐利。但雷·米兰德（Ray Milland）自导自演的电影《里斯本》（*Lisbon*）中的主人公、走私者埃文斯船长（Captain Evans）却强调："我不杀人，不需要；我也不贩毒，不需要。"

也许走私者中无圣人，但是对执法者来说不幸的是，这一点通常都会被民间文学和人们的成见所忽视。相反，海关的形象几乎总是消极的。在文学作品塑造的为数不多的海关人物中，这些预防犯罪的人几乎一成不变地被描绘得愚蠢、乏味、卑鄙和委琐。纳撒尼尔·霍桑在《红字》的第一章"海关"中，对这一行业进行了辛辣的诅咒，将其描写成由大门上方的鹰所代表的理想的迟钝刻板、令人厌恶的坚守者。正如亚当·斯密所指出的，"custom"（海关）一词本身就是老而守旧的：是纳税人"customary"（惯常的）负担。[10] 霍桑又进一步，说是在海关只能看到"邪恶和腐败的行为，因此，理所当然地，所有海关官员都被认为必将堕落"。[11]

罗贝尔·芒德兰在一幅创作时间不明的版画中

但是这些"邪恶"行为似乎并没有污染一位海关官员的雅致人生,那就是邓罗(Charles Henry Brewitt-Taylor)。1885年,邓罗加入了中国海关总税务司(Chinese Maritime Customs Service),在一个走私重地天津服务,也就是第二次鸦片战争后《天津条约》的签署地。该条约逼迫中国开放通商口岸,使走私鸦片合法化。邓罗也曾在另一个旺盛的走私之地云南工作。20世纪初,云南因为邻近鸦片种植地和海洛因生产地金三角,成为非法贩运毒品的重要地区。邓罗不仅因为发表了重新改写的海关规制而著称,他更重要的功绩是翻译了14世纪伟大的经典小说《三国演义》(其英文名称为 Romance of the Three Kingdoms)。然而,这样的人物在海关官员中实在要算是另类。

除了更典型的死气沉沉的形象外,许多走私者似乎也给人们留下了罗宾汉式的英雄的印象,这种正面形象普遍存在于很多表现形式中,包括文学、歌曲、电影,甚至是严肃的历史著作。走私者很少被妖魔化,埃里克·霍布斯鲍姆(Eric Hobsbawm)在他与走私者罗贝尔·芒德兰(Robert Mandrin)有关的书《匪徒》(Bandits)中曾论及这点:"他是法国和瑞士边境的一名职业走私者,走私在那个地区,没有任何人会认为是犯罪,只除了政府。"[12]

罗贝尔·芒德兰的故事,是走私中浪漫一面的典型。芒德兰有时也以他最早的名字路易而著称,他是法国多菲内省(Dauphiné)人,出生和成长在格勒诺布尔(Grenoble)附近的圣艾蒂安-德圣茹瓦尔(St-Etienne-de-Saint-Geoirs)。他成为名重一时的走私者,全因为他弟弟的遭遇。他弟弟为补贴家用,小小地做了些走私买卖,结果被抓住,遭到酷刑折磨,最后还被绞死。在复仇的动机驱使下,罗贝尔很快走私起丝绸、平纹棉布、烟草、树皮、珠宝、手表和祈祷书。随着他的走私买卖越做越大,他被迫逃往了瑞士,但这只是方便他拉起了一支游击队，人员主要来自萨伏伊和瑞士怨气冲天的人们。1754年，他们突袭了法国，与法国治安队伍打起了游击战。对于走私这个概念绝不止于牟利来说，意义重大的是他很快就成了一位著名的匪徒革命家，随后又成了民间英雄。走私就是他的反抗手段。

他完成第一次偷袭，回到瑞士后，有更多的人投奔他的起义军来了，当他再次返回法国时，手下已经有2000多人了。他的私人军队专门袭击法国东部的海关和监狱，仅仅释放走私者和军队的逃兵。芒德兰逼迫令人憎恶的农奴主亲自买下他的走私品，即使他们随后再以各种方式与其他走私者交易，使之再度成为非法商品，此举使他赢得了更多的人心。这种鲁莽的行动在多个城镇获取了成功，不过在勒皮（Le Pûy），他遭到了强硬的抵抗，城中征召了正规军人来保卫奴隶主和商人们的宅第。起义军在正面进攻中损失了一些人后，爬上屋顶突然从天而降，就像今天的反恐突击队一样。

1754年，芒德兰总共对法国发动了六次突袭，然而最终，尽管他返回了萨伏伊，他的队伍中却混入了自称逃兵的政府军奸细。一天晚上，在罗什福尔（Rochefort）城堡，奸细们打开了城门，政府军如潮水般涌入，抓住了芒德兰。1755年5月26日，芒德兰在瓦朗斯（Valence）的集市广场被处决，不过他至死都桀骜不驯。

你也可以从另一个视角来看这件事：这只是食盐走私的社会历史的一小部分，而以非法贩盐起家的芒德兰，只是其中的一个亮点。我们可以回溯到荷兰人来到委内瑞拉的阿拉亚半岛（Araya Peninsula）的时候。他们到那里，可没想着是为未来的好莱坞大片提供灵感，他们是因为对于腌制保存食品至关重要的食盐，在欧洲的供给道路被西班牙人切断了，才去那里的。征收盐税，实在是无处不在的现象，是增加国家收入的一条捷径。中国的政府，尤其是在宋朝的时候，对食盐生产和贸易征税非常积极。英国人非常奇葩的是，当年竟在印度修建了一条长达1500英里的篱笆，作为征收盐税的关税壁垒。甘地伟大的"食盐进军"，一定要放在这样的历史背景下来看。芒德兰作为私盐贩子，得到了痛恨政府对主要生活必需品征收一切惩罚性税款的民众的支持。

酒类虽然不是必不可少的生活用品，但也一向是热门的走私品。又一次，你也许要以不同的方式来看待这方面的历史了。美国的禁酒和随之而来的酒类走私，在公众的感知中，最经常看到的是匪徒的镜头和对禁酒的剧烈反抗，如艾尔·卡彭（Al Capone）、埃利奥特·内斯（Eliot Ness）和非法经营的酒吧。不过也可以从普拉特所说的"劳工史的页边"感受到。

古巴也有美洲犯罪团伙，但从这座岛上产生的却是关于酒类的故事的另一面。恩里克·塞尔帕（Enrique Serpa）的小说《走私》（*Contrabando*），背景设置在20世纪20年代经济贫穷但政治上却很好斗的古巴及其周边。小说深入到工人反抗的表面之下，刻画了走私船"好运号"（*La Buena Ventura*）上的一系列人物，从机会主义者船长埃尔·阿尔米兰特（El Almirante）到无政府主义者科尔努阿（Cornuá），再到"像骡子一样劳作"的其他船员。至少从两个方面看，这是一部反映了集体抗争，超越了个人叛逆的小说。首先，与大多数走私小说不同的是，该书没有塑造高于生活、太过夸张的人物，而是更接近于走私者独特的言语方式。其次，那时的走私是具有战斗精神的，因为它打破了美国禁酒更深远的目的。美国禁酒实际上旨在从工人身上压榨出更高的生产率，同时又不真正影响到中产阶级的生活，因为中产阶级负担得起从一开始就能得到的少量的走私酒品。

超越浪漫的成见，走私在革命和社会反抗历史上的重要性，无疑是可以证明的。进一步的问题或许是：走私中怎样产生个人独特的身份认同？

走私和身份认同

你怎样辨认走私者？嗯，这的确比海盗的形象更为复杂一些，而海盗的形象似乎也将我们对走私的看法歪曲了许多。例如路易莎·梅·奥尔科特（Louisa May Alcott）的短篇小说《我的走私》（*My Contraband*）中的"走私"。这个故事讲的是美国内战时期的一名护士，爱上了一名受伤的"走私者"（用美国内战的话语讲，就是一名南方黑人，想要到北方去为联邦战斗）。然而，这并非故事唯一令人感兴趣的方面：走私也意味着她对男人的不正当欲望。这是一个新英格兰良家女孩逃避人们已为她规划好的人生道路的尝试。

在一些我们这个时代更熟悉的故事里，欲望似乎不只是经济方面的。摩洛哥作家马伊·比内比内（Mahi Binebine）的《欢迎到天堂来》（*Welcome to Paradise*）讲述的是非法移民的故事。在摩洛哥的北海岸，有七个移民等待着有人带他们偷渡直布罗陀海峡前往"天堂"。故事的讲述者阿齐兹（Aziz）是一个憧憬着更美好生活的摩洛哥青年。他们在等待偷渡时，被逼迫烧掉所有文件，以便在到达西班牙后，成为身份无法识别的非法移民。阿齐兹觉得这是一件非法可怕的事情：

> 你不觉得吗？在所有那些破旧牛仔裤口袋里正在腐烂的红色的、蓝色的、绿色的和红褐色的护照，多么浪费啊！唉，假如我有一本那样的护照，我一定会好好保管的。我会爱抚它，

把它紧紧地贴在我的心脏上。我会把它藏在小偷和嫉妒的人永远找不到的地方,把它缝在我的皮肤上,在我胸膛的正中央,那样,当我跨越边境时,我只需解开衬衫纽扣,就能出示护照。[13]

甚至在我们评估最低层次的走私——通常是围绕贩毒等——的时候,都有比我们亲眼看到的更多的意味。文化理论家阿维塔·罗内尔(Avital Ronell)将毒品走私与资本主义内在的主观表达形式联系起来:毒品"替代了与它们相矛盾的价值,因而长期困扰并再生资本市场,产生幻想中的快速发展,并创造关于体量控制和私有财产本身的全部词汇"。[14]在另一部小说中,被人藏在身体内走私的绝不只是可卡因。戏剧家温萨姆·平诺克(Winsome Pinnock)在其话剧《骡子》(*Mules*)中,借主角爱丽(Allie)之口发出了这样的声音:"每一张曾经对我怒视、鄙视、无视的脸,校长、教师、店员、芝麻官们,当我从海关走过时,我向他们所有人竖起了两根指头,他们都无可奈何。他们对我来说等于零。"[15]

走私者是否经常在演示其个性的另一面呢?有一个故事恰好是这样的例子。米开朗琪罗·安东尼奥尼(Michelangelo Antonioni)执导的电影《旅客》(*The Passenger*,1975)讲述的是一个正处于精神崩溃状态的电视新闻记者的故事。故事开始时,他正在撒哈拉沙漠中的乍得为一部关于内战的纪录片做调查。他在一个破烂的旅馆里和一个身份不明的人共度了一夜。第二天早晨,他发现这个人死了,他便冒用了这个人的身份,走进了他的生活。随着他参加了一系列约会,他开始发现这个人原来是一个为反叛组织走私武器的贩子。像奥尔科特的《我的走私》中的人物一样,走私者心态中的隐秘和躲避,正符合他逃离面前规划好的道路的愿望。

如果你要说这些无疑都是虚构的，奥尔科特、比内比内、平诺克和安东尼奥尼刻画的这四个人物都只是在表演，那么这是合理的批评，但是这些故事的意味——我们所有人在自己日常生活的表演中，都在走私着些什么——却是令人信服的。在非常情况下我们也许都会成为走私者，潜意识里我们可能都已经是走私者了。西格蒙德·弗洛伊德（Sigmund Freud）在把精神分析学家比作边境卫兵时，我觉得他就是这么想的。他说精神分析学家们不仅在搜索手提箱和公文包——就是病人们的陈述——也在搜索这些"特务"和"走私者"可能隐藏的东西。[16]

也许正是这些小小的走私行为，使我们得以免于精神崩溃，偶尔也会将我们的另一面投射给我们。

走私品类的众多，显示了其复杂性，但我希望这也将使人们在看待走私时，能够超越仅仅黑与白。走私被视为既是卑鄙的也是崇高的，既是肮脏低劣的也是英勇豪壮的，既是牟利的也是革命的，既是经济上的越轨也是必要的另类劳动。走私可以是机会主义行为，也可以像在食盐问题上那样，是史上历来对重税的固有反抗。依照我个人的观点，走私也许还大可视为维护我们的日常生活并为之增添生机活力的天然办法。

所有这些对于最为死硬的走私者，都是无所谓的。在拿破仑战争期间既为法国也为英国走私的英国人，是没有时间这样儿女情长的。甚至在1814年的新奥尔良之战中成为爱国者、偶尔也扮演一下革命者的海盗兼走私者让·拉斐特，本质上也只是个掠夺者。现在，我要通过事实，讲一讲这些务实的走私者了。

中 篇

走私与帝国

第七章
爱国的海盗：反复无常又讲求实际的走私者

> 凶恶的匪徒。
>
> ——安德鲁·杰克逊（Andrew Jackson）对路易斯安那走私者和私掠者的评论

> 海盗一般的走私犯。
>
> ——19世纪新奥尔良的报纸社论

巴拉塔里亚（Barataria）是新奥尔良以南大约50英里的一个小海湾。像路易斯安那的大部分海岸一样，2010年这里遭受了"深水地平线"（Deepwater Horizon）钻井平台漏油事件的侵害。这一带的群岛大多是泥沼和草地，只有少量风吹雨打中的小橡树。实际上很少有人住在这里，但是漏油事件还是造成了环境灾难，毁灭了渔场。不过，1810年，在这种现代富贵病渗入这个海湾之前很久，这里却有一个繁华的社会。新奥尔良的人们来到这里可不是为了观鸟，而是因为群岛中的一座岛——大地岛（Grand Terre）——是一个大有买卖可做的地方。这个海湾是以一个西班牙语单词"barato"

命名的，意思就是"便宜"，这里是让·拉斐特的走私世界。

拉斐特的传奇故事呈现在我们面前的，是一个勇气十足、魅力四射的私掠走私者，一个深受部下敬重和热爱的领袖人物的形象。他也从事奴隶贸易，也有人认为他是个海盗。那么，让·拉斐特和他的兄弟皮埃尔的道德罗盘上到底是什么样子呢？答案之一显示出一个阴险凶恶、投机取巧和叛国牟利的世界。而另一个答案则是，像拉斐特这样的走私者是以自己的法则——公正、平等和博爱——建设了一个新世界。这显然是相互矛盾的。一方面这些私掠走私者似乎继承了霍金斯和德雷克的衣钵——在爱国主义的伪装下追逐利润。他们既参加了帝国建设，但也同样投入了香料角逐（也只是到了现在，我们才能在参与角逐的一众西班牙人、法国人和英国人中，加入美国扩张主义者和拉丁美洲革命者的名字）。另一方面，抛开这些具有讽刺意味的动机，他们的确开创了一个高效运行的新社会。

走私者和爱国者

17—19世纪，走私者与海关之间经常有着复杂而暧昧的关系。在欧洲和美洲均发生革命的那个动荡年代尤其如此。这个动荡年代始于美国独立战争，经历了法国革命、拿破仑时代和拉丁美洲独立战争。机遇给拉斐特贴上了海盗、私掠者、冒险家和走私者等不同标签。这些标签某种程度上全都是重叠的，每个标签恐怕都能代表拉斐特一生中的不同阶段。走私者与税务官之间并非没有黑白，只是两极之间也有不少污迹斑斑的灰线，就像丢在小雨中的船货清单上的墨渍。

英国康沃尔海岸最多姿多彩的走私团伙之一——普鲁士湾的卡特兄弟，偶尔也在这片雾霭中运作。他们从南康沃尔的彭赞斯（Penzance）一带海岸的壁垒森严的据点，不断地挑战着当局的权威。但是当他们卷入拿破仑战争的更大浪潮时，他们也随波逐流、见风使舵，不断地改换效忠门庭。甚至在此之前，哈利·卡特（Harry Carter）带领他的船"燕子号"，就曾为国王效过力。那是在美国独立战争中，他作为私掠者，多多少少做了些贡献。后来，在到法国圣马洛港修理他的独桅纵帆船"沙夫茨伯里号"（*Shaftesbury*）时，他却因被怀疑为海盗而关进了监狱。他的弟弟约翰前来保释他，结果也被抓了起来。故事到了这时候，就蒙上了些许神秘色彩。显然是在英国海军部的命令下，他俩被与监禁在英国的两名法国军官做了交换。这肯定是为了报偿他们给国王帮过的忙。没过多久，哈利又一次因走私活动失败而被捕，并且又一次被赎出。这回是在南威尔士的曼布尔斯（Mumbles）。他的船被误认为私掠船，于是他仓皇逃窜，不料慌忙之中搁了浅。他因为逃跑的船上的文件，又被怀疑为海盗。这回又是海军大臣救了他。

哈利效忠过国王，还有更切实的证据。1782年，他非常明显地表现了一下爱国主义精神，响应康沃尔郡圣艾夫斯港（St Ives）海关关长的号召，阻击了来自敦刻尔克（Dunkirk）、威胁着布里斯托尔海峡（Bristol Channel）的一条外国私掠船"黑王子号"（*Black Prince*）。他指挥着"沙夫茨伯里号"，在卡特家族的另一条船"凤凰号"的协助下，重创了敌船，使之逃往帕德斯托港（Padstow）寻求庇护，但还是沉没了。卡特俘虏了十七名幸存者。

走私者当然也知道，战争的烟幕会助益他们的秘密买卖。走私者威廉·芬威克（William Fenwick）的船"雷切尔号"（*Rachel*）曾遭到以泽西岛（Jersey）为基地的海军战船"贵族号"（*Aristocrat*）的盘查，他说他在爱尔兰海漂荡，是因为他在绕过苏格兰北部时在风暴中迷失了方向。他其实是在圣马洛港附近的弗雷埃角（Cape

Fréhel），而他知道得清清楚楚。

另一方面，走私者尽管其行为对国家财政有损害，但一些人到了紧要关头，也能以国家利益为重，这方面的事例也有无数。英国汉普郡（Hampshire）就有两个这样的走私者——艾萨克·格利弗（Isaac Gulliver）和哈利·保莱特（Harry Paulet）。格利弗被称为走私者中的爱国者，是因为他挫败了一次法国对英王乔治三世的刺杀企图。当时乔治三世正在韦茅斯（Weymouth）度假，格利弗向一支英国皇家海军小舰队发出了警报，一支法军部队正在逼近。另一个故事声称他将情报送交了纳尔逊，报告了法国舰队的行踪。保莱特的事迹在格利弗之前，他据说是在"七年战争"期间，在一条法国船的船舱里发现了一包电报和信件，他偷走了这个包，逃离了法国船。后来，在一次走私行动中，保莱特又发现了法国海军上将孔夫朗（Conflans）率领的舰队，在布列斯特（Brest）避开了英军的封锁。他迅速将情况报告给英军指挥官霍克（Hawke）海军上将。霍克尽管起初不相信他，但最终还是决定出击去拦截法国舰队。这就是1759年的基伯龙湾（Quiberon Bay）突袭，英国舰队大获全胜。保莱特本人的船只也协助参战，事后获得了丰厚的奖赏。

也有些时候，走私者的效忠则是令人怀疑的：威尔士走私者欧文·威廉姆斯（Owen Williams）曾在"惊骇号"船上，做过走私者和私掠者，往来于英国和加勒比海，后来他又短暂地做过海关官员。不过，这似乎只是为更多的走私活动做掩护，后来他又回归了私掠活动，这回是在巴巴里海岸一带。

官方的走私

也许我们不应惊奇，英国国王很可能也有自己的御用走私者。汉普郡还有一名走私者，是出身古老的贵族家庭的坦普尔·西蒙·勒特雷尔（Temple Simon Luttrell），据说为贵族，甚至也为国王走私上品葡萄酒和干邑白兰地。他于1803年死在法国监狱中。另一位著名的走私者约金斯船长（Captain Yawkins），在英国索尔威湾（Solway Firth）一带活动，曾和一位缉私船船长共进午餐。在返回自己以爱国主义命名的走私船"黑王子号"（显然这是个走私业中很流行的名字）之前，他把自己珍贵的枪和醒酒器送给了这位官员。

英国皇家海军与走私者的关系也有暧昧之处。他们有时痛恨走私者，有时又对其格外敬重。后一种情况可以归因于他们佩服走私者的航海技术，但也可以解释为同情：海军内部总是有一定规模的走私活动。水兵们经常购买非法的金币和银币，船长们时常会拒绝海关人员检查船舱。1767年，英国皇家海军军舰"活跃号"（*Active*）到达朴次茅斯港（Portsmouth）外的斯皮特黑德（Spithead）海峡时，许多船员都"私下里"偷运从牙买加走私来的朗姆酒。正当他们将走私品转往海军的船坞码头时，遭到了一条缉私船的伏击。随之发生了一场战斗，在几名海关官员被头朝下抛入水中后，他们进入了外人严禁入内的海军修船厂，在里面畅饮，大肆分赃。18世纪，英国海军船只将银圆走私出加的斯（Cádiz）。例如皇家海军军舰"戈耳工号"（*Gorgon*）1794年就曾这么干过，这是其船长詹姆斯·加德纳（James Gardner）说的。走私的秘诀之一，是将私货藏在特别改造过的背心里，蒙混过关。

国家在战争与和平时期对待走私的暧昧态度

当真枪实弹的战争发生时，危急关头，国家，尤其是英国皇家海军，需要走私者的支持。1782年的《大赦令》（Act of Oblivion）提出，走私者如果参加美洲战争，将得到赦免，尽管事实上很多走私者投奔了北美殖民地一方，也许将同他们对阵。1792年，当战争的阴影逼近家门口时，英国政府又一次提出对参加海军的走私者予以特赦。走私船船长作为技艺高超的水手，将使现役部队如虎添翼，而大部分走私者也比强征入伍的士兵要能干。军官们会在这些新入伍的人的服役编号前标上"CP"两个字母，表示他们是征召的"民间力量"（civil powers）。有些人得到征召，主要是因为他们有自己的船。

情况也并不总是这样，走私者有时也会展现出另一面的原则性来。英国萨塞克斯郡（Sussex）的霍克赫斯特（Hawkhurst）就发生过这样的事例，是暴露了英国走私者凶残性的最臭名昭著的事件。一群暴徒对一位海关官员和他的线人施以酷刑，最后又将他们杀害。这些走私者支持詹姆士二世党人（Jacobite）的事业，散发宣传这位被废黜的国王詹姆士·斯图亚特（James Stuart）有权重回王位的小册子。该村的小酒馆"橡树和常春藤"，就是以反叛的詹姆士二世党人的徽章图案命名的。

也许这就是国家要在拿破仑时代来临之前镇压走私的原因之一。1736年的《赦免法》（Act of Indemnity）规定了走私可以判死刑（不过即使这时也可以做交易，且通风报信可以免罪）。走私不仅没能遏制，反而变本加厉，成为政府财政的主要流失渠道。这招致了更为系统性的镇压，1784—1785年小威廉·皮特（William Pitt the Younger）的反走私运动后，走私的黄金时代被认为结束了。1784年的《折抵法》（Commutation Act）是对走私的第一个实质性的打击。该法大幅降低了茶叶的关税，使得走私者的支柱产业一下子就无利可图了。然而尽管如此，拿破仑战争还是为走私者们提供了新机会。

拉斐特兄弟的新机遇

与走私者不同的是，海盗很少得到赦免，但是"私掠"（privateer，法语中为corsair，就是"海盗"之义）一词是国家与其海盗倾向所做的一个重大的浮士德式交易。私掠实际上被认为非常可敬和爱国。并非第一次，这成为走私的典型情况。英法之间在欧洲的战争蔓延到加勒比殖民地，为像拉斐特兄弟皮埃尔和让这样无法无天、孤注一掷又具有创新精神的人，提供了巨大的机会。

在找到他们理想的事业——在路易斯安那沿海走私——之前，这对兄弟作为来自法国的难民，曾试手私掠活动。他们到来时，时机恰好到了出现大规模集中走私的节点，尤其是一些被认为中立或反叛的地区，走私的条件非常成熟。"七年战争"时期，当时和现在都属于荷兰殖民地的圣尤斯泰希厄斯岛，成为走私大舞台之一。老的走私据点如西班牙属蒙特克里斯蒂，也焕发了新春。这里因为离法属圣多明各（今海地）很近，是走私者与法国进行间接贸易，以挑战英国封锁的好地方。

其他一些地方，如罗得岛，则是英国殖民地重商制度下走私的温床。还有一个更明显的独立的走私世界，是西班牙属佛罗里达的阿米利亚岛（Amelia Island）上的费尔南迪纳（Fernandina），是非法奴隶贸易的着陆点。正是在这种冲突和非法交易产生机会的背景下，随着法国波旁王朝与英国之间的战争延伸至拿破仑时代，美洲殖民地进入了长达五十年的革命时期，拉斐特兄弟发现了自己的才华所在。

怎样看待拉斐特兄弟，意见一向有分歧。他们是走私者，是私掠者,还是走私者兼私掠者,抑或就是海盗?在他们的投机性非正规贸易达到高潮,他们建立起一个小小的走私帝国时,新奥尔良的地方媒体曾称他们为"海盗走私家",[1]但他们也是私掠爱国者,他们只是在公开做着一些美国政府私下里想做的事情。为拉斐特兄弟,实际上也是为本章出现的许多走私者定性,困难之一就是由于他们所面对的权力机构,恰好部分上就是他们的镜中之像。这些海盗走私者们所责难的权力机关所在地新奥尔良,对于新生的美国,本身就处于叛逆状态。1810年该城人口大约为25000人,很大程度上是西班牙裔和法裔,许多都是克里奥尔人(Creole)。由于圣多明各的奴隶暴动制造出大量难民,法裔人口的比例还在膨胀。所有这一切,都在加大着新奥尔良成为其刻板严厉的新老板——美国——身边一个半自治的贸易世界的可能性。

然而就连美国,在公开摆出一副有尊严的中立姿态的同时,也在下一盘更大的棋。看看其对待本地区传统商业强权西班牙的官方态度吧。美国政府对于旨在削弱英国和法国影响的商业行为施以严厉的限制:1807年,在杰斐逊主导下,与所有外国港口进行的贸易均被禁止,这也影响到西班牙。但是自1809年起,随着《互不往来法》(Non-intercourse Act)颁布,条件有所放松。鉴于走私这时非常兴旺,是重要商品供给的唯一办法,此法令的目的是试图仅对英国和法国实行禁运。然而,美国也作弄西班牙,经常支持南美洲、中美洲和墨西哥的革命运动。

美国非正式的政策助长了拉斐特兄弟的非正规生意。有人怀疑他们从事私掠活动是在奉命为各国革命政府打探情报,他们屡屡在美国根除走私的行动中存活了下来,因为新奥尔良是这些新生的革命者的总部。这些革命者受到美国的建国者和扩张主义者的暗中支持。拿破仑时代的欧洲使私掠者如鱼得水的自由放任和战乱频仍等条件，在这个帝国的野心和民族的雄心汇聚的熔炉，就更为充分了。

看来，让和皮埃尔几乎从小就特别适应这样的世界。他们在法国的波尔多（Bordeaux）长大，从小就感受到谋生之不易，在紧随着法国革命而来的"恐怖"时期的匮乏生活中，他们参与了穿越比利牛斯山脉的走私活动。现在，经由法属加勒比群岛来到路易斯安那，眼前又是一派兵荒马乱的景象，兄弟俩窥出了在新世界建设一个有自己法则的走私世界的可能性。皮埃尔做了商人，通常以新奥尔良为基地，而让则在走私现场指挥行动。他们的现场就是巴拉塔里亚。

巴拉塔里亚

一般认为，曾经短暂地担任过一条私掠船的船长，对于让·拉斐特成为巴拉塔里亚的统治者很有帮助。这个草创的殖民地正是研究"海盗乌托邦"的文化理论家和激进人士哈基姆·贝（Hakim Bey）所谓的"临时自治区"（Temporary Autonomous Zone）。[2]临时自治区的特色是虽则短命，但存在之时相当红火，自己制定法律并有独特的文化。巴拉塔里亚正是如此，这是一种变异的美国梦。

让·拉斐特大约是1809年从巴拉塔里亚湾起家的，最早是在大地岛，继而在大岛（Grand Isle），后来偶尔也在猫岛（Cat Island）。私掠者们提供走私品，带来被劫持的船。遭劫持的船被抢光后，往往又被改旗易帜，编入掠夺者的船队。大岛东端的海峡是唯一可供船只出海的深水水道，因此拉斐特在此严加设防。拉斐特兄弟之所以吃得开，是因为在大批的投机者中，只有他们有创业的能力和冒险的勇气，能够一鼓作气地建立起一个走私世界。他们广结能够为掳获的商船提供商标字样的盟友。拉斐特兄弟随后会将这些商船配置或分包给各种各样的伙伴和其他冒险家。他们为把走私品运往市场提供了港口和水道。

拉斐特兄弟很快就熟悉了这一带的河口，并利用这些河口将走私品装上渡船北运，送到新奥尔良以南的密西西比河上的各交货点，买主再从那里将货物运进城。他们另外还有一条通过拉富什河口（Lafourche Bayou）将货物运往巴拉塔里亚湾以西的路线。这几乎不是秘密，就像今天的瓜希拉半岛一样，走私品理论上会被没收，但仍然像潮水一般涌入，并且所有人都能得到。

尽管一些私掠船船主将让·拉斐特称为"老板"，但他可不是什么专制独裁者。像哈基姆·贝所描写的托尔图加和萨洛（Salo）等"海盗乌托邦"一样，巴拉塔里亚部分上遵循的是社会主义路线。这是一个有自己的法律和规矩体系的社会。船上的每个人，无论价值地位，都有资格分得一份赃物。如果他们受了伤，将会得到补偿。巴拉塔里亚走私团伙只存在到1814年，更大的历史事件就将其扫荡了。

走私者在新奥尔良战役中

像走私在17世纪的起伏变化一样，拉斐特兄弟也在不断调整以适应形势：当冲突隐约逼近时，运作方式就变异为其他形式。1812年英美战争提供了舞台，而新奥尔良战役（1814）则成为变化的催化剂。在这样的形势下，他们可以选择或者做海盗，或者做爱国者。巴拉塔里亚受到威胁，已经有一段时间了，因为它太高调了，太自治了。新奥尔良的走私经济也有强大的敌人，不像早年布宜诺斯艾利斯的白银走私社会和我们今天的巴拉圭走私共和国。

那么拉斐特兄弟的投机爱国主义是怎样形成的呢？先是一名英国海军上尉尼古拉·洛克耶（Nicholas Lockyer）来到巴拉塔里亚，代表正逼近新奥尔良的英国侵略军舰队司令珀西（Percy）海军准将会见了让·拉斐特。洛克耶提议拉斐特站在英国一边对抗美国。不知是出于什么原因——也许是新生的爱国主义，也许是机会主义，也许是潜在的金钱奖励，抑或是因为他哥哥皮埃尔正因为海盗行为在坐牢，再或是他想使自己被指控的罪行得到赦免——总之让决定将计就计，表面上听从了洛克耶上尉，实际上却效忠于他昔日的敌人——克莱本（Claiborne）州长和安德鲁·杰克逊将军。他通过一位银行家、新奥尔良立法会成员让·布朗克（Jean Blanque）来为他牵线搭桥。布朗克也是新奥尔良商界中因巴拉塔里亚的走私活动而获利的众人之一。拉斐特提出保卫海湾，得到了另一位富有影响力的朋友爱德华·利文斯顿（Edward Livingston）的支持。在未来的岁月里，利文斯顿将在新奥尔良代表拉斐特兄弟出入法庭。杰克逊和利文斯顿是老朋友。危急时刻，杰克逊甚至写信给麦迪逊总统，证明拉斐特兄弟是事业的盟友，力主对其手下所有走私者和冒险家被指控的掠夺商船的罪行予以赦免。

然而，拉斐特的提议有些滞后于事态的发展，因为无论是珀西还是野心勃勃的美国海军军官丹尼尔·托德·帕特森（Daniel Tod Patterson），都决心尽快进攻巴拉塔里亚，彻底荡平这片桀骜不驯的地区。终于，帕特森于1814年9月16日抢先攻入了巴拉塔里亚。现在，拉斐特又有了一个新动机——赚回被逐出巴拉塔里亚所造成的50万美元损失中的一部分。那么，扮演爱国者将增加成功的概率。

安德鲁·杰克逊对拉斐特的提议将信将疑。尽管他后来变成了一个宽厚仁慈的长者，但这时他仍怀疑拉斐特在玩弄"凶残的匪徒"的伎俩。³不过，他需要像他们这样的人，不仅是因为他们熟悉这一带的河口，也因为新奥尔良本身就是个充满了他们这类人的地方：这里有众多不同种族的移民，必须哄骗他们来保卫城市。在得到信号后，让和皮埃尔兄弟率部于1814年12月20日开进新奥尔良，并会见了杰克逊。最终说服了这位将军的，是英国侵略军的逼近和他的大炮缺乏火石。拉斐特兄弟恰好囤积有火石，在得到400名归顺者均得到赦免的保证后，他们发誓效忠。他们共带来了7500块火石。令人啼笑皆非的是，这时英国人和美国人已经签订了结束战争的和约，但是这个消息还没有传到路易斯安那和英国分舰队。

拉斐特兄弟参加新奥尔良保卫战，一直被作为传奇故事传扬，但他们的贡献实际上非常微小。让·拉斐特被派去协助构建一个炮兵阵地，以守卫通向城市的一条主要河流的河口。与此同时，皮埃尔·拉斐特的任务稍微重要一些，某种程度上他成了战地顾问，协助防守新奥尔良城前后的天然防卫屏障——曾经为走私提供了重要掩护，如今又可能阻碍敌人的沼泽和森林。于是这位大拉斐特利用其对丛林的熟悉，为新奥尔良战役的胜利做出了有益但并不关键的贡献。继而，又发生了一件想必会令这位走私者和昔日的巴拉塔里亚之主心中五味杂陈的事情。皮埃尔·拉斐特奉命清除海湾中的所有人类定居点。这是一项小小的焦土政策，既使敌人无法长久立足，也防止了走私和私掠的死灰复燃。

加尔维斯顿岛

拉斐特兄弟的爱国主义精神并没有持续太久，只是在试图争回他们损失的部分财产而打官司时，才不时地又被提到。尽管他们得到了赦免，也都获得了合法身份，但他们却再度成为穷人。他们需要的是新的走私世界。

美国人假装支持墨西哥叛乱分子，实际上觊觎着得克萨斯。得克萨斯成为美国的新领土这一显著的命运，在当时还只是暗流，还没有形成浪潮。加尔维斯顿岛（Galveston Island）成了冒险家（私下的、投机的革命者）、走私者和私掠者碰运气的地方，也是美国人在玩弄阴谋诡计时可用来激怒西班牙人的刺激物。对拉斐特兄弟来说，这里成了他们的第二个走私自治区，尽管——不可避免地——是暂时的。

加尔维斯顿岛是个荒凉的地方，也叫"末日岛"（Malhado）和"蛇岛"（Isla Culebra）。在未来的革命者占领该岛，将其作为吞并得克萨斯的跳板，并开始发动针对西班牙人的私掠行动后，其潜力才显现出来。直到现在，那里也没有人永久居住，尽管印第安卡兰卡瓦人（Karankawa）来这里捕鱼。至少一开始，该岛并非拉斐特兄弟私有，甚至远在他们的视野之外。但是大约在这一时期，皮埃尔买了一条船"总统号"（*Presidente*），并开始将其装配为私掠船。这个"老字号"开始重新集结，并在加尔维斯顿岛外活动，又一个走私世界逐渐形成了。他们很快将兴旺发达，至少是在当地。没过多久事实就证明，他们是众多风流浪荡的私掠者、走私者和冒险家中最有组织的一群。他们能够挑拨其他团伙相互争斗。到1817年4月时，皮埃尔通过其一呼百应的影响，将一些旧日的私掠团伙从战后的混乱中重新动员了起来。让·拉斐特则在陆上智胜了所有人，以其魅力、领导力和小恩小惠为自己的阵营广聚人力，成为岛上的主宰力量，声名盖过拉丁美洲那些最为喧嚣、最为凶悍的私掠船船长和自封的霸王。在与加尔维斯顿的拉斐特兄弟结盟的投机走私者中，就有发明了一种可怕的刀并在阿拉莫之战中成为英雄的詹姆斯·鲍伊（James Bowie），他当时和兄弟一起在该岛和附近的路易斯安那之间贩奴。让·拉斐特建立了一个海事法庭，在所有私掠基地中都很有声望。对于这样一群亡命之徒，对于这样一种名义上非法的行为，怪异的是，这竟然成为规范私掠活动并保证其公正运行的一种权威。让·拉斐特甚至还任命了一名海关关长。然而，尽管他们打着墨西哥革命委员会的旗号，但他们实际上是自成一统的。

如果更近一些观察这个走私世界，你也许会得出结论，这里绝非乌托邦——不是哈基姆·贝所希望的"临时自治区"的样子。拉斐特兄弟及其亲信彼此非常忠诚，但他们却鲜有长久的同僚，他们总是在寻找能在这场蛇梯棋游戏中给他们带来最新利益的人，包括所有人的宿敌——西班牙人。奴隶又一次成为主要的走私品并被走私到新奥尔良。现行价格是每磅肉1美元。这个特殊的走私世界也只维系到1820年。

拉斐特兄弟之死

加尔维斯顿岛并没有像巴拉塔里亚一样一度受到上帝的护佑——无论是在政治上、地理上，还是在天气上。冒险家和走私者到来不久，这个定居点就遭到了一次极其凶猛的飓风的肆虐，原本就很荒凉的地方，更加难以定居了。这个海盗-私掠者的世界在迅速变化。自1819年起，美国就只对由合法州所认可的私掠者予以宽容了。让·拉斐特一生获得的唯一合法的委任，是在他走到穷途末路时才来：在长久地放弃加尔维斯顿岛后，他接受了羽翼未丰的哥伦比亚海军的委任，最终成为"合法的"私掠者。然而事到如今，在许多人看来，这些微小的差别已经无足轻重了，他们认为他既不是一个良性的走私者，甚至也不是一个私掠者，而是一个不折不扣的海盗。他身上所披的草莽英雄的光彩，在巴拉塔里亚时还使人们对称他为海盗迟疑不决，在加尔维斯顿岛土崩瓦解后，便随着风中扬尘烟消云散了。

这个时期海盗经常是与走私相重叠的，但那个世界人的寿命不可避免是短暂的。皮埃尔·拉斐特在逃亡中，于1821年死于墨西哥的尤卡坦（Yucatán）。他当时正试图在穆赫雷斯岛（Isla Mujeres）建立第三个走私世界。1823年，让·拉斐特被诱入两条西班牙战船设下的埋伏，在海上的战斗中迎来了自己的末日。

到1823年时，实际上曾经在造反的时候支持过私掠和走私活动的所有新加入美国的州，都已宣布了此举为非法。这实际上终结了海盗和走私行为。那么，在没有了巴拉塔里亚和加尔维斯顿之后，美国的走私品从哪里来，又在哪里登陆？美国人降低了关税，还有什么意义？

巴拉塔里亚和加尔维斯顿的临时走私区都是其兴也勃、其亡也忽，因为它们都很快变得孤立起来。而在欧洲的这段时间，1810—1814年，一个走私世界在皇帝的支持下诞生了。

第八章
生意如常：拿破仑时代的英国走私者

> 他们为了钱，敢做且能做任何事情……他们是些可怕的人！
> ——拿破仑·波拿巴对英国走私者的反思

16—17世纪拼死紧咬印度尼西亚的巴达维亚和亚齐两个小贸易点的英国商人和冒险家——实际上就是荷兰人主宰的香料贸易的走私者——假如听到拿破仑·波拿巴于1810年6月15日向英国走私者发出的邀请，想必会不相信自己的眼睛、耳朵，乃至崩溃。当时的圣旨宣布，敦刻尔克将向他们开放。继而，1811年11月30日，拿破仑又设置了一个走私城：在格拉沃利讷（Gravelines）为这些表面上是他的敌人的"可怕的人"划出了一块飞地。在走私者看来，鉴于英国正与法国交战，皇帝此举简直是公然的卖国行为。这到底是怎么回事呢？这就是拿破仑奇特的所谓"几尼走私"（guinea run，几尼为英国旧时的一种金币），是他用英国货币来支付他的雇佣军的一种手段。

格拉沃利讷走私区与巴拉塔里亚同时代，但要有组织、有秩序得多，实际上是个官方版的路易斯安那走私世界。这个飞地其实只是走私最显而易见的一面。英国肯特郡和萨塞克斯郡骄横的几尼走私者们，早就建起了一种横跨英吉利海峡的广泛的非法文化。这种文化在法国的格拉沃利讷可以看到，在英国的迪尔（Deal）和福克斯通（Folkestone）也能看到，是此处关注的焦点。但是在审视几尼走私时，你必须同时考虑其在地缘政治方面的延伸性影响。这种影响起于拉丁美洲，穿过伦敦和巴黎，再随着几尼走私润滑了拿破仑泛欧洲作战的车轮，传播到更远的地方。

几尼走私的理由

拿破仑需要英国的金子，最便利的形式是金币几尼，主要原因是要保证其偿付能力，尤其是考虑到他那支庞大的雇佣军的开支。第二个原因是要振兴他自己的制造业和金融业，同时破坏英国的经济。英国需要死死守住其黄金，因为其黄金储备会定期流失，在战时，你需要现成而可靠的资金。英国自1797年起禁止黄金出口。

为什么拿破仑更青睐几尼而不是其他货币，比如西班牙银币？因为法国人正在伊比利亚半岛同西班牙人和英国人作战，西班牙银币的供应渠道不大畅通，而搞到几尼要容易一些。18世纪末时，战争使各国货币都大幅贬值，而几尼这种硬币因为含金量高，成为极有价值的硬通货。也许同样重要的是，走私者能够提供几尼。在走私者们看来，皇帝打算出价每几尼30先令来兑换。那时候的国际货币交易，像今天一样隐秘、迂曲和多层面。拿破仑从墨西哥的韦拉克鲁斯搞到钱，再由代理商通过阿姆斯特丹和汉堡这样的地方寄送伦敦，继而将这些钱在起伏不定的英国货币市场进行投机，如果价钱合适就买进黄金。因此货币市场看似超越了政治分歧在浮动。

客观条件对几尼走私并不有利，因为已经有一种不同的走私文化存在了。实际上，走私在拿破仑战争期间（1793—1814）一直很旺盛。到了战争后期条件尤其有利于走私，因为皇帝越来越依赖于走私，但是从战争一开始，由于英国提高了关税以筹措战争经费，走私便有很强烈的动机。走私的风险也比威廉·皮特的时代要小：当时只有一些老掉牙的反走私手段，因为所有的海军战船和缉私船都被投入战争了。

自1809年起，英法两国之间的半非法贸易就有一种许可制度，因为非常矛盾的是，双方对对方的依赖都很深。那年英国庄稼歉收，需要粮食。而1810年两国经济都滑坡后，法国需要英国的市场来交易葡萄酒、白兰地和丝绸。尽管是战时，法国仍强迫性地扩大出口。欧洲大陆的港口继续开放通商，包括法拉盛（Flushing）、加来（Calais）、敦刻尔克、布洛涅（Boulogne）、迪耶普、南特（Nantes）、瑟堡（Cherbourg）、洛里昂（Lorient）、勒阿弗尔和罗斯科夫（Roscoff）。这个灰色的市场当时得到了一定程度的宽容。酒类和丝绸流入英国市场，返航的船则载着几尼，这甚至可以视为这种半非法贸易的一种延伸。

然而直到1810年，英国走私者在法国港口仍然很不受欢迎，在本国领海也遭到追逐。他们为躲开这些港口，要在低地国家的海域运营，或者从航行于英吉利海峡的中立国船上接收走私品。拿破仑的提议改变了游戏规则。尽管以走私品来供给他的军队并非新招数——法兰克福成为战争期间主要的走私品集散地——然而建立官方的走私庇护地以获取几尼，却很显然是个别出心裁的战略步骤。

走私者的城市

敦刻尔克和维姆勒（Wimereux）一起，都是最早的走私者的庇护地——维勒姆的规模要稍小一些，但是1811年11月，这些"可怕的人"全都被转移去了格拉沃利讷，因为他们太过狂纵放荡。尽管敦刻尔克的居民们对恢复了宁静无疑感到欣喜，但失去了非正规贸易，对他们也是非常沉重的一击，因为这里几乎没有其他商业活动了。在格拉沃利讷，拿破仑接纳了走私者，但与此同时，在他目力所及范围内，他又想对他们进行管控。除了要限制他们的行为外，拿破仑的目的还在于，不能让他们对他的战争后勤情况了解太多，比如不能让他们对敦刻尔克附近的火药厂知之过多。走私者从来未能融入法国社会，尽管他们在被赶出敦刻尔克前本来有充分的自由能融入当地社会，实际上，这也是问题的一部分。他们之所以受到"欢迎"，是被当作了摇钱树，但作为敌国公民，法国人始终不信任他们，无论他们怎样叛逆。

在格拉沃利讷一个由警卫把守的院子里，走私者被视为合法商人，那里甚至还为他们提供文书工作的便利。但这座城市实际上非常小，大致是一个边长200多米的等边三角形。这里的一切，甚至吃住，都是官僚化管理的。走私者和法国军事安全机构的卫兵同在一个院子内，而这些卫兵对他们先前在敦刻尔克的浪荡行为非常了解。这里甚至还有一个海关办公室。

威廉·皮特在担任英国首相期间发起的反走私战役，本想对从英吉利海峡对岸进口走私品给予致命一击，但几尼走私使得格拉沃利讷的空船都迫切希望满载法国货物而归。几尼走私的规模如此宏大，使得本已沉沦的走私迅速死灰复燃，并发展到产业量级。有一个人，或者说一个家族——海伍德（Haywood）氏——反复出现在格拉沃利讷的港口记录中，其船"希望号"（Hope）载来了数以万计的几尼金币。[1]走私不仅仅限于这座走私城港口，在高潮时期每周有40—50艘船前往法拉盛。走私者离港时带走的每桶烈酒被征收

6个旧便士。1813年，共有大约600条走私船在不同时间停靠格拉沃利讷。[2]一条桨帆船需要八到十小时划到法国，如果风平浪静的话则需要五小时，而一条船通常的运载量为价值3万英镑的几尼。这些金币每周一次被武装押运到巴黎。在这五年的走私黄金期，共有500万—600万几尼金币乘着桨帆船跨越了英吉利海峡。

这是法国，一片外国的土地，一个剑走偏锋的走私者社会；那么你敢说几尼走私没有被英国深刻体察到吗？这在英国当然是非法的，但在肯特郡和萨塞克斯郡，做"夜猫子"（owling，字面上的意思是"做猫头鹰"，由于违禁品走私多是在夜间进行，owling便被引申为"走私"之义）可是一项有好几百年传统的行业了。几尼走私使这里的走私活动有了更为连贯的身份认同，有了一种免罪感，并创造了一个堪与康沃尔郡走私者这一广为人知的公众形象相媲美的神话。

肯特和萨塞克斯的几尼走私者：策略和技术

对羊毛征收的高关税，以及同伦敦和法国海岸大致相等的距离，使得英国的这片东南海岸自中世纪以来便是走私的理想胜地。自羊毛以后，茶叶成为主要走私品，现在则是除了法国白兰地和荷兰、法国的杜松子酒以外，还有蕾丝饰品、丝绸和皮货，以及一些小奢侈品，如香水、手表和扑克牌等。

迪尔和福克斯通是几尼走私时期的主要走私港口。在迪尔，1785年时，皮特的缉私官员为展示决心，曾在该城的海滩上烧毁了一大批走私船，结果反而使这里的反抗意识更加强烈。其他卷入几尼走私的城市还有拉姆斯盖特（Ramsgate）、多佛尔（Dover）、海斯（Hythe）、黑斯廷斯（Hastings）、贝克斯希尔（Bexhill）和伊斯

水彩画《福克斯通的走私者》(*Smuggler of Folkestone*),约瑟夫·特纳(Joseph Turner)1823—1824年绘

特本(Eastbourne)。

几尼走私的成功原因,实际上也就是其特色,很大程度上是建立在创新和适应的基础上的。迪尔的桨帆船造价很便宜,但却极其高效。这些桨帆船长40多英尺,既轻便又快捷,每条船需要五六名水手。船上有一张巨大的四角帆,有六个划手座位。这种桨帆船实用性强,闪躲灵活,以至新成立但力量仍极为捉襟见肘的水上缉私队,也开始建造自己的桨帆船用于拦截目的。后来,法国人袭击了英国的造船厂后,也在法国造起桨帆船来。法国人有一次著名的偷袭行动,不是发生在英国东南海岸,而是在多塞特郡(Dorset)的克赖斯特彻奇(Christchurch)。码头大门处的"黑房子"就是造桨帆船的地方。"黑房子"之所以得名,是因为国王陛下的官员们试

图放火把里面的非法造船者熏出来，结果将房子熏黑了。桨帆船中顶风行驶最快的，就是所谓的"死"帆船。这种帆船实际上没有放货物的空间，很容易倾覆，但速度却非常快，作为消耗品，以企业家的观点看，还是很划算的。走私用的鱼鳞叠接式三角帆纵帆船甚至比桨帆船还要快。这种帆船是根据北欧海盗的撞角战船改良而成的，长达60多英尺，有两根桅杆，船员达30多名。"鸡尾船"是走私者使用的又一种逃避缉查的船。这种船有六支桨，从福克斯通出发，取回用绳子连接，沉入英吉利海峡的桶装的烈酒。

肯特郡的船，像所有桨帆船一样，吃水都很浅，无论是在岸边还是在海里都能很好地利用其物理特性。当遭到追逐时，这些走私船通常会驶向多佛尔海峡北海口的古德温暗沙（Goodwin Sands）。在那里他们会抬着船越过沙洲，然后在另一侧下水，把缉私船甩在深水区。

为躲避缉私人员，还有其他依托海岸的招数。法国海岸当局设计了一套由旗子和灯笼操作的警示制度，以保证走私船畅通无阻。而在英国一侧，有这样一个传说，福克斯通的女人们会在德洛克斯（Durlocks）点燃一堆大篝火，警告她们在"鸡尾船"上的男人，缉私人员已经坐船出发去拦截他们了。有一次，海关的人看到了这个发出警报的航标，返回岸上去灭火，结果与女人厮打了起来，最后还是女人占了上风。

几尼走私者在法国的走私城市一带是安全的，回到自己的家乡环境时也是自信的，但是在深海海域，就必须发挥聪明才智、仰仗智谋机巧了。桨帆船的名称有时需要在途中改变，以迷惑外人。走私船经常还会挂荷兰旗或普鲁士旗，携带外国船只的身份文件，船员则化装为外国人。如果遭到伏击，会多国语言的水手就会被推向前排，假装英语并非他们的第一语言。几尼走私所采用的策略实在是极其高明的。

时而忠诚，时而叛国

走私者在当地社会受到各种各样的人的支持和帮助，无论背景出身，我们不免要问：难道这不是卖国行为吗？毕竟，几尼走私非常明显是资助了英国的死敌的军队。而且情况还要更糟糕：走私者不仅把几尼金币贩到了法国，还随船载运逃跑的战俘、英国的报纸、商业信函和其他情报。在伊比利亚半岛战争期间，拿破仑首次听说了，他的将领梅西纳（Messina）元帅，是在一名英国走私者的带领下，袭击了托雷斯韦德拉什（Torres Vedras）的敌军防线。他们返回英国时，有时还会带着法国间谍，甚至为他们提供住宿，掩护他们在英国各地游走。但他们勇敢的外衣下拖着一个有英镑标志的标签。正如拿破仑私下里一针见血地指出的："他们为了钱，敢做且能做任何事情……他们是些可怕的人！"³

战争期间共有超过10万名法国战俘被关押在英国。逃回法国会耗费战俘300几尼以上。许多军官都处于假释状态——在被羁押的村镇获得有限的自由。走私者就到这些地方招揽生意，但有时法国人会逃走，或者到伦敦去寻找走私者，或者与那些已同法国的亲戚订立了契约的人串通。在逃往海岸的途中，他们会藏在农舍、仓库或小旅店里。

表面上看，这像是一场非常夸张的闹剧：参与几尼走私的净是些胆大包天、寡廉鲜耻、没有灵魂、只知道数钱的人物。但拿破仑战争时期关于走私的传说，并不能真正帮助我们了解这些人的内心，他们这一刻打算卖国，下一刻又全心全意地为护国而战。汤姆·约翰逊（Tom Johnson）的故事就是一个典型。

约翰逊曾经参加过几尼走私。21岁那年他加入了一条私掠船，在戈斯波特（Gosport）一带追逐法国船。他被法国人抓住，关进了监狱，但他和法国人达成了一笔可疑的交易，答应为他们做间谍。但在坐着一条走私小船返回英国途中，他又被英国皇家海军拦截，被强征入伍。他受不了军中的管制，在南安普敦（Southampton）跳船逃跑。此后他来往于英吉利海峡两岸，运送间谍，传递情报。[4]结果在温切尔西（Winchelsea）附近，约翰逊又一次被海岸缉私骑警抓获，这次被迫逃往了法拉盛。但不久之后，他又为一支试图将法国人赶出荷兰的英国皇家海军部队带路，不仅前罪得到了赦免，还被奖励了1000英镑，但这笔钱不够他还债，他又面临着被债主送进监狱的危险。他的人生如此复杂，有时很难说清他到底是个机会主义的雇佣兵，还是个双重间谍。如果他是个双重间谍，那他是出于原则，还是仅仅想拿双份钱？不过像以往一样，他又靠参加拿破仑的几尼走私，摆脱了财务困境。

约翰逊显然不认为其职业与爱国心之间有矛盾，而他的爱国心似乎总是把他从彻底叛国的边缘拉了回来。后来，他拒绝了拿破仑的一次提议，不肯给他的侵略军带路，结果又一次被捕入狱，这回是在法拉盛。获释后，他将自己的丰富经验奉献给英国的事业，这显然是受到了一种压倒一切的使命感的驱使。他又一次陷入了麻烦，被迫逃往新奥尔良，但当再次收到返回英国的赦免令后，他与美国人罗伯特·富尔顿（Robert Fulton）合作开发起水雷，打算攻击布列斯特的法国舰队。这次没有成功，不过三年后，他领导了一次对法拉盛港口的成功袭击。他在航海生涯的最后，成为一条缉私船"狐狸号"（*Fox*）的船长，做起了追逐走私者的事情！

最终，他似乎弄明白了究竟是哪一边为他的面包涂上了黄油。他获得了每年100英镑的养老金，于44岁上退休了。显然他是打算在人生暮年做个发明家，设计起潜水艇来。他造出了世界上最早的可应用的潜水艇之一，是"鹦鹉螺号"（Nautilus）计划的一部分。"鹦鹉螺号"是富尔顿效力法国人后设计出的潜水艇。约翰逊造出的是一条长100英尺的可下潜的船，有可收起的桅杆和风帆。但海试并不顺利，他差点被淹死。他得以逃生，不仅很幸运，而且还有更大的意义——似乎幕后他受到了法国人的委托，如能利用潜艇帮助拿破仑逃离圣赫勒拿岛，赏金将高达4万英镑！然而，潜艇还没造成，皇帝就死了。[5]约翰逊真的会做这样的事情吗？他那颗走私者的心过去就曾使他脚踩过两条船，现在完全有可能压倒他的理智，诱惑他接受这个了不起的技术挑战，使爱国主义精神再次随风而去。

该时期另一个著名走私者杰克·拉滕伯里（Jack Rattenbury），也同样是桀骜不驯的人。拉滕伯里15岁就加入了一条私掠船，结果被法国人抓住坐了牢。他逃跑后，到一条走私双桅帆船上谋生，但是走私船又被一条法国私掠船追上并捕获。法国人以最残暴的方式虐待他们，并将走私船强行霸占。拉滕伯里起初佯装顺从，将双桅帆船开往一个法国港口。但是这帮法国水手是临时拼凑起来的乌合之众，他们随即在甲板下喝得烂醉如泥，而海上又突降大雾。拉滕伯里借浓雾掩护，将船掉头驶向英格兰南部的波特兰角（Portland Bill），并向法国人谎称那里是奥尔德尼岛（Alderney）。他还说服法国人降下一条小船，从他们以为是圣安妮（St Anne）的港口接一位领航员上来。接着他跳下海去，划着这条小船进了斯沃尼奇港（Swanage），向海关报告敌人来了。海关遂派出缉私船，将那条船捕捉回来。

作为职业走私者，这样的爱国壮举并不常见。拉滕伯里最关心的，还是从海峡群岛贩来的走私酒。但是像约翰逊一样，他也不厌恶发战争财。他有时会将逃跑的法国战俘载到这些群岛，谎称自己以为他们是流离失所的岛民。

忠于"根据地"

在自己的"根据地"，走私者只需躲避缉私人员。集体走私文化的幽微之处有些复杂微妙，但也并非不可理解，如果你深入探究，你会发现，走私文化并不仅仅波及爱国心动摇的个人。

海峡群岛对英国君王的态度一向是矛盾的，也许再没有比拿破仑战争期间更甚的时候。海峡群岛有着与英国其他地方不同的海关法，加之与法国邻近，因而对走私者很有吸引力。英国国王想必时常会怀疑其忠诚度。在他们的海域，时常会有大炮向正在追逐侵犯了陆上法律的走私船的缉私船或皇家海军战船射击。1802年签订的《亚眠和约》（Peace of Amiens）生效期间，海峡群岛像后来的敦刻尔克一样，丧失了其非正规贸易。走私者和商人们对此的反应是，将他们的家庭、仓库和生意搬到瑟堡和罗斯科夫，甚至在战事重启后仍然留在了那里。

肯特郡也许也发生了类似的情况。毕竟，那里的铸造厂曾为西班牙制造过大炮，装备过1588年企图入侵英国的"无敌舰队"。走私者本身只是一种文化的一部分，这种文化涵盖渔民、工人、地主、商人，甚至缉私队伍中的一些人。1809年新成立的水上稽查队，其水手往往要被派往远离家乡的地方履职，以免受到身为走私者或与走私者勾结的朋友或亲戚的诱惑。

要想体会一下走私"受尊敬"的滋味，或者社会卷入走私的程度，只需看看艾萨克·格利弗的例子即可。格利弗作为一名"善良的"走私者而留名青史——他从未杀过人。他公开的职业是多塞特郡索尔兹伯里（Salisbury）到布兰德福德（Blandford）的大路上的小镇索尼唐（Thorney Down）的"铁匠之臂"（Blacksmith's Arms，后来改名为King's Arms）旅店的老板。后来他迁往朗厄姆金森（Longham Kinson），然后又到了伯恩茅斯（Bournemouth）。他具备一个典型的走私者的心机，他将金森的圣安德鲁教堂的塔楼用作走私品仓库，据说他还为藏匿走私品专门修过一座坟墓。1776年他买下了多切斯特（Dorchester）附近的一座史前土垒——埃加顿山丘（Eggardon Hill），在山顶上修建了一个非常醒目的植物园，给他的走私船当作指向标。所有这些都不足为奇。然而与众多走私者不同的是，他是作为一个百万富翁而金盆洗手的，最后成了温伯恩明斯特镇（Wimborne Minster）的教会执行专员。如果说他还不能算是社会贤达的话，他也绝对不像达夫妮·迪莫里耶（Daphne du Maurier）的小说《牙买加旅店》（*Jamaica Inn*）里的那个教士-走私者那样是个"坏蛋"。哈布斯堡王朝和波旁王朝的美洲殖民地的葡萄牙和西班牙教士，都与走私有着深深的瓜葛，格利弗也有一个差不多的故事，不过更多带有英国式的沉稳风格。

  这样的故事是否让我们更进一步地理解了当时英国复杂的走私文化？恐怕未必。我们或许更加困惑了，因为尽管格利弗看似完全符合19世纪初英国乡村生活的模式，但他像约翰逊一样，仍然属于一个夸张的戏剧性人物，即使没有超越生活。也许我们需要把英国走私的浪漫化形象尽可能抛弃，从与后勤甚至战略更加密切地相关的事务性观点来考察。

走私的阶层

  18世纪末19世纪初，走私绝不限于偏远的小海湾、杂草丛生的小路和隐秘的仓储地，而是公然在码头最前沿，像所有其他市场行为一样运作的。商店老板、旅店老板，还有商人们，都直接向走私者订货。有时候需要采用一些更隐秘的办法：在法国等待英国走私者的货物会得到巧妙包装，葡萄酒和烈酒装在小木桶里，准备滚上或吊上肯特郡和萨塞克斯郡的悬崖和沙丘。

然而，为这些回流的走私品提供了大量资金的几尼交易，却远不只是在码头上进行了。在格拉沃利讷运作的有大约70名商人，许多都是英法混血儿，甚至就出生在英国，他们获得了走私交易的许可。但是只有四个人垄断了几尼的掮客业务，他们是让·卡斯蒂内尔（Jean Castinel）、本杰明·莫雷尔（Benjamin Morel）、亨利·法伯尔（Henry Faber）和所罗门·埃斯（Solomon Hesse）。而在他们背后撑腰的，却是巴黎和伦敦像内森·罗斯柴尔德和詹姆斯·罗斯柴尔德这些著名金融家族的人物。在巴黎，走私黄金的兑换就不是偷偷摸摸进行的非法交易了。参与的法国金融公司包括马莱（Mallet）、达维利耶（Davillier）和奥廷格（Hottinguer），涵盖制造商、金融商和消费者等所有社会阶层。

走私的这种社会叠瓦作用（imbrication）和政治延伸作用，是否意味着指责一些色彩丰富的个人表面上的通敌卖国行为是徒劳无用的？并不尽然。毋宁说走私文化是复杂而矛盾的。交易的人们，既是拿破仑的走私者，同时又是给纳尔逊带路的人。

故事的转折

几尼走私的故事有个令人意外的结尾，几乎要使它被谱写成爱国主义壮歌了。不仅是拿破仑需要黄金，英国方面也需要可靠的现金供应以投入伊比利亚半岛战场。然而，英国的黄金不能合法地出口。部分的解决办法是购买外国的黄金,既在伦敦也在国外,以随着战事推进而用于国外。需求抬高了黄金的总体价值,使得拿破仑对转移黄金越发感兴趣。这两种情况相结合,便产生了非常有趣的事情。在金融界高端,几尼走私或许耍弄了一场两面游戏。

游戏中的关键人物之一,我们此前已提到,是内森·罗斯柴尔德。他将几尼金币运到敦刻尔克和格拉沃利讷,他的兄弟詹姆斯再帮忙从那里运往巴黎,也有少部分金币运到了阿姆斯特丹和里尔(Lille)。故事讲到这里,已经够令人浮想联翩的了,但是拿破仑的部分黄金的最终去处,恐怕你仍然想不到。走私行动的跨国、半非法性质使得黄金很可能最终没有全部进入皇帝的金主们在巴黎的金库中。令人难以置信的是,拿破仑为打仗而筹集的这些黄金,尽管在英吉利海峡他这一侧的港口,经他的官僚们之手流入了法国,其中一部分很可能又被罗斯柴尔德家族分流到了法国境内的葡萄牙和西班牙银行。他们从那些银行兑换了纸币,又通过走私翻越比利牛斯山脉,去支持英国人和西班牙人在伊比利亚半岛同拿破仑打仗。[6]

到拿破仑战争结束时,走私变得更加困难了。到1813年,英国沿海岸构筑了105座圆形石堡(Martello)。这既是反入侵,也用于防走私。但另一方面,就像所有其他限制贸易的壁垒,比如法国自1806年起实施的海岸封锁,这也抬高了最终渗入的走私品的价值,因而也给胆大的人增加了刺激。

战争结束后,走私又受到了进一步的打击。肯特郡南部海岸实行了封锁,并由有"鞭子乔"(Flogging Joe)之称的麦卡洛克(McCulloch)海军上校专横地执行。皇家军事运河(Royal Military Canal)也阻碍了肯特郡罗姆尼湿地(Romney Marsh)一带人员的自由流动。水上缉私力量的收入得到改善,最终超过了海军的待遇。但是战后,也有大量的复员军人——都是战斗技能纯熟的水手和战士——像潮水般分别流入了走私和缉私两边的队伍。缉私手段的选择是有限的,明显的就是封锁——既单调乏味也费力不讨好——还有"户外运动",往往就是夜间追逐。

1829年,有一位名叫乔斯·斯内林(Joss Snelling)的人被作为"布罗德斯泰斯(Broadstairs)的著名走私家",引见给年轻的维多利亚公主。他无疑是个令人好奇的人物——居然敢欺骗君主,但他或许也是个爱国者和忠诚的臣民。在缺乏简单明了的美德的情况下,本章所讲的道德也许是,走私者可能在以他们自己的方式为你服务,但他们不受控制。

第九章
走私世界：从拉普拉塔河到红海

> 对我来说，另外的世界，那些令人困惑的目标、众人关注的事情、令人窒息的亲近关系，还有那些可以做出太多解释的"光荣的召唤"，都是毫无意义的。我的世界，海边洁净的世界，在总督看来，却是偏远、幽暗、令人讨厌的地方的一个隐秘花园。[1]
>
> ——亨利·德·蒙弗雷（Henry de Monfreid）

在神话传说和文学作品中，有许多机智善变的走私者的形象。让·拉斐特是个精明敏捷、神秘莫测的经营者，而汤姆·约翰逊和杰克·拉滕伯里则似乎总是运气很好。沃尔特·司各特（Walter Scott）爵士在其关于走私阴谋的小说《盖伊·曼纳林》（*Guy Mannering*）中，塑造了一个名叫迪尔克·哈特里克（Dirk Hatteraick）的人物，是以驾着"鹰号"（*Hawk*）在苏格兰的索尔威湾一带活动的荷兰走私者约金斯船长为原型的。在小说中，哈特里克是个情感炽烈、狂野不羁的人物，"半是荷兰人""半是魔鬼"，驾着一条斜桁四角帆帆船，在风暴肆虐的苏格兰海域称王称霸。

这些走私者用不着隐秘，因为他们像水银一样快捷善变。司保密之希腊神赫耳墨斯（Hermes）肯定是最合适的走私保护神。赫耳墨斯实际上被认为是旅行、商业和越境的保护神，但是再没有其他古希腊神祇比他更接近于秘密交易的保护神这一形象了。另一方面，从赫耳墨斯神话衍生出的罗马神墨丘利（Mercury），却给我们带来了一个形容词"mercurial"，意思是轻浮和时髦，从这个意义上讲是公开和炫耀的。作为赫耳墨斯的堂兄弟，墨丘利代表着背离隐秘的这一属性。

这种差异——一方面封闭隐秘，一方面外向善变——是走私的典型矛盾。像我们在前面的章节所看到的，在英国的肯特郡，订购走私品是非常平静且每日发生的，交易在码头上一览无余。这就是来自所牵涉的社会上层的保护。但走私的实际运作往往又是隐秘的，尽管经常会发生桨帆船和独桅纵帆缉私船的追逐竞赛。在美国新奥尔良拉斐特兄弟的地盘，走私品是非法的，但仍然在市场上公开出售。走私者的基因中似乎既有赫耳墨斯的痕迹，也有墨丘利的遗留。美国独立战争时期的走私者西拉斯·迪恩（Silas Deane），假冒百慕大商人在巴黎秘密采购武器，又用一条叫作"墨丘利号"（Mercure）的船运回北美，也许并不令人感到讽刺。

从所有这些中产生了一个问题，比码头上的景象和看不见的走私（或至少是消失在地平线之下的走私者）与我们的关系都更大。这个问题并非走私到底看得见还是看不见，而是走私的世界究竟是我们的世界的一部分，还是另外的世界？我在第十五章还将回到这个问题。我们是应该像吉卜林在他的《走私者之歌》中所说的那样"看着墙吧，我亲爱的，等那些走私的先生们过去"，还是要认为走私无论如何在我们的世界中，背过身去是无济于事的？本章将通过三个事例来探讨这个问题。第一个事例，我们将回溯17世纪初布宜诺斯艾利斯几乎涉及所有人的走私经济。第二个事例是普鲁士湾卡特兄弟那令人难忘的走私世界。在拉普拉塔河的走私经济两个世纪之后，从头到脚每个毛孔都渗透着腐败，卡特兄弟建立了一个防卫森严的走私世界，既与世隔绝，又深深地融入了英国康沃尔郡的乡村社会。第三个是"颓废的"法国诗人阿蒂尔·兰波（Arthur Rimbaud）的故事，他在今埃塞俄比亚、索马里和吉布提一带非法倒卖武器——不过除了他本人之外，这趟旅程完全做的是大英帝国的买卖。

布宜诺斯艾利斯：彻头彻尾的走私经济

1602年，一个叫作胡安·德·贝尔加拉（Juan de Vergara）的人，从波托西来到了拉普拉塔河地区，为生存而苦苦挣扎的布宜诺斯艾利斯，从此的命运将大为不同了。在接下去的十五年间，这里将逐渐变成一座走私城市。到1618年时，在一位极端腐败的总督迭戈·德·贡戈拉（Diego de Góngora）的治理下，该城的经济几乎完全成了非法经济。

走私是怎样成为这个皇家城市的公开特征的呢？像西班牙大陆美洲一样，忽视贸易和过分管制贸易，都给走私提供了最初的立足点。西班牙官方许可的跨大西洋进口的大部分商品，都是经过迂回曲折的道路到达布宜诺斯艾利斯的。先是从巴拿马到利马，然后沿河而下，再向回穿越美洲大陆。这是为了避开被海盗袭扰的直接路线和巴西港口，但这也酝酿出人们对秘鲁的憎恶。这段时期这一地区有很多穷人，1536年由门多萨（Mendoza）建立的这个悲惨的西班牙居民点，便经常受到原住民的威胁。西班牙人又担心人口减少则防卫减弱，容易受到荷兰人的侵袭。因此尽管这个地区地理位置上很边缘化，但作为秘鲁总督辖区较富裕的部分的门户，其战略地位仍然很重要。然而对这种荒凉状态做出反应的，既不是西班牙也不是秘鲁，甚至也不是查尔卡斯［Charcas，即今玻利维亚的苏克雷（Sucre），这一地区新的司法首府］。这个反应来自于港口人（Porteños，指布宜诺斯艾利斯居民）的本能和需求，那就是拥抱走私。

1580年，这座城市得到了重建，被胡安·德·加雷（Juan de Garay）命名为"圣玛丽亚·德·布宜诺斯艾利斯港"（Puerto de Santa María de Buenos Aires），从这时起，走私虽然还算不上普遍，但已经很流行了。新城市成了非法商品的流出管道，尤其是面粉、干肉、动物油脂、兽皮和波托西出产的白银。奴隶、木材（制作家具所用）和欧洲的走私品，则经过巴西流入。在这个阶段，走私仍属边缘化和相对不重要的，无疑算不上拯救该城经济困难的灵丹妙药。1594年港口关闭时，这个小镇的命运似乎走到了尽头。然而，港口人开始自己主事了，他们将非法贸易越做越大。港口关闭不仅没能削弱商业，反而给予其更大刺激——经济因走私而繁荣起来。走私这时成为经济的驱动力，形成了产业。靠走私发了财的人都想维持他们的生活方式。1594年后，这项被容忍的恶行成为布宜诺斯艾利斯对其遭到忽视的答复，但从另一个角度看，走私也成了一个更大的问题。

走私活动的高涨和关闭港口的影响在西班牙敲响了一系列警钟。一年只有两条船补给这个港口，只是为了使之不被抛弃。1602年，出口限制松动了一些，允许一些当地产品，如面粉、烟熏肉、动物油脂和兽皮出口到巴西，以换取一些生活必需品。但是白银出口是严禁的，正如奴隶进口也是严禁的一样。走私经济迅速地落地生根。这里的环境为什么如此适宜走私生长？除了稀缺为黑市贸易提供了机会外，还有若干其他原因。走私像一张大网，将所有商业活动的参与者都诱捕进来，从最底层的劳工到总督，概莫能外。如同当时被忽略了的圭亚那"蛮荒海岸"一样，拉普拉塔河地区脱离了官方的殖民地经济，滑进了更实际的灰色地带。意义重大的是，走私世界并非简单地与港口人的社会有关，而是本身就变成了布宜诺斯艾利斯社会。

正如我们所看到的，诗人兰波和亨利·德·蒙弗雷分别逃到了一片走私沙漠和一片走私海洋，远离了他们"文明"的家乡，但是港口人却是从走私中创造了他们的文明。人们因为需求和机会，聚到了一起从事非法贸易。许多走私者都是因其文化和宗教信仰而遭到迫害，被逐出葡萄牙的犹太人。这个破败的居民点在征服时代之后的一代居民中，有雄心者除了与机会主义的非正规贸易者联手，别无选择。只有那样，这些联合交易者才能避免被这座城市真正的影响力所抛弃。第二波涌来的移民有更多的资金，但只有一条投资渠道。新移民是被引导而来的，就像逃亡的纳粹技术人员，在拉普拉塔河历史上后来的经济腾飞时期，他们对于阿根廷的经济和军事抱负至关重要。

这个走私社会是什么样子？是谁在驱动这个社会？最顶端的是两个地位变得几乎无法触动的人：一个是迭戈·德·维加（Diego de Vega），一个葡萄牙人，出生于马德拉（Madeira），因宗教信仰被驱逐到巴西；另一个是胡安·德·贝尔加拉，是个叛逆的西班牙人，一个像约瑟夫·康拉德（Joseph Conrad）的小说《黑暗之心》(*Heart of Darkness*) 中的库尔茨（Kurtz）那样的人物，但他与其说是体制外人物，毋宁说是在体制内。在两个人之下，是由贝尔加拉和维加庞大的家族和亲友构成的一个网络。该城大多数显贵家族都在其中，许多家族的头面人物都是市政厅（cabildo）的成员,且相互多为血亲。各家族也像意大利15—16世纪的权门博尔吉亚(Borgia)家族一样相互联姻,例如贝尔加拉就娶了维加的侄女。社会各阶层、各利益集团都共同参与分赃。教士也卷入其中,其中最著名的人物是布宜诺斯艾利斯大主教佩德罗·德·卡兰萨(Pedro de Carranza),以及宗教裁判所官员弗朗西斯科·萨尔切多(Francisco Salcedo)。各级别的帝国官员,包括总督,都在为走私机制大行方便,其中最卑鄙无耻的是总督迭戈·德·贡戈拉(1618—1623年在任)。走私社会的最底层是奴隶、农民和其他劳力。

网络顶层的所有成员之间培养出了一种较为牢固的忠诚度,以及既在商业意义上也在亲属关系意义上的群集度,尽管每个人都必须明白自己的角色。这是这个结构的基础,因为主要成员都会带来他们的外部联系,比如维加与荷兰金融中心的联系、贝尔加拉同西班牙帝国财政体系的关系。曾是加勒比海打击海盗战争的老兵,现在是维加的奴隶贸易伙伴的西蒙·德·巴尔德斯(Simón de Valdez),也是西班牙皇家庄园的司库。这个职位又带来了与马德里和帝国心脏地带的联系。除了西班牙和荷兰,商业关系还拓展到葡萄牙、英国、德国、佛兰德斯、巴西、西非、安哥拉(罗安达的总督为维加和贝尔加拉提供奴隶)和总督辖区的其他部分。这个走私网络的运作就像一个合资公司,这是一个基于互利和互庇的复杂多变、有等级层次的体系。这些角色有些是由国家提供的,但适于走私:市政厅的司库、贝尔加拉的兄弟阿隆索(Alonso),实际上也是走私网络的财务主管。

一系列总督都与走私有牵连,如果他们偏离这个走私集团的目标,他们就会被清除。这种腐败在费尔南多·德·萨拉特(Fernando de Zárate)任总督期间开始生根开花。萨拉特鼓励葡萄牙人移民这个港口。1609—1613年任总督的迭戈·马林·内格龙(Diego Marín

Negrón），谴责走私网络在这方面的发展（其增长机制依赖于葡萄牙人非法移民和奴隶贸易），但这恐怕是因为他担心丢掉自己的那块馅饼。他也曾试图限制新奴隶进入此港。结果他被毒死了。

维加和贝尔加拉极少有真正的对手。拉普拉塔河地区的总督埃尔南多·阿里亚斯·德·萨韦德拉（Hernando Arias de Saavedra），也叫埃尔南达里亚斯（Hernandarias），可算是一个，但大多数其他对手都被无情地清除了，还有许多人则保持中立。市政厅的公证人克里斯托瓦尔·雷蒙（Cristóbal Remón）被抓后，被剥光了衣服当众游街，然后被放逐到非洲。西班牙帝国为管理美洲和菲律宾事务所设立的最高行政机构西印度群岛委员会（Council of the Indies），担任其部长的马蒂亚斯·德尔加多·弗洛雷斯（Matías Delgado Flores）法官从西班牙来这里调查贡戈拉的腐败问题，结果没过多久就被赶走了，而尼古拉斯·德·奥坎波·萨韦德拉（Nicolás de Ocampo Saavedra）则被扔进了地牢。

在其他总督，如马特奥·莱亚尔·德·阿亚拉（Mateo Leal de Ayala，1613—1615年在任）和弗兰塞斯·德·博蒙特-纳瓦拉（Francés de Beaumont y Navarra，1615年在任），还有后来的贡戈拉的默许下，走私变得完全制度化了。然而，皇家金库（hacienda）表面上还悬挂着管制的招牌：贡戈拉曾对走私造成的经济损失发出过温和的抱怨，但他忽略了去谴责主宰生意的"新基督徒"有可能刺激他远在天边的主子采取行动。

胡安·德·贝尔加拉几乎从来到美洲起就从未因什么事而受到过惩罚，也一向自信满满。在来到布宜诺斯艾利斯之前，他曾在出产白银的城市波托西打拼，在那之前还到过图库曼（Tucumán，今阿根廷的一部分）。在那两个地方，他都与军方、行政机构和司法机构建立了有用的关系。他从一开始就顺风顺水。在布宜诺斯艾利斯，他起初在胡安·佩德雷罗·德·特雷霍（Juan Pedrero de Trejo）手下做事。特雷霍是被派来调查走私问题的。贝尔加拉很快就成为市政厅成员、宗教裁判所公证人和"圣十字"（Santa Cruzada）的司库。"圣十字"是教皇认可的一种金融赎罪券体系。

让·拉斐特和皮埃尔·拉斐特兄弟在新奥尔良城外建立的走私乐园极不牢靠，而胡安·德·贝尔加拉的走私世界则要稳固得多，并且与社会合一。甚至甚于拿破仑的走私飞地格拉沃利讷，贝尔加拉的布宜诺斯艾利斯是个彻头彻尾的走私世界。这里很腐败，但也很高效。最为重要的是，有鉴于到那时为止殖民地城市无法无天的历史，这里相对安全稳定。不过，贝尔加拉的历史也并非全然一帆风顺，他有时也会沦落为闹剧人物。有一件事就曾经把贝尔加拉吓了一跳，西蒙·德·巴尔德斯被埃尔南达里亚斯抓了起来。他被送往西班牙受审，但是押送他的船在巴西被扣了下来，有人送上了将在庭审时对他非常有利的证据，最终导致他被判无罪。

贝尔加拉本人经受的审判还要更富戏剧性得多。1627年8月，总督弗朗西斯科·德·塞斯佩德斯（Francisco de Céspedes）被市政厅一些成员控告与走私有牵连，他先发制人地将自己先前的走私老板送进了监狱。然而，大主教卡兰萨听说总督欲设计在监狱里暗杀贝尔加拉后，便想法帮他越狱逃跑，先是让他在教堂里避难，后来又让他躲进了耶稣会。大主教动员手下的教士武装到牙齿保护贝尔加拉，还威胁说谁要是告发，就将其逐出教门。最终，大主教站在自己教堂的台阶上，宣布将带兵包围教堂的总督本人革出教会。后者当即被自己的部队抛弃，并被逐出了该城。然而塞斯佩德斯投奔了埃尔南达里亚斯。埃尔南达里亚斯又恢复了贝尔加拉的案子，这回连大主教一起告了，两人都被送往墨西哥的查尔卡斯受审。

你或许以为贝尔加拉的末日到了，他的走私世界也将分崩离析，然而他毫发无损。1631年，西班牙国王为庆祝他儿子巴尔塔萨王子（Prince Baltasar）的诞生，宣布大赦布宜诺斯艾利斯的走私者。贝尔加拉甚至回到了自己在市政厅的旧职位上。走私者近乎绝对的权力又恢复了，走私继续向社会各个阶层渗透。

普鲁士湾的卡特兄弟

英国康沃尔郡的卡特家族，符合我们对走私很多浪漫的先入之见。他们将白兰地、茶叶和蕾丝饰品贩入一个蛮荒但却隐秘的走私王国。他们将船货拖过滑溜溜的花岗岩海岸，沿着覆满青苔的隧道拖上狂风劲吹的悬崖顶部的一个小酒馆，再从那里沿着小路下山。卡特家族原是渔民，他们努力打造着一个壁垒森严的走私世界，在一片内陆穷乡僻壤中培育着人们对他们的忠诚。他们还努力在社会上层广交朋友。

卡特家族的首要人物是号称"普鲁士之王"（据说因一个儿时游戏而得名）的约翰，还有亨利（哈利），对于走私者来说非同寻常的是，哈利留下了一部自传，于1809年出版，讲述了自己的业绩。哈利称他们为"投机家族"。约翰是团伙"湾仔"（Cove Boys）的头目。他受过基础教育，是个讲原则的人，以重诺守信、坚决兑现走私品订单而著称。有一个流传甚广的故事讲道，他曾经袭击过彭赞斯的海关，夺回了一个客户订购的被没收的茶叶，却没有触碰任何不属于他的走私品。哈利是个自学成才的人，对数学尤感兴趣，成了家族生意的账户先生。

他们以三个布满洞穴的小海湾为根据地运营——皮斯基湾（Pisky's）、贝茜湾（Bessie's）和国王湾（King's）。它们被统称为

"普鲁士湾",最初被称为利娅港(Port Leah),位于山湾(Mount's Bay)旁边。1770年,约翰33岁时建起了"国王宫"(King's House)。之所以叫这个名字,大概是因为这个有很多地道的地方曾经是海关的仓库,现在却明目张胆地成了走私品的集散地。在贝茜湾,约翰修成了一个小港口和一条翻越悬崖的道路。他甚至还构筑了一个炮台,装备了八门发射六磅重炮弹的大炮。美国独立战争爆发后,卡特兄弟的五条船获得了"牌照"(私掠的许可),这使得他们得以加强自己的离岸武器装备。

卡特兄弟的走私王国兴旺发达,他们是职业上的走私者,却并非他们所在社会的非正规成员。1792年,彭赞斯海关民兵的一次袭击被走私团伙击退后,普鲁士湾的不可触碰变得臭名昭著起来,此后海关就再也征召不到能够发动下一次进攻的志愿者了。卡特兄弟也有他们的盛衰沉浮。在第七章提到的那次圣马洛大败后,他们损失了自己的大帆船。在他们逃回普鲁士湾后,发现家族的生意也因为两位掌舵者不在而陷入了负债累累的境地。但他们很快又重新崛起了。这个家族的优点之一便是其弄潮时的洞察力和适应性,能够抓住任何对走私最有利的机会,甚至在每种走私品的价值都有起伏的情况下,仍能保持生意的恒定流动。

卡特家族也许可视为罗斯柴尔德家族的对应物,虽然前者粗犷鄙俗而野心勃勃,后者文雅而有教养得多,这时已成为贵族世家,但实质上他们做的是同样的生意,也都是在动荡不安的拿破仑时代及其前奏时期抓住机会大发横财。作为一个家族传奇来看,卡特兄弟的故事也不乏激动人心之处。如果说胡安·德·贝尔加拉的命运只是在最终出现了一个戏剧性的逆转,那么哈利的回忆录假如可信的话,他的人生则充满了跌宕起伏,尽管在最后出人意料地转入了一个寻常平静的结局——他成了一名虔诚的卫斯理公会教徒。在哈利的回忆录中，他虽然总是身处全是男人的环境，却严禁骂人，他也时常经历出身农民、渔民的虔敬信仰和漂泊冒险精神之间的矛盾痛苦。然而，戏剧性却是绝对的主旋律。

哈利·卡特在还不满25岁时，就有了自己全副武装的船，先是200吨重、载员60人的"燕子号"，继而是载员80人的"沙夫茨伯里号"。1788年，他的另一条船"复仇号"（*Revenge*）在卡桑德（Cawsand）海外遭到缉私船"繁忙号"（*Busy*）和英国海军军舰"大卫号"（*David*）的伏击。他被一柄弯刀狠狠地砍中，负了重伤。在他的手下都被赶到甲板下关起来时，他趴在甲板上装死，得以等到时机跳下船。他拼命地游泳，终于游到了岸上，在一些其他走私者帮助下，他在一个村子里见到了他的弟弟查尔斯（Charles）。尽管当局悬赏300英镑通缉他，但查尔斯设法为他治好了伤，又将他掩蔽在普鲁士湾多个避难所。他先是在马拉宰恩（Marazion），然后又在阿克顿城堡（Acton Castle）。城堡的主人是一位富裕的地主和博学的绅士，曾经雇用约翰·卡特做过看门人。为了避免被抓，哈利逃到了美国，他在那里接触到卫斯理宗的教义，并从事农业，于1790年返回英国。回到康沃尔郡后，在本应保持低调的时候，他却感受到一种召唤，要传播他的新宗教的福音。鉴于约翰·卫斯理（John Wesley，英国18世纪著名的基督教牧师、基督教神学家，卫斯理宗的创始者）本人强烈反对走私，并曾亲临康沃尔郡布道，这一点颇有些讽刺意味。为了让他消停些，家族又把他送到了走私大巢穴罗斯科夫，但他在那里继续宣扬上帝的旨意。1793年，战争爆发，他像所有英国人一样遭到软禁，但他于1795年设法回到了普鲁士湾。

走私行动一直持续到1825年，最终只是一个家族传奇，未能成为王朝故事。19世纪早期，事业开始江河日下，卡特兄弟无法再以同样的精力进行投机。约翰于1803年离世，哈利在回到山湾后，将更多的兴致投入到宣讲宗教、务农和撰写回忆录方面。1825年，新成立的海岸警备队在这里设立了营地，而哈利则于1829年去世。卡特兄弟植根于社会，但是不像17世纪的布宜诺斯艾利斯的走私世界，没有使走私制度化，最终像拉斐特的加尔维斯顿一样，风头变了，便也随风而去了。

卡特兄弟故事的主要元素是其传奇性。正是像这样的神话，使我们形成了对走私的先入之见。如果说我们大多数人不会受到这样的故事片的影响，那是不诚实的。今天在普鲁士湾，你仍然可以辨认出沉重的船货留下的众多车辙，以及那曾经是小酒馆的小屋。沿着风景优美又似乎鬼影幢幢的康沃尔海岸，仍然有一种浪漫的气氛弥漫在像这样的僻静地方。

阿蒂尔·兰波：非法的武器交易

1891年11月10日，一个精疲力竭、憔悴瘦弱且痛苦不堪的男人，一个新近被截去了右腿的人，死在了法国马赛的一家小医院里。为他办理死亡手续的文员在档案中简洁地写下了他的身份："从事长途贩运……的商人。"[2]他死得悄无声息，但是在被其伴侣、诗人保尔·魏尔伦（Paul Verlaine）枪击，并隐姓埋名遁入非洲之前，他却是个才华横溢、光彩夺目的诗界明星。在文学界的学者们看来，他去世前的二十年是走向这一悲惨结局的失去的年华。

但是兰波的非洲岁月有痕迹和回忆，甚至还有"纪念碑"。1938年，有一位目击者站在吉布提市（Djibouti City）骆驼广场（Place des Chameaux）陌生的人群中，目睹了该广场更名为"阿蒂尔·兰波广场"〔Place Arthur Rimbaud，即今马哈茂德·哈尔比广场（Place Mahmoud Harbi）]的仪式。后来他向我们描述了当时的情景。[3]吉布提港还有一条名叫"阿蒂尔·兰波号"（*Arthur Rimbaud*）的拖船在运行，直到2005年才沉没。

对帝国边缘地区非正规贸易的观察者来说，兰波在与发达（文明开化）社会迥异的另一个世界从事非法交易的这些岁月是令人着迷的。兰波根本不在乎在隐遁期间他的文学声誉的增长。如果你问他希望人们怎样记住他，他或许会说希望记住他是个商人，而不是诗人。然而，虽然不是立刻，他的生意最终还是变成了走私。

如果说17世纪布宜诺斯艾利斯的走私世界是一个奢侈且庇护走私者的世界，在非洲之角，非法交易却是件搏命、肮脏、时不时需要投机的生意，欧洲人无疑不是其驱动者。这里并无走私的紧迫性，不像20世纪晚期众多送往西非钻石贸易的人那样。对于兰波这样一位富有叛逆精神的诗人来说，奇怪的是他居然在相当长一段时间内都是非常正统的商人。

他一向与生意的监管者有着暧昧的关系。他无疑厌恶海关人员，正如查尔斯·尼科尔（Charles Nicholl）在其《别样人物：阿蒂尔·兰波在非洲，1880—1891》（*Somebody Else: Arthur Rimbaud in Africa,1889-91*）一书中所想象的："他们的烟斗紧紧咬在齿间，他们手拿着斧和刀，他们用皮带牵着狗。"[4]在此一两年前，他还写着对他们冷嘲热讽的诗。然而，当他像此前的托马斯·潘恩和罗比·伯恩斯（Robbie Burns）一样，在英属埃及的土地上游历时，走到穷途末路，囊中也日渐羞涩，他曾经考虑过申请一份海关的工作。但他没有成功，相反也更加务实地，他悄悄地将希望寄托到非正规领域。另一方面，正如他在后来的一封家书中的确说到的，他到非洲来是"要在不认识的人当中做买卖"。[5]

用"非法交易"这个词来形容兰波涉足武器买卖，或许过重了。在非洲的这个部分，无论奴隶贸易还是武器贩运都是家常便饭，不足为奇，而这位天才诗人无疑也不是个轻浮、时髦的走私者。19世纪60年代他刚刚到达时，是非常低调的，也基本上没有成形的规划。他甫抵红海地区的基地亚丁（Aden），注意到了作为海关的小屋（人们都称之为"棚子"），却并无反感。在那个殖民地投机姗姗来迟的时代（非洲"开放"贸易，比亚洲和美洲要晚得多），他在展望前景时，仍然对正规的贸易渠道满怀希望和敬意。然而他当下的直接体验还远非这是一块朝气蓬勃、方兴未艾的殖民地，而更多的是厌烦和对酷热及潮湿的沮丧。[6]

是对官方贸易惰性的厌倦，还是非正规领域更大的利润诱惑，使兰波投入了非法交易？正如第六章所提到的，在安东尼奥尼的电影《旅客》中，一名近乎精神崩溃的记者，经过了漫长的过程才渐渐意识到他冒充的是一个非法武器贩子的身份。兰波则是有意识地滑入这个角色的，并不完全是出于叛逆精神：他在扩展法国的商业利益，是充当宗主国的某种非正式的代理人。

也许他变成一个非法交易者，只是因为武器交易一向近似于正规领域的小额贸易。在死气沉沉的正规贸易世界，正为谋生而苦苦挣扎并努力开拓商人新生涯的兰波，是慢慢地滑向商业的较阴暗的一面的，因为他已经处于一个贸易的边缘地带，一个有些像哥伦比亚的瓜希拉半岛的走私世界的地方——沙暴、半游牧的部落民，还有各种各样被冲上海岸的走私品和机会。与奴隶贸易不同的是，枪支买卖不会有太多的道德上的烦恼。走私无疑是这里的重要生意，但也实在是家常便饭。在兰波开始其武器交易冒险生涯的塔朱拉湾（Tadjourah），满载着人抵达的大篷车，里面装的大都是从内陆非法捕来，准备贩往阿拉伯半岛的奴隶。较温和的麻醉剂是纳税的，但肯定也是走私的。达纳基尔部落（Danakil）偶尔贩枪，正如法国殖民官员一样。

对于这位前诗人来说，就像对于后来瓜希拉半岛的亨特·斯托克顿·汤普森来说，这种环境令人厌倦和无聊，不过兰波也怀有好奇心。1884年，他对这个小走私窝点的第一印象，与大约八十年后汤普森乘船到达埃斯特雷亚港时惊人地相似。（"除了印第安人和威士忌，这里什么都没有。"）[7]兰波曾说起过他所在的村庄奥博克（Obock）："这是一片被太阳烤得焦煳的荒芜海岸，没有任何可供食用的东西，也没有贸易。这里唯一的用途就像是一个大煤堆，为前往中国和马达加斯加的军舰补煤。"在第二年的另一封信中，奥博克仍然"只是有一打海盗"。[8]汤普森最终离开了，兰波却留在了那里。这是他走向在马赛的小医院里断命那不可阻挡的旅程中的一个阶段。

当他准备把枪运进内陆卖给一位国王——而得到了这样的武器的国王将成为阿比西尼亚的统治者——的时候，他的感受也许不是这样。兰波必须神通广大：走私武器需要周密的计划。你不可能只是像幽灵一般悄悄地穿行于索马里：需要安排大篷车，需要与搬运工和押运员签约，需要寻找骆驼，还需要在欧洲投资购买武器，需要从非洲当地的酋长那里获得许可。

在耽搁了好几个月后，兰波的大篷车才从塔朱拉湾出发，历经四个月到达安托托（Entotto）。中间经过了许多危险地带，比如阿萨勒湖（Lake Assal）和埃勒尔湖（Lake Erer）之间的沙漠，还有敌对的达纳基尔部落的骚扰区。尽管兰波后来同曼涅里克二世（Menelik Ⅱ）交情很不错，但在为武器讨价还价时，他却吃了大亏。在那位野心勃勃且穷兵黩武的国王刚刚征服几周的哈拉（Herar）城，他又因一笔可赎回的债券上了大当（事实证明，要费尽九牛二虎之力才能赎回）。兰波没有走私后方可以退却。这是一个开放、流动的走私世界，而他只是一个短暂来往其中的外人、一个旅客、一个"还在途中的商人"。

兰波"要在不认识的人当中做买卖"，使他到了一些非常蛮荒的地方，也历尽了艰辛。尽管走私有时可与某种自由相联系，但对兰波却不是这样。艰苦的环境很快就开始损耗他。在受了一次令他瘫痪的伤后（他很可能是患了癌症），他在巨大的痛苦中，被担架抬着，离开了他在非洲大部分时间居住的哈拉，来到海岸边的泽拉（Zeilah），然后渡海到了亚丁。最后他被抬上了"亚马孙号"（*L'Amazone*）船，这条船载着他永远地离开了非洲。

不过，兰波在那里的奋斗还有些隐约的回声。1938年那天站在人群中观看骆驼广场更名仪式的那位目击者就是亨利·德·蒙弗雷，一个大麻走私者。他在两本书——《大麻：一个走私者的故事》（*Hashish: A Smugglers' Tale*）和《珍珠、武器和大麻》——中讲述了他的走私岁月，在一定程度上展现了一种自由，他称之为"我的世界，海边洁净的世界"。但是当蒙弗雷涉足非法武器交易后，他就感到不那么自由了，他被卷入了由意大利人、英国人和土耳其人主宰的更加明确的殖民地地缘政治斗争中。虽然兰波是在公开地贩运武器，而蒙弗雷这时参与的武器交易就要秘密得多了。

尽管卷入了政治，卷入了殖民地重新瓜分权力和财富的暗斗，蒙弗雷却坚持走自己的路。他本质上是个浪漫的人，某种程度上也在坚持走私的浮华、时髦特性。正如他所说的："不要把走私者和靠走私谋生的人相混淆。"[9]在他看来，走私正变得太过地缘政治化，太无所顾忌了，可是，难道情况不一向如此吗？

从布宜诺斯艾利斯完整的走私社会，到森严壁垒的普鲁士湾，再到像阿蒂尔·兰波和亨利·德·蒙弗雷这样的游动走私冒险家，我们走过了漫长的道路。蒙弗雷的走私旅程比那位诗人要成功得多，但在于某种程度上预示了"冷战"时期权力角逐的非洲殖民主义背景下，他也许是国家牵涉走私这个法则的一个浪漫的例外。

下一章将讲述一个更加野蛮的故事：历史上最大，或许也最阴险的由国家支持的走私计划。

第十章
衰落的帝国：鸦片走私危害中国

> 总之，如果商人所做的买卖是他们的政府始终拒绝承担任何责任的，那么这些商人实际上就是间谍，或者是隐秘的外交官。[1]
>
> ——马丁·布思（Martin Booth），《鸦片史》（*Opium: A History*）

早年，威胁还并不明显。后来就不可能忽视了，巨大的船像漂浮的仓库一样往来贸易，实在是触目惊心。如果说蒙弗雷的单桅三角帆船"飞鹰号"（*Altair*）轻捷如飞，很适合于他那轻便的船货大麻，那么这些笨重的大船则在其沉重的货物的重压下，深深地陷入水中。大批的箱子紧紧贴在一起，里面装满被称为黑土、白皮和红皮的鸦片。

向中国走私鸦片始于18世纪末。澳门附近的雀湾（Lark's Bay）是早期走私者选择的卸货点，为躲避葡萄牙人和中国人对船货的盘查。到19世纪30年代时，鸦片贸易急剧地扩大，并深深地渗入珠江口地区。当时外国人的船禁止开进广州，但随着"番鬼"越来越多地出现在被准许泊船的伶仃岛（Lintin Island），贩卖鸦片所发的大财就像风暴潮一样高涨起来。广州出现了很多瘾君子，而通向更广阔的中国市场的大门也微微张开了。伶仃岛旁的海景中，最突出的是一些船，包括怡和洋行（Jardine Matheson）的"墨洛珀号"（*Merope*），英商兰斯洛特·颠地（Lancelot Dent）的"三宝垄号"（*Samarang*），还有美国船"伶仃号"（*Lintin*）。不久那里又有了25条永久性泊锚的邪恶的接收船。鸦片贸易量呈指数性增长：1805年进口了大约3000箱，到了1839年就激增到40000箱。[2]清朝官员对这种恶毒的入侵毫无反应。那十年中国大约有1000万人染上了鸦片瘾，[3]形势变得不可容忍。

中国方面有了反应。被称为"番鬼镇"的广州城城墙边缘处的欧洲人飞地的鸦片贸易工厂被包围，鸦片贸易被禁止，商人们和支持他们的各国政府遭到警告。但是所有措施都无法长期遏制由国家支持的走私的巨大破坏力。1840年6月底，大约17艘英国海军军舰、4艘东印度公司的武装轮船和27条军队运输船集结在中国海岸外。一群鸦片贸易船则像寄生虫一样涌来寻求它们的保护。对中国的鸦片贸易，最早只是小规模地由阿拉伯人进行，继而葡萄牙人从果阿开始贩运，1659年起孟加拉的荷兰人也经爪哇开始了投机性尝试，现在英国东印度公司也以巴特那（Patna）为基地大规模贩运，鸦片贸易即将进入其最猖獗的时期。

早年的鸦片贸易

鸦片在中国，并非一向是如此严重的问题。尽管鸦片不是中国的土特产，但自古代晚期起，罂粟就一直在云南生长，不过质量一向不算好。鸦片贸易高涨，是因为中国出现了用烟管将鸦片和烟草混在一起吸食的新时尚，这是从在爪哇一带航行的荷兰水手那里学来的，他们认为这种消遣方式能够祛除疟疾。对消费者来说，短期强制性地限制烟草进口,就会迫使吸烟者转向余下的选择——吸食鸦片。

鸦片贸易风险很小。在中国,尽管拥有和传播鸦片自1729年起就算犯罪,但矛盾的是,进口鸦片却并不违法,主要是因为太多的中国官员从鸦片贸易中捞到了好处。如果说鸦片交易始终需要格外地小心谨慎,但买卖不可避免地也越做越大。实际上直到1799年鸦片进口才被禁止。鸦片这时成了货真价实的走私品,但这对其增长轨迹几乎看不出有何影响。英国东印度公司一开始也并没有全力支持开发这一新商机。孟加拉总督沃伦·黑斯廷斯(Warren Hastings)起初还禁止出口鸦片到中国,但在巨大的利润面前,他也转变了态度,于1782年批准了第一次官方的走私之旅。尽管经济上很不成功,但侦察目的却的确达到了。

商业的逻辑很容易地便压倒了总督的顾虑:对英国来说,钱至关重要。18世纪的头几十年,茶迅速地成为英国的国饮。到1785年时,英国每年要从中国进口大约1500万磅茶叶,中国对此非常愿意。英国需要通过茶叶来增加国家收入,对茶叶征收的关税为100%。但茶叶贸易的不利之处是,英国为此付出了价值2600万英镑的日益稀少的白银,而出口到中国的商品仅仅价值900万英镑(自1776年起,美洲和欧洲的动荡形势限制了金银流动,在第八章讲述的拿破仑的几尼走私时代达到巅峰状态)。[4]英国的大量其他白银也用在了进口中国瓷器和漆器上。如果说工业革命使英国强盛了,使帝国扩大了,它却需要解决这个收支不平衡的问题。让中国人染上鸦片瘾,主宰对华贸易,要求白银支付,便是英国想出的办法。这个邪恶的计划进展非常顺利:1773年,英国东印度公司通过在印度销售鸦片和出口鸦片,才赚了不到4万英镑,然而到了1793年,这个数字翻了六倍。[5]

种植罂粟的印度，也急需通过鸦片贸易增长收入。印度需要用出口鸦片到中国赚来的钱从英国进口棉布，而英国的棉纺厂的产量正在不断扩大。印度也需要用白银来支付，因此需要中国的银币。除了要使钱回流到祖国，英国东印度公司还需要为自己的内在野心埋单，为扩张领土，该公司在印度西北边境数省打了一系列仗。1763年，孟加拉的巴特那的英国人遭到屠杀，英国将军克莱武（Clive）的回应是结束了印度行政长官纳瓦布（Nawab）的统治，连带控制了其鸦片种植园。为了资助英国的新霸权，必须好好地利用美丽的罂粟花。帝国的治安一向也很成问题，维持治安也需要相当大的开支。鸦片贸易是一个新商机，实际上是必不可少的商机，如果不贩卖鸦片，英国的整个东方帝国恐怕就土崩瓦解了。

于是，跟加尔各答相距约300英里的内陆城市巴特那，以及贝拿勒斯（Benares）周边地区，成了英国东印度公司走私活动的生产核心区，支持这种"无害的"药。一种令人难以置信的讽刺意味是，鸦片在印度是禁止消费的，因为道德原因和影响生产力，然而却大规模出口。

既然英国东印度公司感觉到绿灯在开着，事情的进展便提了些速，尽管还不是狂奔。英国东印度公司并不直接着手交易，而是向一些私人运营商颁发了特许证，让他们去冒险。这些中间人被称为"国字号"，打通了原本自给自足的中华帝国暴露出的薄弱环节的季节性通道。澳门、广州，后来还有珠江口的香港，都是中国的软肋。后来，一些速度奇快的快速帆船，如"红毛狗号"（*Red Rover*）和"风精灵号"（*Sylph*）都克服了季风的危险。它们船体庞大，能够在大风中履险如夷。英国东印度公司每年12月到次年7月之间，将其鸦片在加尔各答拍卖三到五次，共提供5000箱左右供出口。盈利的关键又一次在于争取垄断。这在孟加拉进行得很顺

巴特那的鸦片仓库,约1850年,版画

利,但在印度西海岸,无论是马尔瓦(Malwa)地区的生产还是孟买的出口,英国东印度公司都只能在部分上予以控制。

鸦片在印度被称为"罂粟的眼泪"(*Lachryma papaveris*),有很多不同品种:巴特那的鸦片因其外观被称作"黑土",孟买的称为"白皮",而马德拉斯的称为"红皮"。19世纪前二十年,随着中国社会吸食鸦片的人逐渐增多,鸦片贸易也在缓缓扩大,但仍有三个因素制约其发展。第一,鸦片贸易只局限于广州地区。第二,当走私者在沿海地区散布已登陆的鸦片时,要承受中国于1828年颁布的反对这种邪恶交易的最新法令的巨大压力,这削弱了大规模集中供应的产业必要性。此外,偏远的交易地点也容易受到海盗的袭扰。第三,英国东印度公司在中国的垄断,也阻碍了交易的总体流通。

自由的——"暴力"——贸易

鸦片贸易这时从官方讲,仍然是非法的,但从来没受到过阻碍。1833年颁布的《印度政府法》(Government of India Act)废除了英国东印度公司在对华贸易方面的垄断后(该公司在1813年已经丧失了对印度贸易的垄断地位),鸦片贸易更是崛地而起了。自由贸易这时成了句时髦的话。表面上讲这是件多国生意,但实际上仍然很大程度上是英国的(80%),急先锋似的人物有托马斯·颠地(Thomas Dent)和兰斯洛特·颠地兄弟、渣甸(William Jardine)和马地臣(James Matheson)。后两人于1834年形成了伙伴关系。美国人通过旗昌洋行(Russell & Company)和普金斯洋行(Perkins),在鸦片贸易上也有重要利益。实际上,来自波士顿的一条双桅纵帆船"珊瑚号"(*Coral*),是最早把鸦片走私到中国的船之一。参与鸦片贸易的还有希腊人、荷兰人、瑞典人、丹麦人和拉丁美洲人,

钱纳利(George Chinnery)绘《广州风景》(中国捕快房和外国工厂),1838年,钢笔画

以及以马尼拉为基地的西班牙人。英国东印度公司并没有被排斥出局,只是丧失了对销售点的官方控制。

这无疑是走私,尽管不用偷偷摸摸地进行。从广州城沿江而下约10英里的黄埔岛(Whampoa),是片瘴疠肆虐的沼泽,却是外国船被准许溯江而上的最远之地,不过西方的鸦片富商却在广州城的边缘地带为自己创造了非常舒适的生活。

就在广州城外,有一座被称为"荷兰呆"(Dutch Folly)的小岛,是因为一段失败的建设微型帝国的小插曲而得名的。荷兰人获准在这里建设一座医院,但他们却企图偷运进400门炮来装置在岛上,然而他们隐藏大炮零件的木桶却崩裂了。广州城本身是隐秘且名不副实的,不许"番鬼"进入。广州有城墙,外面还围着一大圈随波起伏的河船,被称为"舢板城"(Sampan City)。该城边缘的另一个寄生物就是鸦片商的飞地,既破烂又奢侈。这片飞地坐落在实际上作为广州城的下水道的一条小河旁。从河上望去,这片地区很繁华，有许多白色的新古典风格的外立面，但外立面后面就是封闭的正方形的工厂了。工厂通向外面热闹但破旧的街道的唯一出口，就是这些虽然精致但却狭窄的外立面了。然而，正如阿米塔夫·高希（Amitav Ghosh）在其小说《烟河》（*River of Smoke*）中所描述的，这是个令人上瘾的生气勃勃的地方，最成功的商人住的都是豪华的宅子，都可谓钟鸣鼎食之家。小说中描写的地方很可能是虚构的，想必是出于高希的想象。在小说中，罪过自然要推到外侨身上：古吉拉特的鸦片商巴赫拉姆（Bahram）隐瞒了身份，在他袄教徒（Parsi）的衣服上又披上了印度人的外衣；画家罗宾（Robin）又给一幅维多利亚时代的渣甸肖像注入了些许委拉斯开兹（Velásquez）的特色；卖花女（妓女）们则是被偷偷送进了工厂。

鸦片大亨们在生意上虽然公事公办，但与中国商人的关系却处得非常融洽。那些中国商人中最有名的叫伍秉鉴（Wu Bing-jian），又叫浩官（Howqua），是由八到十二个获得特许的中国商人组成的公行的首领。伍秉鉴通晓多国语言，不仅做鸦片买卖，也做茶和丝绸生意，甚至还投资过美国铁路。19世纪30年代时，他大概是世界上最富有的人。[6]

鸦片走私的前线

在珠江第一段上航行完全是合法的。经过从澳门到伶仃岛的水道，再经过虎门（Bogue）威武的炮台，这条被葡萄牙称为虎口（Sher-ka-mooh）的狭窄河道上，一批接收船终年停泊在黄埔岛外（后来中国政府对黄埔岛的交易施加了更大压力，接收船又转移到伶仃岛）。随着贸易增长，像漂浮的城堡一样的接收船，数量也在激增。下一步的运营又因为对官员——比如黄埔的海关官员——

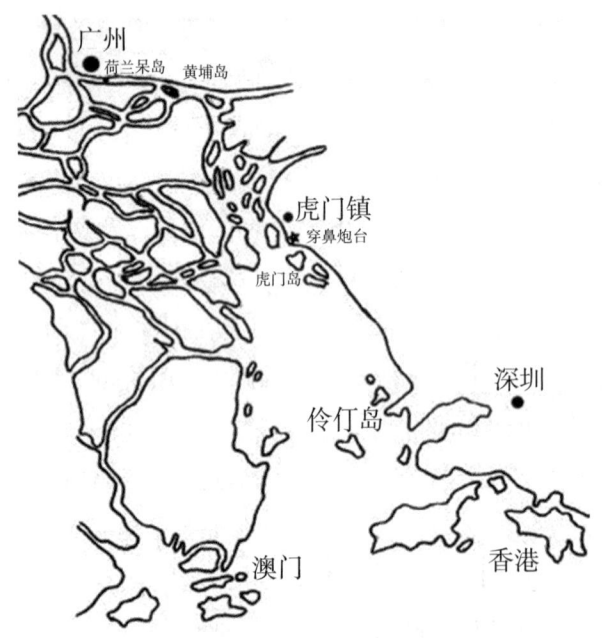

鸦片战争时期的珠江口地区

行贿而大获便利。鸦片交易是一手交钱一手交货。鸦片从箱子里取出后,立刻另行打包,沿广州四周的内河迅速运走。在内河运输鸦片的船,是一种双桅、吃水较浅、有50—60支桨的船,有些像拿破仑战争时期将几尼运过英吉利海峡的英国迪尔的桨帆船,但体积要大。这些船有着"蜈蚣""快蟹""爬龙"等名称。

这种既疯狂又偷偷摸摸的行为,乍一看,很可能被视为鸦片贸易中最具走私特色的部分,但事情没那么简单。很难说在19世纪上半叶鸦片贸易的增长年代,究竟是什么构成了走私。是中国人手工搬运的陆上运输行动,还是距之不远的英国东印度公司的大规模贩运?是从英国东印度公司接手鸦片交易又在部分上代表东印度公司运作的诸如渣甸、马地臣和颠地等独立商人?在高希的小说中,渣甸是有意与聚集在"番鬼镇"的商人保持一定距离的——他们满载鸦片的船不在一起停泊——以免被蔑称为走私者,这说明无论走私在怎样进行,都或者是中国人在进行,或者是英国东印度公司(被称为"所有走私和走私者之父")在进行。[7]而且这些自以为是的商人们还看不起那些不那么矫情的商人,比如因义士(James Innes),后者似乎想把鸦片完全秘密地偷运进广州,既避开体制,又不行贿。

广州的清朝官员偶尔也会表现出不快来:持有英国东印度公司执照的船在离开珠江河口时,有时会受到中国战船的攻击。外国船会减速以便让中国船追上,承受它们故意瞄不准的一番射击。总体而言,鸦片贸易是由中国人和欧洲人双方的牟利动机保证的。然而,这种默契是无法持续太久的。

中国人的行动

1836年,中国皇帝明令禁止鸦片进口,甚至以非法交易的罪名起诉渣甸和其他八名商人。这份诏书无疑被置若罔闻。鉴于有如此众多有权有势的中国商人、政客甚至朝臣,都或者沉溺于鸦片,或者因鸦片贸易而发财,执行这种限制的意愿一向不高。

不过,皇帝首次感觉到了他的众多臣民道德败坏、体质衰弱,决心要解决这个问题。一些不那么傲慢的商人也注意到了他的这种日趋强硬的态度。商务监督罗拔臣(George Robinson)爵士担负着专门督查通过伶仃岛进行的鸦片贸易的任务。他察觉到中国人立场的变化,意识到这是对鸦片贸易肆无忌惮的升级所做出的反应。他直言不讳地向英国外交大臣提交了报告,然而他却被解职了。当一群胆大包天的商人绕过伶仃岛,直接将鸦片运进广州,以免向所有公共部门行贿后,洋人与中国官员的关系恶化了。

　　肩负着推行中国强硬路线任务的是新任命的钦差大臣林则徐。他被选择做这项工作,是因为他在江西省时禁绝鸦片很得力。当地的人称他为"林青天",因为他不受贿。

　　林则徐遵照皇帝的旨意,要求所有商人交出全部鸦片。外国商人如敢顽抗,将被斩首。对于他治下的百姓,他提议先给染上烟瘾的人提供康复机会,给他们十八个月的时间上缴鸦片,如果他们交出鸦片,就可以免罚。但是贩卖鸦片的人将被绞死。接下去有一连串鸦片贩子被公开处决,以儆效尤。其中一个鸦片窝点的主人,就在美国人的工厂门前被处决。在随后的几个月,又有一些中国走私者被发配充军。鸦片工厂也受到了群情激愤的暴民的攻击。

　　1839年3月,新获任命的英国商务总监督义律(Charles Elliot)海军上校下令英国商人交出鸦片。商人们服从了,因为义律本人主动提议由英国政府赔偿他们的损失(按鸦片的价值,而不是丧失的利润)。但这无论怎样说,也是一件好买卖,因为被包围的工厂这时根本无法开工,而且如上所述,商人们再要像以前那样行事,面临的将是死刑。此外,工厂里囤积的鸦片实在太多了。商人们将价值数百万英镑,共计20000箱鸦片交给了义律,义律又按时将鸦片交给了林则徐。林则徐于5月将全部鸦片运到了广州附近的虎门。他命人将鸦片与盐和石灰拌在一起,抛入三个泥浆大坑中,然后排入南海。表面看起来,危机解除,云开雾散。

　　但是博学且在很多方面都很可敬的林则徐,却没有解除包围,反而用砖头堵死了那些工厂的大门。义律和他的手下甚至无法与外部世界交流联系,直到他们设法通过中国工人,把信件卷在香烟里或藏在鞋子中,才偷偷地送到了外面。面包、水、糖、油和鸡肉,以及牲畜饲料,也是设法偷偷地运进工厂的。最终,英国人获准离开。

走向战争

对于广州飞地上的工厂所发生的事情，英国有多种可能的回应。义律内心很矛盾。他从道德上反对鸦片贸易，但作为经常拮据的女王陛下政府的代表，面临着风暴一般的盈利压力，他屈服了，打着维护自由贸易的旗号冲上前台。就在第一次鸦片战争开始前的这段时期，毒品非法交易的收入的大约10%，要归英国财政部。[8]就在义律下定决心准备捍卫英国的利益后，在1839年11月致时任外交大臣巴麦尊（Palmerston）勋爵的一封信中，他仍然将鸦片贸易比作海盗行为。[9]

英国政府对中国人的愤怒做出了不同解释。它断定恢复"深受欢迎的"鸦片贸易是相对无害的，认为中国政府打算禁绝鸦片，只是想保护其白银储备。这种挑衅性的言论，至少是激人愤慨的。与此同时，走私活动在福建和广东等省的沿海继续进行。

商人们自身尽管表面上摩拳擦掌，群情激愤，私下里却都因为成功地撬动了本国政府而心中暗喜，因此买卖均照常进行。由渣甸和马地臣合办的怡和洋行已经在备办新的船货。随着外国鸦片贸易全部转移到澳门，仅仅在收缴鸦片一个月后，行业性的走私活动便又恢复如前了。由于供给减少了，需求却未降低，起初的利润冲天高涨。这些鸦片贩子从未真正地预料到战争，他们一厢情愿地认为，在炮舰外交和市场压力之下，一切都会自然而然地恢复到先前的状态。然而危机并未消除，因为中国政府在玩一场零和游戏，在先前的成功的鼓励下，他们根本无意退让。到1840年6月底，一支由将近50艘英国船组成的小舰队集结在珠江口，考虑怎样最好地给中国人一些教训，以促使鸦片贸易继续扩张。

第一次鸦片战争，1840—1842年

　　战争最初的行动之一是突袭舟山群岛上的定海，那里在上海以南大约100英里处。攻克定海相对比较容易。义律禁止鸦片船进入定海，但这并没有妨碍走私者将毒品卸货，并以亏本的价格出售以引诱新的上瘾者，也就是未来的顾客。无论如何，禁运在很大程度上都是象征性的。义律准许鸦片交易在舟山群岛旁的大陆上不受阻挠地开展。令他为难的很大程度上还是经济问题，因为他需要为战争筹集军费，要卖债券，而愿意买他的债券的只有鸦片贩子。某种程度上，义律是受制于鸦片贩子的。

　　接下去发生的都是一边倒的战斗，以1841年1月广州河口的穿鼻炮台的屠杀为高潮。英国海军的一支分遣队炸毁了虎门的安森湾（Anson's Bay）附近的一座海关衙门。2月在虎门炮台一带又发生了更多的战斗之后，双方于3月宣布停火。义律议和，加之以舟山换取香港，导致他被巴麦尊解职。

　　战争胜败分明，主要是因为拥有更现代化的武器和技术的英军优势太大，但也因为鸦片使一个曾经有规矩的社会变成了一个松散疲软的帝国。当爱尔兰部队轻而易举地攻克厦门炮台时，他们在守军丢弃的枪炮旁便发现了鸦片烟枪。中国官员们并不是仓皇逃跑的，他们有足够的时间把金条和银条装进凿空的圆木里运走。

　　战争以签订《南京条约》而告终。英国获得了在所谓的"通商口岸"——广州、厦门、福州、宁波和上海——进行贸易的权利。林则徐于1841年被流放到新疆。

买卖照常

英国开战本身,与其说是要恢复鸦片贸易,毋宁说是要保证其继续扩大。在战争进行过程中,鸦片贸易就在持续增长。广州城刚刚被包围,怡和洋行就加紧了行动。在战事向北发展的同时,该公司就向广州输入了超过6000箱鸦片,其中将近一半是早已在其船里备好了的。在伶仃岛,鸦片交易已是在光天化日下进行。随着买卖状态迅速恢复到一年前的光景,鸦片像洪水般涌入市场。尽管数量激增使得价格下跌,但所有鸦片贩子都还赚得盆满钵盈。

如果你想了解战时鸦片贸易有多么猖獗和恶劣,只需看看伦敦传道会(London Missionary Society)的雒魏林(William Lockhart)医生在舟山建立的诊所的讽刺意味即可。这所战地医院旨在缓解鸦片上瘾者的痛苦,受到英国陆军和海军的保护。然而这些保护者的出现,恰恰是为了使国家支持的鸦片走私活动得到准许。到11月时,已有大约40条船在舟山群岛卸下了12000余箱鸦片。

这场为走私而进行的战争,在很遥远的地方也激起了涟漪。在众多的缉私船被从西非海岸调往中国后,从非洲到巴西和美国南方诸州的非法奴隶贸易也有小小的恢复。离广州不远的香港繁荣了起来,因为那里没有了广州的官僚主义和腐败。香港成了非法鸦片贸易的新中心,也成了食盐走私基地。由于帝国总是试图垄断,食盐成为经常被走私的日用品。大量的钱流动了起来,鸦片船被用作了银行。

鸦片进口量飞快增长,到19世纪中期时,中国估计已有三分之一的成年人染上了烟瘾。到1856年时,贩卖鸦片的收入已经占到了英属印度的岁入的大约22%,[10]中国的鸦片进口量相较于战前近乎翻了一倍。鸦片贸易似乎不可遏制。原先自给自足的中华帝国的生机正在被榨干,尤其是其白银储备。

但这就是故事的全部吗?按照英国汉学家蓝诗玲(Julia Lovell)在其《鸦片战争》(*The Opium War*)一书中的说法,中国仍然处于贸易顺差状态,在1857年的中英贸易收支平衡表上,中国仍然盈利900万英镑。[11]英国进口茶叶和丝绸的支出,仍然要超过销售鸦片和其他英国与英属印度商品的收入。

第二次鸦片战争,1856—1860年

英国政府喜好用战争的办法来解决更广泛的贸易问题,从而弥补赤字。从商人的角度看,还有赚到令人难以置信的大钱的前景。在一部分人看来,再打一仗,就是解决办法,尽管这引发了激烈的争论。东印度和中国协会(East India and China Association)主席塞缪尔·格雷格森(Samuel Gregson)在英国议会宣读了一封商人们的信,甚至否认鸦片贸易的存在,时任英国首相威廉·格莱斯顿(William Gladstone)反驳道:"你们在中国最大也最赚钱的贸易就是贩卖鸦片。这是一种走私贸易。这是地球表面上进行的所有违禁贸易中,最有害、最恶毒、最令人堕落和最具破坏力的一种。"[12]当时身在英国国内,并担任罗斯和克罗马蒂郡(Ross and Cromarty)国会议员的马地臣,被媒体称为"鸦片议员",但他谨言慎行,以免显得太高调而成为反鸦片的议会游说团体的靶子。

第二次鸦片战争有更多的国家参与。法国和美国也深深地卷入了鸦片走私活动,尽管像英国一样,它们也都否认自己有牵连。但这回它们都积极地保卫起自己的利益。第二次鸦片战争的进程像第一次一样呈一边倒之势。英国方面主要的推手是詹姆斯·布鲁斯(James Bruce)——第八代额尔金伯爵(Earl of Elgin)。他是将古

希腊帕台农神庙（Parthenon）上的石雕饰带——即所谓"额尔金大理石"——带到英国的第七代额尔金伯爵的儿子。

1858年6月26日，额尔金签署了《天津条约》。该条约花费了很长时间才达成，不仅是因为这是由中国人起草的，而且因为清帝国的谈判官员中有太多的瘾君子。条约准许对输入中国的商品征收5%的关税，包括鸦片（后来这种毒品的关税被单独提高到8%），这实际上使得鸦片贸易合法化了。尽管一方面有道德义愤，另一方面对贩卖鸦片仍在否认，使得鸦片贸易一直成为激烈争议的话题，但从法律上讲，鸦片贸易已经不再是走私行为了。不过，由于鸦片在运往中国内地的途中还要反复被课税，鸦片贩子们在中国境内仍有逃税避税的动机。美国人想把鸦片贸易定为非法，但其大使意识到，实际上那样只会刺激更多的走私。

1860年10月，英法联军侵入了北京，最终洗劫并烧毁了北京近郊的皇帝夏宫圆明园，以站不住脚的借口开战，必然会有此野蛮结局。

在第二次鸦片战争后的二十年间，向中国输入的鸦片量又翻了一倍，其收入令英国财政部更觉弥足珍贵。作为对德雷克和霍金斯的"暴力贸易"，也就是走私的另一个名称的遥相呼应，英国还强行向中国出口其他商品，例如曼彻斯特的纺织品，这是对丝绸之国粗暴的侮辱。

直到19世纪80年代，鸦片出口量才开始下降。随着印度的生产成本的上升，90年代继续下降。怡和洋行于1872年停止鸦片交易。1909年，印度停止出口鸦片。

这种阴险的买卖并没有就此结束。鸦片窝点在上海等地仍然十分猖獗。在第二次世界大战结束前，这种毒品从未被宣布为非法。

日本人于1931年侵入中国东北后,开始有组织地沿中国海岸输入海洛因、吗啡和可卡因,这样当1937年日本全面侵华战争开始时,他们已经极大地削弱了对手。直到1949年中国共产党夺取了政权,鸦片走私才结束。

怡和控股(Jardine Matheson Holdings)今天已是一家有巨大影响力的跨国公司,与罗斯柴尔德家族有关联(而罗斯柴尔德家族的两名成员,詹姆斯和内森,都是几尼走私中极具影响力的操盘手)。英国东印度公司为国家支持的走私行为树立了一个标杆。国家实力通过走私而发挥作用,这种模式今天依然很兴盛。

第十一章
提神和抵抗：鸦片太多，茶叶太少

英国的皇家植物园邱园（Kew Gardens），是伦敦极宁静的角落之一。各式各样的楼台亭阁、玻璃温室和柑橘温室，展示着琳琅满目、不可胜数的植物，无论对业余爱好者还是专业园艺家，都有无穷的吸引力。然而那静谧又极具科学权威性的气氛背后，却隐藏着些许不大光彩的历史。邱园储藏着在很多方面都为大英帝国增添光彩的走私植物。在受人景仰的英国植物学家约瑟夫·胡克（Joseph Hooker）支持下，邱园栽培了从亚马孙地区偷来的橡胶种子。而在此之前，在约瑟夫·胡克的父亲威廉的操持下，邱园还种活了由后来担任过英国皇家地理学会（Royal Geographical Society）会长的克莱门茨·马卡姆（Clements Markham）从秘鲁走私来的金鸡纳树。即便今天，邱园里仍种植着一些"危险"的植物，如不向公众展出的印度大麻和鸦片植物。

作为对皮埃尔·普夫瓦尔此前一个世纪秘密的物种传播行动的回应，邱园储藏的走私植物，标志着该物种在大英帝国各地都有移植。走私的橡胶种子到了东南亚后蓬勃生长，而金鸡纳树皮也在帝国到处发挥奇效（因抗疟疾疗效而形成较大产业的奎宁，就是由金鸡纳树皮制成的）。鸦片贸易代表着英国人的另一种有机物走私，尽管遭到了生命政治上的抵抗。清帝国的官员们为其子民染上鸦片烟瘾而深感愤怒，但更令他们气愤的是，鸦片贩子居然赚走了那么多钱，这让他们着实眼红。具有讽刺意味的是，为了限制国家白银储备的流失，他们竟然想出了把罂粟移植到中国，让人们购买自产鸦片的主意，还寄望于以此破坏印度以巴特那为根据地的垄断。

英国人对此举是担忧的。植物学家和老"东亚通"福钧（Robert Fortune），在第二次鸦片战争爆发前不久来到了中国。这是他第三次来中国，也是他第二次为英国东印度公司出差。东印度公司原本就派有人员在中国偷偷刺探茶叶的情况，这时便求助于福钧了，请他走私回一些中国鸦片——植物和种子——以及与鸦片有关的工具，以供检验。福钧忠实地完成了任务，在此过程中不仅变成了茶叶的非法交易者，也变成了昼伏夜出的走私者。

英国人这样"居安思危"是有理由的，因为另有一件走私损害了他们的霸权的事例。就发生在他们帝国的心脏地带，却令他们无可奈何的，还有另一种鸦片交易。马尔瓦的"白皮"鸦片是在由国家支持的东印度公司的鸦片交易之外，通过走私进行的。马尔瓦是印度北方中西部的一片地区，涵盖了今中央邦（Madhya Pradesh）和东南部的拉贾斯坦邦（Rajasthan）的高原地带，19世纪时这里出产的鸦片从印度西海岸装船运往中国。东印度公司始终无法将其纳入自己的垄断之伞下。这是走私行为也是"天外有天"的一个例证。

水泼不进、针扎不透的马尔瓦高原及其与东印度公司的关系

一个由鸦片种植者和交易者组成的完备的群体，甚至在英国人

于孟加拉地区的垄断形成之前,就已经在马尔瓦运作了。当被逐出东海岸的商人纷纷跨越次大陆来到印度的这一侧时,他们更是如虎添翼。高希的小说《烟河》中的主人公塞思·巴赫拉姆,就是西海岸的一名商人。他不仅将孟加拉的自由商的鸦片卖到广州飞地,也出售他的马尔瓦合伙人的货品。到19世纪中叶时,他这个阶层的人,至少在财富上,与渣甸、马地臣和颠地都是平起平坐的。

英国人也曾努力镇压马尔瓦的贸易,但是备受挫折。问题部分上在于,这里除了像古往今来众多走私地区一样,有大走私者外,还有无数的小运营商,他们群起而行动,也能创造相当可观的利润。道路数量之多,类型之复杂,意味着英军只能散布开来,兵力非常薄弱,而且由于在英国完全统治印度之前的岁月里,他们还只能通过当地统治者来管理帝国,他们也不得不按捺住在印度土地上为所欲为的念头。对于所有欧洲公司来说,还有一个额外的问题,就是它们全都与马尔瓦高原腹地的鸦片产地缺乏直接和有效的联系,因而它们在商业上总是处于不利地位。作为鸦片走私商首领的渣甸,曾探索过在印度西部扩大其公司业务的可能性,最后不得不承认失败。印度西北部走私路线繁多,走私人员复杂,意味着市场价值将起决定作用,东印度公司人为抬高的价格遭到了破坏。英国人最终无法将他们制定的价格强加给别人。

在英国东印度公司看来,这是印度的阴暗面,与被英国的统治置于"文明"影响之下的孟加拉形成了鲜明的反差——西印度的走私活动之所以黑暗,全是因为那不是英国人在运作!实际上,在孟买,有些走私行为的确是英国人在推行——不过都是胆敢与东印度公司分庭抗礼的私人公司,如雷明顿克劳福德公司(Remington Crawford & Co.)和福布斯公司(Forbes & Co.)。它们与葡萄牙的佩雷拉公司(Pereira's)和亚美尼亚的格里高利阿普卡公司

（Gregory Apcar）合作运营。不过，英国走私者经常遭到精明的当地商人的戏耍。例如1822年，一家叫作普雷姆吉普尔肖坦（Premji Purshottam）的商号，确定将获得当季马尔瓦鸦片在孟买销售的份额中的一大笔，他们向一位姓泰勒的东印度公司代表提出，以一个适中的价格将其中大部分卖给东印度公司。这个价格低得足以吸引泰勒，又高得让他用钱买不起，只能以货易货。普雷姆吉老板一方面像是在驴面前晃悠着胡萝卜一样吊着英国人的胃口（他还提出要给东印度公司和马尔瓦的供货商牵线搭桥），并佯装在幕后进行着安排；另一方面，他却将几乎全部鸦片都卖给了当地商人。他根本没打算给英国人提供鸦片。整件事情从头到尾都是一场骗局，旨在分散东印度公司购买行动的专注度，使他们不仅买不到鸦片，还疏远了以往的联系人，只给东印度公司剩下了一堆昂贵的废品。[1]

走私马尔瓦鸦片：诡计和路线

走私行动在陆地上如何运行？阿马尔·法罗基（Amar Faroqui）在《作为破坏活动的走私》（*Smuggling as Subversion*）一书中，对此有详细的描述。典型的偷运手法有，将鸦片混杂在谷物、棉花或干草等船货中，也可能藏在骑手的马鞍夹层中。通常走私者都会努力避开英国领土。

18世纪时，翻越侏罗山将禁书偷运进法国的走私者，为应对被抓的损失采取了保险手段，同样，印度西北部地区中央的鸦片贩子们为把风险降到最低，也实行了保险政策。有时承保人就是中间人，他会和海关谈判安全通过指定地区的通行费和保护费。走私鸦片的运输，是一种接力行动。马尔瓦鸦片贸易的大老板之一是曼德绍尔（Mandsaur）的阿帕·甘加达尔（Appa Gangadhar）。他为自

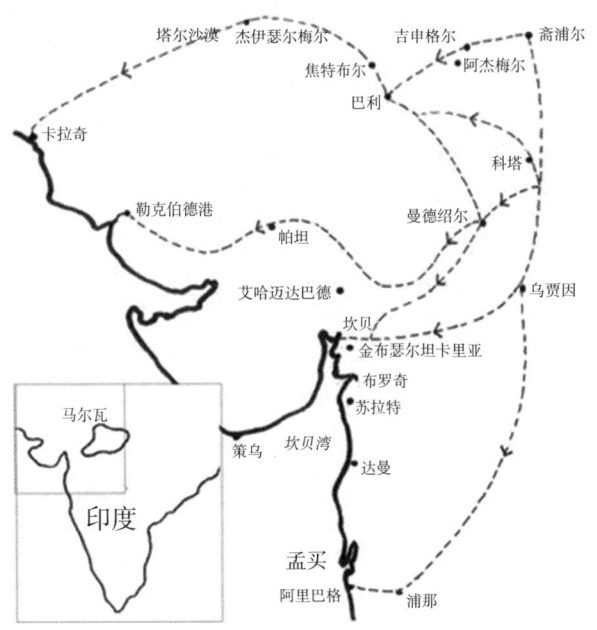

19世纪上半叶自马尔瓦向外的鸦片走私路径

己和其他人在海边这一段的运输提供保护,然而就连他的影响力也没能到达拉贾斯坦,那里的武装押运传统上是由好战的凯隆人(Charuns)进行的。

作为鸦片生产中心的城镇主要有马尔瓦南部的乌贾因(Ujjain,早期重地)和中部的曼德绍尔,那里由市场培养起来的小贩们,将鸦片通过该地区北部的巴利(Pali)和科塔(Kota)贩出。中间人群体主要有两股,一股是西北部的马尔瓦尔人(Marwari),掌控着秘密的拉贾斯坦路线,另一股是从乌贾因西边古吉拉特地区的艾哈迈达巴德(Ahmadabad)向外运营的商人。大致来说,南边的线路在早期比较重要,后来北边的线路才发展起来并超越了南边。

在南方，有两条线路很受走私者们青睐，既因为那些地区山峦起伏，丛林茂密，很便于隐蔽，也因为那里政权控制较弱，使得内陆边界很容易渗透。第一条道路是向南经过巴罗达（Baroda）地区的盖克瓦德（Gaikwad）。第二条道路出发时稍微向北一些，经过反英的印度黑人（Sindia）控制的艾哈迈达巴德东边的班杰默哈尔斯（Panch Mahals）地区。目的地通常是古吉拉特地区的坎贝湾（Gulf of Cambay）。这里有几个专门服务于鸦片贸易的小港口。金布瑟尔（Jambusar）是早期一个关键的输出港，后来被英国人占领，买卖被挤到坎贝城（Cambay）。其他重要的港口还有苏拉特（Surat）、坦卡里亚（Tankaria）和布罗奇（Bharuch）。

随着英国人控制了越来越多的地域，生意被迫向北转移，穿过拉贾斯坦，再经由巴利地区。巴利成了一个主要的中转点，马尔瓦尔人介入交易也变得至关重要。这里与拉贾斯坦的走私路线的关联最紧密，但也成为其他路线的接合点，例如从斋浦尔（Jaipur）出发经由吉申格尔（Kishangarh），绕过英国人控制的阿杰梅尔（Ajmer）的路线。

也有其他地方的重要性随着巴利增长，比如曼德绍尔。阿帕·甘加达尔在这里就像是一位地区性的教父。他因家庭广大的地产而有巨大的收入，又将大量收入投入他的另一项产业——通过拉贾斯坦沙漠出口鸦片。拉贾斯坦紧邻他那广阔的罂粟田，很是便利。

到中国发生鸦片战争时，拉贾斯坦线变成了最重要的走私路线，但是对马尔瓦尔人来说，首先遇到的挑战是跨越塔尔沙漠（Thar Desert）。这条路线要经过巴利、焦特布尔（Jodhpur）和美丽的城堡杰伊瑟尔梅尔（Jaisalmer），然后穿越沙漠，如果能存活下来，就到了卡拉奇（Karachi，当时还只是一个小镇，有个热闹的港口）。到巴利之前的运输，经常使用的都是阉牛，在巴利，货物被移到骆驼背上，以穿越沙漠。每头骆驼驮两到三个箱子。就像兰波的大篷车队在阿比西尼亚的达纳基尔沙漠一样，组织驮兽是一件很费力的事，因为农业生产也需要牲口。而且在这两个地方，武装押运也都是必需的。

还有一两条其他路线，共同构成了马尔瓦地区鸦片输出的扇形路线体系。其中主要的路线是与北线有重叠的中线。这是从科塔（北方的一个产鸦片的小镇）出发的贸易，其主宰者巴哈杜尔·马尔·塞蒂（Bahadur Mal Seth）有"马尔瓦的罗斯柴尔德"之称，在19世纪20年代尤为显赫；[2]还有一个外来人拉克希米昌德·潘杰伊（Lakshmichand Panjray），号称乌贾因的马哈詹（Mahajan，旁遮普地区的一个金融大鳄），经营着其家族的鸦片走私生意。中线比拉贾斯坦线更直接地向西到达海岸，中途要经过帕坦（Patan，在古吉拉特地区，比坎贝湾更靠北一些）。由于中线也很靠北，因而也是北线的一条可做替代的战略性支线，两条线路在巴利交会，然后通向塔尔沙漠。

最后一条引人注目的路线，是直接向南通向孟买的。这条路线通过在孟买东南边的浦那（Pune）暂停，避开了英国人。然后鸦片从那里运到海边的阿里巴格湾（Alibag Creek），再从那里由小船转运到孟买的海船上。不过，在德干高原上进行的这种交易，比在拉贾斯坦和古吉拉特地区进行的交易影响要小得多。但是，这最后一条路线真正的意义在于，在前往中国的接力的最后一棒，使用了一座主要港口，即使那港口在英国人控制之下。

出　口

海岸地区的秘密团伙接手，将鸦片运往出口港口。这些秘密团伙中既有经营已久的印度商人，也有亚美尼亚人、葡萄牙人，甚至还有英国的私营公司，全都在钻英国人"垄断"的空子。小船——每条载员十人的"快递"（*patimar*）——从上文提及的例如坎贝湾的一些小居民点出发，沿西海岸行进，将鸦片运往坎贝湾另一侧的达曼（Daman）和策乌（Diu）等港口。

葡萄牙人控制的达曼，在孟买以北大约150英里处。在19世纪30年代英国开放孟买输出鸦片之前，达曼是最重要的鸦片输出港。甚至在此之前，鸦片就秘密地通过孟买出口，但直到其半合法化之后，孟买才能与达曼相抗衡。孟买尽管这时在英国人的控制之下（后来也经常被视为"印度的门户"），却是挑战英国东印度公司以孟加拉为中心的宏大的鸦片计划的一个关键因素。

尽管达曼堪与孟买匹敌，却并未与孟买为敌。一趟典型的远洋运输之旅很可能是在达曼装上鸦片，在孟买装上棉花，然后起航前往大商业中心澳门。葡萄牙人感觉到了通过印度西海岸较宽松的贸易可能性参与鸦片大买卖的机会。诸如罗杰·德·法里亚（Roger de Faria）和J. F. 佩雷拉（J. F. Pereira）等商人，都靠这种鸦片贸易发了大财。而这时的鸦片贸易，也许可称为双重的非法交易，因为在这样的早期阶段，鸦片是借助英国垄断走私者的渠道偷运出去的。也有英国私人公司与葡萄牙人联手运营，例如克劳福德公司的创始人，就曾担任1798年于达曼建造的佩雷拉公司的旗舰"安热莉卡号"（*Angelica*）的船长。

喝杯茶，反思反思

孟买和达曼桀骜不驯的鸦片贩子们，改变了原本可能通过怡和洋行的印度代理人、鸦片商塞特·詹姆塞吉·杰杰布伊（Seth

Jamsetji Jejeebhoy），而导向诸如怡和洋行之类的公司的鸦片供应。但是与马尔瓦的鸦片输出者们给英国人造成的恼怒相比，他们还是小巫见大巫了。马尔瓦的鸦片输出者们完全抵制和躲避英国人的渠道，因而刺穿了原本能给英国人带来巨大利润的垄断。这里的资本主义，无论是通过英国东印度公司的垄断还是自由贸易的新理念，都需要继续扩大并多样化，而不是缩小。只有通过在英国-中国方程式中添加新的要素，增长才能维系。这个要素就是茶（Camellia sinensis）。

英国政府这时严格地讲，还不是亚洲贸易亲力亲为的主宰，在1857年印度大暴动前，东印度公司仍然是主要的经济力量。英国政府是以宏观经济的眼光来看待亚洲贸易。中国有茶叶，而英国以鸦片贸易弥补了进口太多茶叶所造成的赤字。英国财政部依靠对茶叶的进口和销售课以极重的税，已经抵消了其茶叶开支。这时一个更加阴险狡诈的策略开始成形：假如英国能够在印度种出自己的茶叶，那么茶叶也许能和鸦片一起，为帝国赚出纯利润来。那就将使贸易的天平倾向于英国一边了。

尽管英国人喝了那么多杯茶，却根本不知道茶到底是什么，那么在这种情况下，怎样创造一个茶产业呢？当时英国人还以为红茶和绿茶是不同的品种呢，后来才肯定地证明红茶实际上是绿茶变色而来的，这就像中世纪的欧洲消耗了那么多肉豆蔻粉、肉豆蔻干皮和丁香，却根本没人知道这些香料是在哪里栽种的，又是怎样种植的一样。不过这回至少他们知道茶叶的大致产地了。对外部世界来说，中国这时还是一个隐秘、封闭的社会，去那里探索是危险的。第一次鸦片战争后，中国的大门对外国人稍许打开了一点儿，不过仍然只有勇敢的人才能从中得利。无论如何，到封闭的通商口岸外旅行，仍在很大程度上是禁止的，部分上恰恰是为了保守茶叶和丝绸生产的秘密。前往茶叶种植地区参观是被严厉禁止的，而城里的中国商人也远远不懂茶叶生产知识。

然而，富裕之乡的中国地方官们却志得意满、麻痹大意，不像意志坚定、野心勃勃的英国植物猎人和走私者。维多利亚时代的英国探险家是真心对知识感兴趣——尽管知识本身是更宏大的东方计划的一部分，他们也有植根于殖民主义的财产意识。

像邱园这样的地方，也许将其最博学的一些植物学家派到了世界上几乎没有被人探索过的地方，以扩大他们对生物圈的了解，但这也总是一项爱国任务。其中一位这样的爱国者就是福钧。他是一位富有奉献精神的种植者和学者，1848年时担任着伦敦的切尔西药材园（Chelsea Physic Garden）的园长，过着舒适、尽管不赚钱的生活。那么，他怎么给东印度公司帮起忙来？正如我们在本章开头所介绍的，他将中国的鸦片秘密地带给东印度公司，供他们检验。答案可能是，福钧渴望冒险，从而从他在伦敦简单的小资生活中解脱出来。实际上，他的冒险家气质几乎与他的科学家气质一样多。

福钧的首次茶叶走私任务

福钧1848年9月抵达上海时，已不是第一次来中国。他在东亚的首次科学或者说间谍之旅发生在1843—1847年，那次得到了英国皇家园艺学会（Royal Horticultural Society）的赞助。他回国后写了一部畅销书《在中国北方数省的三年游历》（*Three Years' Wandering in the Northern Provinces of China*）。这本书绝非干巴巴的科学说教，而是一部精彩纷呈的奇闻逸事荟萃。例如，书中描述了遭遇海盗的经历。然而，更重要的是，在这场大国角逐在植物分战场的博弈中，他也为他首次承担专门任务——充当产业间谍，参与鸦片和茶叶的缠斗——做了一些基础工作。在香港期间，他参观了该城秘密的鸦片交易街区，结识了一些殖民者，在不久的将来，他们将为他排忧解难。

福钧是个机会主义者。他似乎在第一次旅行时就感觉到他日后会有更大的收获，无论是为他自己还是为他的雇主。1848年1月时，从广州偷运出来的茶种（这跟福钧一点儿关系也没有）已经种植在喜马拉雅地区。产出的茶叶也已经在伦敦的东印度公司总部大楼得到了品尝，商界大鳄正热切地憧憬着印度茶叶的盈利前景。但印度早期的种植实际上多少有些缺陷：产出的茶叶没有中国茶的芳香，产量也不高。其实阿萨姆（Assam）地区的种茶人们更迷恋鸦片。然而在聚集在东印度公司总部的商人看来，移植一旦成功，利润滚滚的前景还是十拿九稳的。这情景令人联想起二百多年前，在阿姆斯特丹的荷兰东印度公司总部，香料移植的前景也曾让"赫伦十七"激动不已。

福钧担负着一项特殊的任务，他被派出是为了找到最优质的绿茶和红茶种子和植物，并偷运回国。对他来说，一个极具吸引力的动机是，偷运回其药材园的所有奇异或者新发现的耐寒植物品种，他都可以保留知识产权，至少是栽培变种权。为了走私植物，他装备得非常齐全。这次行动可要比把整齐装箱的鸦片运回困难得多。他随身带着沃德箱（Wardian Case）——一种密封的玻璃箱，其内部的水分循环可使植物免受粗心大意的水手的脏手的损害，却不妨碍园艺能手们作业。植物即使不能在这样的玻璃箱里存活数年，也能存活数月。

这是间谍行为，从福钧的化装就可明显地看出：他穿上了丝绸长袍，还在自己的头发中编进了一根辫子，这是满族人顺从的象征。他装扮成一名清朝官员，搭乘一条舢板旅行。中国的内陆河道这时是很危险的地方，到处是鸦片贩子和武器贩子，还有造反者和匪徒。福钧冒着极大的危险。一路上，他的向导王某说服了一连串的茶叶种植者和运输者，说福钧是位很有地位的商人，按中国人的话说，要给他些"面子"。他们一小伙人一路到了安徽的休宁县。福钧在那里的王某家的土地上采集了一些茶树幼苗和茶种。然后他顺流而下，历经好几个月到达了上海。他在那里又将茶树幼苗和茶种重新包装，然后转运到香港。

植物在沃德箱中显然很安全，看来一切都手拿把攥了。然而紧跟着就出了娄子。将植物运往印度的船偏航到了锡兰（Ceylon，今斯里兰卡）。最糟糕的是，很多箱子破裂了。几乎所有的茶树幼苗都死了，只有80颗种子活了下来——运输成功的希望似乎很渺茫。

福钧的第二次内陆之旅

福钧是个勇敢无畏的人，他的第二次尝试比第一次野心还要大。[3]这回他的目标是寻找传奇的武夷茶（Bohea tea）的源头。他知道这种茶在福建的武夷山区的某个地方种植。他来到了武夷镇，在当地展开了实地调查。他们一小伙人攀爬到山上的一座寺庙，在那里受到了盛情款待。然而作为回报的却是，福钧聚精会神地展开了无情的行业窃密工作。这个地区是寺庙掌管着茶叶生产的秘密，但僧人们不知道福钧的意图，或许也是因为他们没有任何保密的商业动机，总之他们把秘密向福钧和盘托出。福钧则辛勤地对茶叶生产的方方面面做了记录，包括雨水情况、土壤类型和田地规模，他还采摘并打包了一些珍贵的茶叶。通过他的助手王某和辛虎（Sing Hoo），他设法得到了中国茶农使用的所有器具的样品——桌子、锅、炉子、刮刀和其他专用的农具。

满载着知识和设备，福钧回到了上海，又在那里打探到更多的茶叶专业知识。他还不知用什么办法招募到一些茶专家，将他们带到印度监管茶树移植（按照天朝上国的移民观点，这实际上是人贩子行为）。现在还不确知福钧是怎样说服这些专家的，但据说是他借助同胞托马斯·比尔（Thomas Beale）的宝顺洋行（Dent and Beale）雇用的买办，从乡下招募了他们。他们设法得到了福钧去过的原产茶乡的六名专家，又得到了两名制作茶叶密封铅罐的专家。

长期以来，就有"苦力"——即契约劳工，实际上就是奴隶——被偷运到英国人在西印度群岛开设的甘蔗种植园，以及澳大利亚或加利福尼亚的金矿做苦工。他们有时甚至是被绑架去的。福钧带到印度大吉岭的茶叶专家，严格地说不是被强迫而去的——他们得到承诺，有一定的自由，东印度公司也要对他们承担一定的责任——但是合同中的限制性条款意味着他们比契约劳工也仅仅好一点儿。

福钧在这第二次旅行中，对一切都考虑得周到细致，唯独没考虑他的茶叶专家们的权利。他本人作为植物学家和走私者的才华，此次均得到彰显，堪称出类拔萃。在返程的船上，他不仅带了茶树幼苗，还在沃德箱中栽培了茶树种子，为它们创造了适宜的生态环境。他采取了一切预防措施，将数百颗茶种埋进了有桑树幼苗的土壤中——在中国严守其丝绸生产秘密的时期，桑树也曾是违禁品，但现在已不再是了——在其诸多欺骗行为中又增添了一种。丝绸在汉朝时也曾是中国严加看管的财宝，现在竟成了一种新的、价值更高的种子的保护壳。

1851年，它们全都被装上了"女王岛号"（*Island Queen*），使这条船既像是诺亚方舟，又像是满载赃物的维京海盗船。按照福钧的记载，途中共有12838颗种子发了芽，还有许多将在此后发芽。船货的目的地是加尔各答植物园（Calcutta Botanic Garden），但最终的目的地是喜马拉雅山脉南麓。

茶树幼苗和茶种一旦到了山中，前景就很乐观了，尤其是在中国专家的照料下。喜马拉雅山区的种植条件实在是太适宜茶树了，出乎意料的是，最早的那80颗种子也都发芽了。1860年，抗疟疾药奎宁的原料所出自的金鸡纳树，也在大吉岭的茶树旁开始种植了。福钧将邱园伦理付诸行动，尽管经历了无数困难，他通过走私，使英印帝国进入了一个新的盈利时代。

茶移植的效应

对英国来说，这番茶树走私成了爱国行为。毫不夸张地说，英国通过走私而移植了茶树的影响，全世界都感受到了。茶树随之移植到锡兰、缅甸和东非，成为这些殖民地的关键利益所在。喝红茶需要加糖，意味着西印度群岛的甘蔗种植园对大英帝国依然至关重要——而这些种植园这时经常是由中国苦力在劳作。帝国正直、诚实、上进的男男女女们——传教士、军人、公务员……还有走私者——到处都是人手一杯大吉岭茶。

福钧本人的人生道路后来脱离了东印度公司和大英帝国的使命。他于1858—1859年和1862年又到过两次中国（最后一次旅行还去了日本）。由于英国东印度公司在1857年印度大暴动后元气大伤，福钧失去了雇主，他这两次旅行中的第一次接受了美国政府的赞助。看来福钧不仅生长着疯狂的植物猎人的绿血管，绿血管中还流着走私者的血。他把茶树幼苗和种茶技术又传给了华盛顿，然而得到的回答却是：我们非常感谢你，但我们不再需要你的服务了（有点儿像新奥尔良战役后美国对拉斐特兄弟的态度）。不过美国人移植茶树的尝试实际上是失败了，部分上是因为日常开支太大，但也因为美国内战恰在这时发生了。

走私对国家发展一向是有用的，但最终又都会被弃之如敝屣。可以从另一个角度看这个问题，即使走私者在国家或跨国的实体内部，为实体牟利，或者与实体的生意在同一战线上，他们在某种程度上仍然总是外人。印度西海岸的鸦片贩子们与以孟加拉为基地的欧洲人和美洲人在广州共用一块飞地，但是作为马尔瓦交易的终点，他们实际上代表着该行业一种叛逆和反抗的要素。垄断的复杂性和脆弱性又一次暴露出来。走私的一个原理便是，你越是管制什么东西，什么东西就越可能被走私。所有的垄断都有一种固有的衰退性质，那就是，如果这种东西首先是能够制造出来的。中国无法守护住其生物财富，英国也无法控制其作物栽培。甚至在英国茶投入生产之后，马尔瓦仍在英国的控制范围之外。

第十二章

产业革命：奴隶、金鸡纳、橡胶和技术

在伊斯坦布尔，制造业的小部件散落到街头。这点在加拉太塔（Galata Tower）所在山下的店铺中非常引人注目。加拉太塔在贝伊奥卢（Beyoğlu）地区，俯瞰着被称为金角湾（Golden Horn）的那片海域。不远处，在加拉太桥的另一侧，埃米莫努（Emimönü）区的塔赫塔克尔（Tahtakale）市场中，也是同样的景象。"塔赫塔克尔"意为堡垒，在这座市场中心地带，保留着一个建于15世纪的庞大的土耳其浴室，覆盖了整个一片街区。自从土耳其浴室关闭后，这里曾用于不同的公共场所，比如美术展览，现在则主要展出机器零件。与贝伊奥卢不同的是，这里的机器零件大多是小型的工业走私品。走私对制造业的贡献，将是本章的话题。

如果你是用经济科学术语武装起来的人，你也许会把这种贡献分解为诸如"专业技术""劳动力""生产力""资源"等类型。但是除此之外，我还想通过走私对产业产生的强心剂般的作用，阐述每个事例对全球产生的重要影响，而使这些术语生动起来。我将借助四个发展事例。首先是美国产业革命及其非法起源。如果没有英国和美国之间的机器——以及同样重要的如何使用机器的知识——

的走私，美国的制造业就将因缺乏技术动力，而不可能发展得像刚刚独立时那样快。其次，走私被认为是产业增长的要素之一，用马克思主义者的话来说，剩余劳动力的供给，是靠非法贩卖奴隶劳工。有三个行业尤其在很大程度上是靠走私奴隶而建立并发展起来的——朗姆酒生产、纺织工业和造船业。再次，就生产力而言，有金鸡纳树走私的例子：疟疾曾横扫殖民地的管理者，极大地减少了殖民地本土劳动力，而奎宁（俗称金鸡纳霜）则在抗疟疾的战斗中发挥了巨大作用。最后，我将探究为19世纪末20世纪初的制造业提供了至关重要的资源的一种被秘密移植的植物——橡胶。

通过其他手段来加速产业进步，这一商业逻辑可能在很大程度上借鉴了走私使一国领先于其竞争对手的巧妙实践。也许这就是走私与国家创业最明显的相符之处，也是自由贸易将其理念同时借给两者的地方（就知识产权——思想——的普遍权利和制造业的资源而言，此处是相关的）。有时候这种跃进被辩解为责任，正如上述第三和第四个事例中的情况，大英帝国得到了加强；或者作为一种天定命运，如第一个事例，美国的现代化得以起步和扩展。但我们讨论的第二个事例，非法贩卖奴隶以作为实现利润最大化的手段，则无论从哪个角度看，都是没有辩解余地的。

非法的美国产业革命

谁能想得到，清教徒前辈移民开拓出的土地，竟会成为一个走私者的国家？也许那时候下断言还太早，这种不规矩的做事方式可以仅仅归因于所有革命都需要的叛逆精神，或者归因于既引发了独立战争，在战争期间也存在的生活必需品供应问题。无论如何，美国产业革命的成功很大程度上来源于走私。走私为其提供了机器技术，以及如何使用机器的知识。

乔治·华盛顿、托马斯·杰斐逊、本杰明·富兰克林和亚历山大·汉密尔顿（Alexander Hamilton），都是这一盗窃战略的核心人物。时任美国财政部长的汉密尔顿及其助手坦奇·考克斯（Tench Coxe）在费城坐镇，都是该计划的关键人物。具体推动现代化革命的，就是被堂而皇之地称为"促进制造业和实用技术学会"（Society for the Encouragement of Manufactures and the Useful Arts）的机构。此外，汉密尔顿还领导着一个叫作"建设实用制造业学会"（Society for the Establishment of Useful Manufactures）的组织。

他们所要逃避的，是一个由贸易保护主义者组成的英国政府，针对技术传播所实行的一系列贸易限制。1749年，丝绸和羊毛纺织工具被禁止出口；1774年，棉花和亚麻纺织机械也被禁止出口，相关的技术人员不准自由移民到殖民地。18世纪80年代，纺织印花机被禁止离开不列颠群岛，更不用说离开欧洲。1780—1824年，围绕知识传播发生的斗争达到了新的高度。

尽管有个酝酿阶段，但自1783年击败英国人后，美国的现代化进程就大张旗鼓地行动起来。此前多年，美洲人在加勒比地区和大西洋上进行的走私活动，都为殖民地的经济繁荣做出了贡献，也为时机来临时的产业投资准备了资本。某些走私品直接适合于这种制造业的潮流。例如，由荷兰人非法供给的铁、纸纱线和纺麻，都可用于工业。甚至在战争临近时，还有人在为创造一个自治的制造业基地而努力：18世纪70年代初，本杰明·富兰克林在前往英国时，还在努力招募技术工人，既是为殖民地，也是为革命（他成功地说服托马斯·潘恩放弃了在英国海关的工作，于1774年移民美洲）。

这种工业间谍角逐的早期代表人物之一是约瑟夫·黑格（Joseph Hague），他将一台梳棉机带回了费城。但是偷运一台机器的零件或者图纸，甚至走私整个一台机器是一回事儿，制造或操作一台机器却是另一回事儿。摩西·布朗（Moses Brown）是位反奴运动人士，也是贩奴者约翰·布朗（John Brown）的兄弟，他非法地进口机器，尽管他对那些机器是如何运转的一窍不通。

有些行动者很不出名，比如埃布尔·比尔（Abel Buell）是个被定过罪的造假币者，也是这些人中最成功的一位；托马斯·迪格斯（Thomas Digges）仅仅是因为乔治·华盛顿的最高指示才得以受雇的。正如历史上很多次发生过的情况一样，走私者与政治家达成了一笔务实的交易，导致了资源有效的重新分配和地缘政治力量的转移。

1792年在都柏林，迪格斯设法印刷了汉密尔顿所写的《制造业报告》(*Report on Manufactures*)，这实际上是一份招聘手册。他将这本小册子在都柏林和英格兰北方的工业城市都进行了散发。他说服了大约20名技工和机械师秘密移民，其中包括约克郡的一位名叫威廉·皮尔斯（William Pearce）的熟练机械师。皮尔斯此前和阿克赖特（Arkwright）一起工作，而阿克赖特则是好几种纺纱机的著名发明者。还有一位更重要的受聘者是塞缪尔·斯莱特（Samuel Slater）。他假扮成一名雇农，于1789年偷渡到美国。他后来被一些人称为"美国工业革命之父"。斯莱特查看了罗得岛州波塔基特城（Pawtucket）的布朗家族的机器。尽管他也无法让这些机器运转起来，但他在拆卸了这些机器之后，造出了自己的机器。他的兄弟约翰后来也来到美国，带来了更多的技术。塞缪尔建立了美国最早的一批纺织厂。

还有一名工业间谍是弗朗西斯·卡伯特·洛厄尔（Francis Cabot Lowell）。他于1811年游历了格拉斯哥和英国北方的其他工厂，带回了在一座屋顶下打造功能齐全的整体制造业的知识。他在离开英国时受到了调查，但他把理念和计划都记在了脑中，没有带任何笔记。他的波士顿制造公司（Boston Manufacturing Co.）于1813年在马萨诸塞州的沃尔瑟姆（Waltham）开始了最早的运营，1822年时，该城以他的名字命名。

除了这些高朋贵友之外，对于窃取知识产权，还有进一步的鼓励措施，只需拥有美国公民身份，就可以在美国享有专利权。你可以把偷盗来的发明在美国登记，因为国外的"所有者"无力阻拦。

美国的产业革命这时开足了马力，而英国在认识到禁止移民是徒劳之举之后，于1824年取消了禁令。一些机器这时甚至可以合法出口了，而另一些机器也只需"错贴"标签就变成合法的了。到1825年时，美国已经攫取了棉纺织业的所有大发明在制造和操作方面的大部分诀窍。这些发明都是英国在18世纪六七十年代取得的。英国最伟大革命的成果被偷了个干净！

非法的奴隶贸易和制造业

美国在两个层次上卷入奴隶贸易。它引进的奴隶，起初是从非洲贩卖到像古巴和巴西这种地方的黑人，后来它也直接从非洲买奴隶，加上在美国出生的奴隶，共同维护了棉花生产的兴旺。美国南方的棉花种植园经济无疑是建立在奴隶制基础上的，1820年所有的奴隶贸易都被禁止后，奴隶的供给则在很大程度上是靠走私维持的。

1787年，罗得岛成为美国第一个禁止奴隶贸易的州，但在此后很久，该州都仍然是贩奴的主要参与者。约翰·布朗（不要与美国内战前那位废奴主义英雄混淆）就是独立后时期主要的贩奴者之一，他无视废奴主义者的关注，尤其是废奴主义者中还有他的兄弟摩西。在18世纪就要结束时，罗得岛的奴隶贩子又扩大了其买卖，开辟了直接从非洲引进奴隶的通道，到19世纪前十年中晚期时，大多数奴隶都来自此通道。美国非法奴隶贸易扩大的同时，其他贩奴国家却都在退缩，尤其是英国。英国后来甚至把阻止其他国家贩奴当成了自己的生意。纽约的金融家和商人是贩奴的主要支持者。罗得岛输出奴隶的高潮年代是从1830年到内战时，甚至包括战争爆发后北方表面上将要废奴的那几年。这是因为棉花不仅对于南方，对于北方也是非常重要的。

美国南方出产的棉花，主要销往两个制造业兴盛的目的地：一是大规模输往英格兰北部——作为英国工业革命核心地带的工厂林立的兰开夏郡（Lancashire）；二是几乎同样重要的美国新英格兰地区，特别是马萨诸塞州，那里的布匹和服装工厂正在蓬勃发展。北方的工业某种程度上要依赖于北方人走私到南方的奴隶劳动力。

像贸易——无论是非法的还是合法的——经常发生的情况一样，围绕着主要的奴隶贸易发展起来的其他小工业，都是有利可图的。就美国奴隶贸易而言，除了棉花外，有两个制造业行业尤其得利。

朗姆酒是西非奴隶贸易中的一种通货，经常被作为换取奴隶的货品之一。这种酒本身就是一种双向走私的产物。在英国通过诸如1733年的《糖蜜法》（Molasses Act）等法规对糖蜜贸易加以限制后，感到无利可图的美国商人将糖蜜从西印度群岛走私而出，换取英国无法向那些群岛供应的替代走私品。于是糖蜜在罗得岛州，尤其是纽波特城（Newport），催生出一个朗姆酒酿制行业。向美国南方偷运奴隶的渠道，也因此与走私在北方催生的行业发生了关联。

后来，在美国革命之后，又有一项制造业因奴隶贸易而发达起来。巴尔的摩（Baltimore）快速帆船是非法贸易者所青睐的船只，这使得马里兰州的这座港口的造船业小小地红火了起来。美国船也是所有国家非法贩奴者都偏爱的运输工具，因为船上飘着美国国旗，就相当于在发出藐视英国的信号。美国是唯一敢与英国海军分庭抗礼的国家，而英国海军则担负着英国新近发现却非常热心地执行的在公海上拦截奴隶贸易的任务。只有美国建造的船能登记挂上美国国旗，所以美国船很抢手。

19世纪中叶时，英国政府凭借其海军实力，在制定贸易规则方面有着空前强大的发言权。甚至可以将英国政府视为全球海运的一种海关。那么，换个角度来看，英国政府为什么要将剥削世界各国的赃物视为自己的权利并付诸行动呢？这就要从接下来的植物走私故事说起了。

金鸡纳树走私计划，1859—1861年

威廉·杰克逊·胡克（William Jackson Hooker）成为1841年重组后的伦敦邱园的首任园长，他立刻着手建立了"经济植物博物馆"，这是一种帝国的苗圃。十年后，福钧偷窃中国茶的任务完成了。在这一成功的鼓舞下，邱园打算再做更多的秘密工作。该园与印度事务部（India Office，1857年印度兵变后东印度公司的后继者）达成了协议，这使之成为一股强劲的政治势力。取决于不同的观察角度，它可以说是一座丰富的科学宝库，也可以说是"新获"植物的调配室，其主顾主要是帝国尚不能盈利领域的种植园技师和企业主。它是植物走私者的参考依据，是国家对他们的鼓励，也往往是他们仅存的种子和样品的中转站。

盗窃金鸡纳树的主谋克莱门茨·马卡姆是一名退役的海军军官，当时在印度事务部担任低级文员。这次盗窃被冠冕堂皇地说成是拯

救濒危物种,但实际上全是为了与殖民地的疟疾做斗争,以提高作为制造业原材料的作物的产量。执行这次任务的人兵分三路,探索不同的地形,以调查金鸡纳的各个变种。每队人马获得的拨款为500英镑,要求在一年内完成任务。马卡姆是一位实地行动经验丰富的参与者。

马卡姆和邱园的园艺师约翰·威尔（John Weir）一起前往秘鲁南方的的喀喀湖（Lake Titicaca）以北的卡拉瓦亚省（Carabaya）去调查并获取黄树皮的金鸡纳树,一位侨居秘鲁的英国人普里切特（G. J. Pritchett）应召去秘鲁北方的森林里寻找灰树皮的金鸡纳树,而壮实植物的猎人理查德·斯普鲁斯（Richard Spruce）和罗伯特·克罗斯（Robert Cross）则被派去寻找红树皮的金鸡纳树。除了斯普鲁斯（十年前他曾在邱园受过训）外,所有人都在伦敦的大植物园接受了帝国探索、植物储存和走私方面的精细技术的培训。每个人肩负着走私任务出发时,都胸怀理直气壮的决心。

马卡姆的远征因为是寻找植物,所以冒着很大的风险。首先,他们在安第斯山区的小镇桑迪亚（Sandia）,因为公然盗窃植物而险些坐了牢。他们带着植物种子设法逃离了该地区——威尔充当假目标往北逃,而马卡姆则向西南方翻越了安第斯山脉逃到了海边。但此后他们又碰上了更大的麻烦,这回是被小港口伊斯莱（Islay）的海关官员拦住。然而,在给利马的财政部长行过贿后,一项禁止植物出口的总统令被取消了,海关官员被授予了必要的权限。种子很快就成功地运往了邱园。

与此同时,斯普鲁斯和克罗斯在厄瓜多尔境内钦博拉索山（Chimborazo）低坡上一个叫作利蒙（Limón）的又寒冷又潮湿的小地方会合了。尽管一路上也很辛苦,但至少没受到当地地头蛇们的阻挠,他们设法收集了超过10万颗种子,拖到河边,装上筏子,顺流而下到了瓜亚基尔，最终有637箱金鸡纳种子被发往邱园。1861年5月，厄瓜多尔禁止了金鸡纳出口，但已经太晚了。

在帝国各地的传播

所有三路货物的最终目的地都是印度南方的尼尔吉里丘陵（Nilgiri Hills），也有一些被送到了锡兰。普里切特搜集到的灰树皮金鸡纳的确也到了印度，但在厄瓜多尔和邱园的初步判断就是，该品种无法制成抗疟疾药，这一点在印度得到了证实。马卡姆的黄树皮金鸡纳也许在寒冷的山上生长茂盛，但在运往印度的途中，有一箱种子从船上掉入海中，然而祸不单行，还有许多幼苗在红海42℃的高温下枯萎了。在到达尼尔吉里后，那些存活下来的幼苗也显然无法恢复了。只剩下最后一线希望了——斯普鲁斯和克罗斯的红树皮金鸡纳。

这一路实际上一切顺利。到厄瓜多尔颁布出口禁令时，红树皮金鸡纳的幼苗已经成功地栽种在印度和锡兰了。1880年时，奎宁已投入工业生产，1865年查尔斯·莱杰（Charles Ledger）将更好的品种带到邱园后，产量还增大了。莱杰是个羊驼走私商，他也适时地将金鸡纳树带到了荷兰。疟疾作为一种可怕的热带发热病，就此得到了遏制。英国的种植园经济——印度的茶叶、靛蓝和黄麻，东非的咖啡和马来亚、锡兰的橡胶，现在都得到了更高效的管理和生产，因为以往多病的白人殖民者更加健康了，劳动力也更加强壮了。

至于走私者们，普里切特在官方的记载中很大程度上被忽略了；威尔病死了；克罗斯感染上了疟疾；斯普鲁斯在厄瓜多尔开办的银行倒闭后，他本人也破产了，随后又因为被延迟退休，他的健康也受到了极大损害。反之，马卡姆则就此青云直上，最高做到了英国皇家地理学会的会长；胡克则成为一个资金雄厚的植物走私大项目的创始人，该项目将继续为帝国制造业的扩张服务。

作为工业资源的橡胶

金鸡纳树的重新分布，是由邱园指挥的有组织的走私性远征的结果，像茶种走私的情况一样，就生产力而言是获利巨大的（茶需要开水冲泡，对于工厂工人来说是更安全的饮料，有助于预防霍乱和其他因水产生的疾病）。至于最适合于制造业的橡胶，能否控制关键的原材料对于产业来说是生死攸关的。实践证明，橡胶的移植可谓惊天妙计。

橡胶似乎一直吸引着帝国的建设者们。在普图马约河（Putumayo）流域（包括哥伦比亚的南部和秘鲁、厄瓜多尔北部的部分地区），有一块种植着橡胶的残酷的封建领地，依靠当地原住民被强迫和消耗很大的劳动来维持。约瑟夫·康拉德的朋友和在刚果旅行时的同伴罗杰·凯斯门特（Roger Casement），受英国议会委派去调查这一地区的暴虐行为。沃纳·赫尔佐格（Werner Herzog）的电影《陆上行舟》（*Fitzcarraldo*，1982）是根据橡胶大亨菲茨卡拉多（Fitzcarraldo）的生活拍摄的。菲茨卡拉多在秘鲁南部开辟了一片新的橡胶产地。电影中一个著名的片段（真实生活中也是如此——电影拍摄时没有采用特技）是，一艘江轮被拖着翻越了一座山，进入另一片水域，以使菲茨卡拉多能够避开一段激流，进入另外一大片橡胶树木。[1]但是行动失败了，船的系泊缆被当地土著砍断了，轮船坠入了激流。不过依靠轮船得到的赔偿，菲茨卡拉多又将轮船改造成一个漂浮的舞台，尽管他没能创造出乳胶从遥远的支流滚滚而来的又一个马瑙斯城（Manaus），他却通过模仿马瑙斯的文化而安慰了自己。

与橡胶开发故事有关的，还有另一个独狼式的人物，他的故事是一个地道的走私故事。这个橡胶故事的主人公或者说恶棍也是一个冒险家，是皮埃尔·普夫瓦尔和福钧的后继者，是又一个菲茨卡拉多——他就是亨利·威克姆（Henry Wickham）。

亨利·威克姆的橡胶奇幻历险

1869年1月，22岁的亨利·威克姆搭乘走私船，从特立尼达驶往奥里诺科河平原。他生于英国的汉普斯特德（Hampstead），父亲是位律师，母亲是位女帽销售商。很快，河口三角洲的咸水就拍打着他的船头了。威克姆对于拉丁美洲已经有一些经验了，此前他曾到过尼加拉瓜的蚊子海岸（Mosquito Coast），收集五颜六色的羽毛，卖回伦敦给制帽商装饰女帽。但是这桩买卖并不很成功，他仍在寻找其他可能的商机。他只有含糊的计划，但是随着船儿缓缓地滑过一个又一个沙嘴，只有受惊的涉禽的尖叫声偶尔才会打破单调的气氛，该是他好好考虑考虑未来的时候了。他此刻的心情，一定像是兰波迫近红海边的亚丁和吉布提时，恐惧夹杂着兴奋。最终，安戈斯图拉（Angostura）像海市蜃楼一般，突现在茫茫的草原上。

这座城市是西蒙·玻利瓦尔革命的策源地，鉴于其一定的名气，与兰波到达的那些尘土飞扬、凄凉破败的通商口岸相比，这里一定像是珠宝了。它能让人看到盈利的希望。就在群山的那边，便有黄金的传说，溯流而上进入内陆，茂盛的植物必有丰厚的回报。这是一座门户口岸，不仅通向奥里诺科的雨林，对于胆大的人来说，还能到亚马孙盆地。威克姆的希望是，这里稀奇古怪的商品可以利用筏子、木船和轮船，通过大河系统运输，再跨越大西洋，运到正方

亨利·威克姆,约1925年

兴未艾的西欧消费品市场。

正如乔·杰克逊(Joe Jackson)的书《世界尽头的小偷》(*The Thief at the End of the World*)中所描述的,威克姆打听了各种各样可能盈利的植物的来源。例如,他曾考虑过贩卖薰草豆,这是一种可以取代香子兰豆,使香皂、香水和香烟产生芳香的植物种子。也许是在他离开安戈斯图拉时,他才想到了橡胶。也许他曾在港口偶然看到过少量的橡胶。直到他历尽艰辛溯流而上,穿过了不能通航的迈普雷斯急流(Raudales de Maipures)的瀑布群,到了河流尽头的小镇阿塔瓦波河畔圣费尔南多(San Fernando de Atabapo),他才意识到商机。

但这并非他的突破之旅,这里的橡胶被证明质量不佳。此外,发烧和疲劳差点儿要了他的命。最终,在被他的工人和同伴们抛弃后,他放弃了自己的拓居点,越过内格罗河(Rio Negro),漂流穿过美洲大陆腹地,像众多先于他来过的人一样,沿亚马孙河又回到了他出发的地方。

然而,威克姆的精神没有垮。他在顺流而下前往大西洋的途中,路过了大城镇马瑙斯。那里因出产橡胶而富得令人难以置信,竟建有一座梦幻般的歌剧院,令威克姆惊叹不已。继续顺流而下,他在帕拉(Pará)地区的主要城市贝伦(Belém)结识了英国领事约翰·德拉蒙德-海(John Drummond-Hay)。德拉蒙德-海曾写过一篇关于橡胶生产的商机的论文。两人一见如故。威克姆为这位殖民地官员以天下为量的胸怀深深打动,为他对巴西橡胶产区文辞优美但非常务实的研究大为叹服。论文尤其关注深入内陆的圣塔伦(Santarém)地区,威克姆途经那里时,也感觉到巨大的商机。而德拉蒙德-海也视威克姆为可造之材,认为他的意志和见识将使他能够在丛林中建立起某种形式的橡胶种植园(而不仅仅是做买卖),并与英国已经在亚马孙河流域建立起来的船运业务挂起钩来。威克姆是德拉蒙德-海见到过的第一位真正割开过橡胶树皮取出过胶液的英国探险家,他是一位已经获得了长久经验的"橡胶采集者"(seringueiro,橡胶是以亚马孙丛林外的人不知道的方法从热带雨林中的树上采集的)。

也许就是在这些彬彬有礼的探讨交流中,一个更加大胆的计划——实际上是一次走私行动——开始在威克姆的头脑中孵化了。

是栽植生命还是走私冒险？

1872年，威克姆发表了他对这次旅行的记述《荒野之行漫记：经奥里诺科河、阿塔瓦波河和内格罗河急流，从特立尼达到巴西的帕拉》(*Rough Notes of a Journey Through the Wilderness from Trinidad to Para, Brazil, by Way of the Great Cataracts of the Orinoco, Atabagao and Rio Negro*)。德拉蒙德-海也将他的论文加入了该书中。当书出版时，亨利·威克姆已经回到了亚马孙河流域，这回带着他的妻子、母亲、弟弟、妹妹和妹夫，还有各种各样的英国劳工。他打算过种植和采集橡胶的生活。他们在亚马孙河支流塔帕若斯河（Rio Tapajos）畔一个叫皮奎亚图巴（Piquiá-tuba）的地方安顿下来。塔帕若斯河在圣塔伦汇入亚马孙河，皮奎亚图巴距圣塔伦骑马有一两天的路程。

威克姆正在劳作时，听到了他的书在伦敦出版的消息，他的野心又膨胀了起来。他继续在为成为种植园主而努力，但也开始考虑与邱园既有益也盈利的植物采集项目合作。邱园这时已把注意力转移到橡胶上。威克姆给皇家植物园的新园长约瑟夫·胡克写了信，约瑟夫是已于1865年去世的威廉·胡克的儿子。胡克起初没有回信，但在读了威克姆的书，看到他对橡胶树（就连邱园自己的人斯普鲁斯都无法提供）令人信服的描述后，他从威克姆身上看出了德拉蒙德-海早就看出的潜质——这是一个身在一线的有用的人。克莱门茨·马卡姆又一次介入了。他通过领事联系上了威克姆，要求他采购橡胶种子并运送至邱园。橡胶的非法移植现在成了一项必须完成的任务。

威克姆的走私任务

威克姆并不是第一个将橡胶种子从亚马孙地区偷运出去的人。1873年，查尔斯·法里斯（Charles Farris）就将2000颗橡胶种子塞进了两条美洲鳄的腹中，从卡梅塔（Cametá，在贝伦以南约60英里处）走私到了伦敦。这些种子一到，立刻被马卡姆的橡胶顾问、化学家詹姆斯·科林斯（James Collins）买下。科林斯曾写过大量的文章，论述英国启动橡胶工业的必要性，指出硫化（一种在此前三十年前发明的提炼橡胶以供多种用途的技术）的橡胶对于许多机器设备和日用品——从枪炮到汽车，从靴子到雨衣——都是必不可少的。这些种子中的一部分栽植在邱园，但是都死了。另一部分送到了曾接受过福钧从中国偷来的茶的加尔各答皇家植物园，但也无一成活。

这时印度事务部以每1000颗10英镑的价格，向威克姆订购10000颗以上种子，尽管他们并没有对他寄予太多的信任，尤其是在他延误收集种子一季之后。但威克姆仍然抱着做一名成功的种植园主的希望，甚至在印度事务部和邱园派出罗伯特·克罗斯来负责移植行动后，他仍然自行做出了走私的决定。

1876年2月，威克姆来到塔帕若斯河地区收集种子。他先从博因（Boim）的商行里买下种子，当时博因在商业上同圣塔伦的地位同样重要，然后他到海拔比该城还要高的高原丛林中一个叫作阿古梅塔（Agumaita）的小村附近亲自采集了种子。他从黑皮橡胶树上收割了数以千计的种子，黑皮橡胶树比红皮橡胶树和白皮橡胶树的产量都要高得多。他将种子晒干后，装进篮子和板条箱中运往博因，一路上小心翼翼地避免湿气和种子排油出现条痕，这两种情况都会导致种子过早发芽或腐烂。威克姆发现自己有大约一吨的生物物质需要运输——总共70000多颗裹在香蕉叶中装进许多柳条箱中的橡胶种子。现在他必须考虑怎样才能把它们运回英国了。

这就是一个走私者天生的禀赋显现的地方。至少对威克姆来说，运气相当好，一条英国小轮船"亚马孙号"（*Amazonas*）的货物被盗了。由于没钱买橡胶，眼看着它就要空船返回利物浦了。威克姆恰好在这时候出现了，来为他的货物包租货舱。这条船跟着他，沿塔帕若斯河来到博因，悄悄地装上了数量惊人的货物，省却了在圣塔伦租船的麻烦。在那个繁忙的港口，会被盘问很多问题的。

威克姆和他的妻子维奥莱特（Violet）带着一名收养的男孩，亲自押运。在出海之前，现在只有一个障碍需要克服了——下游800公里处贝伦的海关。为科学目的船运植物样本并不违法，但是为了整个产业而移植，肯定是违法的，尤其是人们对金鸡纳树被盗之事还记忆犹新。威克姆和"亚马孙号"的船长乔治·默里（George Murray）决定，与其否认船上载有任何植物，不如鼓起勇气坚称货物必须严格密封，因为里面是非常娇贵的科学样品。这样说既隐藏了货物，也解释了为什么不在贝伦装载新的商品。威克姆在海关结识的新任英国领事托马斯·希普顿·格林（Thomas Shipton Green），也支持了这种说法。

沿亚马孙河顺流而下的走私旅程，也许有很大的修饰和夸张，使之听上去像是《丁丁历险记》的故事一般。这无疑是秘密行动，但恐怕并没有那么戏剧性。威克姆声称他们在上游遇到了一艘巴西军舰，曾面对巨大的危险。此外还有一个故事广为流传，在贝伦递交了结关申请后，为了更加保险，威克姆还使了个瞒天过海之计，亲自登门拜访了当地州长，对满座的高朋绘声绘色地讲述着上游的故事，与此同时他的船则悄悄地驶进了河口。[2]这时他偷偷地离席而去，跳上岸边的一条船，摆渡到"亚马孙号"上扬长而去。令人心酸的是，大约十五年后，兰波也是搭乘一条名叫"亚马孙号"（*L'Amazone*）的船离开了非洲，当时他已是一个疲惫不堪、奄奄一息之人。与之相反的是，1876年的亨利·威克姆则是意气风发，前途一片光明。到了海上，所有的舱门都打开了，橡胶种子为大英帝国最后的辉煌阶段发出了新芽，在精心培育之下一路到达了邱园。

全球影响

70000颗种子中只有2000颗发了芽，但这已经足够了。当这些种子移植到新加坡、马来亚、缅甸和锡兰后，亚马孙地区由橡胶所带来的繁荣不可避免地走到了穷途末路。假如邱园没有听罗伯特·克罗斯的馊主意，把种子栽种在河漫滩上，而是接受威克姆的主张，栽种在更高、更干燥的高原上，东方橡胶帝国的崛起和西方橡胶帝国的灭亡还会来得更快些。克罗斯质量低劣的种子就采自河漫滩，而威克姆则是在高原上发现自己的种子的。

1913年，当英国设在东南亚的高产种植园出产的橡胶如潮水般涌入世界市场后，亚马孙河流域的橡胶产业在一年之内就垮台了。这也引发了当时已成为世界上最大的工业化国家的美国的不满。能够及时供应的橡胶对于后者至关重要，于是1928年，也就是亨利·威克姆去世的那一年，美国发动了夺回橡胶产业控制权的攻势，亨利·福特在圣塔伦附近建立了他自己的橡胶产业城市——福特兰迪亚（Fordlandia）。

亚马孙的橡胶产业后来受到叶疫病菌（*Dothidella ulei*）的感染，出现了大面积枯萎。这种寄生真菌对种植园破坏尤其严重，对在丛林中散种的橡胶树危害倒不是很大（散种是威克姆在亚马孙历险的时代典型的做法）。不过英国的新橡胶产业却完善了种植园技术，避免了这一灾害，使该病害仅局限于亚马孙地区。这种病害侵袭的是橡胶树，而不是种子，威克姆只走私了后者。但福特兰迪亚就没那么幸运了。

我们是应当将威克姆视为一个走私者呢，还是一个一时充满了帝国狂热的种植园主，如同吉卜林式的人物？杰克逊在《世界尽头的小偷》一书中，在深入探究了当时人们的心态后，做出了如下判断：这两种身份并不互斥。按照"当代的定义"，威克姆和他的妻子都是走私者，不过他们是在为献身于帝国事业的更大的走私者效劳。[3]

今天的走私和制造业

走私作为制造工序中的一个要素，一直蓬勃发展着进入了20世纪。在"冷战"时期，被戏称为"协和斯基"（Concordski）、注定劫数难逃的苏联"图–144"型客机1973年在巴黎航展上坠毁。人们普遍认为其设计得到了从法国宇航公司（Aérospatiale）窃取的图纸的助益，后者是一家为西方研制超音速客机的公司。20世纪最成功的武器之一卡拉什尼科夫AK-47突击步枪也遭到了来自全球的仿制和走私，既有官方的，也有非官方的。当然，更危险的还有制造核武器能力的窃取。

亨利·威克姆是头未打烙印的野牛，不属于任何组织，但得到了他的国家的合作。上述的许多事例，可以说程度或大或小，但性质都是相同的——都是沿着较正规的渠道发展的非正规的主动的走私行动。伊凯贾电脑村（Ikeja Computer Village）是尼日利亚旧都拉各斯(Lagos)郊外一个巨大的非正规电子市场。这里的多家公司起初都是在街头叫卖非法获得的商品的小贩,做大之后就成了合法的企业。记者罗伯特·纽沃思(Robert Neuwirth)在其《国家的秘密行动》(*Stealth of Nations*)一书中,举了脑力集成系统公司(Brain Integrated System)的例子。该公司起家时只是个路边摊,现在却是家建立了自己的计算机系统的大运营商。它仍然以市场为本,从这个意义上讲仍然是非正规的,但它现在已是微软的合作伙伴了。[4]在一个被跨国企业主宰的世界,这样的非正规发展道路仍然是有生存空间的。

也有个人从工厂里向外而不是向内走私的行动。英国多塞特郡的城市普尔(Poole),有一家豪华游艇制造公司圣汐克(Sunseeker)。1998—2005年的七年时间里,该公司的一名工人一直在从工厂里偷零件,打算给自己造一条豪华游艇。[5]他也许听过约翰尼·卡什(Johnny Cash)的歌《一次一件》(*One Piece at a Time*),讲述了底特律一名受压迫的汽车厂工人,每天下班时都从通用汽车公司(General Motors)的工厂里偷取零件。他一件一件地偷,最终在家里组装出一台崭新的卡迪拉克汽车。某种意义上这是又一个菲茨卡拉多式的神话———一辆汽车被走私,翻越分水岭以建设另一个世界,但无疑这种行动最终的结局可能都是毁灭,只在文化上留下些许痕迹。

哪里有制造业,哪里就既有正规的也有非正规的办事方式。伊斯坦布尔的塔赫塔克尔市场和拉各斯的伊凯贾一样,都是合法和非法融于一体,美国现代化和英国重新分布生物财富以维持帝国的道路也是如此。窃取植物和知识产权,经常是国家或帝国建设计划的一部分,是利用走私来系统性地重新调整和组合世界的进程的延续，这一进程始于普夫瓦尔，或许还要早得多，始于丝绸之路上那位瞒天过海的公主。

　　本章列举的事例说明，我们今天所看到的行业间谍和走私类型，都有长远的历史渊源。无疑，现代的其他走私行为历史上也都有预演，例如海洛因和可卡因交易就与向中国输入鸦片如出一辙。但是，这些例证最具说服力的是，要承认如下原则：任何事物，所有事物，都可以被走私，也将会被走私。

下 篇

一个走私的世界

第十三章
走私文化：劫掠珍宝

19世纪六七十年代是个充满活力的时期，事物、人和思想都开始瞬息万变，流动不息。世界显得更广阔了，但也感觉更小了：苏伊士运河于1869年开通；同一年，美国联合太平洋铁路（Union Pacific Railroad）从东，中央太平洋铁路（Central Pacific Railroad）从西，在犹他州会合，完成了世界上首条横跨大陆的交通线。美国内战的产业性质推动了而不是毁灭了交通基础设施。1872年，乔瓦尼·巴蒂斯塔·皮雷利（Giovanni Battista Pirelli）在米兰开办了他的橡胶工厂，托马斯·库克（Thomas Cook）则进行了首次环球旅行，翌年出版了他对此的记述《海上和异邦信札：环球旅行记》（*Letter from the Sea and from Foreign Lands, Descriptive of a Tour Round the World*）。1873年，儒勒·凡尔纳的小说《八十天环游地球》问世，讲述了费雷亚斯·福格（Phileas Fogg）试图在规定时间内环游全球，智胜伦敦改革俱乐部里坐而论道的绅士们的故事。文物和文化思潮在全球传播，也变得更容易、更快捷了。1863年对美术界是重要的一年，法国举行的"落选者沙龙"（Salon des refusés）颠覆了绘画传统，不仅挑战了现实主义绘画，而且融入了东方的风格和时尚。你也许会想，这是一种巧妙和有益的借鉴，既文雅又富有启迪性，但正如政治人物们（在惊愕过后）所说的，只有新的工业能量加快了思想和潮流的传播后，这种现象才成为可能的。然而这一时期对于其他一些借鉴和流通也是重要的，尤其是劫掠和走私其他国家文物这两种孪生的卑劣行径。

当美洲专注于在大陆各处转移战时违禁品时，旧世界觊觎遥远的异邦文化的恶习又复萌了，其高潮（也是最卑鄙的时刻）是英国的额尔金勋爵在该世纪的第一个十年，巧取豪夺了古希腊帕台农神庙的大理石。1860年，北京城外的皇帝夏宫圆明园又遭到了其子第八代额尔金伯爵的抢劫和焚烧。那是在第二次鸦片战争结束时，英国人和法国人一起干的。

就在虚构的费雷亚斯·福格的壮举发生的那年，另一位富有的绅士旅行家据说是跨越了土耳其边境进入了希腊。这点有些令人怀疑，但他的确是靠做进出口买卖发的财。他走私黄金，把它们藏在谷仓、马厩或者农家庭院里，直到他能成功地把它们运回柏林时。他的名字叫海因里希·谢里曼（Heinrich Schliemann），是一位既肯花钱又热情高涨的业余考古学家。1873年4月，他在土耳其境内安纳托利亚高原西北部城市希沙立克（Hissarlik）海边的一座山丘下，发现了特洛伊古城，此前人们普遍认为该城是神话虚构的。对他来说更重要的是，他还发现了大量财宝。他以为这就是特洛伊城的财宝，但这点上他错了，正如后来的调查所证实的，这并不是普里阿摩斯（Priam）国王的金子，实际上属于普里阿摩斯之前大约一千二百年。不过，不管这笔财宝是不是普里阿摩斯的，谢里曼竭尽全力地躲开了土耳其和希腊的海关官员，把它们运走了。1881年，他把财宝献给了德国政府，目前藏于柏林民族学博物馆（Museum für Völkerkunde）。

也许谢里曼的这一胆大包天的文化移植，是堪与彻底地改变了世界经济和政治版图的香料、茶、金鸡纳和橡胶走私相提并论的技术走私。人们在为这些行为进行辩护时，说法无疑都大致相同。许多都被辩解为只不过是传播和散布上帝赠给全人类的礼物，或者是分配广泛地属于更现代化、更四海一家的世界的东西（这种观点一直持续到今天，说希腊的古代遗址是世界遗产，古希腊人并不是现代的希腊人）。还有人声称这些东西是"不属于任何人的财产"（res nullius）。与当今人们的一些看法相反的是，当年这些收买者并没有被指责为不尊重国家财产、原产地或文化背景。经常还有人提倡人们可自由使用"世界遗产"的原则；有时候，这种观点还得到另一种说法的支持，如在金鸡纳和额尔金大理石等事例中，便有人声称，那些欺骗者是在挽救某种事物免于灭绝，是在造福于人类。不管这些说法是对是错，这些有争议的行为实际上的结果都是，从世界上的某一部分拆除，到其他地方重新组装起来。

当然，有些走私是纯粹的抢劫和盗窃，即使走私来的物品展示在欧洲或北美富丽堂皇的文化圣殿里，可能会诱使人们想，它们好歹是待在正确的地方了，它们几乎一向是我们发达世界文明的一部分了。这种主张占有权（反对主张原产地权）的力量是不可低估的。对于文物储藏在富裕国家的博物馆和私人收藏室的现实的和象征性的重要影响，我稍后还将论述，不过首先让我先讲讲另一个问题：这些文物走私者的形象这些年来是怎样改变的？大量的灰尘会使劫掠和走私艺术和考古文物的人手变脏，但在盗墓者、实地走私者、富裕的私人收藏家或者肆无忌惮的大博物馆收购官员之间，还有各种各样的方式把你的手弄脏。

走私考古宝物

如今走私的文物要到达博物馆或收藏室，往往要经过长长的链条。比如西潘王（Moche Lord of Sipán）墓内的黄金，从1987年在秘鲁北方被当地盗墓贼发现，到出现在国际文物市场上，中间经过了四五个人之手——都是很有权势的交易商。情况并非一向如此。以前走私界不仅有一些"有教养"的人打算干脏活，而且他们往往是极巧妙的高手。

1923年，后来在戴高乐总统任内担任过文化部长的法国作家安德烈·马尔罗（André Malraux），偕妻子克拉拉（Clara）乘船来到印度支那，当时他脑子里考虑的绝不仅仅是文学研究方面的事情：他还有另外的文化日程。在抵达西贡后不久，这对夫妇又借道河内前往柬埔寨。他们的目标是年久失修、被人遗忘、在丛林里濒于毁灭的高棉古庙班达斯雷（Banteai Srey）。他们打算在那里将美丽的石刻浅浮雕撬下，通过牛车和江轮偷运出丛林，然后走私出去。他们被逮捕了。马尔罗受到了审判，但是克拉拉被释放回家后，召集了诸如安德烈·布勒东（André Breton）、安德烈·纪德（André Gide）、马克斯·雅各布（Max Jacob）和伽利玛（Gallimard）兄弟等文化名人为他做品德信誉见证人，结果马尔罗只被判了一年缓刑。

然而，安德烈和克拉拉并没有被吓倒，1931年他们在沿丝绸之路旅行时，又在阿富汗的塔什库尔干（Tashkurghan）地区弄到了一批古希腊风格的陶佛头像。他们设法将这些佛像偷运过开伯尔山口（Khyber Pass），经陆路到达拉合尔（Lahore），最终到达孟买，从那里装船运往法国。马尔罗的出版商伽利玛兄弟，在他们公司总部的美术馆展出了这些佛头像，吸引了人们对亚历山大大帝将希腊文化逆流向东方传播的兴趣。

收藏家显然是形形色色的。其中一个著名人物就是那位大理石审美家。额尔金勋爵于1801年开始从帕台农神庙拆除石雕饰带和墙面雕塑。1809年时这些大理石雕塑就都在伦敦了，尽管其中的一部分是从12英寻深的海底打捞上来的，1802年，载运它们的船曾在基西拉岛（Cythera）海域沉没。此举首开了露天开采其他民族文化宝藏的疯狂先例。1811年，身为画家并且是非常活跃的大旅行家的查尔斯·科克雷尔（Charles Cockerell）发掘了希腊埃伊纳岛（Aegina）的大理石像，现在它们全在慕尼黑的古代雕塑展览馆（Glyptothek）里了。他还移走了希腊巴赛的阿波罗神庙（Temple of Apollo at Bassae）里的浮雕，浮雕现藏于大英博物馆。自额尔金大理石后，又不断有雕像被拆除并成功地运出希腊，这给该地招来了更多的抢劫者，这股浪潮越涨越高，直到最终出了谢里曼，无疑也刺激了世界各地其他高雅的收藏家，并且激励了像马尔罗这样后来的冒险家和财富追求者。这种劫掠当然都披着责任的面纱，通常都打着学术的旗号，往往也有外交介入，而等在道路尽头的，或者是博物馆，或者是富裕的私人主顾。

约翰·劳埃德·斯蒂芬斯（John Lloyd Stephens）是位令人景仰的美国外交官、探险家和玛雅文化学者。1839—1840年，他在危地马拉、洪都拉斯和墨西哥伐倒了成片的丛林，展示出玛雅文化的辉煌，其中很多都被他的英国旅伴、画家弗雷德里克·卡瑟伍德（Frederick Catherwood）精彩地描绘下来。斯蒂芬斯在其广为人赞的《中美洲、恰帕斯和尤卡坦纪闻》（*Incidents of Travel in Central America, Chiapas and Yucatán*）一书中对此做了记述，他也普遍被认为是一位文化保护者。然而就连斯蒂芬斯，也曾考虑过把洪都拉斯宏伟的科潘（Copán）遗址的大部拆除，运回美国。此后又一位外交官兼考古学家爱德华·赫伯特·汤普森（Edward Herbert Thompson），循着斯蒂芬斯的足迹，并在其启发下，买下了尤卡坦半岛上奇琴伊察（Chichén Itzá）的玛雅遗址所在的地块。他在其他发掘之外，还在1904—1910年抽干了圣井（Sacred Cenote）遗址巨大的自然井中的水。颇具争议的是，他将遗址中的许多珍宝转移到了哈佛大学的皮博迪博物馆（Peabody Museum）。这是一个反复出现的主题：一年后的1911年，海勒姆·宾厄姆（Hiram Bingham）又在秘鲁的马丘比丘（Machu Picchu）发现了雄伟的脊顶印加遗址，运走了数千件文物给他的东家耶鲁大学。直到最近，耶鲁大学才同意将这些文物归还给秘鲁。[1]

新近的文物转运，从本质上讲，也可能更模糊也可能更清楚，都是犯罪。隐蔽的走私——是目前针对考古发现物出口的法律趋紧的反映——对于获取想要的东西经常是必要的。这种走私绝不仅仅是在异国他乡投机的、浅薄的冒险的副产品，毋宁说是一个完整的供应和需求体系的一部分。

中东地区对盗墓贼、走私者和收藏家来说，仍然是一片沃土。20世纪90年代时，一名英国文物修复者乔纳森·托克利–帕里（Jonathan Tokeley-Parry）干起了走私，通过改变埃及文物的外观来欺骗海关。他最胆大妄为的一次改头换面是，在法老阿蒙霍特普三世（Amenhotep Ⅲ）的雕刻头像上敷上塑料的假皮肤，再在上面涂上看上去很现代的明艳色彩，使之像是一件廉价的礼品。2001年，伊朗东南部的吉罗夫特（Jiroft）发现了公元前4000年的遗址。这回的盗墓是有组织、有秩序的。每个家族都有密谋，而警方直到一年后才进行了干涉，这时大部分文物都已经走私出境了。2003年萨达姆·侯赛因倒台后，同样的事情也发生在伊拉克南部的伊新（Isin）。在绝大多数案例中，处于这些文物传播链条最中心环节的是些什么人，我们不得而知；实际上大多数珍宝最终去了哪里，我们也不得而知。但是对西潘王墓出土的黄金物件的走私情况的调查，揭露了一些中间人——携带这些物件的白领走私者。

记者罗杰·阿特伍德（Roger Atwood）在其《偷窃历史》(*Stealing History*)一书中，追溯了秘鲁北方小镇兰巴耶克（Lambayeque）附近的莫奇遗址的失窃文物几条已知的行踪。该遗址在受到警方和考古学家保护前，大量的珍宝已经落入旁边村庄里的盗墓贼之手。其中一条这样的渠道是由一名收藏家兼经销商戴维·斯韦特纳姆（David Swetnam）和一名前外交官弗雷德·德鲁（Fred Drew）策划的。[2]他们起初安排飞机机组成员携带少量走私文物。走私纺织品比较容易，纺织品也的确在X光检测下现身了，但南美机场的海关官员也受了贿。运往美国的秘鲁失窃文物一般要经由智利转运，运往欧洲的则要经由厄瓜多尔。但是德鲁和斯韦特纳姆却选择玻利维亚作为中转站，因为那里的海关管制尤其松弛。文物由陆路偷运到首都拉巴斯（La Paz），其中一些陶瓷物件采用了与托克利-帕里很相似的伪装办法，这回还增加了泥制的底座，刻上了*hecho en Bolivia*（玻利维亚制造）的字样。然后这些走私品被空运到温哥华机场，在越境前往加利福尼亚州之前，这里相对容易进入。后来，这条路走不通了后，他们又将文物发往伦敦，由一个潦倒邋遢的英国经销商迈克尔·凯利（Michael Kelly）接收。凯利通常住在圣巴巴拉（Santa Barbara），为一家"艺术品储藏"公司工作。如果受到盘问，凯利将回答说他父亲曾于20世纪20年代到南美游历，是他收集了这些文物。这些货物在从伦敦运往洛杉矶时，是用英国报纸包裹的，至少有一批货裹在凯利父亲的旧雨衣中。经此渠道到达的第一批货物是陶瓷制品和纺织品，继而到达的是西潘的文物，所有货物所填的清单都是"私人物品"。很可能凯利根本就不知道，人家付他那点儿小钱,是要让他走私20世纪晚期世界上最伟大的考古发现的一部分。

事情败露后,凯利成了告发者,他感觉自己受了斯韦特纳姆和出钱雇他的富有收藏家兼鉴定家本·约翰逊(Ben Johnson)的利用。只有斯韦特纳姆承担了刑责,然而就连他都设法索回了自己被海关扣押的几乎所有收藏品。据说斯韦特纳姆甚至付给了其律师一个金制的美洲豹头。[3]

文物走私链条的中间环节,很大程度上都是白领的事情。在利马,有中间人、收藏者和走私者的阶层划分,但顶端的经销商,是些像恩里科·波利(Enrico Poli)和劳尔·阿佩斯特吉亚(Raúl Apesteguía)那样的人物,他们形成了寡头集团。这些人都是有教养、受尊敬的社会成员,尽管可能有前科(例如,阿佩斯特吉亚就曾卷入过1968年的一桩文物走私案,那批文物在正要偷运出利马机场时被抓住了)。[4]在西潘案件中,外交介入也很明显——外交豁免权经常使得使馆官员成为走私案的嫌疑人。巴拿马驻纽约总领事弗朗西斯科·伊格莱西亚斯(Francisco Iglesias)就因走私一件莫奇墓出土的华丽金器而被捕。

市场,法律义务

秘鲁荒凉的海岸腹地,星星点点地散布着盗墓贼挖的洞。盗墓起初就像是一项国民运动,夜猫子们狂热地参与,但是后来变得越来越职业化了,即使可盗之物也越来越少。哥伦比亚昔日也曾经历过类似的个人盗墓狂潮,也与更大的市场有关。波哥大的国家博物馆(Museo Nacional)内有很多展览,其中也有古往今来的土著文化的手工制品。在离它不远的地方,有一座展览类似展品的商业展览馆——卡诺艺术馆（Galeria Cano）。制作该城著名的黄金博物馆（Gold Museum）中收藏的金雕小偶像的复制品的业务，现在已是一项国际性生意。黄金博物馆中的收藏，有些本身就是卡诺家族捐赠的。卡诺家族经营文物，始于四代之前内梅西奥·卡诺（Nemecio Cano）盗了安蒂奥基亚省（Antioquia）的一座墓。从来没有任何人质疑过这是犯罪行为，卡诺艺术馆也为其家族的遗产感到骄傲。印第安纳·琼斯电影中的盗墓景象看来绝非夸张。

曼谷湄南河（Chao Phraya）畔的河城商厦（River City）里展示着很多高棉艺术品的古董店，恐怕不能自夸有此传统。香港荷李活道（Hollywood Road）上代销中国艺术品，尤其是汉唐时代的雕塑和陶瓷。全世界这一产业一年的产值，即使不以10亿计，也得以亿计。这个产业是讲求实际的经销商在为诸如巴黎、纽约和芝加哥等地时尚的西方市场服务，其中一些顾客既不关心他们想要的雕刻品的出处，也不在乎他们的索求会引发的破坏。

柬埔寨重要文化遗址吴哥窟（Angkor Wat）的雕像，大部分都被抢劫者"斩了首"。破坏大多是在红色高棉革命前发生的。有时候走私之前亵渎神灵的行为是私人代理人干的，但在马尔罗的时代，也是法国占领当局大规模地推行的。后者根本不认为那是犯罪，尽管他们也曾拿未来的法国文化部长惩一儆百。

盗墓文化，尽管在南美和亚洲有可能在直接供给某些"可敬的"专卖店和收藏家，但仍然远离北美和欧洲有声望的文物收藏公共机构和私人收藏家。不过，公共博物馆、拍卖行和收藏家与走私集团一向都有秘密的联系。

在北美，甚至很大的博物馆有时候都会感到尴尬。在20世纪60年代被掠走的吕底亚国王克罗伊索斯（Croesus）的财宝于1993年归还土耳其，引起巨大反响后，就在最近几十年里，要求索回文物的行动取得了很大进展。多年来，纽约的大都会艺术博物馆一直被要求归还1980年左右从西西里的默干提纳（Morgantina）窃走的稀有的罗马银器。最终，这批银器于2010年被送回。另一个极具争议的问题是被称为"疲惫的赫拉克勒斯"（Weary Heracles）的罗马雕像，其上半身直到2011年藏于波士顿美术馆（Museum of Fine Arts），而下半身始终在土耳其安塔利亚博物馆（Antalya Museum）的底座上。美国很多博物馆里都有遭到声索的玛雅文字刻件和雕像，包括丹佛艺术博物馆（Denver Art Museum）、沃思堡（Fort Worth）的金贝尔艺术博物馆（Kimbell Art Museum）、芝加哥艺术学院（Art Institute of Chicago）、克利夫兰艺术博物馆（Cleveland Museum of Art）、波士顿美术馆……名单还有很长很长。

公共收藏机构的管理者们的问题在于，就做生意的本质而言，他们的联系人在这个行业内必然是黑白通吃的人物。也许其中的一些供货人花在黑道方面的时间稍多了些，即使他们在艺术界和文物界是以一副可敬的面目出现的。有一个这样的人物，就是纽约的古董经销商迈克尔·沃德（Michael Ward）。他曾被迫将一批几乎肯定是走私的迈锡尼金器交给"希腊之友"（Friends of Greece）组织，对方承诺将会返还希腊。然而沃德还是设法留下了12.5万美元，作为减税的回扣。[5]此事之所以成为丑闻，是因为他还担任着美国文化遗产顾问委员会（Cultural Property Advisory Committee）的委员，该委员会的职责是就古董市场的不端行为为政府出谋划策。

在有些地方，文物盗抢和走私可以免于刑罚；而在另一些地方，则会被追究刑责，那样下场就可能很惨。例如，交易走私的文物在中国香港是被宽容的，但在中国内地，盗抢文物者则有可能被判处死刑。在"盗抢—收集—交易—运输—展览"古董文物的链条上，你所处的空间位置和等级，会影响人们对你的犯罪行为的看法。大致来说，第二次世界大战后人们的态度发生了普遍变化，大规模地盗抢文物自此被视为侵略行为，但这并没有妨碍走私贸易，对盗墓文化也鲜有影响。盗墓有时被视为不过就是更刺激的金属探测游戏。直到最近，盗墓仍被认为是赚些急需的外快的一种办法，挖掘的是"属于人民的"文物。顺便说一句，这与一些大收藏家使用的是同样的逻辑，只不过大收藏家们将"人民"改成了"人类"。

在国际层面上通过了大量法律，旨在阻遏走私贸易。联合国教科文组织于1970年通过的《关于禁止和防止非法进出口文化财产和非法转让其所有权的方法的公约》（简称"1970年公约"），针对的是签约国的市场。该公约促成美国和其他国家达成了一系列双边协议，包括加拿大，但欧洲国家却不大热心，直到1997年法国才成为批准该公约的第一个欧洲国家。一些签约国的惰性，以及公约有所偏向的性质，造成了这项立法的另一个更根本的弱点。问题是，在1970年以前运离原所在地或已进入国际市场的任何文物，都是豁免的。而且公约如欲在任何单一国家执行，该国还必须有次一级的国家立法。美国虽然没有相关立法，但建立了一些监管机构，如"美国（后改称国家）古代、东方和原始艺术经销商协会"［American（later National）Association of Dealers in Ancient, Oriental and Primitive Art］。但这只是一个为预防国会变得太热衷于打官司，为保护市场自由而虚设的一个游说团体。该团体当然没有道德立场，至少其成员之一——协会理事长弗雷德里克·舒尔茨（Frederick Schultz）——于2002年因参与走私和贩卖埃及文物而被判有罪。

转移文物——有时候，比如大英博物馆里的帕台农神庙雕带和三角楣饰，或者柏林的帕加马祭坛（Pergamon altar），完全是异地重建——其合法与非法的界限，仍然是令人困惑和极具争议的。就权利和归还本国而言，立法普遍被认为是不足的。此外，如果单纯从犯罪的角度来看待针对文物的走私文化，一般都会专注于其纯粹的利润动机，从而忽视了其对社会的严重危害。

偏执与威望：走私艺术真实的和象征性的影响

为什么我们如此热衷于展示其他人的文化呢？艺术品和文物是怎样在某种程度上塑造我们的身份认同，构建我们的社会和文化的，即使这些艺术品和文物既不是我们创造的，也不是我们附近的某个地方出产的？

我们在谈及走私时，很难做到中立和无感情色彩，无论是否沉溺于渲染其浪漫性和犯罪行为，都会引发一定的兴奋。由于这样的神话化，走私艺术品并不比走私枪支或鸦片更无害。实际上，就吸引眼球而言，很值得将走私艺术品与走私鸦片相比较。

在萨克斯·儒默（Sax Rohmer）的小说《毒品》（*Dope*，1919）中，鸦片是导致了一个英国好女人堕落的毒药。在故事的结尾，一位足智多谋的伦敦侦探战胜了狡猾的东方人，而东方人的固定模式就是异端的、邪恶的。然而，这种偏执还在继续发展，甚至在这一时期，还出现了"黄祸"这种极端种族主义的言论。这不仅仅是心理上的恐惧，其效果也是对自我形象的投射。它试图通过指出英国人没有一些丑恶习性，比如鬼鬼祟祟、阴险恶毒和闲散浪荡等，将英国人的特性定义为正直和高雅。然而也有一种痴念，就像儒默所说的："谁控制了'交通'，谁就控制了埃尔多拉多（El Dorado）——黄金城。埃尔多拉多不像传说中的马诺阿（Manoa），它是实际存在的，并且为胆大包天的冒险家们生产财富。"这种痴念再汇入些许偏执。就像儒默笔下那神秘的"交通"的掌控者，那些掌控着文化遗产流通的人，也在发挥着某种力量。高等文化的目标不仅是要给我们带来物质财富,而且在此之上,还有带来巨大的象征性资本,所以有很强烈的动机要保持文物源源不断而来,不论采取什么手段。

走私在实质上改变了社会,这种观点是本书的主要思路之一。一些走私的物品也获得了某种神圣的光环:香料、烟草和茶不仅创造了在社会的血管中流动的财富,而且给人带来了地位和威望,并且激发着人的想象力。漫步在像大英博物馆这样的地方,我们会为眼前的珍宝而惊叹,但是随后也许会思忖起它们背后的所有故事:它们从哪里来?又是怎样来到了这里的?或许还会进一步问道——我们拥有了它们,是否算是幸运?这些问题也同样适用于流通中的走私品。事实上,正是从西班牙帝国国库中流出的银子创造了第一个世界经济体系,影响了所有人。然而,与此同时,想象一下西班牙古银币"值八个"攥在德雷克或霍金斯手里,又会勾起人们另外的遐想,似乎是一片更为浪漫的天地。

声望可以从神话中获得,但通过获取走私品,还有其他道路通向自尊。利用走私品的一种方式是告别旧世界,阐释或发展一个新社会。布宜诺斯艾利斯可能会认为,在其银光闪闪的走私年代,它就在这样做。当宗主国西班牙似乎要转身离去时,这座城市本可能彻底垮掉,但其社会结构却因走私而发展了起来,其制度也全依赖于走私。走私还开启了新风尚,并给整个社会带来了新机会,尤其是对自我和社会身份的表达。我们看到一种走私风尚怎样降临了18世纪波旁时代的秘鲁:一种东方主义和崇拜法国的风尚。中国的丝绸、缎子和饰带经菲律宾来到利马,一同而来的还有法国卡尔卡松(Carcassonne)的潮流服饰。大部分都是非法获得的,但人们却泰然自若地穿戴起来。这座城市变得时髦、颓废和招摇:一种超出必要的奢侈优雅地展现出来,与16世纪末17世纪初伊斯帕尼奥拉岛的北班达海岸和圭亚那的蛮荒海岸上疯狂的走私城镇殊为不同。那些地方深受官方商品短缺之苦，只能靠引进走私品来救济，而不是增补。

这一切似乎都是无害的，而且在许多情况下甚至是非常必要的。但是，时尚领域的走私并非总是无恶意的奢侈或者纯粹的必需，通常要有害得多。从19世纪战火肆虐的中国流出的玉器，以及新近从非洲流出的象牙和钻石，还有从中国西藏流出的藏羚羊绒，都是走私的奢侈品，证明增添了文化光环的买卖仍然可能被血玷污。但是，这无疑并没有妨碍这些奢侈品被改造成发达国家渴求的必需品。通常，这仅仅是为炫富而进行的消费，但即使是在不可能炫耀的情况下，仅仅是占有并收进自己箱子里的欲望，有时也足以成为收藏家非法引进文化物品的动机。

哥伦比亚可卡因走私大鳄巴勃罗·埃斯科瓦尔的情况可能就是这样。他是个复杂的人物。在某些方面，他也许想成为另一个人——现代的太阳王路易十四——然而就连他，也只能通过炫耀财富来在一定程度上过过干瘾，因此他的私人收藏也在不断增长。他很有名的一件事是走私大象和犀牛到哥伦比亚，养在他的大牧场那不勒斯庄园（Hacienda Nápoles）的动物园里。[7]他买毕加索和达利的画作，也买哥伦比亚头号画家费尔南多·波特罗（Fernando Botero）的画作。[8]他在麦德林贩毒集团（Medellín Cartel）的伙伴菲德尔·卡斯塔尼奥（Fidel Castaño），是准军事部队头目、偶尔也贩贩毒的卡洛斯·卡斯塔尼奥（Carlos Castaño）的兄弟。菲德尔·卡斯塔尼奥也是个文质彬彬的收藏家，甚至显得比埃斯科瓦尔还高雅，他有时买艺术品来洗贩毒赚来的黑钱。

展出走私的艺术品和考古文物，即使是通过形象越来越可敬的商人洗钱而得来的，也变得越来越困难。但这并没有拦住一些博物馆馆长：从买主那里借来的西潘文物，居然在走私者交货几周后，就将在像圣巴巴拉艺术博物馆（Santa Barbara Museum of Art）这样的地方展出。令人纠结的是，这些文物从法律意义上讲争议较大，但它们的确光彩炫目，能为博物馆吸引来大量观众。在这些文物来到的新家，有让它们展出的强烈呼声和压力，它们的重新安置也产生了一种得体感，超越了对其本身的占有和其经济价值。

以有争议的手段获得的文物，除了会给它们的原产地带来损失感，通常也会对它们的新环境产生影响。这些文物总会引发强烈反响，特别是当它们光彩夺目地展出的时候，就像额尔金大理石所遇到的情况。它们能提高展出者的身份。为英国、法国、德国和北美永久收藏的古希腊和罗马的雕塑和建筑残骸，为其通常以新古典主义风格建造的国家博物馆增添了声望，使人们产生一种这些地方是文明社会的概念。因此，每一件走私的艺术品都不仅仅是一件珍宝。超越其浪漫性，它们几乎都具有万物有灵论的品质（每件艺术品都在"讲述"或包含着一个故事），它们是文化资本。

一般来说，今天公然在意识形态上展示文化优越性，既不能不被自身接受，也不很容易实现。然而，就在不久之前，在某些地区，这种盗抢、走私和展览艺术品和文物的链条，还是一种国家政策问题。

苏联的战利品部队

对于"二战"中在德国和东欧胜利推进的苏联军队来说，抢掠就是公平游戏，战争中一向如此。不过这回的不同之处在于，抢掠是由高层人士组织的，他们的口味要高雅得多。

苏联的战利品部队是在"二战"快要结束时建立起来的，明确的目的就是要大量运走德国的文化财富。他们处于战役行动的先锋，具体负责查封博物馆和私人收藏品，将艺术品和文物登记、装箱，然后运往莫斯科和列宁格勒。他们抢来的大部分瑰宝都储藏在这两座城市，不过也有一些不大重要的宝物送到了遥远的省份，比如土库曼斯坦和塔吉克斯坦的一些地方。

这支部队由艺术史专家、博物馆馆长和学者组成，任务是寻找任何可以称为"文物"的东西——画作和雕塑，当然还有可以拆除的建筑，但也包括古币、勋章、中世纪的地图、纺织品、家具、陶器和古代手稿——毫不夸张地说，他们共搜罗了数以百万计这样的物品。康斯坦丁·阿金沙（Konstantin Akinsha）和格里戈里·科兹洛夫（Grigorii Kozlov）在他们合著的《盗来的宝物》（*Stolen Treasure*，1995）一书中，称之为"战利品十字军行动"。从其他方面看，这一行动的执行过程更像是一次调查：一旦启动并运行起来，大量的宝物就被送回了莫斯科，运输之妥当、归档之廉洁，事事处处都受到了斯大林的反腐警察细致而周密的严格检查。参与者包括后来在赫鲁晓夫时代担任过克格勃首脑的伊万·谢罗夫（Ivan Serov）将军和斯大林的私人秘书亚历山大·波斯克列贝舍夫（Alexander Poskrebishev）。

希特勒据说曾利用贝德克尔（Baedeker）旅行指南（著名的国际旅行指南，最早于19世纪由德国出版商贝德克尔推出）来策划对英国城市进行毁灭性空袭，重点轰炸"三星级"文化景点密集的城市，比如巴斯和埃克塞特，战利品部队与之相反，利用旅游指南来"挽救"艺术。他们编写的旅行指南也作为宣传工具：布雷斯劳［Breslau，即今波兰城市弗罗茨瓦夫（Wrocław）］在一部这样的出版物中被描述为古老的斯拉夫城市，而不是像戈培尔的宣传部宣称的那样是德国城市。该城是直到中世纪时才被德国人吞并的，因此按照这本书的说法，其文化基本上是苏联的。

苏联文化部竭力为这种有计划的掠夺行为辩护，还用上了"遣返"这种理由。他们甚至使用这个术语，声称他们是在使这些艺术品流浪了几个世纪后"物归原主"。例如，任何与斯拉夫、中亚或高加索有关的东西，都被径直认定为回家。还有一种说法是，获取这些艺术品是为了弥补德国先前的抢掠：俄国的文化遗址也受到了纳粹的洗劫，包括圣彼得堡叶卡捷琳娜女皇的宫殿——美不胜收的琥珀宫（Amber room）和同城的彼得夏宫（Peterhof Palace），以及莫斯科的博物馆。然而，在非正式的战争赔偿之外，他们又从德国的博物馆中抢走了许多非洲、南美、印度和东亚的艺术品，以及大量文艺复兴时期的作品，如拉斐尔的画作《西斯廷圣母》(*Sistine Madonna*)，运进苏联的宝库，那么，上述说法就很难成立了。在这些辩护理由的背后，这在很大程度上不过是又一次通过侵占文物建立声望的行动，只是规模十分巨大。这是一种积聚文化力量、积累文化资本的实践。在冷战的背景下，它将被视为试图使苏联的博物馆堪与卢浮宫、大英博物馆和大都会艺术博物馆相媲美。

你也许会说，这分明是公然的抢劫，算不上走私，但是从一开始人们就怀疑，在这场大抢劫行动中，也有个人偷偷地走私。人们很容易评价说，这只不过是个人抵抗大实体（国家），也许有点儿像西潘的盗墓贼和那附近的兰巴耶克考古博物馆之间的关系。博物馆正式收藏了那些考古发现，却冷落了当地人。更具讽刺意味的是，你也可能认为这是私人的贪心与公众的声望的对抗。但是苏联战利品部队这件事情，恐怕比这复杂得多。一方面，他们是在同一背景下上演了这场个人（或集体）的走私大戏，另一方面，他们对五花八门的走私品却有不同的兴趣。并不是所有人都会在意一幅被忽视了的文艺复兴时期的画作，不过有些人显然会：当六个"合法"战利品的箱子到达莫斯科的普希金美术馆（Pushkin Museum of Fine Arts）时，在其中发现了一些未登记造册的黄金物件，还有一幅马奈为罗西塔·莫里（Rosita Mauri）画的肖像。这些艺术品和文物是在国家视线之外的走私品吗？它们原本的目的地又是哪里呢？

这个战利品部队的行动并不是严格意义上的走私，尽管也遮遮掩掩，但他们官方支持的色彩太重了，因而不能确切地说成是走私。在这些战利品交接时，也有大量的走私品进入了流通，其文化意义常常是非常出人意料的。还有另一种走私品，或者说是文化资本，国家认为对老百姓是危险的：这使他们有了了解西方消费者之奢侈的可能性。

首当其冲的是收音机。在一次行动中，在西里西亚（Silesia）的格莱维茨［Gleiwitz，今波兰格利维策（Gliwice）］一家酒店的地下室里发现了数百台收音机。当战利品部队将这些奢侈品带回苏联后，很多人被指控在黑市上出售它们。收音机和其他物品经常被藏进装着艺术品的箱子里夹带。此外，在从德国运回抢来的艺术品的铁路货车上，也发现了西方奢侈品。例如，在从德累斯顿运回文物的火车上，陪伴着帕加马祭坛和拉斐尔的《西斯廷圣母》的，除了德律风根（Telefunken）收音机外，还有一辆小轮摩托车。在这些火车上，还有一些不那么高雅的掠夺品，包括自行车、大衣和乐器。几乎所有的战利品部队都被指责有走私行为。飞行员用炸弹舱夹带各种东西。据说有一名年轻飞行员，临时替代喝醉了酒的老飞行员执行任务，他不知道炸弹舱里装着什么，于是打开了舱门进行测试，结果瓷器、皮衣、照相机、打字机和画作像雨点般落在了一个在文化上毫不起眼的德国小镇上。9

这并非只是一个贫穷的个人仿效国家榜样的问题，一些上层阶级的人似乎也禁不起诱惑，败在悄悄地私吞一小块或者一大笔的机会下。苏联胜利的伟大英雄朱可夫元帅的家里，就被发现装饰有很多偷来的珍宝——后来有大约2000件东西被没收。但是通常最受诱惑的，还是一线的地面人员，或者如下事例中的空中人员。1945年7月，由第五突击集团军所属战利品部队的库拉科夫斯基（Kulakovsky）少校从柏林派出的一架飞机，被发现除了载有奉命运送的黄金和其他珍宝外，还携带了许多装满了纺织品、鞋子和雨衣的板条箱。[10]

这架飞机载运的黄金，就是谢里曼的宝物。1945年，特洛伊宝藏被俄国人从蒂尔加藤动物园（Tiergarten Zoo）旁严密设防的高射炮塔（*Flakturm*）中运走，在这次走私之旅的最后阶段，装上了一架苏联飞机。多年来，俄国人都否认他们抢走了这批宝物，然而，即使其他大多数掠夺都不算走私的话，这一次却千真万确地可以说是属于走私文化。

贵族审美家、业余考古学家、作家、盗墓贼、白领毒贩子、外交官、苏联文化人——全都被一根链条串联了起来，链条的另一端是收藏家和博物馆馆长，以及——最终的——文化资本的新家。许多这样的事情即使不是不可能，也不像是没有掺入走私行为，而这种走私行为经常还得到了国家的支持。苏联的战利品部队在第二次世界大战即将结束时，将抢劫提升到一个新的高度。纳粹分子别无选择，只得抛弃他们的文化宝库。当他们的珍宝源源不断地被运往东方时，他们不得不开始考虑如何拯救他们自己：他们逃往了西方，而且对他们来说，唯一的选择也只有走私。

第十四章
"要人逃离":第三帝国将自己走私到阿根廷

"要人逃离"(Bonzenflucht),大致的意思是老板或大人物逃跑了,特指1945年第三帝国开始土崩瓦解时发生的情况。许多纳粹分子都向南翻越比利牛斯山,逃往法西斯统治的西班牙。那些大山很不寻常,它们在法国和西班牙两国之间的整条边界上形成了一道简直密不透风的天然屏障。直到20世纪晚期,那些主要的山谷,例如数千年来都是趾高气扬的侵略者首选的龙塞斯瓦列斯山口(Roncesvalle),都很容易把守,但是邻近的小路,却是山羊、狼、熊和走私者的通道。

伊斯佩吉(Ispegui)山口一向是巴斯克走私者最喜爱的过境点之一,那里狭窄而陡峭的山路,像是从幽暗的灰色花岗岩中蚀刻出来的一样。距此不远处,海滨的圣让德吕兹(St-Jean-de-Luz)旁的山村萨尔(Sare)附近,是另一个过境点,是转移被击落的盟军飞机飞行员的首选通道。这条道路沿着地势较低的尼韦勒河谷(Nivelle valley)延伸,公然从设在尼韦勒河畔的圣佩(St-Pée-sur-Nivelle)的盖世太保总部眼皮下经过。过了萨尔后,茂密的比利牛斯森林为到山口的一路提供了掩蔽,而众所周知,山口是由一帮无精打采的奥地利士兵把守的。在讲到所谓的纳粹"绳梯"（Ratline）及其国际分支之前，咱们先看看飞行员的生命线。

彗星行动

巴斯克人对"彗星行动"（Operation Comet）是不可或缺的。"彗星行动"始于1941年，又叫"生产线"（La Ligne）。它实际上是一条逃亡路线，被击落的飞行员经常通过这条路线被送到布鲁塞尔，再从那里坐火车一直到海边的圣让（St-Jean）。他们由女人来护送，女人会装作不认识他们，但在需要时施以援手。到达圣让车站后，最后一步通常是在一个靠外的月台上溜进男厕所，那里会有另一扇门通到街上。

不过这当然不是这场大戏的最后一幕，因为他们还必须跨越国界。他们将在一些老练的巴斯克走私者的指导下勇敢地行动。比如弗洛伦蒂诺·戈伊科切亚（Florentino Goikoetxea），他也许是比利牛斯山脉最著名的"人贩子"了。他亲手负责过227名机组人员的越境行动。通常，他们会从埃斯库尔杜纳宾馆（Hotel Eskualduna）或附近的远洋宾馆（Ocean Hotel）出发。两座宾馆都在历史悠久、宁静且具有强烈自豪感的渔镇圣让。当夜幕完全降临后，他们将在一片漆黑中翻越一座叫作霍尔多卡加涅（Xoldocagagna）的小山。这是穿越比利牛斯山脉的最后的紧要关头，在到达大西洋海岸前，他们必须挺过这气喘吁吁、精疲力竭的一段旅程。通常他们会在山中的一座农场稍作休息，准备天亮后的最后征程。最后，他们乘电车从小镇伦特里亚（Rentería）前往圣塞巴斯蒂安（San Sebastián），一路上他们得胆战心惊地装出巴斯克人的样子。从那里再到毕尔巴鄂（Bilbao），相对要容易多了。在毕尔巴鄂的英国领事馆，他们将被合法地安排经直布罗陀海峡或里斯本返回英国。

"生产线"的幕后策划者是比利时人安德烈·德容（Andrée de Jongh）和法国人阿诺德·德佩（Arnold Deppé）。德佩战前居住在圣让，与那里的走私者有联系。他们所做的，就是接入现成的走私渠道，只不过是将走私品从消费品变成了被击落的飞行员。这并不是小打小闹的事情，参与行动的特工人员大约有1700人，总共将700名左右盟军飞行员转运到西班牙。实际上，巴斯克人实在是神通广大，他们有时候甚至还帮助德军逃兵穿越边境。

F路线

在比利牛斯山脉的东端，"人贩子"也同样活跃。这里偷运的人员中有遭到迫害的知识分子。这条路线是美国人瓦里安·弗莱（Varian Fry）建立起来的，被称为"F路线"，是以一对姓菲特寇（Fittko）的夫妇汉斯（Hans）和丽莎（Lisa）命名的。他们是主要的一线行动人员。弗莱是一位纽约作家和记者，曾在纳粹德国和维希法国生活过，德语和法语都很流畅，于是受到美国"紧急救援委员会"（Emergency Rescue Committee）的招募，帮助艺术家、作家、前政治人物和工会领袖们逃往地中海海滨西班牙波尔特沃（Portbou）附近的边境，在那里把他们交给走私者。事情并不总是顺利。丽莎第一次秘密越境，带领的就是作家和学者瓦尔特·本雅明（Walter Benjamin）。此事已经众所周知，最终结局很悲惨。本雅明在边境被扣留，服用过量的吗啡自杀了。许多人在到达边境前或在边境地带，都做出了与他同样的选择，因为大多数走这条路线的人都随身带着足量的吗啡。尽管有这次失败，菲特寇夫妇还是被弗莱招募，运作继著名的秘密越境通道"利斯特路线"（Lister

Route）之后建立的"F路线"。利斯特路线是以西班牙内战时期一位著名的共和党将军命名的，他像汉尼拔一样，在紧要关头率领他的部队跨过了边境。F路线作为逃亡路线是成功的，弗莱一鼓作气地运行了十三个月，直到他被驱逐出境。

"要人逃离"：纳粹分子的逃亡

再回到比利牛斯山脉的大西洋一端，"人口走私"一直持续到战争结束。德容和德佩的"彗星行动"的最后阶段，是偷运一份名单上要抓捕的盖世太保，在战争临近结束时，他们自己也准备逃往西班牙了。

一些基础工作早就在做了。在马德里，霍歇尔餐厅是许多新近逃离轴心国占领区的人的聚会场所，他们正在寻找下一步逃亡的秘密通道。这家餐厅是由柏林的餐饮商奥托·霍歇尔（Otto Horcher）于1943年开办的，店内装饰着德国的家具和银器。戈林和希姆莱都是这家企业柏林分部的合伙人。还有一位坚毅的中年老处女克拉丽塔·施陶费尔（Clarita Stauffer），在西班牙首都她的长枪党（Falangist）办公室里运作着另一条逃亡路线。

比利牛斯山脉大西洋一侧的边境，并不完全是巴斯克人的天下。纳粹党卫军上尉瓦尔特·库奇曼（Walter Kutschmann）曾经是可可·香奈儿（Coco Chanel）的情人，他曾驻扎在边境地区的昂代（Hendaye），组织了向西班牙逃亡的行动。法国解放时，他一度成为交战各方"不受欢迎的人"。他没有前往东线报到应遣，而是逃往了西班牙，于是提前使用了后来更有组织的逃亡路线。他的行动是极其秘密的间谍行为，当然也是投机性的。他被先前的上司指控偷了昂代海关的钱，但他仍继续在边境一带活动。

他在与纳粹闹翻后，更多是化装成走私者而不是警察。后来他在马德里的圣衣会（Carmelite）修道院避难，1948年他冒用了一个修士的身份逃到了阿根廷。

另一个轴心

法西斯分子逃亡南美洲的"绳梯"是令人惊叹、令人感兴趣的，在地理上也是分布广泛的，这就是本章的主线。

1944年12月在比利时的阿登森林进行的突出部战役结束后，第三帝国便大势已去了。"替代措施"（Ausweichmassnahmen）行动被提上了日程，这是纳粹分子用来称呼"撤退"的暗号，实际上意味着该是逃跑的时候了。但是往哪儿逃呢？在苏联与盟国达成雅尔塔协议后，要藏在大多数人当中，或至少混入移民和被拘捕的人当中。

弗雷德里克·福赛斯（Frederick Forsyth）的小说《敖德萨档案》（The Odessa File，1972）生动地描写了一条诡计多端的纳粹分子逃往南美洲的路线。这条路线长存于公众的想象中，这部小说则是阴谋理论和惊险"虚构"的结合。"敖德萨"变成了纳粹分子逃亡的同义词，不过可能根本不存在这样一个组织，而且这个德涅斯特河畔的黑海港口也从来不是纳粹分子的出逃点，尽管在战前和新近，它都拥有走私的名声。然而，马德里、伯尔尼、斯德哥尔摩、热那亚和罗马，才是这个耸人听闻的故事的关键点。

阿根廷记者乌基·戈尼（Uki Goñi）在《真正的敖德萨》（The Real Odessa）一书中，对这一野心勃勃的"人口走私"行动做了极具权威性的描述。他不仅概述了逃亡者的绝境，也描绘了他们持续的希望。这么多法西斯分子逃到了一个国家，意味着战犯之间松散的联系凝聚了起来，无论怎样徒劳，他们还都维系着一种幻想，会有一场由德国人领导的第三次世界大战，这次一定要铲除共产主义、灭绝犹太种族。"要人逃离"行动的急先锋之一是党卫军军官弗里德里希·劳赫（Friedrich Rauch），当苏军和盟军逼近德国首都时，是他组织了将纳粹黄金从柏林运往巴伐利亚的行动。"疏散"财宝的意图是资助纳粹的抵抗，促成另一场战争，建立第四帝国。劳赫本人后来也逃到了阿根廷。

克罗地亚法西斯分子也是这个故事的中心人物。他们也为秘密撤退做了一些准备，甚至在战前就动手了。安特·帕韦利奇（Ante Pavelic）是他们的最高领袖，也是公开的恐怖组织乌斯塔什（Ustashi）的头目。乌斯塔什是在克罗地亚负责"最终解决"的团伙。引人注目的是，这个团伙实在是太极端了，就连纳粹都要求将其削弱。这促使乌斯塔什早早就与阿根廷的庇隆（Perón）上校建立了联系，探寻该组织建立逃亡路线的可能性。1943年，他们购买了60本阿根廷护照，也将一部分资金转移到阿根廷。当时庇隆在向他的轴心国盟友提供阿根廷护照方面非常慷慨，因为他要依靠纳粹在南美的情报来选择在邻国玻利维亚发动政变的最佳时机。帕韦利奇的助手之一克鲁诺斯拉夫·德拉加诺维奇（Krunoslav Draganovic）牧师随后被派往梵蒂冈，试探教廷是否有可能帮助将天主教法西斯分子偷运到庇隆的新天主教民族主义的怀抱中。

"真正的敖德萨"行动的资金来源，大部分还不清楚，不过1945年4月22日党卫军袭击了柏林的德国国家银行（Reichsbank）总部，抢走了大量宝石、有价证券和现金，其中相当大一部分据说都保留在传奇性的党卫军特种部队首领奥托·斯科尔兹内（Otto Skorzeny）上校手中。1943年从意大利阿布鲁齐（Abruzzi）地区的山中囚禁地解救墨索里尼的奇袭行动，就是由斯科尔兹内指挥的。[1]

1950年时，他在马德里过着舒舒服服的生活，但是人们猜测他已将他抢来的赃物中的很大一部分，用在了建设向南美和中东逃跑的路线上。逃亡行动是由他被称为"蜘蛛"（Die Spinne）的邪恶网络组织的。[2]后来又有价值4亿美元的债券从同一家中央银行消失了，它们也被走私到国外。例如，1969年其中的270万英镑出现在纽约。具有讽刺意味的是，由于它们最早来自于法西斯分子，很可能是从东德走私出来，用以资助苏联在美国展开的间谍活动的。[3]1998年又有一部分从中美洲浮出水面。其余的多年来在欧洲各地得到兑现。

为什么阿根廷如此乐于帮助法西斯分子呢？和克罗地亚有天主教方面的联系，这会起一定的作用，然而纳粹分子却是无神论者。有一个答案是，德国的技术人才，尤其是飞机技师，对庇隆很有吸引力。庇隆有野心在阿根廷建设强大的航空航天工业，并且在南美洲民用和军用航空领域都建立霸权。此外，阿根廷移民局长圣迭戈·佩拉尔塔（Santiago Peralta）是一名持反犹主义观点的人类学家。由于他的优生观念，阿根廷与德国的亲密关系中还有一种更为邪恶的种族主义维度。佩拉尔塔主张的种族仿效式的移民政策，促成了一些由国家支持的行动。

然而，潜在的德国-阿根廷联盟的这些蜜月计划并不仅仅取决于这种扭曲的种族仇恨：有法西斯倾向的国家和亲法西斯的阿根廷之间的文化外交早就有一定的历史了。阿根廷与欧洲受法西斯主义控制的那些部分之间一定程度的相互同情，从比利时法西斯分子皮埃尔·达耶（Pierre Daye）的积极性上就可豹窥一斑。达耶首次访问布宜诺斯艾利斯是在1925年，因其作为军人、记者、外交家、旅行家、学者、小说家和游记作家的业绩，他受到了极大的景仰。他温文尔雅的风度令阿根廷社会的亲欧分子深为倾倒。他的影响力来自于他认识希特勒、赫斯、里宾特洛甫、教皇庇护七世、伊朗国王礼萨·巴列维、佛朗哥将军和比利时国王利奥波德三世。在比利时，他和亲纳粹的保皇党关系时断时续，1943年时，他被任命为比利时体育大臣。那年年初他访问了梵蒂冈，因为作为一名狂热的天主教徒，他热切地想确认教会是同情纳粹而不是共产党人的。当德国战败的前景变得越来越明朗时，他又与庇隆进行了私密会晤，商讨建立逃亡路线的事宜。

那么，是什么使战后法西斯分子的逃亡行动运转起来的呢？我们应该先从阿根廷这边来看，因为如上面所指出的，联系已经建立起来了。例如，恩里克·莫斯（Enrique Moss）是一名阿根廷职业外交官，他同一位出身瑞士银行世家的女士结了婚，这对以瑞士为基础建立的一条逃亡路线非常重要。战争期间，莫斯在驻柏林大使馆工作，曾安排了庇隆夫人艾薇塔（Evita）1947年环访欧洲的部分行程。他后来与赫伯特·黑尔弗里希（Herbert Helfrich）一起运作一条逃亡路线。黑尔弗里希是一名纳粹高级建筑师和公共工程管理者，曾逃往伦敦，但后来又返回瑞士，帮助将其他纳粹分子偷运到阿根廷。俩人都从阿根廷方面获取了大笔钱财，以便利逃亡路线的运行。

另一个小人物是鲁道夫·弗洛伊德（Rodolfo Freude），他是一位德裔阿根廷工业家的儿子，也是将德国的钱输送给庇隆的渠道。他后来成为庇隆的情报头子，担任了新成立的阿根廷国家中央情报局（Central State Intelligence）的局长。"替代措施"行动万事俱备了，其后勤是由阿根廷移民局驻欧洲代表处负责。该局除总部设在布宜诺斯艾利斯外，在罗马和热那亚均设有代表处。

行动有时会打出一个"全包式旅游"的奇怪的幌子。逃到丹麦和瑞典的许多逃亡中或受到诱惑的技术人员和纳粹分子，都是预订的在布宜诺斯艾利斯成立的比亚诺德（Vianord）旅行社的行程，而该旅行社似乎只为特定类型的"游客"服务。这种专门的旅行服务一直持续到20世纪50年代，而此时逃亡者们早已将关注点从北欧转移到瑞士、西班牙和意大利。荷兰皇家航空公司（KLM）是纳粹分子从瑞士逃往阿根廷时首选的承运商。该公司也欢迎这一业务，拒绝将旅客名单交给正在调查以这种舒适方式逃亡的通缉战犯的美国人。也有一些人是乘远洋客轮离开热那亚的。还有少数被挑选的人去了罗马，乘庇隆新成立的航空公司FAMA的航班飞走。其中一个这样的人是汉斯-格尔德·埃廷（Hans-Gerd Eyting），是一名技艺高超的航空技术专家，他和其他同事一起乘FAMA的飞机离开了罗马。埃米尔·德瓦蒂纳（Emile Dewoitine）是一名通敌的法国喷气式飞机设计师，也是有记录的第一名逃往阿根廷的战犯。他是乘轮船"好望角号"（*Cabo Buena Esperanza*）的头等舱离开的，对这些黑暗的"清教徒祖先"的早期旅行来说，这船名倒是很吉利。

黑暗扩散：北欧路线

通过斯堪的纳维亚半岛将纳粹分子秘密地转移到阿根廷，与第十二章中描述的跨大西洋的早期技术泄露可有一比：两者都是通过获取专门技术以争取优势。

庇隆将军想使阿根廷成为南美的霸主，为此他需要一支现代化的空军。与欧洲法西斯的联系是建立在保守主义、反犹主义和军国主义的基础之上的，甚至在战前，德国工业的前哨就已经存在于拉普拉塔河地区了。所以，"绳梯"行动的意图并不仅仅是拯救和隐藏战犯，也是为推动阿根廷的现代化。

北欧的逃跑路线是由庇隆的情报局于1947年开辟的，专门用于招募飞机设计师和工程师。某种程度上，这与美国的"阿尔索斯"（Alsos）行动可堪一比。"阿尔索斯"行动是搜捕参加德国V2项目的科学家，将他们秘密送到美国，在"冷战"的军备竞赛初起之时，为美国的核计划服务。一些同情法西斯的阿根廷领事，比如一向亲德国的驻哥本哈根领事卡洛斯·皮尼罗（Carlos Piñero），被派驻斯堪的纳维亚半岛主要就是为了便利逃亡路线的运行。

有一条专门渠道是由德国商人弗里德里希·施洛特曼（Friedrich Schlottmann）开辟的，他在阿根廷拥有一个大型纺织厂。这条渠道由24岁的德裔阿根廷人卡洛斯·舒尔茨（Carlos Schulz）运营，名叫"丹麦服务组"（Dienstgruppe Dänemark）。舒尔茨安排法西斯分子从奥斯陆和斯德哥尔摩前往南美时，所用的公开身份是拉普拉塔城福音派教会的代表。他到丹麦时随身携带着1000份登陆许可，上面有已验证为红十字会通行证的印章。

不过，逃亡者首先必须到达斯堪的纳维亚。为此，前党卫军军官、现效力于丹麦情报机构的金特·特普克（Günther Toepke），将纳粹分子从德国偷运到丹麦，然后再运往瑞典。有一个普鲁士牧师乔治·格里梅（Georg Grimme），也秘密地将纳粹分子护送到丹麦。他在财务上得到了路德维希·弗洛伊德（Ludwig Freude）的资助。路德维希·弗洛伊德是一名德裔阿根廷制造商，也是鲁道夫·弗洛伊德的父亲，鲁道夫·弗洛伊德则是纳粹分子逃出欧洲行动的主要设计师之一。这种"走私"行动自此经常变得直截了当起来，更多是依靠伪造证件，而不是躲避边境管控；逃亡者有时径直乘商业航班从斯德哥尔摩经热那亚到布宜诺斯艾利斯。走丹麦路线的最后两个人是原子物理学家罗纳德·里希特（Ronald Richter）和不来梅福克-武尔夫工厂（Bremen Focke-Wulf）厂长库尔特·汤克（Kurt

Tank），后者到达阿根廷后，成为喷气式战斗机项目的负责人。

北欧路线安然无恙地运行了一段时间，当时有说法称这些技术人员到了阿根廷，总比落到苏联人手里强——后面这种担忧并非全无道理。有过这样的事例，一批德国人乘船前往阿根廷，最后却到了一个苏联港口。然而一切轰然崩塌。舒尔茨和皮尼罗于1947年11月在斯德哥尔摩被捕并被驱逐出境。特普克也和一些阿根廷外交官一起被驱逐出丹麦。这个战略取得了一定的成果，阿根廷建成了一支现代化的空军，但是阿根廷从来没能像美国在北美那样雄霸南美。

不过，这个故事有个精彩的结尾。1947年12月30日，德国前党卫军军官路德维希·林哈特（Ludwig Lienhardt）安排了一群纳粹分子乘一条古老的训练帆船"法尔肯号"（Falken），从斯德哥尔摩出发前往布宜诺斯艾利斯。途中该船在波罗的海上避开了一次风暴，又躲开了两艘苏联鱼雷艇，于七个月后到达阿根廷首都。卡洛斯·舒尔茨也在这条船上，不过他在伦敦就下船，径直飞往马德里，去为那里的逃亡路线帮忙去了。"法尔肯号"后来变成了纳粹侨民和流亡者的一个漂浮的总部。

瑞士的关系

瑞士在偷运法西斯分子的行动中陷得很深。瑞士的行动主要的幕后人物是卡洛斯·菲尔德纳（Carlos Fuldner）。他是德国裔阿根廷人，是前党卫军上尉和希姆莱的特工人员。1947年，他逃到了阿根廷，加入了弗洛伊德的情报局。像北欧行动一样，他也特别青睐航空技术专家，不过在他的秘密活动的末期，他也安排过一些主要战犯的出逃，如阿道夫·艾希曼（Adolf Eichmann）、约瑟夫·门格勒（Josef Mengele）、埃里希·普里克（Erich Priebke）、约瑟夫·施瓦姆贝格（Josef Schwammberger）、格哈德·博内（Gerhard Bohne）等等。但是首先，他必须在欧洲找到一个运作基地，在那里指导偷运行动。瑞士被证实有强大的同情纳粹的势力，他得以在伯尔尼市场街（Marktgasse）49号阿根廷移民中心里设立了自己的总部。除菲尔德纳外，这个团伙的组成人员还有瓜尔特里奥·阿伦斯（Gualterio Ahrens），一名有德国血统的阿根廷军队上校；庇隆的波兰特工切斯瓦夫·斯莫林斯基（Czeslaw Smolinksi），他是阿根廷总统的情报圈子里的人；还有恩里克·莫斯，他负责了大部分为逃亡者伪造证件的工作。

持反犹太主义立场的瑞士警察首脑海因里希·罗特蒙德（Heinrich Rothmund）与市场街组织过从甚密，他非常热心地将纳粹分子和他自己手中"难办"的犹太人一起送往布宜诺斯艾利斯，而瑞士总统爱德华·冯·施泰格尔（Eduard von Steiger）对此则睁一只眼闭一只眼。施泰格尔在战争期间担任司法部长，他确保了没有犹太难民能够通过进入瑞士而逃离在德国的噩梦。罗特蒙德后来又当上了瑞士驻国际难民组织（International Refugee Organization，IRO）的代表，他的角色转变为战后重新安置和帮助纳粹受害者，但他也仍然为被通缉的纳粹战犯逃进他的国家提供便利。有好几个瑞士人都靠给背景未经调查的德国人颁发临时居民证件而大赚了一笔。仅仅一份这样的证件，就要20万法郎。"难民"中有施洛特曼家族的成员，而施洛特曼在阿根廷的产业则资助了瑞士的"走私"路线。约瑟夫·门格勒据说1949年一到布宜诺斯艾利斯，就立刻与施洛特曼家族的一名商人取得了联系。

然而，进入瑞士仍然经常是一件危险的事情，因而这一战略行动还要借助越境秘密行动专家的专长。其中一名这样的专家就是赫伯特·黑尔弗里希，他利用科隆和第三帝国时期便是导弹专家中途休息地的辛根附近的阿赫村（Aach bei Singen）作为中转站，将纳粹分子带过边境。红十字会也牵涉其中，曾使用救护车运送德国人秘密越境。但是这种越境行动并不总能按计划完成。市场街办事处的一名瑞士雇员、经验丰富的走私者"人贩子"萨米埃尔·波默朗（Samuel Pomeranz），在试图将一名无证件的德国"技术人员"埃里希·巴赫姆（Erich Bachem）带进瑞士时，在康士坦斯湖（Lake Constance）被捕。此事有可能引发一场会令罗特蒙德难堪的丑闻，于是导致了市场街办事处于1949年被关闭，波默朗的走私买卖也告吹了。最终，罗特蒙德掩盖了无证件的事实，只是把波默朗训斥了一番。

瑞士移民政策的矛盾——在过境方面既帮助他们厌恶的犹太人，也帮助他们敬佩的纳粹分子——导致阿根廷人也被迫玩这种双重游戏。他们特别想要技术人员，但也意识到其他人可能会一起来，无论是犹太人还是战犯。这种滥用国际难民组织的授权的行为，一个令人痛苦的扭曲之处，以其资金的形式表现了出来：纳粹党卫军从集中营里偷运出来的黄金，本已落入盟军之手，现在又用在了纳粹分子身上。

像北欧路线一样，一旦获得了证件，剩下的旅程就多少可以堂而皇之了，经常采取的形式是合法地经陆路到达热那亚，然后再从海路到达布宜诺斯艾利斯。一些人使用自己的本名旅行，另一些人的护照上则用的是别名。从瑞士经热那亚到南美的路线一直运营到1950年，这时菲尔德纳已经帮助大约300名纳粹分子偷渡到了阿根廷。

克罗地亚和梵蒂冈"绳梯"

如果说瑞典和瑞士卷入偷运纳粹分子的行动令人惊讶的话，那么还有更令人震惊的，那就是梵蒂冈的共谋。这条路线被称为"罗马道路"（Römischerweg）。阿根廷是个忠实的天主教国家，与梵蒂冈有密切的联系，战后不久，"梵蒂冈—阿根廷—克罗地亚"三角逃亡路线便成形了。尽管纳粹分子是无神论者，走私三角仍然愿意接受帮助纳粹分子逃亡的计划。

这个神圣的走私三角是由三个神甫具体体现出来的，而他们背后还有非同寻常的大人物撑腰：当然有庇隆，然而也有教皇庇护七世，教皇的助手们与经过克罗地亚将他们想要的人送往南美的行动联系非常密切。在阿根廷方面，是枢机主教安东尼奥·卡贾诺（Antonio Caggiano），他是新近祝圣的罗萨里奥（Rosario）教区的大主教，也是在梵蒂冈和庇隆之间斡旋以建立逃亡路线的天主教行动阿根廷地区的领袖。他将随时可用的阿根廷方面的证件，提供给第二个人物：克鲁诺斯拉夫·德拉加诺维奇。他是一名克罗地亚神甫，在将近50岁时成为梵蒂冈的代表。德拉加诺维奇名义上还是克罗地亚红十字会的代表，但他也是乌斯塔什的一名上校。他最重要的主顾是安特·帕韦利奇——克罗地亚领导人。德拉加诺维奇自1943年就住在罗马，当1944年克罗地亚政权开始瓦解，逃亡事宜提上日程后，他成了帕韦利奇的左膀右臂。他的祖国新近的国家形象——种族清洗——带有鲜明的天主教色彩。作为这样一个国家的代表，他有相当大的权限接触到梵蒂冈政权的高层，而梵蒂冈政权正担心东欧的天主教会会在共产主义浪潮下淹没。他也是一批来源可疑的贵重物品的携带者，包括40公斤从克罗地亚走私的黄金。[4]
在这种更为传统的走私活动中，德拉加诺维奇得到了斯捷潘·黑费尔（Stjepan Hefer）的帮助。黑费尔是向阿根廷走私的主犯之一，他的后台是克罗地亚总主教阿洛伊修斯·斯特皮尼克（Aloysius Stepinac）。这个邪恶三角中的第三个人物是个奥地利人——前纳粹主教阿洛伊斯·胡达尔（Alois Hudal），这时盘踞在罗马。胡达尔是个高产的组织者，是梵蒂冈牵涉的"人口走私"活动的名义上的首领。1948年8月，他祈求庇隆发出了5000份签证，给奥地利和德国的前军人。他在主教援助委员会（Pontifical Commission of Assistance）的保护伞下工作，这是一个援助机构，其关怀服务很容易被不值得援救的难民利用，于是也很容易被委员会的代理人用来偷运战犯，被其偷运的战犯中也许最臭名昭著的要数弗朗茨·施坦格尔（Franz Stangl）——特雷布林卡（Treblinka）集中营的指挥官。胡达尔在做这些事情时，有个很务实的帮手赖因哈德·科普斯（Reinhard Kops），科普斯背后有个军师，是个出生于奥地利的很有魅力的意大利军官，名叫弗朗茨·鲁菲嫩戈（Franz Ruffinengo），是一个以热那亚为基地的毒品贩子，他经常把开往南美的船上最后一分钟取消了行程的乘客替换为他自己的那些不大受人敬重的乘客。鲁菲嫩戈本人也于1948年逃走了。他到达南美洲后不久，就在布宜诺斯艾利斯成立了一家旅行社，重施故伎。胡达尔和科普斯曾考虑过扩大"走私"网络，将哥伦比亚也纳入纳粹战犯的目的地，但是对于那些孤注一掷的逃亡者来说，最愿意选择的替代国是智利、巴拉圭和玻利维亚。

为应对日益恶化的形势，作为避难所的圣吉罗拉莫（San Girolamo）——罗马托马切利街（Via Tomacelli）132号的一座克罗地亚修道院——几乎变成了逃亡中的乌斯塔什战犯的藏身之地。这些战犯无视国际刑警组织的效能，大摇大摆地来往于附近的梵蒂冈。这段时期，控制这座修道院的不是虔诚的修士，而是端着枪的乌斯塔什青年。有一段时间，逃亡路线要经过西班牙，后来德拉加诺维奇转移了目光，通过轮船"安德烈亚斯·格里蒂号"（*Andreas Gritti*）、"玛丽亚C号"（*Maria C*）和远洋客轮"图库曼号"（*Tucumán*）等，将他的人从热那亚偷偷运走。德拉加诺维奇的弟弟克雷西米尔（Kresimir）是一名前驻柏林外交官，便得益于这一服务，使用红十字会护照逃往了阿根廷。德拉加诺维奇得到过红十字会的帮助，但也接受过其他"贵人"的恩惠：梵蒂冈在有些情况下也曾模仿瑞士非正式地庇护纳粹"人口走私"的办法，通过教皇造福难民委员会（Pontifical Welfare Commission for Refugees）间接地支持过"绳梯"。5

1946年年末，当庇隆颁发了250张空白的登陆许可供克罗地亚人使用后，这条"走私"路线顿时火爆起来。当这些许可文件被填上假名字，返回阿根廷盖了橡皮图章后，就变成了合法文件，足以保证热那亚和罗马的红十字会办事处签发护照了。

安特·帕韦利奇在罗马藏了几年后，才逃往阿根廷。他受到梵蒂冈的保护，是因为他支持天主教，并且是一个叫作"克里扎里（Krizari）自由斗士"的组织名义上的首领，该组织在巴尔干半岛与共产党人作战。无论是盟国还是教会，都不便于将他送交审判，因为那样的话，他必将作为最穷凶极恶的战犯之一被判死刑。他始终无所忏悔，一度还曾想荣归萨格勒布。梵蒂冈对他的保护是直接而明确的。他住在梵蒂冈所属的各种豪宅中，包括一些地标性的公共机构建筑，如罗马城郊的甘多尔福堡（Castel Gandolfo）、圣萨比纳（St Sabina）的多明我会修道院和焦阿基诺贝利街（Via Gioacchino Belli）的梵蒂冈学院，还能使用外交车辆。他看上去几乎享有完全的豁免权，在城里走动相当自由，想见谁就能见谁，包括蒙蒂尼蒙席（Monsignor Montini）——未来的教皇保罗六世。

1948年10月，帕韦利奇化名帕尔·奥劳纽什（Pal Aranyos）持红十字会护照和一张前往布宜诺斯艾利斯的"塞斯特列雷号"（Sestriere）头等舱船票逃往了热那亚。他的妻子和两个孩子早在当年5月就从同样的路径逃走了。帕韦利奇到达布宜诺斯艾利斯后，不时显露出远高于其乌斯塔什同伙们的生活水准，人们普遍认为他将克罗地亚的财宝从欧洲偷运了出来，这引起了一些他先前忠实的追随者的极大愤慨，他们到了新世界就一无所有了。

许多逃亡者都是伪装成神甫来到布宜诺斯艾利斯的，结果受到真正的神职人员的热烈欢迎。方济各会的修士在布拉斯·斯特法尼奇（Blas Stefanic）神甫的组织下，操作了阿根廷方面的接待事宜，尤其是在布宜诺斯艾利斯和何塞工程师镇（José Ingenieros）。数以千计的人在逃亡路上都曾受惠于一个叫作阿根廷克罗地亚人博爱会（Caritas Croata Argentina）的组织。其他人则受到布兰科·本宗（Branko Benzon）的接待。本宗曾任克罗地亚驻柏林大使，这时则是布宜诺斯艾利斯日益扩大的克罗地亚侨民社区非正式的首领。他作为中间人，为庇隆的一些重大建设项目，如新机场，提供劳动力。

该团伙一直运作到1951年，在此后的岁月里就变得更为隐秘了。约瑟夫·门格勒于1949年，阿道夫·艾希曼于1950年分别逃到南美。门格勒走的是纳粹分子逃离德国时最常用的路线，经过奥地利在多次紧张地穿越边境后到达热那亚。1951年，德拉加诺维奇亲自操作了有"里昂屠夫"之称的克劳斯·巴比（Klaus Barbie）逃到玻利维亚的行动，他又一次乘坐的是从热那亚开出的船。巴比是由美国人交给德拉加诺维奇的。美国人在战后曾得益于前者在反共方面的合作，这时便想把他"放"到南美去。美国反间谍部队（Counter Intelligence Corps，CIC）想把他们最可疑的一些告密者隐藏起来，就把这任务分包给德拉加诺维奇，由他把这些人偷运到南美。美国人参与了偷运一些在情报方面进行了合作的纳粹分子的行动，有时候这些人就是乘美军的车辆进入奥地利的。他们在奥地利受到德拉加诺维奇的欢迎。这种近便的合作的一些引人注目的受益者尤其可憎，例如热衷于优生学的格哈德·博内和曾掌管过克罗地亚的集中营的维耶科斯拉夫·弗兰契奇（Vjekoslav Vrancic）医生。还有些人则交由无国籍组织来施予这种奇异的福利：主教援助委员会的受惠人之一是纳粹空军的王牌飞行员汉斯·乌尔里希·鲁德尔（Hans Ulrich Rudel）。他后来热切而巧妙地混入南美上流社会，先是成为庇隆的朋友，后来也与巴拉圭典型的独裁者阿尔贝托·斯特罗斯纳（Alberto Stroessner）交好。这使得他又能反过来施惠于其他来到新世界的"需要帮助者"，如门格勒。

德拉加诺维奇的行动想要成功，需要很多方面开绿灯。然而自1952年巴比逃离后，美国人顺手关闭了这条渠道；而随着1958年教皇庇护七世去世，梵蒂冈也金盆洗手了。

将纳粹占领下的法国英雄的"彗星行动"与克罗地亚人博爱会操作的法西斯分子的逃亡相比，道义上有天壤之别，但行动所冒的风险和所需要的机巧，却有得一比。两边都有失败。瓦尔特·本雅明逃亡的悲惨结局，因为一船纳粹分子逃跑的功败垂成，也许某种程度上得到了补偿。这是一个满怀希望就要逃离热那亚的一条船的故事，一个诺亚方舟的故事。兴高采烈的纳粹青年们在甲板上高唱着德国战歌，嘲笑着追来的宪兵们。宪兵们则垂头丧气站在码头上，眼看着客轮扬长而去。然而，船突然发生了故障，又重新靠岸，将一船条顿货色送回盟国法律的长臂中。

不过，大体上看，这个将纳粹分子偷运到阿根廷的半公开的行动是非常成功的，尽管在地缘政治上其影响并没有达到在南美洲催生第四帝国的地步，但该计划多年来吸引了全世界各国情报机构的注意力，尽管这些关注可能并不总是充分的。

盟军飞行员和欧洲大陆的知识分子奔向自由的故事，和许多其他故事一起，都是可歌可泣的故事。这些幸运的旅行者所奔向的，是一派新天地，然而他们留在身后的那片土地，到了战后却完全是一团糟。贫困和绝望像雾霾一样笼罩着昔日的第三帝国。不过在黑市上，也萌生了新的发财机会，另一种面目的走私活动在德国各地生根发芽。

第十五章
黑市：一切都有个好价钱

第二次世界大战结束了，国际形势却变幻莫测，苏联的东方阵营和盟国的西方阵营之间，恐怕再没有比"冷战"更合适的词来形容了，于是在这时已垂头丧气的轴心国土地上，到处都出现了黑市。实际上所有生活必需品都严重短缺，尤其是食品和药品，在广大贫困的民众中产生了迫切的需求。然而，对另外不少人来说，这却为他们拿供应品来发财提供了良机。从第一次世界大战结束直到第二次世界大战爆发期间，阿登森林都为走私者提供了绝佳的掩护，当战火再一次平息后，走私活动立刻变本加厉地复兴了，尤其是在法国靠近比利时边境的小镇翁斯科特（Hondschoote）一带。德国和比利时的边界也同样漏洞百出，自亚琛（Aachen）往南70英里的地带，被称为"西方的大洞"。在德国更中心地带，处于一片废墟中的柏林，黑市尤其猖獗，其中主要的"非正规"之地被称为"撒旦的市场"。

相形之下，风景如画的巴伐利亚滑雪胜地加米施-帕滕基兴（Garmisch-Partenkirchen）从来没有成为战场，在战争中毫发无损。乍一看，这个看似亮点的地方，黑市比德国任何其他地方都更加无孔不入地渗透进社会中，似乎有些令人不解。但是加米施像其他地方一样，展现在所有人面前的都是一幅凄凉的前景，工人、资产阶级和贵族概莫能外。易货经济在这里成了新的现实。更加令人讶异的是，黑市的核心地带，也就是其谋划的地方，并不是在阴暗的背街小巷或者冰冷的仓库里（尽管这些地方无疑也有），而是在一个生机勃勃、热情洋溢的巴伐利亚风格的小旅舍——白马酒店（Weisses Rössl）里。酒店年轻、妩媚，长着一头艳丽红发的女主人津塔·豪斯纳（Zenta Hausner），为来客奉上传统音乐和美味佳肴，温暖了各种各样主顾的心灵，从烦恼忧郁、心灰意冷的当地人，到盟国占领机构的官员。这些客人中，有些原本就是走私者，有些或者被逼无奈，或者意识到商机，将要成为走私者和黑市商人。

这恐怕又是一个奇怪现象：我们在观看由卡罗尔·里德（Carol Reed）导演、格雷厄姆·格林编剧的电影《第三个人》（*The Third Man*）中的类似场景时，却并没有快乐的感觉。尽管电影掺入了很多时髦的要素，[1]但是电影所讲述的故事——偷窃、稀释从占领维也纳的盟军和苏军中流出的盘尼西林，然后在黑市上出售——是凄惨无比的。

电影中将花花公子的享乐与黑市的盘剥并置，创意也许源自黑市商品的五花八门。伪劣的盘尼西林看似与正宗的古典大师的绘画风马牛不相及——那些名画从苏联的战利品列车上脱落，以各种各样的方式，一幅又一幅地走进了被占领的柏林的废墟上奇怪地长存的古董店中。但是放眼满目疮痍的战后欧洲，我们恐怕不应奇怪，这些大相径庭的走私品，却是以相似的方式和渠道在流通的。

问题是第三帝国虽然土崩瓦解了，并且绝大多数地区的情况都令人绝望，但德国也并不是完全在黑暗的天空下运转。实际上，用"黑"这个字来形容这里的市场类型，也许太过简单化了。"黑市"

这个词从更广泛的意义上讲，已经有些过分等同于所有非正规交易和供应的代名词了。虽然在德国交易的某些产品是明令禁止的，例如麻醉剂和放射性工业原料，但大部分产品本身实际上并不违法。食品、衣服、酒类和香烟，只要不是偷来的，准确地说，应当是出现在"灰"市上的（灰市与黑市的区别在于商品并不是非法进口的，尽管其销售没有得到授权）。同样，"秘密"这个词——被用来形容黑市和灰市都会被视为其中一部分的替代经济的众多术语中的一个[2]——也并不大符合我们从白马酒店的门里所听到或看到的共谋、快乐和坦诚的景象。另一种对这种替代经济似乎比藏匿更无耻的说法是"战利品文化"，这似乎无疑很适合于苏联"战利品部队"的活动，以及战争刚刚结束时德国发生的以宝石换食品的不对等交易。[3]

黑市现象似乎是复杂的、形式多样的、令人困惑的，有时也是矛盾的。那么，在电影《第三个人》中走私者哈里·利姆的黑色和故事发生地维也纳氛围的灰色，以及白马酒店女主人津塔·豪斯纳的红色之间，这种非正规经济还有没有其他色彩呢？那家巴伐利亚小酒店内外持久的和谐气氛提出了一个问题，黑市一向到底有多黑？带着这个问题，我将爬梳一大批其他非正规市场的事例，试图弄清在各类市场经常只有细微差别的情况下，究竟是什么市场——也许过于经常或过快地——被称为黑市，并思考其在全球蔓延时的差异性。如果我们能够梳理出那些细微差别，这或许还能促使我们不仅仅关注黑市现象的经济方面，而且更多地关注其更广泛的文化方面。

本章从德国加米施–帕滕基兴一家小酒店舒适的室内起笔，将探讨更近的时期阴暗交易中各种各样的突发事件和复杂问题。本章试图解决下列问题，非正规经济是怎样影响我们的生活的，是怎样帮我们省个一两块钱的,以及更广泛的问题,非正规经济又是怎样在正规经济辜负了我们时,使得地球继续缓慢地运转的。如果我们开始意识到,正规经济与非正规经济实际上可能是有关联的(有时甚至是重叠的),那么我们就会又回到本书的核心问题上:国家和走私之间的关系究竟是什么性质的?

加米施的生意和白马酒店

加米施-帕滕基兴是多山的巴伐利亚州韦登费尔泽地(Werdenfelser Land)风景如画的首要城市。继慕尼黑之后,该城在这一地区一向具有一定的重要性。1936年的冬季奥运会就是在这里举行的。从走私的角度看,这里也有巨大的便利,离瑞士和奥地利的边境都很近,尤其是后者,而且从这里再过一两个山口,也就到了意大利。

第二次世界大战结束,第三帝国土崩瓦解,在这一地区留下了大量外国人,当局也相应地采取了许多惩罚和管理的措施,但不可避免地有不少是不公正和非法的。粮食和日用品定量是必然的,由于近乎毫无价值的货币无法应对高涨的物价,黑市和灰市蓬勃地发展起来。尽管有些地方有美元支撑,但这些市场大部分采用的是易货贸易。在最令人绝望的时候,有家庭用珠宝换取药品和面包。来自占领军的美国香烟成了最主要的替代性货币,对于美国大兵们的食糖、咖啡、面包和肥皂,以及他们能从美国引进的丝袜,都有大量的需求。如果说濒于绝境的加米施居民能够用他们的珠宝、名画、手表、莱卡(Leica)相机或望远镜换来那些日用品的话,他们也可以用这些日用品来向他们的乡下同胞换取腌肉、禽肉、面粉和土豆。

比较明显的走私犯罪行为，主要的推手是投机的美国大兵和黑手党式的供货商或推销者。这些推销者除了德国人外，还有流落他乡的外国人，他们有时与自己的同胞一起组成团伙。有一件跨国毒品走私案，主角就是这样的人。像许多其他案件一样，由于一些贵重物品的保管者逃跑了，这些物品落入了错误的人手中，机会就来了。德国军医部队在离加米施不远的地方丢弃了一大批可卡因。这些麻醉药品很快就进入了黑市，其中一大部分经米滕瓦尔德（Mittenwald）走私到意大利，或者经康斯坦茨（Konstanz）走私到法国，走私者就是来自穆尔瑙（Murnau）的一批前波兰战俘。毒品和奢侈品经常翻越阿尔卑斯山被偷运到意大利，然后再贩回纺织品、红酒和其他稀缺的日用品。

美国反间谍部队的一些出身波兰或德国的官员，也深深地卷入了走私活动。反间谍部队的走私，有时候感兴趣的只是利润，但经常也被纳入他们的情报工作：在德国的另一个地方梅明根（Memmingen），我们发现反间谍部队的准特工、战犯克劳斯·巴比的看管人给他香烟、药品、白糖和汽油，让他卖到黑市以供养他自己。[4]

推销者们并不是对营养物质特别感兴趣，最青睐的是更有利可图的走私品，一般可归为三大类。首先是从被捕或陷入困境的资产阶级那里流入非正规市场的奢侈品，如汽车、钻石、毛皮和名画等。其次是火花四溅的工业机器的原材料，如汽油、煤和化学品，以及诸如镭、钚、铀和重水等核原料。最后是药品，从阿司匹林和胰岛素到（尤其是）鸦片和可卡因，还有有时被称为"白金"的盘尼西林。此外，从腐败的管理机构流出的各种证照，尤其是边境通行证，也在黑市中兴风作浪。

有时候贸易也在地区间进行。有一列所谓"土豆火车"就行驶在鲁尔工业区和萨克森农业区的城市和乡镇之间。坚韧的汉堡小资人士乘"卡路里特快"到远至仍保有完备的农业经济的巴伐利亚的田野里做买卖。多特蒙德人则乘"维生素列车"到弗赖堡采樱桃。还有一条不大健康却更加盈利的"尼古丁线",将普法尔茨(Pfalz)出产的烟草载运到全国各地的灰市。[5]

还有一种国际贸易以流入社会的美元进行。在盟军占领的前三年,德国人被禁止持有外国货币,所以美元被走私到国外,尤其是瑞士,以逃避检查。加米施居民经常是委托美军服务人员来走私美元。还有一种被盗用的货币来自于被废弃的美元纸币。有一种可以使它们"复活"的办法,就是把它们卖给集中营里幸存下来的犹太人。他们是唯一被准许兑换美元旧币的人。他们一到美国,就可以把手中的旧币换成等值的现行纸币。[6]

相当大一部分走私和黑市活动,其非正式的总部就是白马酒店。这家小酒店——实际上更像是小城中心的一个深夜酒吧或餐馆——有其可敬的一面。小酒店离城里最好的宾馆帕滕基希纳霍夫(Partenkirchner Hof)不远,就在美国军事管制总部的斜对面。酒店临街的正面显得很规矩,但其后门外却展现着巴伐利亚粗犷的一面,那里是冰冷、湍急的帕特纳赫河(River Partnach)的河岸。帕特纳赫河是多瑙河的支流,河水最终会奔流而入一片浩瀚的合法和非法贸易的海洋——黑海。

白马酒店欢快的气氛、美味的食品和悦耳的音乐,既使人们能够愉快地度过一个节日般的夜晚,也使许多人能在其隐秘的角落里谈定一些私下的交易。白马酒店以奥地利作曲家拉尔夫·贝纳茨基(Ralph Benatzky)和罗伯特·斯托兹(Robert Stolz)创作的一台同名轻歌剧命名。如上文所述,1945年时,该店由魅力迷人、慷慨大方且活泼欢快的35岁女主人津塔·豪斯纳经营。她和她的餐馆经理查理（Charlie）一起，不仅为黑市交易提供便利，而且本身就是黑市的主要商人。

爱玩扑克牌的津塔是个聪明、好胜且能说会道的女人，虽说算不上十足的美女，却是非正规经济的女强人，被美国人称为"加米施的内尔（Nell），红心女王"。她绝对是个投机者。1944年她在慕尼黑接手了一家餐厅，主要招待纳粹官员，她还成了巴伐利亚地方长官（Gauleiter）的情妇。现在，几乎是无缝对接，她又投入了新的风险事业，白马酒店除了招待其他人，也盛情款待盟国的中级官员。她一开张就顺风顺水，是因为她勾引了一名德裔美籍军官科尔纳（Korner）上尉。是科尔纳帮助津塔在加米施立住了脚，因为他参与颁发粮食和饮料经营许可证，也就是说，他可以不受贿就释放由他管理的拘留营中的犯人。

津塔对黑市的支持，以及白马酒店作为走私的基地和中转站所发挥的突出作用，都将是一个耀眼但却短促的故事。就在1947年圣诞节前夕，津塔在白马酒店楼上她自己的房间里被人暗杀了。她先是受到了钝器的重击，然后被菜刀结果了性命。很多人都有嫌疑，包括一些被她抛弃的旧日情人，但其中大部分人也都有掩盖自己在黑市的劣迹的动机。这甚至有可能是一起雇凶杀人案件：豪斯纳既与诈骗团伙有牵连，也曾与一些胆大妄为、贪污腐化的美国军事管理人员鬼混，假如那些美国人不大光彩的事情传回家乡，他们势必身败名裂。阴谋理论家们倾向于怀疑后者，因为以加米施–帕滕基兴为中心的许多敲诈勒索事件，正在沿着走私路线向外扩散，翻越了高山和大湖，眼看着就要被美国媒体揭露，将使许多身在高位的人名声受损。

白马酒店因一出音乐喜剧而得名，最终却演成了一场悲剧。你也许会说，非正规经济阴暗的一面遮盖了其明亮的一面，但仍然存在着一个问题：阴暗与明亮之间是什么？

被苏联掠走的艺术品非正规的后来岁月

"撒旦的市场"听上去不大像是个中不溜儿的地方，但在柏林的这个无人监管的市场，的确在交易着既不属于生活必需品，比如食品和药品，也不属于奢侈品的东西。

在苏军占领的早期，人们发现一些在苏联人保护下出现的古玩店，在出售古老的画作和珍稀的古董艺术品。每家店似乎都是个人开办的，例如泰尔托达姆街（Teltower Damm）3号由一个名叫格拉夫·凯门斯基（Graf Kemensky）的无国籍人士开的店，但它们实际上都是由苏联商贸部经营的。这些店禁止美国人进入，实际上也不许苏联人私人进入，因为如果对这些人开放，那么"官方"抢来的东西就很可能流入黑市了。

这样的行为此后还将在苏联持续很多年。虽然官方的战利品部队抢来的大部分宝物都被仔细地登记造册，藏进了苏联各大博物馆的地下室里，但仍有大量的艺术品和文物流入了莫斯科和列宁格勒的黑市里。它们通常是私人抢掠的，但也并非全部。国营商店往往是最恶劣的犯罪者。流落到黑市上的艺术品和文物价格很低廉，画作和其他一些物件经常是可以不付出任何代价就能拿走的。有时候这些抢来的宝物可以得来全不费工夫：康斯坦丁·阿金沙和格里戈里·科兹洛夫的《盗来的宝物》一书中，曾讲到一名收藏家被称为"垃圾工"，因为他时常能从垃圾箱里发现小幅但却很贵重的西方画作。20世纪50年代时，他已经搜集到伦勃朗（Rembrandt）、丢勒（Dürer）、克拉纳赫（Cranach）、焦尔达诺（Giordano）、克林格尔（Klinger）和申克尔（Schinkel）的作品，现在已知分别来自不来梅、德累斯顿和柏林。[7]

今天的供货和流通

在苏联，像在其他地方一样，消费品时常是从政府偷来的，但是这种供货渠道并不能涵盖今天全世界市场上流通的走私品和假冒产品的全部数量，无疑，珍贵的违禁品从垃圾里出现，这种现象是极端罕见的。因此，黑市和灰市上商品的数量及其来源的多样性，还需要更多的调查。我们尤其必须问：市场上所有那些便宜货，其产地和供货渠道是什么呢？

商品便宜到足以吸引走私者的地步，一个办法是它们在免税市场销售，比如荷属安的列斯群岛的阿鲁巴岛、库拉索岛和博奈尔岛，或者巴拿马运河北端的科隆镇旁边的市场。另一种走私品供应的形式，其特点是几乎一出工厂门就立刻变成了走私品。巴基斯坦西北部的小镇德达海勒（Darra Dam Khel）出产的大部分产品就是这种情况。德达海勒自1897年起就全力以赴地制造枪支。在其工厂和作坊四周发展起市场。这种市场是灰市，因为造枪产业是合法的，所以卖枪也是合法的，但是这些枪再后来去了哪里，就是另一回事儿了。

这样的制造商和批发商成为非法流通市场的供应源泉，经常是因为他们制造和发行的产品实在是太便宜了，交易者买下后，就把它们注入了世界各地的走私渠道。但是我们还可以再进一步，探查一下专门为走私而生产的走私品。制造假货和山寨产品，就是一个明显的这样的例子。但即使是这种情况，也可能有多种多样的流通方式，或者针对实际的市场，或者针对模糊的供应可能性，也就是我们通常与历史观念联系起来的黑市。我们可以把走私仿造的卡拉什尼科夫步枪或某种假药归入这后一类。

将这些与来自中国台湾、越南或韩国，供应纽约运河街（Canal Street），有更加固定或至少是暂时可见的零售渠道的山寨时尚配饰相比，又有鲜明反差。这些假货中的一部分，是"真实的"仿造品，之所以这样说，是因为它们是在同一地区、同一工厂，甚至就是生产特许品牌的厂家生产的，通常只不过是不同班次生产的。韩国已经以所谓"超级仿造"高端奢侈品（比如手袋）而闻名。其所仿造的产品几乎不输于原件，而且仿造品都是在设备齐全的工厂里，而不是在背街小巷的作坊里制作的。

非法的和半合法的销售点有很多重合。以墨西哥北方城市蒂华纳（Tijuana）的假药生意为例，这个原本健康的旅游港，现在充斥着这种危险的走私品。这些假药是在附近的工厂里生产的，但产自廉价的印度化学原料，用假冒的包装盒包装。这是非常典型的黑市，然而这样的产品仍然会出现在商店里。

盗版产品可以以更微妙的方式回应原版。这方面有个历史事例非常启人深思。自16世纪起，"小贩"就是欧洲最大的图书销售商。你也许会以为它们会对更正规的图书销售构成可怕的威胁，但实际上，正如罗伯特·纽沃思在其《隐形之国》（Stealth of Nations）一书中所指出的，合法和非法的销售渠道是相互交织的。他举了好几个非正规和正规的莎士比亚戏剧相互促进的例子。例如，街头版也许会改变故事的结局——使《李尔王》有了令人欢快的结局，使《麦克白》成为音乐剧——然而当这些可笑的歪曲版故事形成一种常态时，盗版就会变成新的"真实"版，就会刺激竞争，反而促使更为精致、严谨的正版制作出来。在另一个事例中，当汉斯·雅各布·克里斯托弗尔·冯·格里梅尔斯豪森（Hans Jakob Christoffel von Grimmelshausen）的小说《痴儿西木传》（*Der abendeuerliche*

Simplicissimus，1668）被盗版并改写后，歪曲版反而被认为更好，于是成为该书获得授权的第三个版本，甚至得到了作者的认可！[8] 非正规的市场绝非总是缺乏创造力和堕落的，在这个事例中，盗版还给正版增添了效能。

但是再回到今天的廉价商品供应问题，很多廉价商品都是我们中大多数人愿意使用的，问题仍然是：为什么它们既可用又如此便宜呢？是什么使得供应链条具有了如此的效力？

走私品渠道的成本效益

走私和黑市/灰市的诈骗，像其他所有事物一样，都是全球化的一部分，它们在全球化的形势下甚至作用更大，因为它们能够加快供应，更为关键的是，它们灵活得多。随着区域经济一体化的发展，全球产品的采购和供应链条都变得更长，但走私可以绕过官僚体制，从而加快速度。全球化对走私的另一大好处是，随着合法商品的流量加大，谁也没有能力对每样东西都进行检查了。

供应链也变得更加发达了：为黑市而进行的走私，现在在战略上非常精明地建设起中转站来。例如，新加坡成为动植物临时寄存的地方，墨西哥像西班牙一样成为可卡因和移民劳工，摩尔多瓦、匈牙利和巴尔干国家为性奴隶的转运站。诸如突尼斯和摩洛哥等北非国家成为到欧洲寻求新生活的经济移民们的临时家园和跳板。不过，是灵活性和适应性使得走私品供应变得如此高效和不可阻拦。

这种适应性的一个方面，就是只有在我们这个管制更加放松的时代才会出现的奇怪的改变路线的办法。事例之一就是在20世纪80年代成为经济特区的深圳和香港。这两座城市由深圳河隔开，需要跨越罗湖桥来往。深圳河上有一些走私路线。产于中国内地的一些商品，经常就是深圳本地的产品，却在深圳买不到，而是走私到"离岸的"香港，然后立刻运回深圳和广州，不是在官方的商店里销售，而是出现在非法市场上。正牌的电脑、山寨的电脑，以及硬件和软件，都是需求很大的产品。类似的改变路线的办法也用于世界上大部分走私香烟的供应中。英国和美国烟草公司出产的廉价香烟，卸货于像东欧和加勒比等地区的自由市场，然后再走私回原产国或者其他官方以较高价格供应香烟的地方。这并非新模式：20世纪50年代时，科西嘉岛的黑手党就把美国出产的香烟从北非走私到马赛。直到20世纪90年代西班牙打击这种行为之前，直布罗陀海峡一直以这种走私形式而闻名，用高速"香烟"船将烟草运进，再转移到大陆上。

高度互联的个人有足够的灵活性，能够随遇而安，避免在一棵树上吊死，因此更适应市场波动。他们能够通过多种不同渠道迅速地寻找供货来源，而这些渠道却经常是庞大、集中、受国家合同束缚的组织所鞭长莫及的。庞然大物已无法垄断市场，或在市场上横行霸道、欺凌弱小。在市场上，假冒货品的成本可以持续很低，因为没有研发开销。由于网络将链条上不同环节的自愿参与者聚集了起来，分销也变得更加便宜了。

由于这些原因，非法供应是无法击败的，因为在高度分散的情况下，它就像气球一样，一处受到挤压，其他地方又会膨胀起来。将其完全扼杀也是非常困难的，因为有太多的山头和头目，各部分又都是自主和自立的。参与者即使不是数以十亿计，也得以百万计。

D体系

为什么有那么多人参与非正规经济呢？与其说是黑市和赚取巨

额利润的可能性吸引来大量的参与者，毋宁说因为这是一种替代性的流通和激励体系。在说法语的非洲国家和加勒比地区，这种体系被称为"D体系"，这个名称恰恰来自其适应性。D体系的D指的是"débrouillard"（法语，指自我激励、自力更生之人），他们参与了一种需要随机应变的经济。这种体系指的不仅是个人身份，而且是一种生活方式，一种在迫不得已的情况下避免缴税，并且绕开专横傲慢的管制和官僚体系的生活方式。这种体系倾向于自我管理、自我组织，甚至在某些情况下自我调节。D体系依靠其参与者的天才和创造性，来解决其自身的大部分问题。

尽管可以现场研究，比如市上的摊位、小贩的柜台，如果我们看得足够仔细的话，随时还会有这样那样的新鲜事物跳进眼帘，但是如果你不考虑那些国际交易和货物运输中的D体系参与者的流动性，你是无法想象D体系的。到广州采购商品的尼日利亚人和到荷属安的列斯群岛寻找货源的哥伦比亚自由贸易商，都是D系统的一部分，而到非洲之角的阿蒂尔·兰波也是如此。当我们购买一块仿造手表，或者从朋友那里安装一个只授权给原购买者的软件时，我们也就是D体系的参与者了。任何人如果从事用现金结算报酬的工作，并且不纳税，那么他也是D体系的一部分。

大约有18亿人在D体系中工作，[9]几乎占全世界劳动力的一半，其交易额估计为每年10万亿美元。罗伯特·纽沃思给D体系起了另一个名字——"巴扎斯坦"（Bazaaristan，意为集市之国），如果这是一个民族国家的话，它将是世界第二大经济体。[10]

D体系最大的特点是，它的确是一个流通和移民的体系，所以我们很容易迷失于其丰富充裕、无所不在和极强的流动性。实际上，尽管本章是以讲述一个黑市现场——加米施-帕滕基兴的白马酒店——开始的，但是刚刚描述过的供货渠道和运作方式的庞大体量和繁多种类，应能说明非正规市场是分散的，并非简单的节点。一些市场中心明白地显示出其与供货地的关系，例如哥伦比亚的迈考，在林林总总的走私品商店中，你能看到"阿鲁巴商店""博奈尔商店"等招牌，指示着它们的货物来自荷属安的列斯群岛的免税市场。

让我们看看这些货摊本身吧——看看作为市场的黑市或灰市。它们到底是什么样子的呢？

世界各地的黑市、灰市和蓝市

非正规市场自文艺复兴时期就已经存在了，当然也可能更早，当时在意大利城市的城门一带，纷纷兴起非正规交易。即便今日，世界各地的大多数大城市里，都有一条街或一个街区以销售非官方产品而著称。通常被称为"走私市场"的地方，存货往往五花八门，几乎是什么东西都卖，从照相机、Mp3播放器和盗版光盘，到酒类、山寨时尚饰品，以及更普通的日用品，如肥皂和牙膏等，应有尽有。大部分走私品都是避开了关税越境偷运的，无论是在这些市场还是在其他市场销售，它们都是以黑市商品的身份出现的。

由像德雷克和霍金斯这样的海盗–走私者卸在南美洲北海岸，并非由官方船队运载的货物，今天会被归类为黑市商品。如果这样的商品被非法偷运过国界，并最终出现在市场上，它们通常会被混入所谓的灰市商品中。灰市商品是指在一个地方，以比可能在另一个国家或地区正式销售时更低的价格买到，然后合法地带过边境的商品。这种行为的非法之处只在于，商品不是经过制造商或正式分销商特许，就在新的国家推销或销售了。无论是黑市商品还是灰市商品，它们所摆放并展示的货架也许是受到管制的，所以该有形市

印控克什米尔拉达克地区列城的莫迪市场

场本身，在商品到达之前，通常是合法的。也有一些绝对非法且危险的其他商品，有时也会混入这些生意兴隆的市场销售，例如枪支、毒品和被拐卖的妇女。

灰市和黑市所占的比重因地而异。市场的出现，可能有独树一帜的主业，也可能有特殊的原因。有时候某个地方会有历史长达好几百年的非正规市场；有时候非正规市场的出现也可能是用途转移的结果，例如被废弃的体育场和公园中兴起的市场；还有些时候，是需求，例如战争结束后的严重短缺和苦难所造成的需求，催生了非正规市场。

非正规市场的建筑和布局也是千变万化。有些极其封闭，简直要引发人们的幽闭恐惧症，有些则会溢出到周围的街道上，或者使街道本身就变成了市场。偶尔某一条街也会因为变成灰市而闻名起来，例如纽约的运河街、曼谷的石龙军路（Charoen Krung Road）。还有一些非正规市场出现在城外的地方，与官方的大型商业区平行地构成综合体,而在极少数情况下,非正规市场实际上就形成了一座城镇。

有目的地建设并有官方许可的封闭市场,并不经常是为包藏走私品而建立的,但销售非法产品的行为会渗透进更规矩的市场行为中。漫步在毗邻中国西藏的印控拉达克地区列城(Leh)的莫迪市场(Moti Market,更像是小型的古城区而非市场街),你不可能注意不到中国商品之丰富。许多家居用品——盘子、杯子、储物盒之类——和衣物,都是通过荒无人烟的羌塘高原用卡车运进拉达克的走私品。在新德里的康诺特广场(Connaught Square)中心的帕利卡集市(Palika Bazaar),要发现走私品会困难得多,但那里就是个走私品市场,正像班加罗尔(Bangalore)的国家市场(National Market)一样。

然而,有些封闭的市场原本就是作为灰市或黑市建立起来的。这些市场往往看上去更像购物中心(在拉美称为galerias),而不是用围栏隔开的分区市场。巴西的圣保罗和巴拉圭的东方城(Ciudad del Este)都有一座帕赫商城(Galeria Pagé),也都售卖黑市商品。东方城主要销售电脑的豪华商厦赖赖中心(Lai Lai Centre),就是多年来靠走私电子产品赚钱的见证。正是走私电子产品,使该城从房屋低矮、连柏油路都没有的集市小镇,变成了一座大型的地区性中心城市。哥伦比亚的圣安德烈西托,是个历史悠久的半合法市场网络,在该国所有主要城市都能看到。其建筑采取的形式也都是大型购物中心,而不是传统巴扎。

不过,大体来说,想要将众多走私市场所散发出的活力和财运封闭起来,似乎是不可能的,它们一定会涌上街头。这种类型的市场如北京的秀水街(Silk Alley),还有普什图人走私者和黑市贩子常来常往的巴基斯坦白沙瓦(Peshawar)市郊的卡哈诺

（Karkhano）和巴拉（Barra）等市场。

圣保罗的黑市或灰市交易主要发生在三月二十五日街（Rua 25 de Março）。这个像纽约运河街一样的地方，众多摊位和半永久性的店铺鳞次栉比，但其独特之处在于，大部分交易实际上都在街上进行。还有一个例子，道路模式本身就很关键：在尼日利亚城市拉各斯的奥绍迪路口（Oshodi Junction），走私品的销售状况是与公共汽车的堵车时间相关的。有时候管理不严的市场会侵占整个地区，例如印度德里的格罗尔巴格（Karol Bagh），那里像帕利卡集市一样，本是个正规市场，但大量渗透着黑市或灰市的商品。哥伦比亚瓜希拉半岛南部城市迈考的市场，离委内瑞拉边境不远，是另一个大规模的街头集市。

当非正规市场从城里迁出时，往往有其他可能性，主要与可供其扩展的土地有关。在拉各斯，伊凯贾电脑村是个IT零售园，阿拉巴国际（Alaba International）则是个批发市场，两者都显示出对非正规经济管制到一定程度后所产生的矛盾效果。这些市场综合体均搬离了混乱无序的城市，因为它们地位非常重要，它们是泛非洲的货物分销中心，它们与亚洲的制造国之间有着大量的进口业务（往往就是走私）。

然而并非所有此类市场都能遵循这种搬迁出城的模式，如果不这样做，这些市场往往会占据城市中可供改造的角落。有目的地将已有的建筑从正规市场改造成非正规市场，存在着大量的事例。伊斯坦布尔的塔赫塔卡莱市场的非正规部分，曾经侵占了一个被废弃的美丽的土耳其浴室，还占据了该地区核心部分的整个一片城市街区。自1989年起，也有一座已存在的市场切尔基佐夫斯基（Cherkizovsky），也叫伊兹梅洛夫市场（Izmailovo Market），"正式地"盘踞在莫斯科前斯大林体育场（Stalinets Stadium）的土地

莫斯科切尔基佐夫斯基市场

上。该市场吸引着来自塔吉克斯坦、乌兹别克斯坦和东南亚等地的商人。

切尔基佐夫斯基很像是津塔·豪斯纳主持的那个市场,展示的并不是纯粹经济方面的现象,其生意变得既有娱乐性也有商业性,也具备游乐场和主题公园的功能。像大多数市场一样,这里也有嘉年华狂欢的气氛。不过奇怪的是,这个市场是建立在一个娱乐设施的土地上的,市场的下面是像在地基中加条纹一样修得四通八达的隧道中为斯大林建造的地堡——这样即便全莫斯科都在燃烧,他也可以在这个地堡中拉小提琴。

华沙的耶马克·欧罗巴(Jarmark Europa)市场是又一个五光十色的非正规市场。1989年建成,也是在一座足球场里。十周年体育场(Stadion Dziesieciolecia,前国家足球场)里的摊贩被称为"chelnoki",字面可译为"织工的梭子",是指四处游走、穿梭来往的商人。这里的交易于2008年中止,以给新建的国家体育场腾地。

关于这座非正规市场,还有一个鲜为人知的事实:里面曾为非正规交易者开办了一个图书馆。[11]

还有一些情况,城市直接变成了走私的同义词——迈考就是这种情况。但是拉丁美洲最典型的走私城还得数巴拉圭靠近巴西边境的东方城,那里几乎完全奉献给了走私。东方城和巴西一侧的伊瓜苏城(Foz do Iguaçu)相邻,两城隔巴拉那河相望,通过一座建于1956年的友谊桥来往。东方城是巴拉圭经济的发动机。来自巴西进行购物之旅的背包客,通常于周二坐着标有"Tourismo"(旅游)字样的公共汽车前来,次日返回。这些公共汽车都是专用的,每周只运营两天,从圣保罗的公共汽车站发车。大桥的巴西一侧设有行李寄存处,也是社会性的转运站。官方规定的出口限额是300美元,但是在桥边很容易获得低估了商品价值的假收据。这里是灰市商品和黑市商品相混杂。大量进口的电脑,今天已很容易做到每台价格降至300美元以下,因而已无走私的必要。但是大运营商们如欲重新大量出口,就必须走私了,于是又要采取久经时间考验的黑市的途径。[12]

非正规接触正规

本章所描述的大部分活动,也许都属于机会主义的自由贸易、个人主义的牟取暴利或小商业等范畴之中,远远没有牵涉到正规的外部力量,如国家或其他。然而,关于正规的或至少是有组织的实体与非正规经济的接触,却有人进行过思考并研究了具体例证。

很少有人否认巴拉圭这个国家深深地卷入了走私,但该地区与走私的其他联系却要晦暗得多。按照美国财政部的说法,东方城的帕赫商城属于艾哈迈德·巴拉卡特(Ahmad Barakat)兄弟,两人都于最近被捕，表面上是因为非法生意，但也可能是因为他们与黎巴嫩的真主党有牵连。[13]多年来都有未经证实的流言，声称巴拉圭有纳粹分子的藏身地，现在巴拉那河的这片地区又与伊斯兰激进主义联系起来。

还有一个事例，证明官方支持黑市不仅仅是传说，发生在波斯尼亚靠近塞尔维亚边境的小城布尔奇科（Brcko）附近，叫作"亚利桑那市场"（Arizona Market）。这个非正规市场之所以出现，是因为北约（主要是美国）军队看到了路口自发的买卖行为积极的一面，自1995年11月签订《代顿和平协定》（Dayton Peace Accords）后，人们又开始交谈和交易了。当1996年军队提供便利后，自发的小买卖迅速膨胀为大市场。之所以名叫亚利桑那，是因为市场坐落在美国划定的军事分界走廊"亚利桑那路"（Route Arizona）上，而且最初几年那里也呈现出一座像当年美国蛮荒的西部正蓬勃发展的小镇的景象。市场很快就覆盖了有六个足球场大小的面积，这里交易的是与前文描述过的大部分市场大致类似的走私品。但这座市场有更阴暗的一面：很快就变成了被性产业拐卖的妇女聚集的中心，也成为许多被强迫为奴的妇女的最终归宿地，这些妇女大多来自巴尔干国家、罗马尼亚、摩尔多瓦和乌克兰。

如果仅仅因为这些原因就称这个市场为蓝市未免有些粗暴了，但这样称呼还有一个原因：这些被卖到所谓"咖啡馆"里的性奴，主要的顾客就是士兵们自己，包括数量相当多的从周边地区赶来的联合国维和部队人员。甚至有些非法生意，就是从维和部队中退出的人员操办的。军方不仅对这个黑市的建立发挥过重要作用，并且是其主顾，而且还是其主要推动者之一。

我在本章开头曾问过黑市到底有多黑。在前一章讲述了逃亡的纳粹分子和逃脱的盟军飞行员的黑白分明的故事后，请想一想，非法流通之间，非法市场之间，会不会有更细微的差别？有这样的可能性，构成非正规经济的主要成分，都不过是"小买卖"，是一种灰色地带，本身就在黑手党式的非法交易（黑暗面）与国家参与（冠以"向毒品开战"或"向恐怖主义开战"等堂皇名义的光明面）之间挣扎。矛盾的是，这个灰色的中间地带可以以一种更浪漫的眼光来看待，因为非正规经济的文化维度——生机盎然的走私小酒馆、足球场中的图书馆、市场内的嘉年华狂欢气氛，以及我们漫步在异国走私品市场并淘到一些便宜货时兴奋而紧张的心情——都走出了纯粹营利的目的。

另一种观点认为，是两极决定着光谱。两极即所谓的黑洞和亮点，相对不大重要的灰色地带只不过是两者之间的转接点或门槛。依照这种观点，能量要么是通过绝望和贪婪从黑洞中挤出来，要么是由于合法的状态被渗透和诱惑而从被感知的亮点中拽出来。[14]

这恐怕有些太过二元论了，特别是在有例子证明在正规经济及其阴影之间有非常令人愉快的中间地带时。例如伊斯坦布尔的非正规市场塔赫塔卡莱附近，有一条历史长达数百年的街道，直到最近还承担着非正式的货币兑换市场的角色。这是一条木质建筑的狭长小巷，其重要性却深藏不露——这实际上是一个交易额达好几百万美元的地方，也是土耳其国家银行据以设定其官方汇率的晴雨表。这里看上去很不正规，也颇显神秘，甚至还带有些欢快气氛，但是有鉴于其如此重要的影响，只在经济意义上说它非正规，是否讲得通呢？

《隐形之国》一书的作者罗伯特·纽沃思对于"非正规"一词的整个概念提出过质疑。他认为这个词的谱系本身就在展示正规和非正规的不相容。纽沃思告诉我们，"非正规经济"这种说法是人类学家基思·哈特（Keith Hart）于20世纪70年代初提出的，但他本人在游历D体系的不同区域时，发现体系参与者从不认为他们的活动是非正规的。[15]那么，高谈阔论正规经济和非正规经济，就好像它们是完全分离的，而不是不可分割的世界，这是否有意义呢？当然，也有一些截然不同的世界被普遍认为极不正规——比如贩枪和贩毒这些非常阴暗的领域及不明不白的渠道（甚至这些在"冷战"及其刚结束的时期都有"光明面"）。然而对我们来说，利益平等的应该是灰色的中间地带，因为我们从未远离它，偶尔也正在其中。在这个地带，很难分清什么是小买卖和犯罪活动，什么是个人行为和集体行为。因为在嘉年华狂欢气氛之侧，总会有肮脏卑鄙的行为；在悲惨痛苦的人旁边，也总有寻欢作乐的人。

一般来说，除了一些明显的例外之外，恐怕很少有国家未卷入D体系。D体系在很大程度上是自我组织的，但是社会必须考虑一个问题，正如纽沃思所提出的，这样一个庞大的现象提供了另一个版本的全球化。在和平时期，D体系通过各种方式渗透进更规范的世界，比如通过腐败，或者更聪明地，通过诱惑人们过一种"打擦边球"式的生活，再或者无视商业规则。尽管如此，我们往往仍然与黑市和灰市保持着相当顺从的关系。

接下来的三章将集中讲述战时的走私，将呈现出一派非常不同的景象，有些国家非常积极地介入了走私——"冷战"时期围绕毒品和武器贸易所展开的走私战，以及极其阴险的间谍行为。

第十六章

向南，向东南："鸦片航空公司"和印度支那运输大动脉

在各种各样想说服我们飞行是一项高尚事业的故事中，安托万·德·圣埃克苏佩里（Antoine de Saint-Exupéry，《小王子》的作者）的《风、沙和星辰》（*Wind, Sand and Stars*）或许是最诗意地摆脱了日常俗务的引力的一篇。在讲述冬天在安第斯山脉组织救援的困难的一段中，他把自己写成飞行员，用道德说教与地上的人区别开来。他说走私者是"会为了5比索纸币犯罪，而不愿意组织救援队的强盗"。[1]然而本章的故事说来具有讽刺意味：许多飞行员都是走私者。

20世纪印度支那战争时期，无论是正规还是非正规的空军部队、航空公司的飞行员、领航员和他们的指挥官，都是低空的空运、空投和撤退技术的专家，他们都很讲求实际，经常也有政治追求。你只需看看越南战争中的一些飞机，就能对此有所感受。标志性的飞机当然是一种直升机"休伊"（Huey），但是在美国于老挝进行的秘密战中——老挝也是当时大部分走私行为发生的地方——担负了最主要角色的飞机，却是一些虽然笨拙但十分高效的短距起降飞机，尤其是小型、单引擎的"太阳神超级信使"（Helio Super

Courier）和后来的"皮勒特斯·波特"（Pilatus Porter）。在这一地区的其他地方，南越和老挝的空军（以及法国和美国空军）也非常倚重于"二战"时期出色的"驮马"——"C-47达科塔"（C-47 Dakota）运输机。这些都是当时经典的军用飞机，然而每架飞机在运输军用物资之外，也都走私过鸦片。在越南和老挝空军中，数量不小的军人曾使用这些飞机，在执行其他任务的同时走私过鸦片、海洛因和吗啡。而相当多的法国和美国军人在从不同战区飞进飞出时，对于弹药舱和面色紧张的乘客中额外多出的箱子，也都睁一只眼闭一只眼。

大部分人对这段历史的了解只有越南战争，但对西方人来说，这实际上是两场战争：1946—1954年法国人的战争和其后直到1975年4月以西贡大撤退告终的美国人的战争。这场战争也可以被视为西方和共产党人之间的战争，美国和中国是交战各方背后的巨人，但这样就把战争的性质和各派势力的动机过分简单化了。这实际上是一系列的独立战争、内战，以及与本书所做的研究最相关的——争夺对鸦片走私路线的控制的战争。战火燃遍越南、老挝和柬埔寨。对地缘政治形势稍做一些介绍，可使走私模式演变的阶段和时间线更清楚一些。

在越南，法国人与寻求独立的越盟（Viet Minh，即越南独立同盟）作战，后者取得了胜利，使得殖民地一分为二。随后，南越和美国结盟，对战越共（Tet Offensive，越南南方兴起的反叛游击队，以1968年发动春节攻势而著称）和北越军队。北越军队是越盟的后继者，后来改称越南人民军。自1962年起，老挝爆发了内战，交战的是保皇党人和共产党组织巴特寮（Pathet Lao）。双方自1953年开始的小规模冲突不断升级，终酿战祸。中国和北越支持的巴特寮最终于1975年攻占了首都万象。与此同时在柬埔寨，不时得到美国支持的政府军也同共产党组织红色高棉（Khmer Rouge）交战。红色高棉也于1975年获得了胜利，同年攻克了首都金边。

这些战争不仅仅是敌对的意识形态之间的交锋，也是领土扩张之战。例如，北越人沿着"胡志明小道"（Ho Chi Minh Trail）穿过老挝南部（即所谓的"柄状狭长地带"）和柬埔寨，对南越的战斗进行军事支援。共产党军队还联合行动，定期穿越老挝北方的石缸平原（Plain of Jars）向南方的万象推进。美国人从未正式宣布他们到过这里的很多地方，但他们无疑无所不在。例如石缸平原一带地区，在罂粟收割后，是重要的提炼和配送地带，美国人就曾作为支援者和顾问到过那里。不过，在本章后面部分，作为一个关键问题，我还将讲述一下美国人作为鸦片走私者卷入的程度。

关于走私的地缘政治，与从老挝北方伸出的鸦片小路同样重要的，是泰国北部和缅甸东部（尤其是掸邦）的罂粟栽种区和分销区。它们共同构成了声名狼藉的"金三角"。

对于美国人在这些传统的鸦片非法交易地区的存在，不应匆忙下结论——因为用飞机运走的每一批鸦片，背后都专门雇有成千上万的人进行战斗后勤保障。然而另一方面，从战略的角度讲，也不应低估美国人控制鸦片走私路线的欲望：在公开宣布的对共产主义的意识形态战争之下走私，也是一个强大的动机。如果这样显著的潜台词成立的话，那么某些富有影响力的高层人士利用手中的战争机器在鸦片贸易中牟利，也就不足为奇了。

空中走私走廊

走私路线通常是，从种植鸦片的高原出来后，经过一系列中转站倒手，一路向下前往市场：在骡道的尽头，由小型飞机接应，然后再转运到大型运输站。鸦片源源不断流出的金三角地区,时至今日仍是一种堕落文化(此例中为与鸦片相关的文化)的摇篮,而鸦片市场则在南方和东南方:通向曼谷和西贡的航线。

从金三角向南的路线今天仍在向泰国输送鸦片。这条道路最早是由掸邦军阀和老挝苗族部落的鸦片种植者开辟的,后来由一支军事上被打败但建制尚完整的杂牌部队更加高效地经营起来。这支杂牌部队就是被毛泽东打败的蒋介石国民党军队的残兵败将。这条道路在泰国境内还获得警察总监炮·是耶暖(Phao Siyanan)将军大行方便。炮将军一直因鸦片贸易获利,直到他在1957年的一场政变后流亡海外。中国国民党的军队曾经得到过美国中央情报局的支持,但在早早遭到几次挫折后,他们被抛弃了。这也是他们做起鸦片生意的主要原因,他们散布在缅甸掸邦中,以便定居下来并且更有效地组织贸易。

向东南方的道路要经过老挝北部,穿越石缸平原及其周围环抱的群山。丰沙湾(Phong Savan)是这一带的主要转运点。同样重要的是一个海洛因提炼地,西北方靠近缅甸边境的会晒(Ban Houei Sai),那一带有很多海洛因加工厂。从丰沙湾,既可以前往石缸平原南边高原上的龙镇(Long Tieng),也可以径奔坐落在一片宽广平原上的首都万象,然后再转运到南越的西贡,或者空投到西贡邻近地区。

这看上去像是一张很简单的地图——其核心是一个倾斜的三角形,但是紧随着"二战"之后的四分之一世纪,更广大的东南亚地区错综复杂、变化无常的地缘政治状况,使得你很难真正领会其意味。仅仅一章文字,对于更广大的战场上深奥而复杂的政治几何结构,几乎都无法触及,更不用说阐明了。然而,如果你能理出几条线索,以之围绕长达三十年的战争中的一些关键事件,你至少能从其难以捉摸的意味中领会一小部分。

其中的一条线索无疑是走私,而我选择传达的另一条线索,就是在一个多山而陆路运输非常困难的地区,为走私者提供了一定的大规模运输可能性的空运网络。于是,我想通过东南亚各国的空运规模,来探讨一下该地区国家卷入走私的问题——可以说,也只能是浮光掠影地俯瞰一番。

东南亚鸦片贸易的背景

尽管欧洲人在中国的鸦片贸易结束了,但东亚和东南亚仍遗留下大量的瘾君子和严重的非法贸易。中国人后来种起了自己的鸦片,并将其走私到法属印度支那和泰国,不过自毛泽东于1949年取得胜利后,这一切都终止了。印度支那也自己种植鸦片,是自19世纪60年代殖民地初建起就在法国人的垄断下进行的。

然而,尽管东南亚的鸦片产量一直在增长,但在"二战"后很长时间,欧洲和美国的市场却是由别处的罂粟产地供应的。当时为欧洲和美国供货的主要鸦片种植区根本没在东南亚,而是伊朗和土耳其。但是1955年后,前一个来源枯竭了,尽管后一个来源持续供货直到20世纪70年代初。随着旧的罂粟地被铲除,金三角的鸦片产量在不断上升,起初只是供应东南亚的瘾君子("二战"结束时在越南就至少有10万人),后来也供应到越南来的美国大兵,最终供应起全世界。这一增长的关键时刻是在1969年,如何制作高等级鸦片的技术——经香港实验室技师之手——传到了老挝。

在这段时间里,即使是在伊朗和土耳其主宰西方世界的鸦片供应时期,西方国家的情报机构和犯罪组织也已经卷入了泰国和法属印度支那各地的鸦片贸易。"二战"结束时,在共产主义思潮迅猛传播的背景下，西西里裔美国人和科西嘉人的黑帮，以及美国中央情报局和法国情报机构"二局"（Deuxieme Bureau），开始在该地区盘根错节的鸦片/海洛因非法交易的政治犯罪网络中争抢地盘。

随着西贡的法国人利用遍及印支半岛的殖民网络，越来越深地卷入鸦片贸易，这种争夺扩大成秘密战争。这不仅仅是一种犯罪贸易，而且是一种殖民战争形式。殖民当局收购了鸦片，卖了钱后，再用来为他们最初称为"X行动"的镇压越盟反抗的战争供给经费。在与越盟进行的全面战争期间，这种行动一直在持续，直到1953—1954年法国人在奠边府战役大败后才结束。

法国"二局"和美国中央情报局的关系并不融洽。在法国人战败后，两大情报机构的对抗愈发激烈，尽管为将鸦片催生的军阀或准军事组织转变成对抗共产党的战争武器，它们都在敏锐地调整着政策。法国情报机构和南越政府，都永远无法撇清他们与犯罪团伙平川派（Binh Xuyen，河盗组织，也为政客们充当间谍和刺客）和科西嘉黑手党的干系。这两个团伙都在西贡街头横行霸道。美国中情局虽然想把精力集中在老挝北部山区，却不想仿效法国人此前在这些地区采取的策略。美国人不想被人看到公开收购鸦片，不过他们的确以其他方式赞助了这种买卖，尽管是以比老挝和越南军方秘密得多的方式。这种赞助和庇护在整个20世纪60年代都非常强劲，直到军事上的失败不可阻挡地改变了这一地区的政治几何结构，尽管不是一下子改变的。

1968年1月31日越共发动的"春节攻势"迫使美国人重新思考通向西贡的海洛因走廊问题。但是没过多久，美国大兵中海洛因瘾的流行就表明，对这条供应大动脉的挤压不能太久。此外，1970年柬埔寨政变后，非法贩运又有了一条新渠道。新上台的柬埔寨政府邀请美国和南越军队入境，以对付在红色高棉支持下由北向南渗透的共产党势力。

大体来说，正如人们从大众媒体的报道上所得知的，事情没有按美国人的想法进行。1973年签订的《巴黎和平协议》(Paris Peace Accords)意味着他们再度不能实地出现在老挝了。这实际上终结了他们在那里的行动。1975年4月30日，西贡落入了越共和北越军队之手。同一年巴特寮共产党人攻占了万象，而红色高棉也像潮水一般涌入了金边。这便是从金三角伸展而出的东南亚鸦片小路的末日。

然而，这却不是金三角的末日，尽管近年来其风头被阿富汗和巴基斯坦出产鸦片的所谓"金新月"地区（伊朗是其消费者和通往西方的渠道）盖过。20世纪七八十年代，东南亚这片地区的鸦片大鳄继续通过向南的道路大规模地输出毒品。80年代，一个臭名昭著却非常奇怪地很受媒体青睐的毒枭坤沙（Khun Sa），超越国民党势力成为金三角鸦片生产的主宰力量，直到他于1996年"投降"，也许应当说是退休。[2]

几十年来，战争起起落落，人物来来往往，但是自20世纪50年代到1975年美军大撤退，恒定不变的却是武器输入、毒品输出的模式。军需物资持续不断地流入形形色色的叛乱武装和反叛乱军队手中，海洛因和鸦片则不断输出，经常是同一架飞机在运输。于是，武器供应和毒品走私就难解难分地缠绕在一起。

南方道路的初年——武器输入，鸦片输出

向南的走私路线变成了一条空中走廊，是因为有美国中央情报局和中国国民党军队的参与，也得到了腐败的泰国警方的暗助。始于1951年2月的"白纸行动"（Operation Paper），主要是向缅甸境内

运送国民党军队。自毛泽东于1949年取得胜利后，美国人本已将缅甸境内的大部分国民党军残部撤到了台湾，这时又得到了一项他们"热心肯干"的空运业务。他们开办了一个"民航运输公司"（Civil Air Transport），在缅甸设立了一个总办事处，又将大约600名国民党士兵运了回来。公司每周派出两班飞机，将得到了休整的国民党部队运至缅甸掸邦地区的孟萨（Mong Hsat）——就是这里，将成为金三角鸦片种植区的心脏地带。

曼谷成为一条武器供应线的门户。这条线路得到残暴的泰国警察总监炮将军大行方便，他亲自安排了从清迈（Chiang Mai）北部到边境的最后一段路程。由于有一个名叫威利斯·伯德（Willis Bird）的美国人和炮将军的妹妹结了婚，于是也有了美国和泰国间强劲的私人关系来促进这个渠道。威利斯·伯德的亲戚威廉·伯德（William Bird）是政策协调处（Office of Policy Coordination，一个起初与中情局抗衡，后来却并入了中情局的机构，名字多少有些俗）的特工。他组织了为"白纸行动"引进武器的行动，通过一个挂名公司——东南亚供应公司（Southeast Asian Supply Corporation），将武器从冲绳运到曼谷。

此外，不耐烦的美国特工还试图加快速度，他们自己飞上了天：民航运输公司开始直接给孟萨的国民党军基地空投补给，每周五次以上。后来，当在台湾短暂休整的国民党军队重新回到孟萨后，又在美国工程师的帮助下，在那里修了个简易机场，于是武器和毒品的交换正经八百地开始了。

做买卖的一项基本原则是永远不要空着手走。民航运输公司也很注意这一点，时常在返回曼谷时带上些鸦片。当然，这些从来没有写上载货清单，美国飞行员也从来没想宣传，不过有一名飞行员杰克·基拉姆（Jack Killam）在1951年一笔交易显然搞砸后遭到了谋杀，还是引起了公众注意。

这些非正规的运输行动只是民航运输公司的后继者美国航空公司（Air America）更加不法的行为的带妆彩排。但是这些活动都非常短命。到1953年时，该航空公司又把国民党军队运回了台湾，因为他们未能在与缅甸相邻的中国云南省的边境获得立足点。美国人放弃了他们的援助计划，缅甸军队也开始挤压剩余的国民党军队，不过还是有很多人坚持留在了缅甸。1961年，缅甸军队最终将国民党势力逐出了该地区。

然而，这并不是国民党残部的末日。他们继续控制着金三角的鸦片产区，尽管像美国中情局一样，他们名义上是在泰国境外运营。他们在1967年的一场所谓的鸦片战争——与坤沙的冲突——中虽然受挫但存活了下来，并且继续主导着鸦片种植，直到那个大毒枭开始接手。

服务西贡——东南方的道路

通向东南方的另一条道路，则有非常不同的特点：几乎从一开始就是一条国家支持的渠道。鸦片和后来的海洛因及吗啡沿着这条道路从老挝运往西贡，通常要经过龙镇中转。到20世纪60年代中期时，是老挝和越南空军承担着大部分运输任务。由于安南山脉（Annamite Mountains）在老挝和南越之间形成了一道天然的屏障，空运是唯一现实的选择。鉴于经营这种运输形式的开销极大，只有上层人士和大型代理商干得起这种买卖，尽管并不总是由国家机构来提供飞机。例如，1958—1960年，南越总统吴庭艳（Ngo Dinh Diem）的弟弟吴廷瑈（Ngo Dinh Nhu）就忙于复兴曾被短暂禁止的鸦片贸易，以为同越共的战争提供经费。起初他依赖的是小型的科西嘉航空公司，直到1961年和1962年南越空军第一运输大队（First Transport Group）确保能承担空运任务时，他才改变了这一安排。运送情报官员来往老挝的其他官方飞机，在归程中也会载运毒品。1965—1967年，南越空军再度寻求以贩毒来支持战争。

这绝不仅仅是一件家族生意，吴氏兄弟也从未垄断。1963年吴庭艳和吴廷瑈均死于政变，在此后的岁月里，有三方为掌握毒品贸易的控制权而展开了争斗，它们分别是：副总统阮高祺（Nguyen Cao Ky）掌管的空军；一个包括陆军、海军和下议院的团体；海关、港口管理机构和由总理陈善谦（Tran Thien Khiem）控制的国家警察部队组成的联盟。最后是空军占据了上风。

然而，在东南方的这条路线的初起阶段，南越空军在鸦片和海洛因非法交易中的重要性还是个有些遥远的话题。那时，科西嘉人像在欧洲一样，才是法国贩毒网的推手。

鸦片航空公司

"鸦片航空公司"是人们经常对科西嘉人开办的一些小型航空运输公司的称呼。1955—1965年，这些公司在老挝一带运营，将鸦片走私到西贡。鸦片在诸如桑怒（Sam Neua）、丰沙里（Phong Saly）、芒新（Muong Sing）、南塔（Nam Tha）、沙耶武里（Sayaboury）和会晒等省级小城旁边的简易机场装货，然后飞到万象或丰沙湾，再从那里运到越南。这些官方注册的空运公司有时会与一些自由职业飞行员签约，而这些飞行员驾驶的则是自己的飞机。在"鸦片航空公司"传奇性的运营者中，有三位经验丰富、勇敢无畏的飞行员——罗格·索伊勒（Roger Zoile）、勒内·"巴别尔"·昂雅巴尔（René 'Babal' Enjabal）和格拉尔德·拉边斯基

（Gérard Labenski）。[3]

　　罗格·索伊勒的运输生意是由曼谷的一个科西嘉黑手党组织提供资金的。该组织的头目是保罗·路易·勒韦（Paul Louis Levet），专门走私吗啡碱。1962年时，索伊勒运营着三架崭新的美国比奇飞机（Beechcraft）。勒内·昂雅巴尔是法国空军的一名前军官，其民航公司有个非正式的名称——"巴别尔空军"（Babal Air Force）。格拉尔德·拉边斯基则以三人中最优秀的飞行员而著称。

　　拉边斯基是个神通广大的人，他在石缸平原东部边缘的丰沙湾经营着一家名叫"雪豹"（Snow Leopard）的客栈，但他的主营业务是走私。客栈是用来储存鸦片的。这时，你恐怕不可能不想起战后德国加米施-帕滕基兴那家由津塔·豪斯纳打理的、欢声笑语和诡秘买卖交织的白马酒店，或者达夫妮·迪莫里耶笔下虚构的、同样暧昧的牙买加旅店。现在，在这些科西嘉飞行员们身上，我们又一次邂逅了走私较为光鲜的一面，令人很容易浪漫化的一面；也许是专门针对安托万·德·圣埃克苏佩里的《风、沙和星辰》中的观点的，其中还带着一些明显的危险的味道。我们在这里基本不提"走私""股份有限公司"等字眼，但我们不应上当受骗。

　　"鸦片航空公司"运营者中，首要人物或者至少是最为残酷无情的，要数有超凡魅力的科西嘉黑老大博纳旺蒂尔·"岩石"·弗兰奇希（Bonaventure 'Rock' Francisci）。他与贩毒网关键人物、马赛的圭里尼（Guerini）兄弟过从甚密。圭里尼兄弟经营着总部设在万象的老挝商业航空公司（Air Laos Commerciale），有一批双引擎比奇飞机。尽管公司规模不大，却善于通过拉关系、耍阴谋来挤垮对手。弗兰奇希曾经在昂雅巴尔被缴获了一批货物（可能就是弗兰奇希本人的货物）后，"救"过他一命。昂雅巴尔是在无意间闯下了大祸，在驾驶弗兰奇希的飞机时睡着了，结果飞机偏离了航线，飞进了泰国,他遭到短暂的监禁,货物也被没收了。拉边斯基也有一次在把装满鸦片的飞机降落在西贡以北45英里的春禄(Xuan Loc)后,被人告密。尽管他和美国反毒品机构达成了辩诉交易,还是被关了五年。这可不是这些东南亚走私飞行先锋们所期望的理想的浪漫之旅,或者哪怕只是赚钱道路。

这些走私也并未免除国家的介入。科西嘉人在老挝悄悄地得到了运营授权,是根据一种"军事征用"(réquisition militaire)的许可,通常要由最高将军富米·诺萨万(Phoumi Nosavan)来批准。[4]弗兰奇希在越南自1958年起得到了吴廷琰的庇护。不过在越南,这些科西嘉空运公司并不必然享有官方空军的走私者后来享有的那种运营自由,因此经常不得不将毒品空投,或者在柬埔寨、在泰国湾,或者在南越的农村地区。

他们也遇到过挫折:1960年12月,丰沙湾落入了内战中"中立"一方的伞兵营长贡勒(Kong Le)上尉之手,[5]科西嘉人被迫将他们的行动重新部署到万象郊外的瓦岱(Wattay)机场。"雪豹"客栈也换了主人,改名为"友谊宾馆"(Friendship Hotel),成为维修伊柳辛(Ilyushin)运输飞机的苏联工程师的下榻之地。这些伊柳辛飞机从河内为巴特寮共产党人和中立派运来武器和补给。

你也许会说,正是这些艰难困苦才能促成传奇,但是还有一些障碍证明是无法克服的。曾在20世纪40年代担任巴特寮军队指挥官的温·拉迪功(Ouane Rattikone)将军于1964年4月掌权后,从科西嘉人手中夺走了对空运鸦片业务的控制权,并于1965年终结了后者的参与。

在经过了十年多姿多彩的鸦片自由供应之后,拥有更大资源的越南和老挝两国,像个大公司一样合作起来。通常这种合作只在小型私人企业之间进行,然而两国进行合作,是因为它们都看到了干涉并将鸦片贸易收归己有的机会。

越南空军的走私

阮高祺是南越空军军人，实际上是一名空军少将，1965—1967年担任总理，对国家和鸦片贸易均施展了权力。和他共事的，有他的亲密同志和战友阮玉鸾（Nguyen Ngoc Loan）将军，负责全国的保安工作。阮高祺所在的前部队第一空运大队，成为他的禁卫军，他们的领地新山一（Tan Son Nhut）国际机场的一大部分，成为他的权力基地。他甚至在机场周界内修建了一座宫殿。他不再管理空运大队的日常事务，但是新任大队长刘金强（Luu Kim Cuong）成为走私行动的主管。机场的许多工作人员都参与了这条非法鸦片贸易主渠道的运行，使得进入机场的货物可以不经检查即予放行。刘金强控制了机场的全部保安工作。该渠道的全盛时期为1965—1968年，因科西嘉人的航空公司于1965年被逐出老挝后就此式微而获益，直到1968年"春节攻势"后才中断。

空军不仅运输鸦片，还把走私来的黄金从金边运出，最大限度地利用了运载设备和军需物品的飞机。甚至被派到柬埔寨保卫南越和美国的这片新势力范围的AC-47武装直升机，即有"神龙帕夫"（Puff the Magic Dragon）之称的装备有三挺由飞行员控制的火力强劲的机枪的达科塔直升机，在返回新山一机场时也会夹带走私品。他们在疯狂地怒骂过胳膊肘向外拐的人后，执行起这种任务来却是静悄悄的。黄金和鸦片也从老挝巴色（Pakse）附近的一个机场运出。阮高祺的妹妹以她经营的一座豪华宾馆色顿宫（Sedone Palace）为基地，打理这边的货物。这样的家族生意，因腐败而臭名昭著的西贡海关关长阮文洛（Nguyen Van Loc）也在做。阮文洛本人在1967—1968年也曾短暂地担任过总理，他的外甥女在老挝皇家航空公司做空姐时，就曾夹带鸦片。[6]

飞机非常重要，甚至对非空军进行的走私行动来说也是如此。在阮文绍（Nguyen Van Thieu）总统主持推翻了阮高祺和阮文洛后，[7] 越南海军的船只将溯湄公河而上直到金边，接收另一支无法无天的部队——南越特种部队（South Vietnamese Special Forces）——送来的货物。特种部队会使用他们的直升机、运输机和轻型飞机，将鸦片运到作为水路起点的柬埔寨首都。不过这一行动始终没有达到很大规模。

新山一机场最终遭到了清理，但毒品流只不过是转移到了西贡地区内陆的众多其他空军基地。空运管理部门有一位高级军官潘奉天（Phan Phung Tien）上校，与该地区的科西嘉黑帮形成了密切的关系。毒品生意借助新的航空公司网络和法国人、美国人的持续介入，这时反而不断扩大并走向了世界。除了美国军方参与共谋，纵容了向美国大兵提供海洛因的行为，大约在这一时期丧失了土耳其供应线的美国黑手党，也来寻找新的货源地区。一个不祥之兆是1968年，意大利裔的美国黑帮头子小圣特拉菲坎特（Santo Trafficante Jr）访问了西贡，并会见了当地的科西嘉犯罪团伙头目们。

科西嘉人仍然主导着下游的供应，而这通常也是由航空网络来完成的。很多海洛因都是在香港加工的，然后通过商业航班运往智利，再用轻型飞机运到巴拉圭。巴拉圭也是从欧洲经阿根廷而来的毒品流入的中心。这个国家不仅成为流亡纳粹分子青睐的目的地，也为"二战"期间恰好在诸如马赛等地与纳粹分子勾搭上的逃亡歹徒提供了良好的避难所，而其中一些人，尽管在流窜中，仍然不打算结束其为非作歹的日子。[8]

在老挝，离金三角的心脏地带更近的地方，20世纪60年代初的时候，这些生意规划和扩张曾经很可能是别人的事情。除了越南政客和军方之外，我们必须考虑，至少还有两个其他国家实体与鸦片贸易的维持和扩张有关——忍不住被拖入的"静悄悄"的美国人，还有老挝军方的某些关键人物（但并非全部，如我们将看到的），他们很乐意在一个竞争激烈的产业中成为大腕。

老挝军方

像巴拉圭一样，老挝的统治者根本不在乎其国家的主要贸易是非法的，至少在20世纪60年代初是这样。如果说那个南美国家因此被贴上了"巴拉圭股份有限公司"的标签，那么这时期的老挝也应当被视为一个股份有限公司，通过其领导人，做起了鸦片和海洛因买卖。

老挝军方典型的鸦片任务，可以视为与美国中情局二十年后卷入尼加拉瓜的毒品买卖是同一模式，经常都是武器换毒品的交易。一架C-47运输机将把武器装备从万象送到会晒，然后转移到空军的直升机上，飞到湄公河缅甸一侧的约定地点。打好包的鸦片并不一定由直升机载回，而会预先装船运往会晒，等在那里的达科塔运输机再把它们运回万象，然后再通过老挝或越南的空中补给线，运往西贡。

老挝鸦片走私最大的腕儿无疑是武装部队总司令温·拉迪功将军。他对空军尤其感兴趣，因为这是他的鸦片走私行动的运输手段。事情一开始并不很合温将军之意，主要问题是缺少运输用的飞机，无法完成其野心勃勃的走私计划，因为大部分飞机都被占用了，或者在打内战，或者在更广大的地区与共产党军队作战。在将其宏大的鸦片走私计划付诸实施的过程中，温将军遭遇到英勇且极富原则性的抵抗——在权力阶层，主要的阻力来自空军准将陶马（Thao Ma）。

陶马是个富有狂热献身精神的空军战士，坚决反对空军介入走私，作为这一斗争的一部分，他非常细致地关注着他的装备。例如，他把一架C-47运输机改装成能飞行的武器平台，堪与另外一种先进的武装直升机AC-47相媲美。他拒绝了温将军及其心腹库帕拉西·阿沛（Kouprasith Abhay）将军的贿赂，不肯将两架C-47运输机借给他们用于走私。这位空军准将负责对胡志明小道进行空袭，并配合美国中情局的秘密军事行动，他没有任何富余的飞机，即使他想出借，也不可能。[9]

温将军试图摆脱他的这位敬业的勇士，剥夺了陶马对其飞行运输师的指挥权，将陶马和他剩下的T-28战斗轰炸机派到了南方靠近泰国边境的沙湾拿吉（Savannakhet），实际上对他实施了国内流放。陶马感到被逼入绝境，于1966年10月22日发动了反击，率领10架飞机飞抵万象轰炸了他的上司。他本想发动一场政变，但是失败了，他于是飞入泰国境内，开始了流亡生活。温将军于是更加肆无忌惮了。

在温将军20世纪60年代的金三角贸易登峰造极之前，还发生了一件事，就是所谓的"1967年鸦片战争"。这回他可不仅仅是只把敌人赶走了，而是行动得更加果决，更富攻击性。

"1967年鸦片战争"

这场战斗（并非真正的战争），在当时印度支那战争的背景下，尤其是在老挝，不过是白驹过隙，但对于改变鸦片走私的地缘政治格局，却具有非常重大的意义。

当时国民党部队听到风声，有一支由500名武装人员押运的庞大车队载运着16吨鸦片正向老挝驶来，于是一连好几周，危险就一直在酝酿——来者就是野心勃勃的年轻毒枭坤沙。他们抱着一种等待篡位的心态，一心想掀翻傲慢自负的对手。车队从缅甸的佤邦地区一路南下，国民党部队很快便尾随其后。当两支队伍自西向东来到湄公河畔，在芒孟格（Moung Muonge）附近渡河进入老挝境内时，对于领土主权之类的都没有显示出多大尊重来。然后他们沿着河道继续南下。又走了大约25英里，他们在湄公河岸上的木材小镇班光（Ban Kwan）相会了。这里是老挝、泰国和缅甸交会的地方（离鸦片提炼中心会晒不远）。金三角鸦片种植的腹地掸邦就在河的西边，而南边则是泰国。但是这回不关泰国的事，这是为控制经老挝南下到西贡的东南方向的走私走廊而进行的战斗。

当金三角鸦片走私的新老卫士拉开架势后，双方都希望得到赢者通吃的结果。事实也的确如此，但却根本不是他们任何一方所期望的。与双方都是朋友和鸦片贸易的生意伙伴的温将军，对双方都进行了轰炸。他们连滚带爬地逃回了缅甸——坤沙的宏伟计划因此推迟了十年左右，而国民党残部则元气大伤，不过至少仍掌控着掸邦的鸦片生产。

温将军于是获得了对东南方路线的全面控制，而湄公河作为缅老界河也重新具有了重要意义。这次轰炸发出了毫不含糊的意向声明，不过温将军还是在意国际社会的观感的，至少这时在贸易中还努力保持着低调形象。这方面的例证之一是，他要求从掸邦来的走私者将货物在湄公河的缅甸一侧卸车。然而，尽管他深隐幕后，他作为国家当权者操纵非法鸦片贸易的重要性，却是直到他于1971年退休时都未曾减弱的。

中情局的航空公司

1950年8月，"二战"期间曾帮助蒋介石打日本人，后来又和共产党作战的著名非正规空军部队"飞虎队"的创建者和领导者陈纳德（Claire Chennault）将军，将他的航空公司"民航运输公司"（他的中国战斗部队复员后，在其基础上成立）以95万美元的价格卖给了美国中央情报局。这是接下去三四十年，"私有"航空公司网络为中情局干脏活的开始。[10] "民航运输公司"在20世纪50年代末变成了美国航空公司（Air America），该公司有个非正式的训言"任何事情，任何地方，任何时间"引发了恶意的曲解，人们普遍认为这个"任何事情"通常就意味着鸦片。多年来，这个传说越传越盛，到了1990年，甚至在好莱坞电影《轰天神鹰》（Air America）中赤裸裸地表现了出来，那么真相到底是怎样的呢？

民航运输公司或者说美国航空公司的故事无疑会很精彩，不过我们与其立刻就回答这个问题，或许还不如先追踪一下其卷入一场长期以来至少官方声称根本不存在的战争的情境。这样的秘密，以及该公司被部署在老挝这样一个显然有鸦片走私文化的国家，某种程度上解释了美国航空公司被猜测为走私品载运者的原因。不过话说回来，"任何事情"也可以意味着就是一种不要问任何问题的策略。无论如何，鉴于美国航空公司在老挝如此多所作所为的不予承认的秘密性质，难道其行动不是几乎在所有时间都像走私行动一样吗？当然，这证明不了任何事情，但我们还是先这么假设着吧。

秘密战争

20世纪60年代初，美国航空公司并非唯一卷入秘密行动的中情局私人航空公司。始于1961年的"空运干草计划"（Project Haylift），执行者是在华盛顿注册时"航空投资者"项下为"越南航空运输"（Vietnam Air Transport）的一家公司，它负责将在西贡受过培训的越南特工偷运回他们的家乡北越，通常还要携带好几吨重的武器和装备。

不过，美国航空公司似乎是为老挝的秘密战争量身定做的。阿尔弗雷德·W. 麦科伊（Alfred W. McCoy）的《海洛因政治》（*The Politics of Heroin*）一书明确记述了这场暗斗的历史，并且更加广泛地介绍了世界范围的海洛因地缘政治状况。情报机构、毒枭、将军和准军事力量纷纷卷入一场由鸦片利润支撑的战争，演出了一场精彩大戏。然而，这本书差点儿没能出版，因为20世纪70年代初，中情局曾试图对其进行审查。不过，书最终还是出来了，并且非常明白地显示出极其符合公众利益，因为事实证明这简直是后来中美洲发生的事情的带妆彩排，里根政府对尼加拉瓜反政府游击队的支持更具讽刺意味。你也许会说，事态的这一发展是从违法到非法，从秘密到完全否认（这是下一章要讲的故事）。

1960年，美国中情局开始支持老挝皇家陆军的一名军官、少数民族苗族人王宝（Vang Pao），利用他将苗族部落联合起来与共产党人作战。这场战争一直持续到1974年，不过最后几年大部分时间都在败退。1960年，老挝发生了一场政变，全国随即陷入内战中，中情局和苗族的联盟便利用了内战引发的混乱。苗族人与共产党人的战争主要发生在石缸平原周围的山中，特别是东北部山区。那一带是老挝风景非常美丽的一部分，有古老的食盐和稻米走私道路通向越南的奠边府。苗族人的家就在这些崎岖不平的高地上，但他们在刀锋般的山脊上和丛林中如履平地，也从来不在乎国界。这是一支游击部队，不过其战斗经常得到美国人的空中支援。

在长达十年的战争的最初几年，尽管根据1962年美苏为缓和"冷战"的紧张气氛而签订的和平协议，美国被迫退出了老挝，但战事进展得相当顺利。实际上，美国人的战略几乎没有受到影响，因为他们的行动很大程度上是空中支援和秘密的现场指导，大部分工作都可以在泰国北方小城乌敦（Udorn）的中情局新基地进行。其最机密的行动是从泰国中部的塔赫里（Tahkli）空军基地发起的。U2飞机和后来的SR-71黑鸟侦察机也是从那里起飞的。美国航空公司从乌敦向他们的代理军队发放"人道主义援助"（二十年后在尼加拉瓜也是用同样的名义）。他们大部分时间都利用直升机或轻型飞机指导游击队的行动，也会经常空投下一些"硬稻米"——武器和弹药。

实际上，中情局派到现场的特工人数极少，不过至少有三位早年间表现得相当出色，像王宝一样。首屈一指的是威廉·杨（William Young），其父亲几十年前也曾是中情局派往缅甸掸邦的特工。威廉能说五种当地语言。就此而言，他是那一长串东方通兼狂热的闯入者中的又一个，这一长串名字中应当还包括茶叶走私者福钧和作家兼古董走私者安德烈·马尔罗，但是杨就连祖父都曾在那里做过传教士，他对东方的喜爱更是与生俱来的。

安东尼·波舍普尼（Anthony Poshepny），又名托尼·波（Tony Poe），是"二战"时期太平洋战场上的老兵。某种程度上，他的态度就是中情局总体观点的反映。他宽容鸦片种植和海洛因生产，只要不当着他的面进行就行。他看重鸦片作为军饷的主要来源，将秘密军凝聚在一起的作用。他娶了一位苗族部落首领的女儿为妻。有人因他参加过的激烈战斗，例如争夺作为锦标的牛耳，将他比作电影《现代启示录》（*Apocalypse Now*，1979）刻画的受人崇拜的库尔茨。《现代启示录》是著名导演弗朗西斯·福特·科波拉（Francis

Ford Coppola）根据约瑟夫·康拉德的小说《黑暗之心》改编拍摄的。

第三位实际上根本不是中情局的人。埃德加·"砰"·比尔（Edgar 'Pop' Buell）是作为一名农场主、基督徒和人道主义志愿者——他是国际志愿服务队（International Voluntary Service）成员——来到印支半岛的，但他很快就卷入了秘密战争。他除了提供其他服务外，还提供农业技术，帮助苗族人改善鸦片作物生产。然而，比尔并不仅仅是个农业技术人员，他还培训苗族人爆破技术，并组织他们炸毁了6座桥和12条山口道路。[11]是他发现了几乎无人居住的山间盆地龙镇，使中情局在那里建立了一个比老挝第二大城市还要大的基地。王宝带人迁移到那里，托尼·波代表中情局掌管那里。比尔却不愿意受到管制，又向高原上前进了19公里，来到了三通（Sam Thong）。

主要是战士的苗族人，并不会认为他们是走私者，不过王宝无疑是一个。他于20世纪70年代初在龙镇建立了自己的海洛因工厂。然而假如没有美国航空公司，他是不可能向市场供应鸦片的。

美国航空公司

这个因为与中央情报局有关联而著称的航空公司，其飞行员——引用圣埃克苏佩里的话来说——永远不会"拒绝组成一支救援队"。他们当然是雇佣军，但是正如克里斯托弗·罗宾斯（Christopher Robbins）在其引人注目的《美国航空公司：中情局的秘密航空公司的爆炸性真相》（*Air America: The Explosive True Story of the CIA's Secret Airline*）一书中告诉我们的，这些飞行员在支援苗族军队和在老挝东北部作战的他们自己的同胞，偶尔也救援他们撤退方面，表现得也是格外英勇的。他们是在最为极端、最为困难的飞行条件下行动的。

他们的英勇行为的表演舞台，是中情局的人及其代理部队准备的。杨从掸邦和拉祜族人中招募了一些助手，被称为"十六个火枪手"，负责修建和管理一些带飞机跑道的小基地，总共建了大约20个。与此同时，比尔在石缸平原边缘地带活动，组织救援。他起初与托尼·波和王宝的游击队是各自为战的，后来才联手行动。到1963年年底时，美国人和苗族人已经将所有山脊都变成了他们的简易跑道。这一带的居住环境很容易让人患上幽闭恐惧症：高原上沟沟坎坎极多，使得敌对的双方可以驻扎得很近——中情局和美国航空公司在洪嫩（Hong Non）有个供给基地，距巴特寮的总部只有12英里。

树木被伐倒，山脊被夷平。这些简陋的跑道以使它们的建成为可能的飞机的名字，命名为"太阳跑道"（Helio），而这样的跑道所在的基地则被称为"利马站"（Lima Site）。它们连成一串，通向龙镇。

然而，修建这些跑道是一回事儿，让"太阳信使"（Helio Courier）和"皮勒特斯·波特"飞机在这些跑道上起降，又是另一回事儿了，即使这些飞机有着骄人的低速着陆和停车能力。飞机在这里起落经常是极端危险的。在丰沙里修建的基地，被认为是最危险的一个，夜里还经常有老虎游荡。那条跑道长约180米，但只有60米是直的。实际上这些简易跑道很少有直的：15—20度的扭曲是常有的事，纵向还经常有一定的坡度。在老挝飞行比在越南危险得多，因为越南的机场周边好歹还有警卫。最好是在清晨或傍晚着陆，那时候上升的暖气流会少一些。

苗族人依靠美国航空公司来维持生计，因为他们没有时间种植粮食了，特别是稻米。供给和收集行动某种程度上将分散的部落联系了起来，但也意味着卸空了的飞机能够把鸦片运走。美国航空公司的飞机无疑处于将鸦片作物运走的状态，在反政府的巴特寮共产党人控制了石缸平原，将空中行动赶到周围的山脊上后，这一点至关重要。美国航空公司相比老挝空军的优势在于，当石缸平原于1964年（巴特寮就是在那一年占领了该平原）和1965年变成战斗更激烈的战场后，只有美国人能在平原周边群山山脊上的跑道起降，那些简易机场对老挝空军的C-47飞机来说太小了。很少有人怀疑，美国航空公司于1965—1971年从石缸平原的北部和东部将鸦片空运到了龙镇，有时规模还很大。其中1970年和1971年的鸦片作物是美国航空公司用直升机运到龙镇的。然而，飞行员和机组人员是否深谙这种交易的内情呢？或者说，这是否只是附属行动呢？

通常飞行员运输的是箱子，并不确知箱子里装的是什么。另一方面，人们知道美国航空公司也曾空运苗族商人到村子里收集鸦片作物。[12]当然，这也许只表明这是让苗族人高兴并支持美国的战术计划的一部分——中情局也许认为这是必要之恶。这并不能说明美国航空公司确知这是某种走私阴谋。我们或许应把这一指控留给对美国卷入中美洲丑闻的分析。

可以肯定的是，载运鸦片或海洛因从来不是规定的政策。相反，针对"无火不起烟"这句谚语，该公司的确最终曾试图掩盖过其与这件交易的关系。依照这项政策，1967年王宝曾获得资金购买了两架C-47运输机，一架购自美国航空公司，另一架购自大陆航空公司（Continental Air Services）。[13]他就此拉起了自己的空运队伍——川圹航空运输公司（Xieng Khouang Air Transport），因此能够在龙镇和万象之间自己运输鸦片了。诡异的是，该公司甚至还签订了一项合同，负责运送美国麻醉药物和危险药物管理局（Bureau of Narcotics and Dangerous Drugs，即美国缉毒局的前身）的人员，并在反毒品行动中提供合作。

实际上，飞行员本身恐怕鲜有毒品走私者，即使只把鸦片运到台湾或香港以远就能发大财。无论如何，走私的条件在逐渐恶化。1968年1月，桑怒的陷落使得秘密战的优势转到了巴特寮一边。桑怒在石缸平原东北部的群山中，距北越只有27公里。随着桑怒一同丢失的，还有中情局设在丰沙里的重要信号堡垒——第85号利马站（LS-85）。该站对于导引对河内和红河三角洲地带的空袭至关重要。美国航空公司这时变成了撤退的关键。就像1949年后，"民航运输公司"（CAT）将国民党部队运往台湾一样，这次美国航空公司又在两周多的时间里将9000名苗族人空运出了桑怒。

该地区另一个动荡的凶年是1970年。随着石缸平原四周的山脊被攻占，平原及其周边成了世界上争夺最激烈的战场之一。美国航空公司作为一支准军事力量，规模在不断收缩，最终不得不抛弃了其大约300条简易跑道。随着龙镇被攻占，万象受到威胁，从美国人观点看，老挝陷入了严重的动乱之中，尤其是因为该国南方的很多地方都已变成了被称为"胡志明小道"的蜿蜒曲折的后勤供应线路。美国航空公司的飞行员们，即使在某种程度上是走私者（不过并不像安托万·德·圣埃克苏佩里眼中的这样的人），仍在继续执行他们的"救援任务"，几乎直到最后一刻。[14]王宝被中情局护送到泰国，然后又送往美国，富有争议的是，他抛弃了手下大部分忠诚的苗族战士们，让他们去听天由命。随着1973年《巴黎和平协议》签订，美国航空公司将其许多飞机交给了老挝政府。

不用说，金三角的诱惑力并没有减弱多少，在地图上，只是其向南的箭头变得更粗了一些。

将金三角的鸦片源源不断地空运出来，最终会变成纽约或洛杉矶街头注射进美国人血管的海洛因。这是印度支那战争的一个实实在在的副作用。1969年，美国总统理查德·尼克松宣布当务之急是要"向毒品开战"。"向毒品开战"作为一项神圣战争，后来让位于"向恐怖主义开战"了，但是人们曾一度关注起这两种威胁的联合来。"毒品－恐怖主义"这种超级组合可能只是一些有偏执妄想症的人希望出现的幻象，比如说是一种在"冷战"期间为增加军费开支进行辩护的理由，但是作为一种恐吓战术还是相当有力的。

打恐怖牌变得更容易了，因为威胁离美国更近了：南美洲已经拥有了毒品供应的又一个源泉的名声。一连串的右翼政变和军事独裁似乎阻挡住了共产主义的大潮，但是却不妨碍像哥伦比亚等地仍然成为"向毒品开战"的主要敌人，不过哥伦比亚的群山和丛林看上去却极其可怕——实际上太像印度支那了，事实证明，印度支那的地形是共产党人的天然盟友。

然而，"冷战"需要另一个战场，美国航空公司的飞行员们也需要新的合同。美国的"后院"中美洲在翘首以待了。毒品－恐怖主义将为开战提供理由，一些老飞行员将重新得到征召。从老挝学到的走私技巧证明在这场新的代理人战争中非常管用，而这场战争的发生，至少在部分上，仍深深地隐藏在阴暗中。

第十七章
"冷战"对抗：飞进中美洲的风暴

1984年7月17日，刚刚创办没几年的一份右翼报纸《华盛顿时报》（*Washington Times*）报道了一条消息，使"毒品-游击队"这个幽灵被牢牢地提上了美国外交政策的议事日程。这条消息围绕着一些照片，显然展示的是尼加拉瓜桑地诺民族解放阵线（Frente Sandinista de Liberación Nacional）的革命者在首都马那瓜附近的一个小机场，正帮助哥伦比亚贩毒集团的高级官员，把成箱的可卡因搬上一架美国的飞机。这是专门为证明毒品走私者和游击队，甚至是恐怖分子之间的联系的一个秘密圈套。这是一个新的威胁，是对共产党人和"毒品"来源的联系的暗示。里根政府披露出这些照片，现在可以证明，是为了支持尼加拉瓜反政府武装反对桑地诺民族解放阵线。

这条消息看上去非常令人信服，如果说得来的有些太容易的话。对涉事美国飞行员巴里·西尔（Barry Seal）——一位参加过越南战争和老挝战争的老兵——来说，其后果是他没有想到的。飞机装上了隐藏相机，而照片的发布实际上等于签发了他的死刑执行令。他于1986年2月，在美国路易斯安那州的巴吞鲁日市（Baton

Rouge），在名义上处于国家保护的状态下，被麦德林贩毒集团派出的枪手暗杀了。

"毒品-恐怖主义"（Narco-terrorism）是秘鲁总统费尔南多·贝朗德·特里（Fernando Belaúnde Terry）于20世纪80年代初首创的一个说法，形容的是贩毒集团与"光辉道路"（*Sendero Luminoso*）组织之间可能存在的关联。"光辉道路"是秘鲁的一个恐怖组织，一直在该国进行"革命战争"，实际上一直持续到其首领——被称为"贡萨罗同志"（Comrade Gonzalo）的阿维马埃尔·古兹曼·雷诺索（Abimael Guzmán Reynoso）——于1992年被俘为止。大约在同一时期，美国驻哥伦比亚大使首次使用了"毒品-游击队"一词，很大程度上出于同样的原因，也具有同样的效果，只是所指的是更北边的国家。

巴里·西尔与他们不同，是个从不多言多语的人。他参加过老挝战争中的秘密工作，因此具备了明显的走私心态，此外他还卷入过中情局支持的在危地马拉和古巴的冒险行动，但是后来他本人也变成了一个走私者。如果我们称他为毒品-游击队员，那有些太过分了，但他似乎无疑在那种圈子里周旋过。如果我们越界一步，称他为某种毒品-叛徒或者恐怖主义雇佣兵，那么我们不也可以说，他和他的雇主——美国中情局、美国缉毒局，甚至美国政府——之间的交易，意味着这些组织在某些方面也很近似于毒品-恐怖主义吗？

当然，没有人会仅仅因为走私鸦片是中情局为反共行动的效果付出的代价，就把老挝秘密战争定性为毒品-叛乱。那么为什么有这么多的人对中情局卷入中美洲事务持续怀疑呢？中情局在世界这一部分的作为有什么重大不同吗？原因之一可能是，美国支持尼加拉瓜反政府武装的行动所卷入的彻头彻尾的毒品贩子远比在东南亚支持苗族军队时要多。

然而，在1984年7月的那一天，当里根总统在国家电视台炫耀那些照片时，宣传是奏效的：这时距伊朗门（Iran-Contra）丑闻（向伊朗提供武器，以换取黎巴嫩的美国人质获释，事情不成后又将行贿资金重新投向了尼加拉瓜反政府武装）爆发还有几年时间。这时还没有人真正感觉到风暴正在来临，但或许本应感觉到的。

曾经有一次，我在距大陆大约50英里的尼加拉瓜的科恩群岛（Corn Islands）工作了几天后，乘一架小型客机飞进了马那瓜机场，体验了一次天气的剧烈变化。我正好坐在飞行员的背后，因此能看到前挡风玻璃外的景象。我很惊讶飞机绕着云团飞行以避免麻烦，而不是像大型客机那样穿云而过。也许这只是因为我的位置已经几乎在驾驶舱里，所以我切实看到了飞机绕行的路线——通常我只能看到飞机的侧方。云团看上去有些可怕：它们当然是雨云，但我也分不清它们是不是暴风云。当我们最终临近机场时，我们可以看到机场的远端正受到一股强烈的贴地风暴的肆虐。这股风暴就在我们面前，就在我们正下方的跑道上，仿佛一块地毯正被卷起。飞行员们相互商量了一下，但仅仅经过了片刻的犹豫，他们就做出了着陆动作。我们落地后仅一两秒钟，那股风暴便从我们头上扫过。在乘出租车进城的路上，司机也不得不对是否驶入积水已深一米的街道做出选择。结果我们被困在了洪水中。

在我看来，这一情况可用来比喻中情局，以及稍低程度上美国政府，先后支持老挝苗族和中美洲反政府武装的行为。他们隐瞒着非常令人怀疑的事情，却侥幸成功了很长时间，甚至挺过了对他们的活动的某些比较仔细的调查，就仿佛躲过了一些乌云，但迟早他们还是要为他们越来越怪异的行为承担责任的。

他们是怎样使自己陷入如此尴尬的境地的？他们怎么能迄今仍然这样肆无忌惮地行事，就仿佛这是一场终结所有夸张效果的"冷战"闹剧一样，就仿佛任何战术都是合法的一样？如果我们回顾一下一个时常用来形容中美洲的术语，我们就能对美国为何在处理美洲国家间关系方面周期性地犯简单化的错误，开始有一些理解。中美洲国家有一个历久不衰的指称，来自一位美国作家欧·亨利（O. Henry），即威廉·西德尼·波特（William Sydney Porter），在1904年发表的小说《白菜与国王》（Cabbages and Kings）中，他将一个虚构的国家安丘利亚（Anchuria，原型为洪都拉斯）描绘为一个"香蕉共和国"（很大原因是这块地方是由外国水果公司掌控的）。这个术语很快就成为风靡世界的流行说法：约瑟夫·康拉德在其出版于同一年的小说《诺斯托罗莫》（Nostromo）中也虚构了一个国家科斯塔瓦那（Costaguana），让我们领略了又一个专横但又革命的拉美国家的华美绚丽的刻板形象。随后美国卷入诸如危地马拉等地政变的历史，说明他们仍然骑在水果公司的权力和影响的背上。当总统们和外交官们想出诸如"毒品-恐怖分子""毒品-游击队"和更新近的"毒品-叛乱分子"[1]等新说法时，我们很容易地就会想到：香蕉共和国。

当然，这会导致一种多少有些根深蒂固的思维方式——例如，这些都不过是毒品国家，它们的那些瞎胡闹一般的坏蛋都是新的害人虫。就算我们能接受某些二元论的"向毒品开战""向恐怖主义开战"的漂亮话，可是那个喋喋不休的问题还是没有解决：为什么指责中情局与中美洲毒贩子有牵连的脏标签似乎在东南亚就没出现呢？

答案之一恐怕也来自这种毒品思维方式。当某种成见有一定道理时，当诸如墨西哥、洪都拉斯、哥斯达黎加、巴拿马、委内瑞拉、哥伦比亚、秘鲁和玻利维亚这些国家，都曾实际上处于毒品贩子或与毒品贩子关系密切的政客和警察头子掌控之下时，美国中央情报局也会受到诱惑，参与这种完全相同的闹剧。原因可能是要与许多这些显而易见的毒品文化和人物达成浮士德式交易，以继续推动其对共产党的战争。就本书更宏大的故事而言，也许可以说为了与走私者共同起舞，你必须自己先变成走私者。

在探讨这个话题之前，我们需要先澄清可卡因走私史上的一些事情，这些事情主宰着格兰德河（Rio Grande，美国和墨西哥的界河）北边的美洲人对南边人的想象。

美洲的贩毒场

我们很多人都听说过哥伦比亚的麦德林和卡利两个贩毒集团，特别是像巴勃罗·埃斯科瓦尔·加维里亚（Pablo Escobar Gavíria）和卡洛斯·莱德·里瓦斯（Carlos Lehder Rivas）这样的20世纪80年代末90年代初的毒枭，以及卡利贩毒集团因为注意隐介藏形，最终胜过了其对手。然而，就形象和利润而言，这两大集团近年来都明显被从掮客变成了行业主宰的墨西哥贩毒集团超越了。不过，我们这里的故事还要追溯得更远一些，几乎要到墨西哥和中美洲卷入贩毒之始。

与墨西哥和中美洲有联系的早期哥伦比亚毒品供货商之一，有圣地亚哥·奥坎波·苏卢阿加（Santiago Ocampo Zuluaga），这也是卡利集团的早期联系。他将可卡因运过显然串通一气的巴拿马将军奥马尔·托里霍斯·埃雷拉（Omar Torrijos Herrera）的地盘后，[2]卖给洪都拉斯人胡安·拉蒙·马塔·巴列斯特罗斯（Juan Ramón Matta Ballesteros），然后再经以蒂华纳（Tijuana）为根据地的古巴流亡者阿尔贝托·西西利亚·法尔孔（Alberto Sicilia Falcón）之手，"颠簸"进入美国。西西利亚是个神通广大的人，认识墨西哥总统路易斯·埃切维利亚·阿尔瓦雷斯（Luis Echeverría Álvarez）的夫人，还得到掌管情报机构联邦安全委员会（Dirección Federal de Seguridad，DFS）的米格尔·纳萨尔·阿罗（Miguel Nazar Haro）的保护。无论纳萨尔还是西西利亚，都与美国中情局有关系。马塔先是在20世纪70年代初向西西利亚提供可卡因，后来又向墨西哥真正的大毒枭——瓜达拉哈拉贩毒集团（Guadalajara Cartel）的头子米格尔·安赫尔·费利克斯·加利亚多（Miguel Ángel Félix Gallardo）——供货。马塔本人某种程度上获得了美国人的起诉豁免，可能部分上是因为他一向资助以洪都拉斯为基地的尼加拉瓜反政府武装——"尼加拉瓜民主力量"（Fuerza Democratico de Nicaragua，FDN）——直到他变得没用之后。

20世纪七八十年代，美洲政坛流动着大量可卡因带来的资本。有所谓的"可卡因政变"，1978年发生在洪都拉斯（有马塔支持），1980年发生在玻利维亚。[3]十年后在秘鲁，军方和保安部门都很乐于为可卡因贸易保驾护航，而保安部门的首脑，就是藤森（Fujimori）总统的得力助手、富有神秘色彩的弗拉迪米罗·蒙特西诺斯·托雷斯（Vladimiro Montesinos Torres）。有迹象表明，蒙特西诺斯是所谓的毒枭恐怖分子——"光辉道路"组织领导人之一、被称为"费利西亚诺同志"（Comrade Feliciano）的奥斯卡·拉米雷斯·杜兰德（Óscar Ramírez Durand）的外甥。曼努埃尔·诺列加·莫雷诺则可谓一个马基雅弗利式的权谋政客，他与麦德林贩毒集团的牵连是有据可查的，尽管他与美国中情局的联系要晦暗得多。尼加拉瓜当时由独裁者安纳斯塔西奥·索摩查·德瓦伊莱（Anastasio Somoza Debayle）统治，中美洲的"冷战"大戏最早就是围绕他展开的。正是他，为与洪都拉斯一家海鲜公司有牵连的美国大麻走私者提供了飞机。

墨西哥的贩毒集团以暴力而闻名，某种程度上也以时髦而著称。锡那罗亚州（Sinaloa）的库利亚坎（Culiacan），是与贩毒集团的成长最息息相关的城市，也是墨西哥的越野车之都，有整街整街华丽的高楼大厦，有毒品电影产业，还有一种兴旺的民谣文化——毒品歌谣（narco-corrido）。但是可卡因带来的富裕，无疑也并非只有明显的参与者独享：有时候也在原本应是其对立面的那些人身上显现出来——帅气的警官和看上去像是温文尔雅的会计师的政客。卡洛斯·萨利纳斯·德·戈塔里（Carlos Salinas de Gortari）总统的执政（1988—1994）长久以来都被与可卡因腐败联系起来。总统的哥哥劳尔（Raúl），后来因被指控巨额财产来源不明并藏匿在瑞士银行账户上而被判刑并监禁。一连串号称要打击毒品非法交易的缉毒官员，也都被证明不干不净。[4]

美国的毒品执法人员经常还是坚决反对这种卑劣行径的。美国缉毒局普遍被认为是尽职尽责的，是埃利奥特·内斯那个"美国的禁令不可触犯"的时代的继承人。然而美国中央情报局却从来没能享有这样的好名声，部分原因是栽在了其某些合作伙伴身上。

我们还是先回到毒品-恐怖主义这个幽灵上，看看在人们对拉丁美洲已经形成了"黑"这一成见的背景下，中情局想显得无比清白是多么不可能。在对尼加拉瓜反政府武装开展的援助行动中，美国秘密机关——中情局和部分军方机构——非常倚重于古巴流亡分子，而这些人很多都与可卡因走私有关联，或者就在亲自走私。你也许会说，这不就是与走私鸦片的老挝苗族人合作的那种"卷入"么，既不多也不少。但是这其中的一些古巴人，有着更加说不清道不明的历史，有些人曾参加过一些极端可疑的组织，如"古巴民族主义运动"（Cuban Nationalist Movement），与智利秘密警察组织——右翼的"DINA敢死队"——有关联。美国"冷战"政策的边缘性平台之一"世界反共联盟"(World Anti-Communism League)也很可疑,其在思想上是由阿根廷独裁政府和萨尔瓦多极右翼的军方人物领导的。中情局在中美洲还有一些盟友,曾是"团结革命组织敢死队"(Comando de Organizaciones Revolucionarias Unidas)的成员,这实际上是一个恐怖组织,实施过爆炸、绑架和暗杀等行动,作为武装对抗共产党人的手段。那么,中情局所属的这些古巴人,难道不会是仅仅在自己的履历中又增添了毒品走私一项的准退役恐怖分子吗?

然而中情局似乎是超脱于这些罪恶之外的,直到有一天,一个意外事件使其秘密战争大白于天下。在巴里·西尔于1986年10月5日被暗杀大约七个半月后,尼加拉瓜桑地诺民族解放阵线又击落了美国南方航空运输公司(Southern Air Transport)所属的一架C-123飞机。该公司曾是中情局控股的航空公司。这是与西尔开进尼加拉瓜的同样的飞机,是毒品-恐怖主义给人们带来的刺痛,尽管这一事实所展示的不过是这种飞机有着令人感兴趣的经历。飞行员威廉·库珀(William Cooper)和副驾驶华莱士·"嗡嗡"·索耶(Wallace 'Buzz' Sawyer)都在飞机坠毁时遇难了,但"踢手"(就是负责把货物从飞机后部踢下去的机组成员)尤金·哈森弗斯(Eugene Hasenfus)却跳伞逃生并被俘。后来他被桑地诺民族解放阵线送上了法庭。正是这一审判,导致伊朗门丑闻曝了光,也促使参议员约翰·克里(John Kerry)从1986—1989年对美国机构与毒品贸易之间的关系进行了调查。他写成的报告暴露了中情局在中美洲行动的细节和规模及其与走私的瓜葛。大体上,就其影响而言,就如同揭开了一盒长满了蛆虫的罐头。

机组全体人员都曾在老挝为美国航空公司飞行。对他们来说,只不过是又一次空运起"硬稻米":桑地诺民族解放阵线在飞机上发现了70支自动步枪、10万发子弹和7个枪榴弹发射器，还有美国航空公司的操作手册。

这次坠机事故又一次暴露出，那个历史悠久的航空公司（"任何事情，任何地方，任何时间"）看来又借尸还魂了。但是报告还展现出走私所依赖的空中行动的复杂性，正如阿尔弗雷德·W.麦科伊在比较差不多同一时期阿富汗的海洛因小道与南美洲和中美洲的这些可卡因道路时所说的："在像翻线游戏一样的跨加勒比地区航线中，决定谁来驾驶什么飞机，要复杂得多。"[5]

扩展翻线游戏：秃鹰行动

有一个较早期的空中战略，表面上似乎相当地坦率明确，那就是"秃鹰行动"（Operation Condor），即在1975年对于（主要种植在）墨西哥的库利亚坎和索诺拉州（Sonora）的群山中的大麻作物及部分鸦片作物，实施空中喷雾根除。执行任务的墨西哥飞行员，是由常青国际航空公司（Evergreen International Aviation）培训的，而这笔交易则是由两名中情局人员安排的，其中一人曾在老挝执行过飞行任务。总共大约76架飞机，全部是由美国提供的。常青公司也只是在不久前才接手了山间航空公司（Intermountain Aviation），后者是一家由中情局经营的航空公司，实际上是中情局控股的一些东南亚航空公司的前台幌子。飞机是由"E系统"（E-Systems）维修和保养的，该系统已经接管了亚洲航空公司（Air Asia，基地设在中国台湾，为美国航空公司提供大规模维修服务的企业），而且其董事会中仍有三名中情局高级官员。这些公司虽然都私有化了，但仍是一个排外的网络，内部分层级，每个公司的前面，都有一个前台的傀儡公司。

很可能整个行动都是场骗局。1978年，墨西哥当局拒绝美国人飞临根除区上空检验结果。有可能很多田地上喷洒的都是水，或者除草剂被投弃在目标区域外的荒漠中。也可能同一区域被反复喷洒，有时像展示的那样，但无疑除了第一遍之外，并无增加效果。而且假如说毒品作物真有损伤的话，那么大鳄们也是毫发无损的，例如以蒂华纳为根据地的西西利亚，贿赂了喷洒队伍，让他们集中喷洒他在锡那罗亚州的竞争对手的田地。这些竞争对手随后被赶出了该州，南下到瓜达拉哈拉。不过他们在那里重新集结，重整旗鼓，当他们重返北方诸州时，成为更加强大的力量。这就是墨西哥贩毒集团的起家之时。

对于中情局纠缠于中美洲之事来说不吉利的是，到20世纪80年代初时，洪都拉斯和哥斯达黎加的简易机场，成了毒品经墨西哥运往美国时的重要转运站。

贩毒集团及其同伙的航空网

中美洲国家之间的联系，一向是以航空为主，不过最初都是些大毒枭得势后，对定期航线施加影响的故事。以洪都拉斯前总统奥斯瓦尔多·洛佩斯·阿雷利亚诺（Oswaldo López Arrellano）将军为例，他于1975年被下属之一温贝托·雷加拉多·拉腊（Humberto Regalado Lara）推翻，而雷加拉多又于1988年因进口可卡因而被捕。然而，洛佩斯却是作为一名富豪而退出政坛的，他成了国家航空公司坦–萨沙（Tan-Sahsa）的老板，为雷加拉多的可卡因进入美国担负起运输任务来。似乎并没有什么怨恨的感觉，或者至少是赚钱压倒了一切吧。

另一个被走私者渗透的航空公司在巴拿马运营，名叫麦德林航空公司（Aerolineas Medellín），实际上总部却设在卡利，所有者是乌戈·托里霍斯（Hugo Torrijos，奥马尔的弟弟）和奥坎波。1984—1986年，卡利贩毒集团将可卡因和现金藏在东方航空公司飞机的整流罩里进行运输。这是通过贿赂航空公司的中层管理人员而办到的。最近的贩毒集团里最著名的人物之一吉尔伯托·罗德里格斯·奥雷胡埃拉（Gilberto Rodríguez Orejuela），则拥有自己的航空公司。

1981年，托里霍斯在一次神秘的飞机坠毁事故中死亡后，曼努埃尔·诺列加进入了毒品买卖，使得可卡因转运生意大为振兴。在诺列加作为黄金、武器和毒品的转运基地的提供者最为赚钱的那些年，他也名列中情局的工资表中，单是1985年一年就收到了20万美元。[6]

美国大麻贩子史蒂文·卡利什（Steven Kalish）拥有巴拿马外交护照，是起始阶段的一名关键人物。他设法促成了麦德林贩毒集团的一些成员在巴拿马获释，从而与该集团建立起交情。诺列加在其草创阶段还不能借助国家力量时，曾自己建立了一支至少拥有五名雇佣飞行员的飞行队，只执行他本人的命令。这些人包括恩里克·普雷特尔特（Enrique Pretelt）、科斯塔·里坎·维尔纳·洛茨（Costa Rican Werner Lotz）、塞萨尔·罗德里格斯（César Rodríguez，诺列加的私人飞行员）、特奥菲洛·沃森（Teofilo Watson）和弗洛伊德·卡尔顿（Floyd Carlton）。即使没有来自美国缉毒局的压力，这也仍然是件危险的营生：沃森于1985年5月被谋杀，罗德里格斯也于次年断命。有一次一批货物丢失了，麦德林贩毒集团要找沃森和卡尔顿算账，绑架了前者的妻子和孩子。当沃森被杀后，嫌疑落在了一名农场主卡洛斯·爱德华多·扎波洛利·泽卡（Carlos Eduardo Zapporolli Zecca）的身上，他也是一个不折不扣的走私者，还为尼加拉瓜反政府武装提供武器。那批货物很可能是被扎波洛利转移去支援尼加拉瓜反政府活动了，他也是该活动的主要倡导者。

弗洛伊德·卡尔顿也许是这些走私者中最具创业天赋的了，很可能获益于他与中情局拐弯抹角的关系。似乎根据美国当局的命令，卡尔顿驾驶的飞机没有在佛罗里达机场被检查过。他是阿尔弗雷多·卡瓦列罗（Alfredo Caballero）的生意伙伴。卡瓦列罗是参加过古巴猪湾事件的老兵，这时是中情局的飞机交易公司DIACSA的所有者。他们的一架飞机于1985年9月23日在佛罗里达坠毁，使他们吃上了官司，卡瓦列罗为寻求轻判，告发了卡尔顿。卡尔顿最终于1986年被捕。1987年1月，哥斯达黎加法庭判处卡尔顿九年有期徒刑。[7]

接下来该说说巴里·西尔了。我们知道，他的走私生涯也同样是过早地结束了。阿德勒·巴里·西尔是一名出色的飞行员，曾作为特种部队的一员在越南执行任务。后来，在转变成走私者，并装备了从美国航空公司和南方航空运输公司买来的飞机后，他从洪都拉斯倒卖起可卡因，主要是为麦德林贩毒集团。他把倒来的可卡因空投到美国东南部他和兄弟温德尔（Wendell）一起经营的大农场中。他的总部设在阿肯色州西部沃希托山（Ouachita Mountains）中的城市米纳（Mena）。

1983年5月，他被美国政府找上了麻烦，他试图成为缉毒局的线人，以免除牢狱之灾，但遭到了拒绝。然而，他直接向布什副总统办公室发出申诉后，没过多久就成功地和缉毒局搭上了关系。正是与缉毒局的交易，导致了本章开头介绍的那次圈套行动，但是，至关重要的是，无论如何难逃干系的中情局（是他们提供了照相机，并将其安装在西尔的C-123运输机的机首和机尾），似乎操纵了消息的引进，使之变成了一次战略性的辩护。拍摄于1984年6月25日的那些照片，被里根政府利用，试图凸显毒枭与游击队的联盟，近乎毒品-恐怖主义幻影般的威胁，以影响公众舆论和即将举行的国会关于援助尼加拉瓜反政府武装议案的表决。

这次圈套行动的焦点针对的是麦德林贩毒集团，而且发生在1984年哥伦比亚国家警察在美国缉毒局配合下对"宁静之地"（Tranquilandia）发动袭击之后不久。"宁静之地"是哥伦比亚丛林中一个大型可卡因加工实验室，显示出毒品集团高度的组织性。圈套行动的细节是这样的。[8]1984年5月28日，西尔及其副驾驶埃米尔·坎普（Emile Camp）飞到了哥伦比亚，和奥乔亚（Ochoa）兄弟达成了一笔交易。然而，他驾驶的飞机——一架洛克希德公司的"北极星"（Lockheed Lodestar）运输机——在取货时损坏了，当时他在大雨中滑出了泥质跑道。在借了另一架飞机"大力神404"（Titan 404）后，他起飞回家，但是被迫在尼加拉瓜着陆并加油，因为这架飞机的飞行距离更为有限。当他再次起飞时，遭到了射击并被击中，被迫再度着陆。他声称6月25日他驾驶一架C-123["胖夫人"（Fat Lady）]运输机飞了回来，为从洛斯布拉西莱斯（Los Brasiles）简易机场取回货物。洛斯布拉西莱斯机场就在马那瓜城外，主要用于洒农药的小飞机，然而里根政府却说那是一个军用机场。

这些照片都是在飞机装货时拍摄的，据说显示了哥伦比亚毒品贩子和桑地诺民族解放阵线的联系，然而大量的迷雾笼罩着这些照片的真实性。这些照片果真展示出所有或任何臭名昭著的贩毒集团头目了吗？比如巴勃罗·埃斯科瓦尔、何塞·贡萨洛·罗德里格斯·加查（Jose Gonzalo Rodriguez Gacha）和豪尔赫·路易斯·奥乔亚·巴斯克斯（Jorge Luis Ochoa Vasquez），以及桑地诺阵线的联系人费德里科·沃恩·洛雷多（Federico Vaughan Loredo），就像当时宣称的那样？有人甚至还说，这场景没准是在科恩群岛摆拍的！[9]

美国缉毒局也许只是想为正在进行的调查获取些证据，不料被这些照片过早地泄露而破坏。照片是由驻巴拿马的南方司令部司令保罗·戈尔曼（Paul Gorman）将军正式发布的，但按照美国缉毒局的说法，是由奥利弗·诺思（Oliver North）中校交给他的。7月17日，《华盛顿时报》向全世界披露了这个消息。

中情局及其一线军事人员在走私活动中扮演的工具性角色，在1984年似乎并没有激起多大波澜——大概是在东南亚的金三角做了多年的代理工作后，他们又转移到可卡因领域，并不令人太过意外。几年后又有一架相同型号的飞机坠毁，揭露出更多的内幕。那么，这些秘密的十字军骑士们——奥利弗·诺思、理查德·西科德（Richard Secord）以及中情局的罗伯特·欧文（Robert Owen）等人，和他们新的代理军队——尼加拉瓜反政府武装，那些年究竟在中美洲忙些什么呢？

尼加拉瓜反政府武装

1973年，美国总统理查德·尼克松建立了美国缉毒局，为了集中开展他在1969年宣布的针对毒品的战争。这是企图将力量扯平的尝试，为使"缉毒"（防治）力量能够与"贩毒"（走私）力量相匹敌。然而，其当时的效果却只是将法国人在拉丁美洲的影响排挤走了，为在本土起家的贩毒集团留出了发展空间。这就是所谓气球效应的一个实例——当你对问题的某一部分施压时，却使另一部分膨胀了起来。以美国人的观点在拉丁美洲运用这一常理，困难之处在于，当缉毒局忙于挤压在拉丁美洲到处都很突出的毒品问题时，中情局却全神贯注于尼加拉瓜影影绰绰的共产主义威胁问题,似乎非常乐于让可卡因这处气泡滚圆起来,甚至还想自己吹些气进去。索摩查、桑地诺民族解放阵线、反政府武装三方的战争,使得中美洲中心的这一地带,正好成为东南亚的一些"老司机"重操旧业的地方。

这个美国人眼中的新"问题"(对于某些正在寻找新角色,从而为自己获得的资金辩护的人,却恰是一个解决办法),随着1979年7月老独裁者索摩查倒台而愈演愈烈。索摩查先是逃到了迈阿密,然后又在巴拉圭获得了避难权,最后于1980年9月在那里被刺杀。桑地诺民族解放阵线夺取了全国政权,然而反政府武装(实际上是两伙人,一伙以洪都拉斯为根据地,另一伙则盘踞在哥斯达黎加)向他们发起了挑战。

哥斯达黎加的这一派叫作"桑地诺革命阵线"(Frente Revolucionario Sandino),后来在与反政府的其他南方派别结盟后,又演化成"革命民主联盟"(Alianza Revolucionaria Democrática),由被桑地诺民族解放阵线疏远的伊登·帕斯托拉·戈麦斯(Edén Pastora Gómez)领导。该派起初获得了美国中情局的支持,但在其拒绝从属于洪都拉斯的那一派后,支持被取消了。北方的这一派叫作"尼加拉瓜民主力量"(Fuerza Democrática Nicaragüense),领导人是恩里克·贝穆德斯·巴雷拉(Enriqué Bermúdez Varela),主要由索摩查的前国民警卫队成员组成,是美国人青睐的代理军。不过他们虽然与哥斯达黎加的那一派保持着一定距离,但的确也始终对后者有一定的兴趣,通过与中情局有瓜葛的两名中间人来往。一名是走私者豪尔赫·莫拉莱斯(Jorge Morales),另一名是大庄园主约翰·赫尔(John Hull),他将自己的地产用作为尼加拉瓜反政府武装提供补给的跳板。赫尔是一名美国侨民,也是一名飞行员、农场主和人道主义者（令人联想起老挝的埃德加·比尔，救援人员和中情局中间人，有趣的是他的职业也是农学家兼游击队员），他居住在哥斯达黎加靠近尼加拉瓜边境的地方。赫尔既与尼加拉瓜反政府武装合作，也与古巴裔美籍人士的组织来往。

随着中情局局长威廉·凯西（William Casey）于1982年制订的"黑鹰行动"计划的实施，美国对尼加拉瓜反政府武装的援助变得更加有组织了。这时曼努埃尔·诺列加还在美国的"自由航班"上，还在为该事业做贡献，不过他的捐助远远低于卡洛斯·莱德声称的麦德林贩毒集团提供给尼加拉瓜反政府武装的1000万美元。就美国军方和中情局而言，它们都热衷于参与其中。

来自美国的后勤支援

20世纪70年代美国在拉丁美洲的许多大麻走私行动，都有反文化叛逆的根源，不过与赚钱相比这当然是次要的。因此我们可以把它们视为像20世纪50年代中期到60年代中期科西嘉"鸦片航空公司"在老挝的冒险历程一样，展现出实用主义–浪漫主义形象。同样地，这里也像罗伯特·萨瓦格的书《烟幕》一样，有艾伦·朗那样的毒品贩子故事。朗驾驶着快要散架的DC-3飞机，坠毁在瓜希拉半岛尘土飞扬的简易跑道上。尽管这条危险的替代路线要依赖其他没那么多幻想的人来提供商品，但其不幸仍被认为全都是冒险人生的一部分。

与之相反的是，中情局的空中供给行动，尽管在一团混乱中运行，在地面上却有更多的自主权。这是在国会削减了支持尼加拉瓜反政府武装的资金后，对于活动经费不足所做出的基本上理性，有人会说是与道德无关的反应。其风格和任务目标都更像美国航空公司，而不是"鸦片航空公司"，而且这一行动获得了前者在东南亚享有的同样的地面支持。像美国航空公司的行动一样，这个行动也被视为"冷战"的又一关键阶段的部分努力，而"鸦片航空公司"则更多是奔着鸦片去的。然而，毒品走私网络在中美洲似乎比在东南亚更多地利用于"冷战"事业。这意味着后勤保障依赖于某些极端可疑的供应者。

尼加拉瓜反政府武装半官方的供应者是美国空军上将理查德·西科德。他在被认为与中情局特工转化的恐怖分子埃德·威尔逊（Ed Wilson）关系太过密切后，提前退了役。威尔逊与试图形成或窃取核武能力的利比亚的卡扎菲上校串通一气。西科德是参加过东南亚战争的老兵，曾在越南执行过无数次战斗飞行任务，后来又参与过支援老挝秘密军队的行动。他的卷入本可能会在伊朗门丑闻的调查中引发轩然大波，他为此被贴上了"坏蛋"的标签，但是有鉴于他的爱国动机，在"冷战"的背景下，你当然不会专门说他邪恶（或者甚至是犯罪）。

其他人则多是"雇佣军"。以色列人迈克·哈拉里（Mike Harari）是一名前摩萨德特工，1982—1986年曾担任曼努埃尔·诺列加的秘密代理人，以萨尔瓦多的伊洛潘戈（Ilopango）为基地，向中情局提供武器，运送给尼加拉瓜反政府武装。豪尔赫·克鲁普尼克（Jorge Krupnick）是以巴拿马为基地的另一名效劳尼加拉瓜反政府武装的军火供应商，主要是在1982—1984年（"黑鹰行动"）。[10]像哈拉里一样，他的大部分军火可能也来自东欧的黑市。还有一家叫作"R. M. 设备"（R. M. Equipment）的美国公司，由詹姆斯·麦考伊（James McCoy）和罗纳德·马丁（Ronald Martin）经营，以更加爱国的情怀（我怀疑有人提供好处），经由洪都拉斯首都特古西加尔巴转运武器和装备。[11]

另外一类武器供应者是激进的反共分子。在其最为极端的一端，我们看到了有时被视为恐怖组织的"团结革命组织敢死队"，他们为伊登·帕斯托拉提供DC-3飞机，可能还有其他飞机。雷内·科尔沃（Rene Corvo）是一名古巴流亡者，1985年3月通过约翰·赫尔的农场，为尼加拉瓜反政府武装提供了武器。[12]

再有就是走私者。迈克尔·帕尔默（Michael Palmer）是一名前大麻贩子，偶尔也给诺列加当飞行员。他至少卖了一架DC-6飞机给中情局开办的公司。豪尔赫·莫拉莱斯将一架DC-3飞机给了飞行员马科斯·阿瓜多（Marcos Aguado）——伊登·帕斯托拉的空军司令。在帕斯托拉的南方势力瓦解后，这架飞机后来转给了以洪都拉斯为据点的尼加拉瓜反政府武装。

在这些类型的后勤供应之间，还有一些不符合任何类型特征的。帕特·弗莱（Pat Foley）有可能是中情局特工，也可能不是。他或许代表中情局向索摩查政权卖过武器和飞机，更为肯定的是，他向尼加拉瓜反政府武装提供了三架攻击机。[13]

的确，几个世纪以来走私者/代理人多变和可变形的属性，在中美洲冲突中似乎将其潜力发挥得淋漓尽致。

基　地

提供飞机行动的中心是萨尔瓦多的伊洛潘戈空军基地。这里是蜂王的蜂巢，是中情局的空军基地，主要服务于"桑地诺革命阵线"（以哥斯达黎加为根据地的尼加拉瓜反政府武装）。费利克斯·罗德里格斯（Félix Rodríguez）曾在越南与奥利弗·诺思并肩战斗，1967年也曾出现在处决切·格瓦拉的现场，[14]是他在这个基地掌管支援尼加拉瓜反政府武装的事务。这里有中情局的两个飞机库，至少运行着两三架C-123大型运输机，其中一架是专门供中情局和尼加拉瓜反政府武装使用的。[15]诺思也将这里用作其前线指挥部。

还有其他空军基地。"尼加拉瓜民主力量"在洪都拉斯靠近尼加拉瓜边境的主要营地阿瓜卡特（Aguacate），也曾是早期执行空中援助任务的一个临时基地。正如克里斯托弗·罗宾斯1979年在《美国航空公司》一书中所描述的，老挝秘密战争的老兵之一埃德·迪尔伯恩（Ed Dearborn）曾试图重振这个基地，提供了一架直升机、一架"太阳信使"飞机和一架塞斯纳（Cessna）飞机。他还改装了一架DC-3运输机，开始进行空投。[16]

洪都拉斯的空军基地这段时期充满了军人，然而哥斯达黎加的空军基地却也是走私者的中转站。尼加拉瓜反政府武装的营地允许贩毒飞行员加油和休息。一些为尼加拉瓜反政府武装提供补给的飞行员，如赫拉尔多·杜兰（Gerardo Duran）等，同时也是走私者，他们在这里接受地面的后勤服务。[17]例如，埃德温·比亚莱斯·罗德里格斯（Edwin Viales Rodriguez）上校（他是以巴拿马为根据地的走私者扎波洛利的合作者，而扎波洛利被指控暗杀了诺列加的飞行员特奥菲洛·沃森）曾设法贿赂哥斯达黎加农村警察部队的一名同僚军官，准许他每周有两天在无人警戒的情况下飞离尼加拉瓜反政府武装的秘密简易机场。

要提的问题和对美国航空公司的一样：美国在多大程度上直接卷入了这个空中走私世界？参议员约翰·克里在其报告中说"仅仅起了个轧票机的作用"[18]——空运承包商们得到了充分的自由，获准不受烦扰地进出美国，即使他们被确知或怀疑是可卡因走私者。这全是因为他们在向尼加拉瓜反政府武装提供武器和装备的供应链上，被认为是极具价值的环节，即使他们的武器装备是用贩毒的钱买来的。

那么这些承包商都是谁呢？

私有化的空中供给

老挝秘密行动详细的财务状况从未公之于众，而中美洲的情况却正如彼得·戴尔·斯科特（Peter Dale Scott）和乔纳森·马歇尔（Jonathan Marshall）合著的《可卡因政治》（Cocaine Politics）一书中所详述的，克里的报告披露了确切的账目。总共有四家公司，实际上都是私有公司，为中情局做了代理。美国国务院为它们进行的"人道主义援助"，总共拨款806401.20美元。[19]四家公司中有三家都是航空公司，另一家则做的是冷冻海鲜生意。每家公司都与可卡因走私者有着这样或那样的联系，或者以此作为洗钱手段。根据斯科特、马歇尔和其他人的分析，克里的报告提供了如下的财务情况。[20]

赛科（SETCO）是1983年成立，或至少是从那一年开始为美国中情局使用的一家洪都拉斯航空公司。其所有者是可卡因黑帮大头目胡安·拉蒙·马塔·巴列斯特罗斯。巴里·西尔与之有关，而奥利弗·诺思则是输送资金（186000美元）的管道。该公司被用来补给"尼加拉瓜民主力量"（以洪都拉斯为根据地的尼加拉瓜反政府武装），特别是在刚刚离开可口可乐公司设在尼加拉瓜的装瓶厂管理职位的阿道弗·卡莱罗·波托卡雷罗（Adolfo Calero Portocarrero），1983年在中情局的支持下掌权之后。阿道弗负责后勤的兄弟马里奥（Mario），也加入了赛科贩运毒品和武器。

沃泰（Vortex）是总部设在迈阿密的一家空中运输/补给公司，运营两架迈克尔·帕尔默（他实际上是公司的一名副总裁）曾用于走私的飞机。该公司也因为参与援助行动而获得了大约317000

美元。[21]

DIACSA是另一家总部设在迈阿密的飞机经销和零件供应公司，收到了41000美元。该公司实际上是在反向洗钱——将援助资金输往更阴暗的角落。

第四家获利的是蓬塔雷纳斯冷鲜公司（Frigorificos de Puntarenas），这是一家总部设在哥斯达黎加、由古巴流亡者经营的海鲜公司。其真正的专业是洗钱，共转移了大约262000美元政府的钱。

另外至少还有四家航空运输公司私人或公共支持尼加拉瓜反政府武装的行动。

旅游服务公司（Servicios Turisticos）为诺列加的飞行员史蒂文·卡利什和塞萨尔·罗德里格斯所有。

另一家洪都拉斯–加勒比公司（Hondu-Carib）与赛科公司有关联，该公司1985年成为马里奥·卡莱罗选择的运输商，当时马里奥放弃了，或者至少是谨慎地离开了与马塔一起走私可卡因的航空公司。该公司的创始人是弗兰克·莫斯（Frank Moss），曾为马里奥（共有人之一）开飞机运货，1983年以毒品走私起家。他的DC-4运输机据说曾向巴里·西尔的农场空投过很多包毒品。美国公司"R.M.设备"使用洪都拉斯–加勒比公司的飞机将他们的武器和给养运送给尼加拉瓜反政府武装。

这些边缘公司中有一家与东南亚的毒品走私有直接的联系，即由帕特·弗莱经营的顶点航空公司（Summit Aviation）。该公司为泰国军方的一些飞机提供服务和配件，而那些泰国军方人士很可能卷入了保护金三角的海洛因贸易的活动。

四家中的最后一家是"南方航空运输公司"，实际上是在另一个领域代表"美国航空公司"，几乎在整个"冷战"期间都可谓其表兄弟。该公司总部设在佛罗里达，相当于南美洲的，也就是后来东南亚的"美国航空公司"。该公司1949年成立时，与"民航运输公司"有着同样的来自中情局的顾问和管理者。1960年中情局正式接管该公司时，从美国航空公司为其索要了各种各样的DC-6运输机。该公司最终于1973年被卖给了斯坦利·威廉姆斯（Stanley G. Williams），而在此前的十三年，威廉姆斯一直在前台为该公司抛头露面。

另一个卷入合法–非法战争这一空中翻绳游戏的是迈阿密的一位著名的社会名流。豪尔赫·莫拉莱斯是哥伦比亚人，曾是动力艇冠军选手，也是个走私者。他与弗洛伊德·卡尔顿和塞萨尔·罗德里格斯（诺列加的私人飞行员）合作，将可卡因带过巴拿马。换言之，他卷入了前期的活动，即在地理上转运到达美国的毒品，而这些毒品将产生为尼加拉瓜反政府武装购买武器的资金。如果说莫拉莱斯曾为中情局利用，那也就是对他带着可卡因经过尼加拉瓜反政府武装的营地视若无睹。当莫拉莱斯随心所欲地使用劳德代尔堡公务机场（Fort Lauderdale Executive Airport）和途经伊洛潘戈时，中情局肯定也是睁一只眼闭一只眼。他的机票在轧票时看来一向非常顺利。然而，当他的寿命超出了他的利用价值时，他也于1986年6月被捕了，当时他因为从离约翰·赫尔的农场不远的一个叫作"利比里亚"的农场带出了80公斤可卡因而被抓。赫尔也受到了牵连，但他设法做到了全身而退。而早在1984年就吃了一场官司之后，莫拉莱斯便不明不白地丧失了能让他继续旅行和走私的豁免权。

毒品–游击队的幽灵再度浮现

通过反政府武装"尼加拉瓜民主力量"领导人恩里克·贝穆德斯扩展了的网络，"轧票机"这一概念被升华到一个新的层面。他在美国活动的主要的激进支持者之一,是尼加拉瓜人达尼洛·布兰登(Danilo Blandon)。布兰登设法打入了由非洲裔美国经销商、有"高速路上的里克"(Freeway Rick)之称的罗斯(Ross)在加利福尼亚州和美国中西部经营的一项非常兴旺的生意。这就是在美国的城市中销售来自尼加拉瓜反政府武装渠道、为战争筹集资金的可卡因的市场。据说他们因为与尼加拉瓜反政府武装有关联而获得了一定的豁免权。这将表明中情局与美国城市街头进行的可卡因走私行为有牵连。这个故事为一个更普遍的阴谋论做了补充:美国联邦政府非常乐于允许毒品在美国的穷人社区流通,以削弱非洲裔美国人社会,这是其更广泛的社会工程计划的组成部分。

无论这个"轧票机"的作用有多大,有一件事情是肯定的:单是其存在,就破坏了所谓反毒品战争的信誉。本章开头所讲述的事件(中情局/西尔的圈套),试图将这场战争从纯粹反共的性质转变为抗击毒品-游击队,以及毒品-恐怖主义。这样的动机信誉何在?

美国中情局试图将桑地诺民族解放阵线游击队与哥伦比亚的毒品贩子联系起来,或许是希望通过其引申意义,将人们的注意力吸引到尼加拉瓜革命的主要支持者之一古巴身上。然而即使这圈套的确表明桑地诺民族解放阵线与毒品贩子串通,那么这与中情局自身和可卡因走私者的勾结又有什么不同呢?

关于反毒品战争的黑白想象和花言巧语的矛盾就此显现了出来。看来中情局非常乐于和毒品走私者做生意,直到1986年11月,随着尤金·哈森弗斯为尼加拉瓜反政府武装运货的飞机被击落,他本人被俘,伊朗门丑闻浮出了水面。事情至此,显然与诺列加有关联,甚至可以追溯到1976—1977年老乔治·布什担任中情局局长的时候。麦德林贩毒集团据说给尼加拉瓜反政府武装的1000万美元,被指是通过一家冷冻虾公司"海洋猎人"(Ocean Hunter)转交的。

该公司的母公司是与中情局有关联的供应企业蓬塔雷纳斯冷鲜公司（援助计划的一根关键支柱）。[22]援助计划甚至雇用了一些著名的走私者，其中的一些，尤其是古巴流亡者，与恐怖组织有牵连。伊朗门事件某种程度上就是通过伊朗和一个在贝鲁特挟持人质的伊斯兰组织做交易。该组织被美国人贴上了恐怖分子的标签。用哥伦比亚俗话来说，既然这碗黏汤，或者说辣酱汤，用上了走私者和恐怖分子，那么中情局本身在中美洲行动的同时，陷入了某种准毒品−恐怖主义的困境，难道不可能吗？

也许扯得有些远了，但你可以认为这至少是以一种毒品−游击队的方式在行动。[23]美国的"冷战"老兵诺思和西科德陷入了泄密和丑闻的风暴中，但是某种意义上，难道他们不是一开始就处于风暴中吗？

在中美洲由走私推动的反革命行动中，出现了各种各样的意外结果。最近的一个是当时提供给这一地区的许多武器，特别是在美国的商店里从来买不到的手榴弹，后来都流入了墨西哥毒贩的手中。这场"冷战"晚期的冲突，才是国家和走私者走到一起的原因——比东南亚时又迈进了一步，尽管这并不是说这场战争单纯是为了可卡因。发现一处粉末的痕迹并且能追踪到危险违禁品的走私活动，并不一定意味着这是一场走私品的战争。这甚至也不说明这场战争在很大程度是关于战争中的走私品的。这两种现象都将是下一章探讨的焦点。

那么，什么是战争中的走私品呢？战争中的走私品又是怎样使一场冲突转化为一场走私品的战争的呢？当潜台词变成了主要交易时，会发生什么情况呢？

第十八章
战争中的走私品：美国生意和非洲钻石

> 他把钻石戴在自己身上，钻石赋予他坚强意志和男子汉气概，并保护他四肢完整。钻石使他无论在辩论时还是在战斗中都能胜过敌人……还使他在冲突和骚乱中都安然无恙。[1]
>
> ——约翰·曼德维尔（John Mandeville）

"战争中的走私品"的定义似乎简单明了，就是为开展和维系战争而由中立国提供给交战一方的偷运的物资。因此战争中的走私行为是违反国际法，损害另一方的，会导致提供物资的国家丧失其中立性。

然而，在现代的战争中，或者说实际上在现代的战时走私中，想象有真正中立的一方是需要某种信仰的飞跃的。你或许会说，由于拿破仑战争时期的一些走私者为两边都供货，所以他们的忠诚度抵消了，但就任何公认的术语定义而言，你肯定不会说他们这样是中立。在大多数政治动荡地区，都很难说清谁一尘不染，尤其是在很多国家相互交界的地方。新近由联合国和北约分别在伊拉克和波黑涉足的战争，交战方很明朗，谁没有卷入也比较明显，但是当年

"冷战"时期的代理人战争，以及由国家撑腰的走私者的介入，肯定早已击碎了我们尚存的天真。古往今来革命者、私掠者和海盗，以及大商企和政府与走私的纠缠，提出了一个问题：历史上是否曾有过这样的战争，既没有走私，也没有不清不白的国家？也就是说所有走私者，无论是国家还是个人，都因为害怕损害了自己的中立性而暂停了走私？

本篇的标题是"一个走私的世界"，言外之意就是自20世纪以来走私加速蔓延，现在已不仅像探索和帝国建设时代一样日益成为地缘政治的先锋，而且几乎变得无所不在了。至于当代的地缘政治，将走私和战争联系在一起，与其说是思考战争中的走私品（那只是对战争的补充），毋宁说思考的是走私品的战争，走私品是战争的中心，甚至就是战争存在的理由。

这两个概念在18—20世纪都曾是不同的。在较早时期，有两场特别的战争与战争中的走私品密切相关，即美国独立战争和后来的内战。而说到走私品的战争，则再没有比西非的混战更紧张激烈的例证了。这场西非混战完全是围绕着所谓的血钻展开的，就是始于20世纪末，一直蔓延进21世纪的塞拉利昂和利比里亚的战争。关键的区别之一是，战争中的走私品很大程度上是一种供应现象，是商品输入，而走私品的战争则是为了争夺出口控制权，是商品输出。

导引了美国独立战争的走私行为

为什么实践证明美国人如此擅长于将走私作为地缘政治手段呢？为什么中情局在20世纪60年代和70年代初在老挝、80年代在中美洲进行秘密战争时，看上去如此驾轻路熟，对走私网络的操纵堪比其遥远的过去呢？也许美国发展之上本身就有某些因素使走私溶进了其血液中。这也许有些言过其实了,但是最近,政治学家彼得·安德烈亚斯(Peter Andreas)在其《走私者的国家:非法交易怎样造就了美国》(*How Illicit Trade Made America*,2013)一书中,令人信服地阐述了这一观点。

在探讨战争中的走私品发挥了重要作用的美国战争——独立战争和南北战争——之前,你也许会重新想起本书上篇所提出的加勒比海变成了"走私之海"的观点。遍及大西洋和加勒比地区的好战环境中的走私文化和行为,像高能补品一样滋养了美国革命战争,"七年战争"(1756—1763)就仿佛是其预演。"七年战争"是诸多欧洲列强的混战,但在加勒比战场,很大程度上是英国和波旁王朝统治下的法国之间的交锋。这场争斗显然是英国赢了,但旷日持久,因为波旁王朝一方得到了稳定的战争走私品的供应,英国一方稍逊一筹,但也有走私者相助。美洲殖民者是主要的走私者,利用挂着"休战旗"的船只运送了大量走私品。这样的船被准许交换战俘,但经常被用作突破封锁进行贸易的手段。另一条供应线来自号称中立的西班牙人、丹麦人和芬兰人所属的加勒比群岛,特别是波多黎各以东,背风群岛北部的圣尤斯泰希厄斯岛。

尽管战争于1763年结束了,英国皇家海军和走私船队之间的对抗却并未减弱。非法交易变成了一种建立武装的手段:一种伪装的战争走私品渠道在为独立战争非常真切的走私品供应大潮做准备。

不安分的殖民者们开始进行战略思考。这些最早的革命者们利用他们从非法贸易中学来的商业技巧,与法国、瑞典、芬兰和西班牙建立供应线。通过西印度群岛获取弹药易如反掌,不过就是在寻常的走私品清单上添加上它们。他们用鳕鱼、木材、面粉、烟草、可可、糖和纸,来换取火药、帐篷布、军装布、军靴和军毯。卸货端的策略也经过了深思熟虑。像约翰·汉考克这样的爱国走私者们,会将运往波士顿的货物在科德角（Cape Cod）卸下，以免其最终目的地引起注意。同样，运往纽约的货物经常会卸在新泽西的桑迪胡克（Sandy Hook），就在下纽约湾（Lower New York Bay）的对面。

独立战争

战争开始时，中美向风群岛中法属的马提尼克岛（Martinique）还是走私品的集散中心，但随着法国介入争端并支持美洲殖民地一方，其走私风头就远远地被圣尤斯泰希厄斯岛盖过了。圣尤斯泰希厄斯岛有时也称为斯塔蒂亚（Statia），这一时期则称为"金色岩石"，是一个政治中立、地理位置也大致居中的自由港。斯塔蒂亚曾有一阵子富裕得令人难以置信。荷兰人口称中立，也装模作样地实施了封锁，但他们自己的商人却源源不断地把走私品运来，有时在正式的满载的非洲业务之外，还要临时增加一趟加勒比之行。在荷兰走私品之外，美洲的烟草、木材、靛蓝和马匹也大量输入该岛，带走的则是装在茶叶箱和稻米桶里的弹药。繁盛景象一时令人惊叹，但也很短命：当1781年荷兰人也参战后，英国人立刻洗劫了该岛。

当一些具有伟大革命精神的人（如本杰明·富兰克林）与一些唯利是图的惯常走私者（如奴隶贩子约翰·布朗）开始合作时，战争供应变成了更引人注目的问题。还有其他更具官方色彩的非法交易者，如罗伯特·莫里斯（Robert Morris），他是"秘密贸易委员会"（Secret Committee of Trade）的首脑，但就连他也通过自己的公司来运输军需品。

爱国和牟利之间的界线是如此模糊，质疑动机是没有意义的。来自康涅狄格的西拉斯·迪恩，也许是最成功的战争走私品供应商了。他无疑更像是布朗而非富兰克林。像海盗一样打劫，尤其是在纽约附近的海域，是走私品的极佳来源。后来的"爱国奸商"拉斐特兄弟，走的就是这条路线。

奇怪的是，就像后来拿破仑在英吉利海峡两端进行的几尼走私时的情况一样，敌对双方之间某种程度的贸易仍在秘密地进行。例如，北美殖民地的烟草经过圣尤斯泰希厄斯岛和圣托马斯岛卖到英国，英国的商品则通过新斯科舍卖给反叛者。这是在台面下进行的，但是其他贸易，虽然名义上也是禁止的，却像是根本没发生战争一样照常持续着。食盐似乎是凌驾于战斗之上的——华盛顿的军队需要食盐来腌制他们的食品，而食盐却是从英属百慕大群岛买来的！[2]在更接近于省级的层面上，殖民地当地人向英国人提供军用木材，而美洲人也仍然需要来自祖国的绸缎。

然而走私对革命来说，却是至关重要的。例如，假如没有走私来的武器装备，萨拉托加战役（Battle of Saratoga）是不可能向着有利于反叛者的方向发展的。战时走私品既是必需品也是机会。正如美国独立战争的政治和社会动机既是反税抗争也同样是革命意愿，这时期的走私也是改善武器装备和扩大利润两种动机的结合。这两种动机从来不是互斥的。因而根本不为战争所需要的高价值走私品，也夹在武器中偷运。彼得·安德烈亚斯称之为"走私中的走私"。[3]

美国内战中的走私

美国内战有时被称为最早的机械化战争，也许也可以称为最早的工业化战争。这也是它持续了那么长时间的原因之一——有财源要保护，有大钱可以赚。说到保护财源，英国工业革命后，其工厂需要原棉做原材料，所以它要突破北方对南方港口的封锁，以确保原棉供应。南方邦联也耍了个花招，在国外发行棉花债券，而这债券只能在封锁下的美国南方各州兑现，以此鼓励外国商人冒险穿越封锁线。从逻辑上讲，为了盈利，载运棉花离开的船会载运战争违禁品到来。要想发大财，就得遵循"在商言商，公事公办"这句格言，但是现在还必须考虑战争环境。许多地处前线的边界州，如马里兰和弗吉尼亚，都发现它们只需干一件事就能发大财——通过在路上运输商品来推动战争，北方仍然想要南方的棉花，哪怕是走私来的棉花。北方买走的棉花几乎和英国一样多。

北方的封锁称为"蟒蛇行动"（Operation Anaconda）。起初很失败，最终也只有部分上的成功。英属百慕大群岛和巴哈马群岛的拿骚，成了供应线上的走私品集散地，或者说是中转站。处于封锁下但限制并不充分的主要走私港口，有查尔斯顿（Charleston）和威尔明顿（Wilmington），还有规模稍小一些的莫比尔（Mobile）和加尔维斯顿。墨西哥的马塔莫罗斯（Matamoros）是又一个战时禁运品进入点。该城坐落在墨西哥湾的拐角，得克萨斯州和墨西哥的交界处，能够避开封锁，因为墨西哥是中立国。从那里跨过格兰德河，就是南方邦联控制的布朗斯维尔（Brownsville）了。

说"蟒蛇行动"失败，是因为大多数走私行动都成功了。这部分上是因为偷越封锁线的船轻便、低矮且快捷，它们都漆成灰色，烧无烟煤，很难被发现。对英国走私者来说，性命和肢体几乎不冒什么风险，他们被抓住后，也会获释，尽管他们的船总会被没收。

大约50万包棉花被运出了美国，而同样数量优质的步枪，以及足以支持长久作战的火药、子弹和大炮被运进了美国。[4]南方邦联军队制作军服的布匹，使曼彻斯特的纺织厂忙得不可开交。南方为实现军队机械化并提升战时生产能力，使生铁成为又一项必需的走私品。

　　像在独立战争时一样，输入美国的并不只是必需的军用物资。一定程度的浮华生活方式还是要维持的，正如玛格丽特·米切尔（Margaret Mitchell）的小说《飘》（*Gone with the Wind*）中所反映的，主人公白瑞德（Rhett Butler）除了走私军需品外，还走私图书、香槟酒、葡萄酒、针、发夹、女帽、绸缎、饰带、肉酱和棒棒糖。香烟、咖啡、女士紧身衣和水晶眼镜夹藏在茶壶和牙刷中偷运，按照一项历史悠久的风尚，后者经常是飞机机组人员夹带的私货。

　　棉花是从南向北的陆上贸易的主要动力。林肯对此持宽容态度，联邦主义者的其他重要领袖人物也都牵连其中。尤利塞斯·格兰特（Ulysses S. Grant）的父亲杰西（Jesse）亲自安排走私品向北的船运业务，而本杰明·巴特勒（Benjamin F. Butler）将军之所以出名，更多是因为其棉花贸易，而不是军事才能。这绝非简单的腐败：让棉花输入北方是有道理的，这样最终会加强北方的制造业基础，为更大的战争努力提供财力支持。此外，这也能限制棉花流入利润更高的欧洲市场，使南方的战争机器越发贫乏。食盐的作用也很重要，尤其是当其可以用黄金或北方的美元支付时，因为这样的钱可以马上用来买武器。

　　从陆上由北方流向南方的战时走私品，是从边界诸州偷运回来的，经常是沿着俄亥俄河顺流而下的。孟菲斯（Memphis）于1862年被攻克后，成为重要的交易港。联邦主义者致邦联主义者的另一项战时走私品——肉——则走了一条非常曲折的道路：先向北到波士顿，继而到加拿大，再从那里装船运往百慕大群岛或巴哈马群岛的拿骚，最后抵达美国南方的港口，有时在到达加勒比地区前，还要先去一趟利物浦。众所周知，北方的弹药也走的是同样的路线，先经过加拿大和古巴，然后才送到邦联军的手中。

蜿蜒曲折的道路最终还是扼杀了这种交易，但只是在1865年南方诸港投降之后。而且此后，这场靠走私品维持的战争也就迅速终结了。

许多人对这场战争的关注，不在经济，而在解放黑奴。这里又有另一种走私故事。在美国内战的术语中，"走私品"可以指一名想要逃跑、为另一方作战的奴隶。走私的这一替代概念在逃亡网络中有另一种特性，被称为"地下铁路"（Underground Railway）。人类像被鲜血、汗水和奴隶的眼泪浸湿的棉花一样都是从南方偷运往北方的走私品，这种观念一直贯穿于内战过程中。"地下铁路"是一些成体系的偷运黑奴的逃亡路线，之所以这样称呼，是因为其路线和中途的休息点及躲避处，都是沿铁路线和铁路网设置的：废奴主义的支持者被称为"股东"，向导被称为"列车员"，逃奴被称为"货物"，藏身处则称为"车站"。

且不管是否应当将走私置于一场战争的中心地位，走私对战争的起因、持续和结果发挥关键作用，是20世纪晚期和21世纪的一种特色现象。如果一种可以走私的商品掌控了一个国家或地区的经济，这种情况就会发生。在塞拉利昂，这种情况就在千禧年年末发生了。这场战争倒不是被战争走私品打得千疮百孔，而是围绕着一件威力无比强大的东西展开的"走私品的战争"。这件东西就是——钻石。

非洲的钻石问题

只有一个公司——戴比尔斯（De Beers）——主宰着钻石产业。该公司由塞西尔·罗兹（Cecil Rhodes）于1888年创立，第二次世界大战前，又由一个移民英国的德国人欧内斯特·奥本海默（Ernest Oppenheimer）爵士给予了极大推动。他巩固了对钻石供应的控制，掌控了所谓的"钻石辛迪加"（Diamond Syndicate）——一个操纵价格的生产商垄断联盟。他们决定的价格，与地下挖出的钻石的数量毫无关系。由于人为抬高了价格，也由于钻石体积小、分量轻且容易运输，钻石走私便迅速产生了巨大动机。在很多方面，钻石都是有组织的犯罪，尤其是资助毒品和武器走私的理想货币。尽管钻石一开始经常都是非法开采和走私的，但与洗贩卖毒品的黑钱相比，它们很容易被"洗干净"（通常篡改了原产国即可）。国家也往往会储存钻石，作为应对通货膨胀和货币贬值的保险手段。

1957年，就在詹姆斯·邦德（James Bond）的创造者伊恩·弗莱明（Ian Fleming）的惊险小说《永远的钻石》（*Diamonds Are Forever*）刚刚问世一年，他就又出版了一部不大生动的书，叫作《钻石走私者》（*The Diamond Smugglers*），是一部关于1954—1956年的反走私行动的纪实性作品，讲述了从英国情报机关军情五处（MI5）中分离出的一个机构"国际钻石安全组织"（International Diamond Security Organization）的故事。国际钻石安全组织对付走私网的行动功效并不显赫，其主要手段似乎是尽量收购黑市旧的零散钻石，以将非法交易者逐出此生意。这本书读起来更像是一份报告，尽管讲述了一个前间谍的故事，算是掺入了一些调料。不过这本书倒是能让我们更好地领略问题的严重程度。弗莱明勾勒了20世纪50年代走私钻石的起源、路线和目的地。

主要的国际出口中心有：南非的约翰内斯堡（Johannesburg）、开普敦（Cape Town）和洛伦索-马贵斯［Lourenço Marques，即今莫桑比克的马普托（Maputo）］，东非的达累斯萨拉姆（Dar es Salaam），西非的达喀尔（Dakar）和蒙罗维亚（Monrovia）。

无论是合法还是非法交易的钻石，主要的目的地是：安特卫普（Antwerp）的佩利坚街（Pelikaanstraat）和伦敦的哈顿花园（Hatton Garden），还有规模稍小一些的巴黎，尤其是出自达喀尔的钻石会运往那里。许多非法出口的钻石也运往贝鲁特，部分原因是黎巴嫩和叙利亚的经销商在钻石原产地和转运地一向都有很强的势力。特拉维夫（Tel Aviv）则是又一个市场。开普敦出口的钻石一般直接装船运往美国和布宜诺斯艾利斯，而洛伦索–马贵斯和达累斯萨拉姆的走私者则更偏爱向东前往孟买，钻石从那里又可以继续向东，卖到中国的香港和内地。

从世界钻石贸易的中心安特卫普，这时往往已合法化的非法钻石，会消失到铁幕后，例如，经波罗的海运往列宁格勒，或者经苏黎世或贝鲁特运往莫斯科。弗莱明的书中还描述了一位神秘的"钻石先生"（Monsieur Diamant）喜爱的其他渠道，船从安特卫普出发，经西柏林后，也是前往苏联或波兰。[5]有时候非法钻石的旅程还要更曲折，例如在安特卫普只做短暂停留，即运往印度的孟买和苏拉特切割和打磨，然后再走私回来。

钻石从走私集团的控制中遗漏，这个问题非常普遍，所以在弗莱明的书的结尾，故事讲述者约翰·布莱兹（John Blaize）——约翰·科拉德（John Collard）的化名——在安全地回到塞拉利昂时，竟然声称这个问题解决了，似乎有些奇怪。到1956年时，随着在国际钻石安全组织认定是其最大的问题地区西非，钻石开采和出口进行了重组，人们普遍认为非洲的钻石走私问题多少得到了控制。正如弗莱明的代言人所说的，没有什么事可做了，剩下的事情矿山的人和当地警察都能处理："接下来的几个月都在收拾零碎。"[6]

那么，这只是一个地方性问题了。也许弗莱明能谈论收尾工作的原因，是血钻现象当时还不存在。可是，问题又是怎样升级的呢？

从地方性问题到全球性问题：飞行、钓鱼和网络的故事

首先，让我们看看这个问题在20世纪50年代可能小规模出现的情况。弗莱明描述过坐落在南非和纳米比亚边境的奥兰治蒙德（Oranjemund）钻石矿的安检情况。钻石走私起初是完全可以控制在矿山附近的。检查想要带出采矿场的隐藏钻石的第一道防线是搜身和X光机，但执行得不够严格。在20世纪50年代中期，很少有白人需要通过X光机检查。当时有一种种族主义观点，认为只有黑人才会偷窃雇主。但不管怎么说，X光机不是全部的解决办法，因为你只能把工人暴露在一定量的伽马射线下。过了一阵子，保安不得不借助假X光机和抽查手段。还有一种招数是在钻石上涂上微量的放射性涂料，这样就可以用上盖革计数器（Geiger counter）了。最近在奥兰治蒙德，已有人使用信鸽带着小包的钻石飞越电线了。矿区还禁止小汽车驶出，担心它们会偷带钻石。

显然，一部分钻石会被偷运出去。弗莱明讲述了一个故事，一个受到过分信任的英国采矿工程师，在纳米比亚南方奥兰治蒙德海岸上一个近乎无边界的钻石营地里，将宝石埋藏在沙子里，然后向公司辞了职。后来他雇用了一名飞行员和一架飞机，飞到海岸上将钻石取走。然而对他来说不幸的是，飞机在海岸上起飞时，一只轮子撞上了礁石，结果坠毁了。[7]

《钻石走私者》尽管是一幅有用的流程图，我们却无法从中窥见国际非法钻石走私网络的详细画面。弗莱明总是在以这样或那样的方式，讲述各种各样的小人物的可证实的故事，而不为人所知的非法钻石流动的渠道仍然是模糊的，渠道的主角也很少被提及。

他没有把天平的两端真正地连接起来，而当它们联系在一起的时候，却往往是在想象的领域里。例如，在《永远的钻石》中，詹姆斯·邦德将宝石藏在高尔夫球中假作走私，作为诱饵，打入了恩斯特·斯塔夫罗·布罗菲尔德（Ernst Stavro Blofeld）的钻石走私组织中。走私只是该组织阴谋的一部分，他们要建造一个巨大的卫星载激光发射器，以勒索世界各国政府。这里对钻石的威力进行了巧妙构思，却纯属幻想。

或者会不会是这样？你也可以把这部小说看作对"冷战"时期钻石走私的讽喻。毕竟，苏联、美国和中国对工业钻石的需求都很大，因为它们可以用于机床和武器工业。往前推几十年，你无法想象各个层面上的走私会不是国际阴谋大网上的一部分。走私活动中经常发生的一种情况便是，甚至一件可视为鸡毛蒜皮的走私品，都会与显然更具诱惑力或更危险的物品有着神秘莫测的联系。

以非洲南部和东北部的战争边缘地带的走私活动为例。在安哥拉内战期间，南非渔民借战争渔利，在安哥拉海岸外多产的水域用拖网捕鱼，有时还得到了政府将军们的保护。捕到的鱼随后走私到诸如葡萄牙等与该国有传统贸易联系的地方。在安哥拉海域非法捕鱼和走私，不会被视为最明显的发财办法，尤其是当这种情况发生在距一片钻石海岸不远处时，不过，这么想的话就太低估走私的多样性了。[8]

在非洲的另一个地方，索马里兰（Somaliland，索马里的一个自治地区）近年来出现了一种新情况，沃桑格利（Warsangeli）亚氏族的商人，以捕鱼权来换取从阿拉伯半岛走私来的枪支、水泥和塑料。鱼显然是一个更宽泛的非正规贸易网络中的重要商品。它们是更广大的非法经济的一部分。这种非法经济通过各种各样的交易商和国际走私者，将劳工——无论是渔民还是矿工——与肆无忌惮的政府或国际恐怖分子联系起来。尽管鲍鱼（海螺）走私是非洲南部的大买卖，但拖网渔船上装载的其他货物，以及它们在海上约定地点与更大的船相会的可能性，才是真正重要的。在安哥拉沿海，和鱼类一起运往莫桑比克海岸的船货中，还会掺入一些更小的走私品，如香烟和啤酒，而再加上少量的钶钽铁（手机中使用的矿物质）也易如反掌。当然，在安哥拉这种情况下，纸箱中还会藏有钻石。

现在，我们来到了血钻的领地。血钻就是无论在钻石开采地还是在其走私经过的地方，引起或至少是延长和加深了战争和苦难的宝石。当这些宝石最终到达走私目的地后，经过清洗，变得晶莹剔透、闪闪发光，戴在了发达国家消费者的脖子上或手指上。

安哥拉肮脏的后殖民地时期的战争，只是部分上与钻石有关，却是对塞拉利昂后来发生的情况的暗示。在安哥拉，"争取安哥拉彻底独立全国同盟"（UNITA）通过走私血钻来资助他们的毛主义反政府武装，同由苏联和古巴支持的政府"安哥拉人民解放运动"（MPLA）作战。血钻在比耶高原（Bié Plateau）开采，然后运往首都罗安达（Luande）和其他海滨城市，再走私到葡萄牙，从那里再运到安特卫普和伦敦。或者，这些钻石也可以走穿越铁幕的其他路线。

卷入血钻开采的主要国家有安哥拉、刚果民主共和国、中非共和国和塞拉利昂。在塞拉利昂，发生了一场堪称典型的走私品的战争，其规模就连伊恩·弗莱明笔下的特工都想象不到。

塞拉利昂：一场走私品的战争

本章开头引用了《约翰·曼德维尔游记》（*The Travels of Sir*

塞拉利昂的主要钻石产区

John Mandeville)——一个14世纪骑士（可能为虚构）的艰险旅程——中的话，说是钻石给人带来了男子汉气概。但是对于发生在塞拉利昂、刚果和利比里亚的这场血钻之战，这却是一个巨大的讽刺，因为是孩儿兵，经常被逼迫证明其"男子汉气概"。引用的这段话中还说，钻石能"保护他四肢完整"，能"使他在冲突和骚乱中都安然无恙"，对于这一地区的大多数人来说，在大多数情况下，这都是远离现实的。钻石走私在弗莱明看来，主要是一种白领犯罪行为，但在西非和中非各地，却变成了一件被暴行玷污的生意，以塞拉利昂为甚。

回顾起来，塞拉利昂的东部和利比里亚的西部，一直因为"富产钻石"而受到诅咒。离金伯利钻石产地最近的城镇有凯内马（Kenema）、延盖马（Yengema）、科伊杜（Koidu）、通戈地（Tongo Field）和博城（Bo）。1954年，在为准备建立弗莱明书中描写过的"国际钻石安全组织"(ISDO)而进行的侦察中,英国特工机构军情五处的前首脑珀西·西利托(Percy Sillitoe)爵士,访问了非洲所有主要的钻石产区,为德比尔斯公司评估现实和潜在的走私问题。他在塞拉利昂考察了六周,去了弗里敦和延盖马。但他没去的一个地区凯内马,今天已形成了全面的非法经济,其中钻石经济当然是独树一帜。像在哥伦比亚的迈考,尤其是巴拉圭的东方市一样,非正规经济很好的象征就是黎巴嫩商人。钻石经销商店通常都是由黎巴嫩商人经营的。他们简陋的店面掩盖了这是一个产值数百万美元的产业。不过尽管这些商人日子都过得不错,他们却控制不了零散钻石问题。很多在像延盖马这样的地方交易的经销商,甚至从未到过真正的矿区,他们要依赖于坐在他们桌子对面的那些人。

丛林和灌木中的矿区很难进入。这里的钻石开采与南非组织良好的运作大为不同:矿区几乎没有围栏,从逻辑上讲,这也许就是走私如此容易的原因。从1991—2002年的内战,以其残暴而举世闻名,特别是叛军将平民砍去四肢的暴行,只是使走私变得更容易,钻石上的血从来不会被视为走私的障碍。实际上事实很快就表明,钻石既是战争的目标,也是战争得以维系的燃料。用血钻来为孩儿兵换取武器,是以造反的名义所能设想出的最邪恶的循环之一。

这种可怕的情况是怎样造成的?让我们先回溯到20世纪50年代,那时候官方的产业看上去还更有希望。在此之前,总是存在着各种各样的问题。格雷厄姆·格林的《问题的关键》(*The Heart of the Matter*)一书,是他"二战"时期在塞拉利昂担任情报官员时积累的素材,作者曾看到黎巴嫩人将钻石藏在鹦鹉肚子里走私。但是在西利托和布莱兹的时代,形势似乎仍然是相对可控的。

2013年，塞拉利昂东部城镇科伊杜附近正规的钻石开采

直到20世纪50年代，钻石生产都为一家公司——塞拉利昂选矿托拉斯（Sierra Leone Selection Trust，SLST）——所垄断。该公司成立于1934年，为戴比尔斯所属，但是在20世纪50年代初，大约有3万名非法采矿者在活动。塞拉利昂选矿托拉斯于1955年解散了，其后继者是塞拉利昂钻石公司（Diamond Corporation of Sierra Leone），这正是布莱兹宣称"这里没有什么我们可做的事情了"的时候。然而有鉴于在此前钻石开采有所管理的时期，就有那么多非法采矿者在活动，问题真有可能永远解决了吗？在城市里，情况也许整顿得稍好一些，但走私仍在持续，因为交易通常是在丛林里达成的，钞票是在矿区边缘公司鞭长莫及的地方转手的。

到1961年塞拉利昂摆脱英国统治而独立时，英国人无意管辖的边远的钻石矿区继续处于"天高皇帝远"的状态：在很大程度上仍然是无法无天的地方，尤其是新的国家政府并没有提供新的基础设

2013年，塞拉利昂东部科伊杜附近非正规的钻石开采

施来维护法治。为非法经济所吸引的黎巴嫩商人，继续维护着这些破旧城镇的非正规结构，并为非法采矿者提供设备。

随着20世纪90年代战争爆发，官方的钻石出口几乎停止了，因为钻石矿区成了战场。然而战争并没有阻止非法交易，而非法交易这时是由残暴的叛军——"革命联合阵线"（Revolutionary United Front）——来组织了。

革命联合阵线以边境作为自己的市场。他们拿粗糙的小型钻石，与几内亚——在北方像马蹄铁一样包围着塞拉利昂的邻国——交易稻米、燃料，偶尔也有武器。他们甚至都不需要亲自跑边境：曼丁哥族（Mandingo）中间商经常以现金和武器来换取钻石，然后再把钻石"合法地"卖给比利时和黎巴嫩商人。这对他们来说并非难事，因为他们一向跨越边界来来往往。他们还通过把钻石送到更远的地方，来"洗"钻石。比如送到冈比亚。冈比亚是个根本没有钻石矿的国家，却仍然能把"自己的钻石"出口到安特卫普。同样的情况在刚果（布）也很盛行，其隔河相望的邻国刚果民主共和国是个产钻石的国家。⁹有时候塞内加尔叛军自己也会越境到几内亚首都科纳克里。为销售钻石，他们会贿赂几内亚的海关官员，让他们颁发钻石原产地是这个和平国家的证书，这样钻石出口时，就仿佛是以多少合乎道德的方式，直接从几内亚的矿里出产的。几内亚的"钻石高层议会"（Diamond High Council）对此也视而不见。¹⁰

2000年7月，外界对塞拉利昂非法钻石贸易实行了短暂的全球禁运，要求直到其严格的监管规定实施到位，然而该禁令很大程度上被忽视了。这和塞拉利昂国内的情况差不多，每当政府黄金和钻石办公室（Government Gold and Diamond Office）颁布法规试图对钻石出口征税，结果都毫无意义。走私比守法不仅更赚钱，而且更容易，原因之一是东边的邻国利比里亚是个绝佳的走私通道。这种贩运的流畅度，与今哥伦比亚、中美洲和墨西哥之间的可卡因供应堪有一比。在这两个案例中，走私都因为战争和令人难以置信地千疮百孔的边界而受到推动。

走私者和网络——利比里亚

利比里亚像冈比亚和刚果（布）一样，实际上没有钻石生产业，但仍然被列为好几百万克拉钻石的原产地，这些钻石实际上几乎全都是被洗的塞拉利昂钻石。在弗莱明的时代，大部分塞拉利昂钻石也是流向利比里亚。利比里亚元与美元挂钩，使之成为一种可靠而受欢迎的货币。蒙罗维亚像磁石一样吸引着来路不正的钻石。2001年，联合国通过一项决议，禁止各国进口"利比里亚"钻石，但此举好比"马后炮"。在塞拉利昂内战期间，革命联合阵线将蒙罗维亚的市场视为用钻石换取洗干净的钱，或者直接换武器的理想场所。

利比里亚前总统查尔斯·泰勒（Charles Taylor）已被海牙国际法庭判定卷入了血钻走私，他的行政机构也一向对钻石再出口负有责任。就像捕鱼一样，小船总要跟着大船的船头雕饰走。幕后还有很多可疑人物呢。

蒙罗维亚的"老路"（Old Road）是个专门进行阴暗交易的地方。像在凯内马和延盖马等地一样，这里有大量的中东人介入。正如格雷格·坎贝尔（Greg Campbell）主演的影片《血钻》（*Blood Diamonds*，2004）所详细描述的，演员表上的角色很广泛，名声却大受玷污。易卜拉欣·巴（Ibrahim Bah）是革命联合阵线的一名将军，也是从塞拉利昂向外走私钻石的主要人物之一。革命联合阵线的另一名司令官"兰博"（Rambo）将军和他不相上下。在蒙罗维亚，后者与黎巴嫩商人、有"非官方的财政部长"之称的哈利勒·哈利勒（Khalil Khalil）关系密切。利比里亚政府的一架直升机有时会把兰博送回他在布埃杜（Buedu）的基地。这就是所谓的"鹦鹉嘴"，是塞拉利昂嵌入利比里亚的一个突出的尖角，被人们视为"人间地狱"。战争中的走私品和走私品的战争之间总是有一定程度的重叠：钻石向一个方向而去，武器、食品、燃料和药品则反方向而来。

蒙罗维亚似乎包容了各种以血钻为食的利益群体。"基地"组织据说曾通过黎巴嫩钻石商阿齐兹·纳苏尔（Aziz Nassour）和他的外甥萨米·奥赛利（Samih Osailly）购买过钻石（因此洗了钱，买到了"更干净"的商品）。按照坎贝尔的说法，1999年又一个网络启动并运行起来，是由乌克兰裔以色列人列昂尼德·梅宁（Leonid Menin）创建的，他是查尔斯·泰勒的朋友。他把枪支从乌克兰运到直布罗陀，那里会为布基纳法索出具最终用户证书，而布基纳法索政府是同情塞拉利昂革命联合阵线的。从布基纳法索首都瓦加杜古，梅宁使用一架偶尔也会充当泰勒的私人飞机的飞机，将枪支转移到蒙罗维亚。此外，他还从尼日尔首都尼亚美引进武器。

这些武器在木材运输的掩护下，沿着由伐木/军火公司修建的道路，被运往塞拉利昂边境。如《血钻》所披露的，这些公司的所有者是荷兰人格斯·考恩霍文（Gus Kouwenhoven）和以色列人西蒙·罗森布卢姆（Simon Rosenblum）。其他的偷运行动也很隐蔽。2000年，塔吉克裔的前克格勃特工维克托·布特（Victor Bout）使用在利比里亚注册的一架"伊柳辛Il-76"（Ilyushin Il-76）飞机，从东欧走私枪支经蒙罗维亚到塞拉利昂。[11]这件买卖倒没有特别藏着掖着，因为得到了泰勒政府的协助，也依赖于顺从的海关。布特使用的是一些较小的机场，如比利时的奥斯坦德（Ostend）机场、保加利亚的布尔加斯（Burgas）机场和南非的彼得斯堡（Pietersburg）机场，也使用马甲公司。后来他转移到沙迦（Sharjah）运作。据说他的客户形形色色，有以色列人，有塔利班，还有萨达姆倒台后在伊拉克运营的私人保安公司。

在不同的背景下，在非洲的另一部分的另一场战争中，维克托·布特的活动被政治作家莫伊塞斯·纳伊姆（Moisés Naím）描述为一种全球贸易中的易贝（eBay）或沃尔玛（Walmart），因此具有地缘政治的重要性。他的活动是网络化的，无法无天的，甚至是全球外交的一部分，是一个"不知边界的大超市"。[12]经销商奔走于世界各地，不断改变基地、供给线、航线、目的地和客户，到处供应战争走私品。过去几十年索马里各地的走私活动证明，尽管现在有走私品的战争，但战争中的走私品也依然十分丰富。

非洲之角的战争走私品

为了了解非洲之角——特别是索马里——马力强大的军事化，

我们必须回溯到"冷战"时期。20世纪70年代时，索马里虽然由军政府统治，却是一个在商业上和军事上都得到苏联支持的号称实行"社会主义"的国家。各种各样的战争给该地区留下了众多的武器，武器供应渠道也是开放的。

一条间接的武器贩运路线，是通过苏联的另一个附庸国——也门民主人民共和国（南也门）。该国在自己的战争结束后，剩下了大量多余武器。后来，在与号称信奉"共产主义"的埃塞俄比亚争夺欧加登（Ogaden）地区的战争（苏联支持埃塞俄比亚）结束后，索马里转而效忠美国。这场"冷战"角逐在索马里产生了外来武器的供应线，到最近战争期间不断扩大，特别是来自埃塞俄比亚和厄立特里亚的战争走私品的供应。埃塞俄比亚支持的一方是"过渡联邦政府"，而厄立特里亚支持伊斯兰派。索马里首都摩加迪沙的巴卡拉市场（Bakaara Market）成了最大的军火市场，直到2006年伊斯兰法庭联盟（Islamic Courts Union）离开该城，才分解成遍布全城的众多较小的市场。[13]

武器从南北两个点涌入。来自阿拉伯半岛的枪支输入索马里兰的布劳（Burao）和哈尔格萨（Hargeisa），而在南方，基斯马尤（Kismayo）则是武器的入口。武器从那里被送往欧加登地区和当地民族的"索马里解放军"。阿蒂尔·兰波当年在这一地区进行的枪支贩运活动，相形之下实在是小巫见大巫了。很难不把索马里和索马里兰地区视为一个大坑，过去几十年武器在源源不断地流入其中。然而，正如钻石和钶钽铁是夹藏在鱼中运输，沃桑格利人用捕鱼权换取一样，武器并不总是，甚至也不经常是单独运输的。

武器贩运有时是沿着传统贸易路线进行的。中世纪时期，索马里的阿胡拉亚苏丹国（Ajuuraan Sultanate）与东面所有现在的武器供应点，以及更东边其他走私品的供应点，都开展贸易。也门的单桅三角帆船跨越亚丁湾而来,或者在海上交易货物,或者停泊在一些偏远的港口,如索马里兰的希斯(Heis)、迈德(Maidh)和拉斯戈赖(Laasqoray),索马里中部穆杜格(Mudug)地区的哈拉尔代雷(Haradheere)和霍比奥(Hobyo),以及稍南边加勒古杜德地区的埃勒代雷(Ceel Dheer)。它们不仅带来武器,也带来电子产品、塑料制品、食品、水泥和燃料。印度古吉拉特制造的单桅三角帆船,也沿着古老的航线而来。它们从古吉拉特的蒙德拉出发,但在抵达索马里北部邦特兰(Puntland)地区的博萨索(Bosaaso)之前,也在卡拉奇、迪拜、沙迦、塞拉莱(Salalah)和伊朗南部港口进行各种各样的贸易。几乎所有船只都载有这样或那样的走私品。这不是战争中的走私品,但的确显示了索马里边境历史悠久的开放性,使得武器走私无论规模大小,都成为更大的古老贸易体系的一部分。

本章将战争中的走私品和走私品的战争进行了对比,它们似乎是非常不同的事物。虽然政府是战争中的走私品的中心,但在走私品的战争中,却往往会被边缘化。这当然是一种多少过于简单的对比,战争比这要复杂得多,两者的共同之处是军需品和消费品、个人和网络、微观和宏观的交织。

在某些关于商品和人的流动和流通的当代理论中,这些流动的背景是战争居多。走私并不全与战争有关,但是,鉴于本书中如此众多的故事都是因各种各样的战争而来,所以必须承认战争是一个流行的主题,特别是在20世纪。的确,在一些人看来,当代地缘政治的核心就是"永恒战争"的概念。[14]这与一些早期自由贸易思想家的梦想——自由贸易会导致更加和平的国际关系的各种理论——都相去甚远。而在另外一些思想家——如伊曼努尔·康德、大卫·休谟（David Hume）和亚当·斯密，阵容毫不逊色——看来，走私作为自由贸易的黑暗表亲，甚至可以制造和长久延续战争，塞拉利昂的例子似乎就证实了这一点。

  如果我们探讨的是走私的无所不在及其在战争中的变本加厉，如果此伏彼起的战争有可能是永恒的，那么我们无疑也在探讨走私的永恒性。我们也许当真是来到了一个走私的世界。

余 绪

走私活动仍然不断被牵连进地缘政治事件，并对其做出回应。粗略地纵览一下今天的走私活动，就会发现许多古老的走私路线仍然存在。墨西哥-美国边境仍然是一条难以控制的界线，中国云南-缅甸边境也有漏洞，阿富汗-巴基斯坦边境仍有超过200个过境点被走私者利用。金三角依然保持着它的形状，金新月地带也是如此。东非的伊莱米三角（Ilemi Triangle）是另一个传统的走私地区，南美洲的拉普拉塔河流域也还在贩卖非法商品。西奈半岛的贝都因人是天生的走私者，也在继续向加沙地带运送武器和物资。

一些边境地区以走私活动密集而著称，西非的乍得盆地就是一例；前南斯拉夫的部分地区，以一种更为多变的方式，也是如此。这些走私活动中有没有国家参与？当然，有一些国家。在一些走私猖獗的地区，如乌克兰东部、南奥塞梯、阿布哈兹或德涅斯特河两岸，这样的问题如今甚至鲜有人问及。

几十年前，甚至几百年前，走私的地缘政治地图就已为人所熟悉，但是偶然的政治事件也会引发新的走私活动。2011年，从分裂的利比亚走私出的军火像洪水般涌入马里，使马里古城廷巴克图（Timbuktu）突然陷入了被穆斯林占领的局面，其历史和文化面临着被抹杀的危险。于是成千上万册会被圣战分子认为亵渎神明的中世纪的手稿受到了毁灭的威胁，因此被走私出该城，经公路和水路，运到了马里首都巴马科。

新的"形状"已经出现了。2011年，记者达米安·凯夫（Damien Cave）在《国际先驱论坛报》（*International Herald Tribune*）上撰文称，有一段"手枪状的飞行弧线"正伸向洪都拉斯的加勒比海岸上，圣佩德罗苏拉（San Pedro Sula）东北方一片偏远的森林地带。[1] 枪柄部分是哥伦比亚-委内瑞拉边境，很大部分指的是瓜希拉半岛。现在中美洲在作为南美洲可卡因的转运点方面，已可匹敌墨西哥。可卡因的流量就像一个巨大的漏斗，尽管引力是反向的。贩毒技术已开始适配"冷战"的战略武器：2010年在厄瓜多尔，2011年在哥伦比亚西南部边境，都发现了走私可卡因的潜艇。[2]

旧的走私通道在复活，或者连接起来形成了链条：土耳其与伊朗、伊拉克和叙利亚接壤的每一条边界线，现在都能比以往更明显地看出在被走私活动渗透。丝绸之路也已经现出新的走私流的踪迹，特别是在中亚。如今的走私世界比以往任何时候都更加盘根错节。

注 释

引言 传奇色彩、叛逆精神与权力源泉

1 See for instance, Itty Abraham and Willem van Schendel, eds, *Illicit Flows and Criminal Things* (Bloomington, IN, 2005); Nils Gilman et al., eds, *Deviant Globalization* (New York, 2011); Moisés Naím, *Illicit: How Smugglers, Traffickers and Copycats are Hijacking the Global Economy* (London, 2007); Robert Neuwirth, *Stealth of Nations* (New York, 2011); and Carolyn Nordstrom, *Global Outlaws* (Berkeley, CA, 2007).
2 在18和19世纪的英国,走私者经常被称为自由贸易者。但实际上,走私只是表面上像自由贸易,因为无疑,走私喜欢且依赖于贸易保护主义者的高关税。
3 作家和政治学家埃斯·塞利科尔(Ayçe Çelikkol)分析了其中一些观点。在著作*Romances of Free Trade: British Literature, Laissez-faire, and the Global Nineteenth Century* (Oxford, 2011)中,她以19世纪社会经济著述和浪漫文学为镜头,审视了自由贸易和走私的历史,并单独研究了一些个人主义者,有时也会转移一些可以归属于走私者的特性。
4 尤请参见上书第二、第三章。
5 Ibid., pp. 34-8.
6 See Simon Harvey, 'Smuggling in Theories and Practices of Contemporary

Visual Culture'，PhD thesis, University of London, 2005.
7　Nathaniel Hawthorne, *The Scarlet Letter* (London, 1986), p. 50.
8　Ibid., p. 45.

第一章　雄心勃勃：地理大发现时代的走私

1　关于早期现代加勒比地区的走私，"contrabanding"是比"smuggling"更常用的一个术语。这个词通常更多地是指在法律不切实际的地区为合法贸易做补充，而不是专门的犯罪行为。
2　一些可卡因也几乎可以肯定地是由驶离这些港口的船带出去的，而枪支则是夹藏在主要是日用消费品的船货中流入的。
3　"强力"（strong-arm）贸易是对强制交易的称呼，既可以指交易殖民者被禁止交易的商品，也可以指违背他们意愿的交易。如果拒绝，就可能遭遇暴力，从而导致海盗行为的发生。然而，在当地殖民官员的背后，有时甚至是在他们的带领下，许多人都很乐意交易。
4　C. R. Boxer, *The Portuguese Seaborne Empire, 1415-1825* (Manchester, 1991), p. 326.
5　Ibid., p. 327.
6　Ibid.
7　John Keay, *The Spice Route* (London, 2005), p. 187.
8　Kris E. Lane, *Blood and Silver: A History of Piracy in the Caribbean and Central America* (Oxford, 1999), pp. 14-15.
9　Kenneth R. Andrews, *The Spanish Caribbean: Trade and Plunder, 1530-1630* (New Haven, CT, 1978), p. 79.
10　Lane, *Blood and Silver*, pp. 21-2.
11　Andrews, *The Spanish Caribbean*, pp. 127-8.
12　Lane, *Blood and Silver*, p. 35.
13　Ibid., p. 33.
14　Andrews, *The Spanish Caribbean*, p. 114.
15　Ibid., p. 96.

第二章 垄断：香料群岛与南中国海

1　Giles Milton, *Nathaniel's Nutmeg: How One Man's Courage Changed the Course of History* (London, 1999), pp. 32-3.
2　Ibid., pp. 212-4.
3　Jonathan Clements, *Pirate King: Coxinga and the Fall of the Ming Dynasty* (Stroud, Gloucestershire, 2004), p. 14.
4　Ibid., pp. 14-15.
5　Ibid., p. 14.

第三章 走私之海：加勒比海和"白银之河"

1　Kenneth R. Andrews, *The Spanish Caribbean: Trade and Plunder, 1530-1630* (New Haven, CT, 1978), pp. 206-7.
2　Ibid., p. 177.
3　James Lang, *Conquest and Commerce: Spain and England in the Americas* (New York, 1975), p. 55.
4　Andrews, *The Spanish Caribbean*, p. 179.
5　See ibid., pp. 185-6.
6　Ibid., p. 195.
7　Quoted in Peter Sloterdijk, *In the World Interior of Capital* (Cambridge, 2013), p. 113.
8　Andrews, *The Spanish Caribbean*, p. 225.
9　Lang, *Conquest and Commerce*, pp. 56-7.
10　Ibid., p. 56.
11　C. R. Boxer estimate, quoted in Dennis O'Flynn,'Comparing the Tokagawa Shogunate with Hapsburg Spain: Two Silver-based Empires in a Global Setting', in *The Political Economy of Merchant Empires*, ed. James D. Tracy (Cambridge, 1991).
12　Lance Grahn, *The Political Economy of Smuggling: Regional Informal Economies in Early Bourbon New Granada* (Oxford, 1997), p. 18.

13 See Andrews, *The Spanish Caribbean*, pp. 175-181.
14 Fernand Braudel, *Civilization and Capitalism, 15th-18th Century*, vol. Ⅲ: *The Perspective of the World* (London, 1984), pp. 416-17.
15 Lane, *Blood and Silver*, p. 109.

第四章 走私之漠：今日的"西班牙大陆美洲"

1 Gabriel García Márquez, 'Death Constant Beyond Love', in *Collected Stories* (London, 1996), p. 219.
2 Ibid.
3 Hunter S. Thompson, 'A Footloose American in a Smugglers' Den', in *The Great Shark Hunt: Strange Tales from a Strange Time* (London, 1980), p. 366.
4 García Márquez, 'The Incredible and Sad Tale of Innocent Eréndira and her Heartless Grandmother', in *Collected Stories*, pp. 251-2.
5 Ibid., p. 277.
6 García Márquez, 'Blacamán the Good', in *Collected Stories*, p. 237.

第五章 尝禁果：走私蔓延全世界

1 Ruth Hill, *Hierarchy, Commerce and Fraud in Bourbon Spanish America* (Nashville, TN, 2005), p. 119.
2 Ibid., p. 127.
3 Ibid., pp. 137-8.
4 See Hill, *Hierarchy, Commerce and Fraud*, chapters 3 and 4.
5 Lance Grahn, *The Political Economy of Smuggling: Regional Informal Economies in Early Bourbon New Granada* (Oxford, 1997), p. 192.
6 Hill, *Hierarchy, Commerce and Fraud*, pp. 115-16.
7 See John Gimlette's travel book about Paraguay, *At the Tomb of the Inflatable Pig* (London, 2003), p. 11.
8 Grahn, *The Political Economy of Smuggling*, p. 38.
9 Ibid., p. 60.

10 Ibid., p. 55.
11 Graham Greene, *Getting to Know the General* (London, 1999), p. 61.
12 Quoted in Adam Leith Gollner, *The Fruit Hunters: A Story of Nature, Adventure, Commerce and Obsession* (New York, 2008), p. 84.
13 Fernand Braudel, *Civilization and Capitalism, 15th-18th century*, vol. HI: *The Perspective of the World* (London, 1984), p. 418.

第六章　革命和反抗：走私观念的颠覆

1 See Ayse Çelikkol, *Romances of Free Trade: British Literature, Laissez-faire, and the Global Nineteenth Century* (Oxford, 2011), pp. 31-32.
2 George Foy, *Contraband* (London, 1998), p. 184.
3 Paul Virilio, *Speed and Politics: An Essay on Dromology* (New York, 1986), p. 42.
4 Ivan Klíma, 'The Smuggler's Story', in *My Golden Trades* (London, 1992), p. 37.
5 Giuseppe Tomasi di Lampedusa, *The Leopard* (London, 2005), p. 117.
6 Richard Platt, *Smuggling in the British Isles: A History* (Stroud, Gloucestershire, 2007), p. 163.
7 James Lang, *Conquest and Commerce: Spain and England in the Americas* (New York, 1975), p. 59.
8 Gabriel García Márquez, 'Blacamán the Good', in *Collected Stories* (London, 1996), p. 237.
9 Foy, *Contraband*, p. 133.
10 Adam Smith, *Wealth of Nations* (Ware, Hertfordshire, 2012), p. 879.
11 Nathaniel Hawthorne, *The Scarlet Letter* (London, 1986), p. 45.
12 Eric Hobsbawm, *Bandits* (London, 2000), footnote, p. 45.
13 Mahi Binebine, *Welcome to Paradise* (London, 2004), pp. 46-7.
14 Avital Ronell, *Crack Wars: Literature, Addiction, Mania* (Lincoln, NE, 1992), p. 51.
15 Winsome Pinnock, *Mules* (London, 1996), Act 2, Scene 10, pp. 45-6.

16 Quoted in Sadie Plant, *Writing on Drugs* (London, 1999), p. 87.

第七章　爱国的海盗：反复无常又讲求实际的走私者

1 Quoted in William C. Davis, *The Pirates Laffite: The Treacherous World of the Corsairs of the Gulf* (Orlando, FL, 2005), p. 61.
2 See Hakim Bey, *TAZ: The Temporary Autonomous Zone, Ontological Anarchy, Poetic Terrorism* (New York, 2003).
3 Davis, *The Pirates Laffite*, p. 212.

第八章　生意如常：拿破仑时代的英国走私者

1 Gavin Daly, 'Napoleon and the City of Smugglers, 1810-1814', *Historical Journal,* L/2 (2007), p. 345.
2 Ibid., p. 342.
3 Quoted in Geoffrey Morley, *The Smuggling War: The Government's Fight against Smuggling in the 18th and 19th Centuries* (Stroud, Gloucestershire, 1994), pp. 117-18.
4 See Richard Platt, *Smuggling in the British Isles: A History* (Stroud, Gloucestershire, 2007), pp. 185-7.
5 Ibid., pp. 186-7.
6 See Daly, 'Napoleon and the City of Smugglers', pp. 339-41.

第九章　走私世界：从拉普拉塔河到红海

1 Henry de Monfreid, *Pearls, Arms and Hashish: Pages from the Life of a Red Sea Smuggler* (London, 1930), pp. 105-6.
2 See Charles Nicholl, *Somebody Else: Arthur Rimbaud in Africa, 1880-91* (London, 1998), p. 313.
3 Henry de Monfreid, *Le Radeau de la Méduse* (Paris, 1958), pp. 79-81.
4 Nicholl, *Somebody Else,* p. 4.

5　Quoted ibid., p. 85.
6　查尔斯·尼科尔（Charles Nicholl）描述了一种令经验丰富的"非洲通"都深受折磨的"疾病"，会令人"沉默""无聊""倦怠"，ibid., p. 113。
7　Hunter S. Thompson, *The Proud Highway: The Fear and Loathing Letters,* vol. 1: *1955-1967* (London, 1997), p. 338.
8　Quoted in Nicholl, *Somebody Else,* p. 182.
9　Monfreid, *Pearls, Arms and Hashish,* p. 145.

第十章　衰落的帝国：鸦片走私危害中国

1　Martin Booth, *Opium: A History* (London, 1997), p. 140.
2　Julia Lovell, *The Opium War* (London, 2012), p. 36.
3　W. Travis Hanes and Frank Sanello, *The Opium Wars: The Addiction of One Empire and the Corruption of Another* (London, 2002), p. 40.
4　Ibid., pp. 40-41.
5　Ibid., p. 21.
6　Ibid., p. 42.
7　Amitav Ghosh, *River of Smoke* (London, 2011), p. 427.
8　Hanes and Sanello, *The Opium Wars,* p. 157.
9　Quoted ibid., p. 74.
10　Lovell, *The Opium War,* p. 251.
11　Ibid., p. 250.
12　Quoted in Hanes and Sanello, *The Opium Wars,* p. 189.

第十一章　提神和抵抗：鸦片太多，茶叶太少

1　See Amar Farooqui, *Smuggling as Subversion: Colonialism, Indian Merchants and the Politics of Opium* (New Delhi, 1998), pp. 115-16.
2　Ibid., p. 112.
3　如欲更详细地了解福钧的这次行程，以及他的第一次茶叶之旅，可阅读Sarah Rose, *For All the Tea in China* (London, 2009)。

第十二章　产业革命：奴隶、金鸡纳、橡胶和技术

1　菲茨卡拉多从未将一条船拖曳着翻过一座山，但他的确曾把一条船拆开，从陆上运送到另一个河流系统。
2　See Joe Jackson, *The Thief at the End of the World: Rubber, Empire and the Obsessions of Henry Wickham* (London, 2008), pp. 189-190.
3　Ibid., p. 193.
4　Robert Neuwirth, *Stealth of Nations: The Global Rise of the Informal Economy* (New York, 2011), p. 61.
5　*The Times,* 24 April 2007, p. 5.

第十三章　走私文化：劫掠珍宝

1　2011年2月11日，耶鲁大学和库斯科大学（University of Cuzco）就归还文物签订了协议。2012年11月12日，第三批也是最后一批归还文物由飞机运抵秘鲁。
2　Roger Atwood, *Stealing History: Tomb Raiders, Smugglers, and the Looting of the Ancient World* (New York, 2004), pp. 80-85.
3　Ibid., p. 87.
4　Ibid., pp. 46-51.
5　Ibid., pp. 156-7.
6　Sax Rohmer, *Dope* (London, 1919), p. 96.
7　See Roberto Escobar, *Escobar: Drugs, Guns, Money, Power* (London, 2010), pp. 91-4.
8　据报道，波特罗对自己的画作变成了纯粹的金钱无动于衷，后来他又创作了 *The Death of Pablo Escobar* (1999)，给这段关系增添了些许讽刺意味。
9　Konstantin Akinsha and Grigorii Kozlov, *Stolen Treasure: The Hunt for the World's Lost Masterpieces* (London, 1995), p. 158.
10　Ibid., pp. 157-8.

第十四章 "要人逃离":第三帝国将自己走私到阿根廷

1. See Douglas Botting and Ian Sayer, *Nazi Gold* (Edinburgh, 2003), pp. 47-50.
2. "蜘蛛"是否当真存在,以及斯科尔兹内是否参与其中,在一些人看来是有争议的,例如Guy Walters, *Hunting Evil* (London, 2010)一书。见其第五章"敖德萨神话"(The Odessa Myth)。
3. Botting and Sayer, *Nazi Gold*, pp. 50-1.
4. Uki Goñi, *The Real Odessa* (London, 2002), p. 209.
5. 德拉加诺维奇据说与美国反间谍部队(CIC)有联系,后者在想要一些战后曾与自己合作,但手上沾有血污的轴心国战犯消失,以避免曝光的尴尬时,曾利用过他。

第十五章 黑市:一切都有个好价钱

1. 这部电影以其黑色美学而闻名,有齐特琴演奏的悦耳动听的著名配乐,由奥森·威尔斯(Orson Welles)扮演的恶棍哈里·利姆(Harry Lime),有着诱人的微笑和迷人的个性。
2. 其他相关术语还有"非正规""非官方""不规则""不规范""自生""第二""平行""额外状态""法律以外的""未申报""影子""地下""隐藏"等。
3. "战利品文化"(culture of spoils)是Janet Roitman, *Productivity in the Margins: The Reconstitution of State Power in the Chad Basin, Santa Fe*, NM, 2004)一书中用于正规贸易的术语。
4. See Alexander Cockburn and Jeffrey St Clair, *Whiteout: The CIA, Drugs and the Press* (London, 1999), pp. 167-8.
5. Botting and Sayer, *Nazi Gold*, p. 232.
6. Ibid., pp. 244-5.
7. Konstantin Akinsha and Grigorii Kozlov, *Stolen Treasure: The Hunt for the World's Lost Masterpieces* (London, 1995), pp. 214-15.
8. See Robert Neuwirth, *Stealth of Nations: The Global Rise of the Informal Economy* (New York, 2011), pp. 101-4.

9 Ibid., p. 18.
10 Ibid., pp. 27-8.
11 明策·图梅沙伊特（Minze Tummescheit）的纪录片 *Jarmark Europa* (2004) 讲述了这个故事。
12 如欲更详细地了解圣保罗和东方城之间穿梭巴士的具体游览模式，请参见Neuwirth, *Stealth Nation* 一书中 "Can Anybody Tell Me How to Get to the Bridge?" 一章。
13 See 'Treasury Targets Hizballah Fundraising Network in the Triple Frontier of Argentina, Brazil, and Paraguay', www.treasury.gov. 12 June 2006. Also Joshua L. Gleis and Benedetta Berti, *Hezbollah and Hamas: A Comparative Study* (Baltimore, MD, 2012), pp. 71-4.
14 See Moisés Naím, *Illicit: How Smugglers, Traffickers and Copycats are Hijacking the Global Economy* (London, 2007), pp. 263-5.
15 See Neuwirth, *Stealth of Nations*, pp. 20-2.

第十六章　向南，向东南："鸦片航空公司"和印度支那运输大动脉

1 Antoine de Saint-Exupéry, *Airman's Odyssey: A Trilogy* (Orlando, FL, 1984), p. 29.
2 坤沙避开了与他同时代的哥伦比亚毒枭巴勃罗·埃斯科瓦尔在反毒品战争中的暴力结局。他在仰光过着相当舒服的日子，直到于2007年去世。
3 如欲更多地了解这些飞行员的壮举和"鸦片航空公司"的幕后支持者，参见Alfred W. McCoy, *The Politics of Heroin: CIA Complicity in the Global Drugs Trade* (Chicago, IL, 2003), pp. 71-4。
4 Ibid., p. 299.
5 这一时期老挝的中立派并非主张不打仗，只是对联盟持开放态度。
6 越南鸦片/海洛因贸易的家族网络模型，与17世纪布宜诺斯艾利斯的走私社会结构（见第九章）可有一比。
7 在阮文绍任总统期间，阮高祺继续担任副总统，但两人始终是死对头。
8 奥古斯特·约瑟夫·里考特（Auguste Joseph Ricort）是与法国马赛和拉美之间的瓜葛关系最为密切的一个名字，他就是一个这样的通敌者。他的鼎

盛时期在1968—1973年。
9 用于走私的并不全是运输机。已知T-28战斗轰炸机的飞行员就曾用他们的飞机载运鸦片，直到美国人干预才罢手。美国人的介入确保老挝空军有了一架达科塔直升机来专门干这活，从而解放了战斗轰炸机中队，以集中精力应对战争。
10 这些半私营的航空公司和空运公司在经济上取得了巨大成功，它们的巨额利润不仅能确保开展一些黑色行动，而且形成了整个一种黑色行动文化，最终导致中情局围绕着尼加拉瓜反政府武装的军事行动，于20世纪80年代在中美洲建立了毒品走私联盟。
11 McCoy, *The Politics of Heroin,* p. 313.
12 Christopher Robbins, *Air America: The Explosive True Story of the CIA's Secret Airline* (London, 2012), pp. 241-2.
13 这是大陆航空公司的一个分支，准备在单纯运送平民之外，再做些事情。
14 1975年西贡沦陷那天那张标志性的照片所呈现的，正是一架美国航空公司的直升机，把使馆工作人员从屋顶上接走。后来，他们在金边也做了同样的事情。

第十七章　"冷战"对抗：飞进中美洲的风暴

1 英国记者约安·格里洛（Ioan Grillo）在 *El Narco*（London, 2012）一书中，使用了"毒品-叛乱分子"（narco-insurgent）这个术语，形容21世纪在墨西哥北部兴起的好战且明显反政府的贩毒集团。他将这个海湾贩毒集团的头目奥西尔·卡德纳斯（Osiel Cárdenas）称为世界头号毒品-叛乱分子（p. 99）。他认为这是一个转变的征兆：从"为毒品而战"转向"毒品战争"，从通过毒品走私牟利到走私以资助战争。
2 Peter Dale Scott and Jonathan Marshall, *Cocaine Politics* (Berkeley, CA, 1998), pp. 82-3.
3 "可卡因政变"是指阴谋者的行动至少在部分上，是为了保护和促进可卡因走私的。
4 缉毒总监何塞·德·赫苏斯·古铁雷斯·雷沃略（José de Jesús Gutiérrez Rebollo）于1997年被解职，并因收受贿赂而入狱；他的继任者马里亚诺·弗朗西斯科·埃朗·萨尔瓦蒂（Mariano Francisco Herran Salvatti，1997—2000年任总监）被指控犯有其他腐败罪名，但在坐了三年牢后又被判无罪；诺埃·拉米雷斯·曼杜哈诺（Noe Ramirez Mandujano，2006—2008年任总监）被指控收取了45万美元毒品钱，尽管后来他也洗清了罪名。

5 Alfred W. McCoy, *The Politics of Heroin: CIA Complicity in the Global Drugs Trade* (Chicago, IL, 2003), p. 89.

6 Scott and Marshall, *Cocaine Politics,* p. 67.

7 1991年在审判曼努埃尔·诺列加时，卡尔顿成了重要证人。

8 See Alexander Cockburn and Jeffrey St Clair, *Whiteout: The CIA, Drugs and the Press* (London, 1999), pp. 323-5.

9 彼得·戴尔·斯科特和乔纳森·马歇尔声称此说法来自"一个可靠的消息来源"，详见*Cocaine Politics,* pp. 100-1。

10 See Scott and Marshall, *Cocaine Politics,* p. 105.

11 据说奥利弗·诺思曾称这一转运仓库为"超市"。参见Cockburn and St Clair, *Whiteout,* p. 282。

12 See Scott and Marshall, *Cocaine Politics,* p. 119.

13 Ibid., pp. 16-17.

14 罗德里格斯据说此后多年都戴着格瓦拉的手表。

15 See Christopher Robbins, *Air America: The Explosive True Story of the CIA's Secret Airline* (London, 2012), pp. 332-3.

16 Ibid.

17 中情局特工路易斯·波萨达·卡里莱斯（Luis Posada Carriles）为参与援助尼加拉瓜反政府武装的飞行员安排了安全住所。参见Cockburn and St Clair, *Whiteout,* pp. 294-5。

18 "轧票机"是一项历史悠久的政策，可追溯至1947年的《国家安全法》（National Security Act）的立法。现在，最重要的是，这意味着有可能运送毒品的飞机在抵达佛罗里达机场时，根本没有受到检查。

19 "人道主义援助"计划是以"尼加拉瓜人道主义援助组织"（Nicaraguan Humanitarian Assistance Organization，NHAO）的名义设立的。

20 See Scott and Marshall, *Cocaine Politics,* pp. 10-12.

21　Ibid., pp. 16-17. 弗利（Foley）向中情局推荐了Vortex作为援助对象。
22　此处的消息来源是麦德林贩毒集团的会计拉蒙·米利安·罗德里格斯（Ramon Milian Rodriguez）接受记者采访。参见Cockburn and St Clair, *Whiteout*, pp. 308-9。
23　也许有人还记得，正是美国前驻哥伦比亚大使刘易斯·坦布斯（Lewis Tambs），创造了"毒品–游击队"这个术语，后来他在1985年转任哥斯达黎加后，被指控曾协助奥利弗·诺思和西科德。

第十八章　战争中的走私品：美国生意和非洲钻石

1　Sir John Mandeville, *The Travels of Sir John Mandeville* (London, 1973), p. 39.
2　Peter Andreas, *Smuggler Nation* (New York, 2013), p. 59.
3　Ibid., p. 47.
4　Ibid., pp. 157-8.
5　See Ian Fleming, *The Diamond Smugglers* (New York, 1965), pp. 144-8.
6　Ibid., p. 154.
7　Ibid., pp. 42-8.
8　See Carolyn Nordstrom, *Global Outlaws* (Berkeley, CA, 2007), pp. 105-113.
9　2003年形成的金伯利机制（Kimberley Process），原本认为会使钻石从矿山到消费者手中的过程更加透明，实际上却可以说是进一步降低了血钻的可见度。过去，人们还有可能跟踪血钻的整个旅程，现在一旦进入了金伯利流程，就无法再检查了。在与合法钻石混合后，血钻实际上也就变成了合法的钻石。
10　Greg Campbell, *Blood Diamonds* (New York, 2012), pp. 40-2.
11　Ibid., pp. 64-9.
12　Moisés Naím, *Illicit: How Smugglers, Traffickers and Copycats are Hijacking the Global Economy* (London, 2007), p. 57.
13　2006年，一件贴有哈萨克斯坦标签，但可能是应厄立特里亚人的要求，由维克托·布特安排的托运货物，被发现抵达了摩加迪沙机场。这件货物实际上可能来自利比亚或也门。收件者是伊斯兰法庭联盟［索马里青年党（al-shabaab）和伊斯兰党（Hizbul Islam）的前身］，是这一地区伊斯兰激进分子的军队。
14 例如，Daniel Heller-Roazen's book *The Enemy of All: Piracy and the Law of Nations* (New York, 2009)一书中，在关于海盗的第十六章"走向永恒的战争"（Toward Perpetual War），就提出了这一理论。

余 绪

1 Damien Cave, *International Herald Tribune,* 25 March 2011.
2 Nico Hines, *The Times,* 5 July 2010, p. 32, and Joel Taylor, *Metro* (London), 6 February 2011, p. 25.

致　谢

　　有很多人，我愿意向他们表示特别的谢意，感谢他们在我创作这本书的这些年里，耐心倾听我的想法，或者很有可能是帮我萃取出了思想。写这本书的想法产生于一次旅行，就是和我的朋友马克·达菲（Mark Duffy）———一位伟大的旅伴——在哥伦比亚的瓜希拉半岛的一次游历。当它成为一个学术研究项目后，一路走来，我要对伦敦大学戈德史密斯学院的艾里特·罗戈夫（Irit Rogoff）表达无限的感激。也是在那里，我认识了彼得·莫滕博克（Peter Mörtenböck），他对非正规市场的研究与我的一些经验相吻合，极大地丰富了我在这方面的知识。埃尔金·恰武什奥卢（Ergin Çavusoglu）是一位画家，他的作品触及了走私的方方面面，他一直慷慨地配合我的工作。最近我也接受了历史学家卡塔琳娜·罗沃尔德（Katharina Rowold）一些宝贵的建议。对于本书的出版者Reaktion Books公司，我要感谢迈克尔·利曼（Michael Leaman）、玛莎·杰伊（Martha Jay）、戴维·罗斯（David Rose）和哈里·吉洛尼斯（Harry Gilonis）。最后，我要把最深的谢意献给我的父亲莫里斯·哈维（Maurice Harvey）。

他曾是一名飞行员,也是军事历史学家,他不仅教我明白了一般飞机和喷气式飞机的区别,还在本书后期制作阶段通读全书并提出了很多修改意见。

重要书目

Abraham, Itty, and Willem van Schendel, eds, *Illicit Flows and Criminal Things: States, Borders, and the Other Side of Globalization* (Bloomington, IN, 2005)

Akinsha, Konstantin, and Grigorii Kozlov, *Stolen Treasure: The Hunt for the World's Lost Masterpieces* (London, 1995)

Alwi, Des, and Willard A. Hana, *Turbulent Times Past in Ternate and Tidore* (Banda Neira, 1990)

Andreas, Peter, *Smuggler Nation: How Illicit Trade Made America* (New York, 2013)

Andrews, Kenneth R., *The Spanish Caribbean: Trade and Plunder, 1530–1630* (New Haven, CT, 1978)

Atwood, Roger, *Stealing History: Tomb Raiders, Smugglers, and the Looting of the Ancient World* (New York, 2004)

Barrera Monroy, Eduardo, *Mestizaje, Comercio y Resistencia: La Guajira durante la Segunda mitad del Siglo VXIII* (Bogotá, 2000)

Bey, Hakim, *T.A.Z.: The Temporary Autonomous Zone, Ontological Anarchy, Poetic Terrorism* (New York, 2003)

Booth, Martin, *Opium: A History* (London, 1997)

Botting, Douglas, and Ian Sayer, *Nazi Gold: The Sensational Story of the World's Greatest Robbery – and the Greatest Criminal Cover-up* (Edinburgh, 1998)

Boxer, C. R., *The Portuguese Seaborne Empire, 1415–1825* (Manchester, 1991)

Braudel, Fernand, *The Mediterranean, and the Mediterranean World in the Age of Philip II* (London, 1992)

—, *The Perspective of the World: Civilization and Capitalism, 15th–18th century*, vol. III (London, 1984)

Calvino, Italo, *Invisible Cities* (London, 1997)

Campbell, Greg, *Blood Diamonds: Tracing the Deadly Path of the World's Most Precious Stones* (New York, 2012)

Çelikkol, Ayşe, *Romances of Free Trade: British Literature, Laissez-faire, and the Global Nineteenth Century* (Oxford, 2011)

Cervantes Angulo, José, *La noche de las luciérnagas* (Bogotá, 1980)
Clements, Jonathan, *Pirate King: Coxinga and the Fall of the Ming Dynasty* (Stroud, Gloucestershire, 2004)
Cockburn, Alexander, and Jeffrey St Clair, *Whiteout: The CIA, Drugs and the Press* (London, 1999)
Daly, Gavin, 'Napoleon and the City of Smugglers, 1810–1814', *Historical Journal*, L/2 (2007), pp. 333–52
Darnton, Robert, *The Forbidden Bestsellers* (London, 1996)
—, *The Kiss of Lamourette* (London, 1990)
—, *The Literary Underground of the Old Regime* (Cambridge, MA, 1982)
Davis, William C., *The Pirates Laffite: The Treacherous World of the Corsairs of the Gulf* (Orlando, FL, 2005)
Donkin, R. A., *Between East and West: The Moluccas and the Traffic in Spices up to the Arrival of Europeans* (Philadelphia, PA, 2003)
Edberg, Mark Cameron, *El Narcotraficante: Narcocorridos and the Construction of Cultural Persona on the U.S.–Mexican Border* (Austin, TX, 2004)
Escobar, Roberto, *Escobar: Drugs, Guns, Money, Power* (London, 2010)
Farooqui, Amar, *Smuggling as Subversion: Colonialism, Indian Merchants and the Politics of Opium* (New Delhi, 1998)
Farjeon, J. Jefferson, *The Compleat Smuggler* (London, 1938)
Fleming, Ian, *The Diamond Smugglers* (New York, 1965)
Forbes, Duncan, *Rimbaud in Ethiopia* (Hythe, Kent, 1979)
García Márquez, Gabriel, *The Story of a Shipwrecked Sailor*, trans. Richard Hogan (London, 1996)
Gilman, Nils, et al., eds, *Deviant Globalization: Black Market Economy in the 21st Century* (New York, 2011)
Gimlette, John, *At the Tomb of the Inflatable Pig: A Riotous Journey into the Heart of Paraguay* (London, 2003)
Gollner, Adam Leith, *The Fruit Hunters: A Story of Nature, Adventure, Commerce and Obsession* (New York, 2008)
Goñi, Uki, *The Real Odessa: How Perón Brought the Nazi War Criminals to Argentina* (London, 2002)
Grahn, Lance, *The Political Economy of Smuggling: Regional Informal Economies in Early Bourbon New Granada* (Oxford, 1997)
Greene, Graham, *Getting to Know the General* (London, 1999)
—, *The Captain and the Enemy* (London, 1999)
Grillo, Ioan, *El Narco: The Bloody Rise of Mexican Drug Cartels* (London, 2011)
Hanes, W. Travis, and Frank Sanello, *The Opium Wars: The Addiction of One Empire and the Corruption of Another* (London, 2002)
Harvey, Simon, 'Smuggling in Theories and Practices of Contemporary Visual Culture', PhD thesis, University of London, 2005
Hawthorne, Nathaniel, *The Scarlet Letter* [1850] (London, 1986)
Heller-Roazen, Daniel, *The Enemy of All: Piracy and the Law of Nations* (New York, 2009)
Hill, Ruth, *Hierarchy, Commerce and Fraud in Bourbon Spanish America*

(Nashville, TN, 2005)
Hobsbawm, Eric, *Bandits* (London, 2000)
Jackson, Joe, *The Thief at the End of the World: Rubber, Empire and the Obsessions of Henry Wickham* (London, 2008)
Jobson de Andrade Arruda, José, 'Colonies as Mercantile Investments: The Luso-Brazilian Empire, 1500–1808', in *The Political Economy of Merchant Empires*, ed. James D. Tracy (Cambridge, 1991)
Karras, Alan L., *Smuggling: Contraband and Corruption in World History* (Lanham, MD, 2010)
Keay, John, *The Spice Route* (London, 2005)
Kelly, Robert J., Jess Maghan and Joseph D. Serio, *Illicit Trafficking: A Reference Handbook* (Santa Barbara, CA, 2005)
Lampedusa, Giuseppe Tomasi di, *The Leopard* (London, 2005)
Lane, Kris E., *Blood and Silver: A History of Piracy in the Caribbean and Central America* (Oxford, 1999)
Lang, James, *Conquest and Commerce: Spain and England in the Americas* (New York, 1975)
Langewiesche, William, *The Atomic Bazaar* (London, 2007)
Linaje, Veitia, *The Spanish Rule of Trade to the West Indies Containing an Account of the Casa de Contratacion, or India House* (New York, 1977)
Lovell, Julia, *The Opium War* (London, 2012)
Lumpe, Lora, ed., *Running Guns: The Black Market in Small Arms* (London, 2000)
Ly-Tio-Fane, Madeleine, *Mauritius and the Spice Trade: The Odyssey of Pierre Poivre* (Port Louis, 1958)
McCoy, Alfred W., *The Politics of Heroin: CIA Complicity in the Global Drug Trade* (Chicago, IL, 2003)
Madsen, Axel, *Silk Roads: The Asian Adventures of Clara and André Malraux* (New York, 1989)
Mandeville, Sir John, *The Travels of Sir John Mandeville*, commentary by Norman Denny and Josephine Filmer-Sankey (London, 1973)
Milton, Giles, *Nathaniel's Nutmeg: How One Man's Courage Changed the Course of History* (London, 1999)
Monfreid, Henry de, *Hashish: A Smuggler's Tale* (London, 1994)
—, *Le Radeau de la Méduse* (Paris, 1958)
—, *Pearls, Arms and Hashish: Pages from the Life of a Red Sea Smuggler* (London, 1930)
Morley, Geoffrey, *The Smuggling War: The Government's Fight against Smuggling in the 18th and 19th Centuries* (Stroud, Gloucestershire, 1994)
Moxham, Roy, *The Great Hedge of India* (London, 2001)
—, *Tea: The Extraordinary Story of the World's Favourite Drink* (London, 2009)
Naím, Moisés, *Illicit: How Smugglers, Traffickers and Copycats are Hijacking the Global Economy* (London, 2007)
Neuwirth, Robert, *Stealth of Nations: The Global Rise of the Informal Economy* (New York, 2011)

Nicholl, Charles, *Somebody Else: Arthur Rimbaud in Africa, 1880–91* (London, 1998)

Nordstrom, Carolyn, *Global Outlaws: Crime, Money and Power in the Contemporary World* (Berkeley, CA, 2007)

O'Flynn, Dennis, 'Comparing the Tokagawa Shogunate with Hapsburg Spain: Two Silver-based Empires in a Global Setting', in *The Political Economy of Merchant Empires*, ed. James D. Tracy (Cambridge, 1991)

Observatoire Géopolitique des Drogues, *The Geopolitics of Drugs* (Boston, 1996)

Pérotin-Dumon, Anne, 'The Pirate and the Emperor: Power and the Law on the Seas, 1450-1850', in *The Political Economy of Merchant Empires*, ed. James D. Tracy (Cambridge, 1991)

Perusset, Macarena, *Contrabando y Sociedad en el Río de la Plata Colonial* (Buenos Aires, 2006)

Plant, Sadie, *Writing on Drugs* (London, 1999)

Platt, Richard, *Smuggling in the British Isles: A History* (Stroud, Gloucestershire, 2007)

Prakash, Om, *The Dutch East India Company and the Economy of Bengal, 1630–1720* (Princeton, NJ, 1985)

Preston, Diana and Michael Preston, *A Pirate of Exquisite Mind: The Life of William Dampier, Explorer, Naturalist and Buccaneer* (London, 2005)

Quinn, Tom, *Smugglers' Tales* (Newton Abbot, 1999)

Rensselaer, W. Lee III, *Smuggling Armageddon: The Nuclear Black Market in the Former Soviet Union and Europe* (London, 1998)

Robbins, Christopher, *Air America: The Explosive True Story of the CIA's Secret Airline* (London, 2012)

Roitman, Janet, 'Productivity in the Margins: The Reconstitution of State Power in the Chad Basin', in *Anthropology in the Margins of the State*, ed. Veena Das and Deborah Poole (Santa Fe, NM, 2004)

Roldán Vera, Eugenia, *The British Book Trade and Spanish American Independence: Education and Knowledge Transmission in Transcontinental Perspective* (London, 2003)

Ronell, Avital, *Crack Wars: Literature, Addiction, Mania* (Lincoln, NE, 1992)

Rose, Sarah, *For All the Tea in China* (London, 2009)

Sabbag, Robert, *Smokescreen: A True Adventure* (Edinburgh, 2002)

Sainte-Exupéry, Antoine de, *Airman's Odyssey: A Trilogy* (Orlando, FL, 1984)

Scott, Peter Dale, and Jonathan Marshall, *Cocaine Politics: Drugs, Armies, and the CIA in Central America* (Berkeley, CA, 1998)

Sloterdijk, Peter, 'Theory of the Pirate: The White Terror', in Peter Sloterdijk, *In the World Interior of Capital: Towards a Philosophical Thoery of Globalization* (Cambridge, 2013)

Smith, Adam, *Wealth of Nations* [1776] (Ware, 2012)

Streatfield, Dominic, *Cocaine* (London, 2001)

Strong, Simon, *Whitewash: Pablo Escobar and the Cocaine Wars* (London,

1996)
Thachuk, Kimberley L., *Transnational Threats: Smuggling and Trafficking in Arms, Drugs, and Human Life* (Westport, CT, 2007)
Thompson, Hunter S., 'A Footloose American in a Smugglers' Den', in Hunter S. Thompson, *The Great Shark Hunt: Strange Tales from a Strange Time* (London, 1980)
—, *The Proud Highway: The Fear and Loathing Letters*, vol. 1: *1955–67* (London, 1997)
Tracy, James D., ed., *The Political Economy of Merchant Empires: State Power and World Trade 1350–1750* (Cambridge, 1991)
—, *The Rise of Merchant Empires: Long Distance Trade in the Early Modern World 1350–1750* (Cambridge, 1990)
Virilio, Paul, *Speed and Politics: An Essay on Dromology* (New York, 1986)
Wald, Elijah, *Narcocorrido: A Journey into the Music of Drugs, Guns and Guerrillas* (New York, 2002)
Walters, Guy, *Hunting Evil* (London, 2010)
Waugh, Mary, *Smuggling in Devon and Cornwall, 1700–1850* (Newbury, 1999)
Williams, Neville, *Contraband Cargoes: Seven Centuries of Smuggling* (London, 1959)

Smuggling Fiction

Alcott, Louisa May, 'My Contraband', in *Louisa May Alcott: Short Stories* (New York, 1996)
Baricco, Alessandro, *Silk* (London, 1998)
Binebine, Mahi, *Welcome to Paradise* (London, 2004)
Du Maurier, Daphne, *Jamaica Inn* [1936] (London, 2003)
Foy, George, *Contraband* (London, 1998)
García Márquez, Gabriel, 'Blacamán the Good, Vendor of Miracles', in *Collected Stories*, trans. Gregory Rabassa and J. S. Bernstein (London, 1996)
—, 'Death Constant Beyond Love', in *Collected Stories* (1996)
—, 'The Incredible and Sad Tale of Innocent Eréndira and her Heartless Grandmother', in *Collected Stories* (1996)
Ghosh, Amitav, *River of Smoke* (London, 2012)
Greene, Graham, *Travels with my Aunt*, in *Author's Choice: Four Novels by Graham Greene* (London, 1985)
Kipling, Rudyard, 'A Smuggler's Song', in *Rudyard Kipling: Selected Poems*, ed. Peter Keating (London, 1993)
Klíma, Ivan, 'The Smuggler's Story', in Ivan Klíma, *My Golden Trades* (London, 1992)
Pinnock, Winsome, *Mules* (London, 1996)
Rohmer, Sax, *Dope* (London, 2007)
Serpa, Enrique, *Contrabando* (Havana, 1975)

新知文库

01 《证据：历史上最具争议的法医学案例》[美]科林·埃文斯 著　毕小青 译
02 《香料传奇：一部由诱惑衍生的历史》[澳]杰克·特纳 著　周子平 译
03 《查理曼大帝的桌布：一部开胃的宴会史》[英]尼科拉·弗莱彻 著　李响 译
04 《改变西方世界的26个字母》[英]约翰·曼 著　江正文 译
05 《破解古埃及：一场激烈的智力竞争》[英]莱斯利·罗伊·亚京斯 著　黄中宪 译
06 《狗智慧：它们在想什么》[加]斯坦利·科伦　江天帆、马云霏 译
07 《狗故事：人类历史上狗的爪印》[加]斯坦利·科伦 著　江天帆 译
08 《血液的故事》[美]比尔·海斯 著　郎可华 译　张铁梅 校
09 《君主制的历史》[美]布伦达·拉尔夫·刘易斯 著　荣予、方力维 译
10 《人类基因的历史地图》[美]史蒂夫·奥尔森 著　霍达文 译
11 《隐疾：名人与人格障碍》[德]博尔温·班德洛 著　麦湛雄 译
12 《逼近的瘟疫》[美]劳里·加勒特 著　杨岐鸣、杨宁 译
13 《颜色的故事》[英]维多利亚·芬利 著　姚芸竹 译
14 《我不是杀人犯》[法]弗雷德里克·肖索依 著　孟晖 译
15 《说谎：揭穿商业、政治与婚姻中的骗局》[美]保罗·埃克曼 著　邓伯宸 译　徐国强 校
16 《蛛丝马迹：犯罪现场专家讲述的故事》[美]康妮·弗莱彻 著　毕小青 译
17 《战争的果实：军事冲突如何加速科技创新》[美]迈克尔·怀特 著　卢欣渝 译
18 《最早发现北美洲的中国移民》[加]保罗·夏亚松 著　暴永宁 译
19 《私密的神话：梦之解析》[英]安东尼·史蒂文斯 著　薛绚 译
20 《生物武器：从国家赞助的研制计划到当代生物恐怖活动》[美]珍妮·吉耶曼 著　周子平 译
21 《疯狂实验史》[瑞士]雷托·U.施奈德 著　许阳 译
22 《智商测试：一段闪光的历史，一个失色的点子》[美]斯蒂芬·默多克 著　卢欣渝 译
23 《第三帝国的艺术博物馆：希特勒与"林茨特别任务"》[德]哈恩斯-克里斯蒂安·罗尔 著　孙书柱、刘英兰 译
24 《茶：嗜好、开拓与帝国》[英]罗伊·莫克塞姆 著　毕小青 译
25 《路西法效应：好人是如何变成恶魔的》[美]菲利普·津巴多 著　孙佩妏、陈雅馨 译

26 《阿司匹林传奇》[英] 迪尔米德·杰弗里斯 著　暴永宁、王惠 译

27 《美味欺诈：食品造假与打假的历史》[英] 比·威尔逊 著　周继岚 译

28 《英国人的言行潜规则》[英] 凯特·福克斯 著　姚芸竹 译

29 《战争的文化》[以] 马丁·范克勒韦尔德 著　李阳 译

30 《大背叛：科学中的欺诈》[美] 霍勒斯·弗里兰·贾德森 著　张铁梅、徐国强 译

31 《多重宇宙：一个世界太少了？》[德] 托比阿斯·胡阿特、马克斯·劳讷 著　车云 译

32 《现代医学的偶然发现》[美] 默顿·迈耶斯 著　周子平 译

33 《咖啡机中的间谍：个人隐私的终结》[英] 吉隆·奥哈拉、奈杰尔·沙德博尔特 著　毕小青 译

34 《洞穴奇案》[美] 彼得·萨伯 著　陈福勇、张世泰 译

35 《权力的餐桌：从古希腊宴会到爱丽舍宫》[法] 让－马克·阿尔贝 著　刘可有、刘惠杰 译

36 《致命元素：毒药的历史》[英] 约翰·埃姆斯利 著　毕小青 译

37 《神祇、陵墓与学者：考古学传奇》[德] C.W. 策拉姆 著　张芸、孟薇 译

38 《谋杀手段：用刑侦科学破解致命罪案》[德] 马克·贝内克 著　李响 译

39 《为什么不杀光？种族大屠杀的反思》[美] 丹尼尔·希罗、克拉克·麦考利 著　薛绚 译

40 《伊索尔德的魔汤：春药的文化史》[德] 克劳迪娅·米勒－埃贝林、克里斯蒂安·拉奇 著　王泰智、沈惠珠 译

41 《错引耶稣：〈圣经〉传抄、更改的内幕》[美] 巴特·埃尔曼 著　黄恩邻 译

42 《百变小红帽：一则童话中的性、道德及演变》[美] 凯瑟琳·奥兰丝汀 著　杨淑智 译

43 《穆斯林发现欧洲：天下大国的视野转换》[英] 伯纳德·刘易斯 著　李中文 译

44 《烟火撩人：香烟的历史》[法] 迪迪埃·努里松 著　陈睿、李欣 译

45 《菜单中的秘密：爱丽舍宫的飨宴》[日] 西川惠 著　尤可欣 译

46 《气候创造历史》[瑞士] 许靖华 著　甘锡安 译

47 《特权：哈佛与统治阶层的教育》[美] 罗斯·格雷戈里·多塞特 著　珍栎 译

48 《死亡晚餐派对：真实医学探案故事集》[美] 乔纳森·埃德罗 著　江孟蓉 译

49 《重返人类演化现场》[美] 奇普·沃尔特　蔡承志 译

50 《破窗效应：失序世界的关键影响力》[美] 乔治·凯林、凯瑟琳·科尔斯 著　陈智文 译

51 《违童之愿：冷战时期美国儿童医学实验秘史》[美] 艾伦·M. 霍恩布鲁姆、朱迪斯·L. 纽曼、格雷戈里·J. 多贝尔 著　丁立松 译

52 《活着有多久：关于死亡的科学和哲学》[加] 理查德·贝利沃、丹尼斯·金格拉斯 著　白紫阳 译

53 《疯狂实验史Ⅱ》[瑞士]雷托·U.施奈德 著　郭鑫、姚敏多 译

54 《猿形毕露：从猩猩看人类的权力、暴力、爱与性》[美]弗朗斯·德瓦尔 著　陈信宏 译

55 《正常的另一面：美貌、信任与养育的生物学》[美]乔丹·斯莫勒 著　郑嬿 译

56 《奇妙的尘埃》[美]汉娜·霍姆斯 著　陈芝仪 译

57 《卡路里与束身衣：跨越两千年的节食史》[英]路易丝·福克斯克罗夫特 著　王以勤 译

58 《哈希的故事：世界上最具暴利的毒品业内幕》[英]温斯利·克拉克森 著　珍栎 译

59 《黑色盛宴：嗜血动物的奇异生活》[美]比尔·舒特 著　帕特里曼·J.温 绘图　赵越 译

60 《城市的故事》[美]约翰·里德 著　郝笑丛 译

61 《树荫的温柔：亘古人类激情之源》[法]阿兰·科尔班 著　苣蓓 译

62 《水果猎人：关于自然、冒险、商业与痴迷的故事》[加]亚当·李斯·格尔纳 著　于是 译

63 《囚徒、情人与间谍：古今隐形墨水的故事》[美]克里斯蒂·马克拉奇斯 著　张哲、师小涵 译

64 《欧洲王室另类史》[美]迈克尔·法夸尔 著　康怡 译

65 《致命药瘾：让人沉迷的食品和药物》[美]辛西娅·库恩等 著　林慧珍、关莹 译

66 《拉丁文帝国》[法]弗朗索瓦·瓦克 著　陈绮文 译

67 《欲望之石：权力、谎言与爱情交织的钻石梦》[美]汤姆·佐尔纳 著　麦慧芬 译

68 《女人的起源》[英]伊莲·摩根 著　刘筠 译

69 《蒙娜丽莎传奇：新发现破解终极谜团》[美]让－皮埃尔·伊斯鲍茨、克里斯托弗·希斯·布朗 著　陈薇薇 译

70 《无人读过的书：哥白尼〈天体运行论〉追寻记》[美]欧文·金格里奇 著　王今、徐国强 译

71 《人类时代：被我们改变的世界》[美]黛安娜·阿克曼 著　伍秋玉、澄影、王丹 译

72 《大气：万物的起源》[英]加布里埃尔·沃克 著　蔡承志 译

73 《碳时代：文明与毁灭》[美]埃里克·罗斯顿 著　吴妍仪 译

74 《一念之差：关于风险的故事与数字》[英]迈克尔·布拉斯兰德、戴维·施皮格哈尔特 著　威治 译

75 《脂肪：文化与物质性》[美]克里斯托弗·E.福思、艾莉森·利奇 编著　李黎、丁立松 译

76 《笑的科学：解开笑与幽默感背后的大脑谜团》[美]斯科特·威斯 著　刘书维 译

77 《黑丝路：从里海到伦敦的石油溯源之旅》[英]詹姆斯·马里奥特、米卡·米尼奥－帕卢埃洛 著　黄煜文 译

78 《通向世界尽头：跨西伯利亚大铁路的故事》[英]克里斯蒂安·沃尔玛 著　李阳 译

79	《生命的关键决定：从医生做主到患者赋权》[美]彼得·于贝尔 著　张琼懿 译	
80	《艺术侦探：找寻失踪艺术瑰宝的故事》[英]菲利普·莫尔德 著　李欣 译	
81	《共病时代：动物疾病与人类健康的惊人联系》[美]芭芭拉·纳特森－霍洛威茨、凯瑟琳·鲍尔斯 著　陈筱婉 译	
82	《巴黎浪漫吗？——关于法国人的传闻与真相》[英]皮乌·玛丽·伊特韦尔 著　李阳 译	
83	《时尚与恋物主义：紧身褡、束腰术及其他体形塑造法》[美]戴维·孔兹 著　珍栎 译	
84	《上穷碧落：热气球的故事》[英]理查德·霍姆斯 著　暴永宁 译	
85	《贵族：历史与传承》[法]埃里克·芒雄－里高 著　彭禄娴 译	
86	《纸影寻踪：旷世发明的传奇之旅》[英]亚历山大·门罗 著　史先涛 译	
87	《吃的大冒险：烹饪猎人笔记》[美]罗布·沃乐什 著　薛绚 译	
88	《南极洲：一片神秘的大陆》[英]加布里埃尔·沃克 著　蒋功艳、岳玉庆 译	
89	《民间传说与日本人的心灵》[日]河合隼雄 著　范作申 译	
90	《象牙维京人：刘易斯棋中的北欧历史与神话》[美]南希·玛丽·布朗 著　赵越 译	
91	《食物的心机：过敏的历史》[英]马修·史密斯 著　伊玉岩 译	
92	《当世界又老又穷：全球老龄化大冲击》[美]泰德·菲什曼 著　黄煜文 译	
93	《神话与日本人的心灵》[日]河合隼雄 著　王华 译	
94	《度量世界：探索绝对度量衡体系的历史》[美]罗伯特·P.克里斯 著　卢欣渝 译	
95	《绿色宝藏：英国皇家植物园史话》[英]凯茜·威利斯、卡罗琳·弗里 著　珍栎 译	
96	《牛顿与伪币制造者：科学巨匠鲜为人知的侦探生涯》[美]托马斯·利文森 著　周子平 译	
97	《音乐如何可能？》[法]弗朗西斯·沃尔夫 著　白紫阳 译	
98	《改变世界的七种花》[英]詹妮弗·波特 著　赵丽洁、刘佳 译	
99	《伦敦的崛起：五个人重塑一座城》[英]利奥·霍利斯 著　宋美莹 译	
100	《来自中国的礼物：大熊猫与人类相遇的一百年》[英]亨利·尼科尔斯 著　黄建强 译	
101	《筷子：饮食与文化》[美]王晴佳 著　汪精玲 译	
102	《天生恶魔？：纽伦堡审判与罗夏墨迹测验》[美]乔尔·迪姆斯代尔 著　史先涛 译	
103	《告别伊甸园：多偶制怎样改变了我们的生活》[美]戴维·巴拉什 著　吴宝沛 译	
104	《第一口：饮食习惯的真相》[英]比·威尔逊 著　唐海娇 译	
105	《蜂房：蜜蜂与人类的故事》[英]比·威尔逊 著　暴永宁 译	
106	《过敏大流行：微生物的消失与免疫系统的永恒之战》[美]莫伊塞斯·贝拉斯克斯－曼诺夫 著　李黎、丁立松 译	

107	《饭局的起源：我们为什么喜欢分享食物》[英]马丁·琼斯 著　陈雪香 译　方辉 审校
108	《金钱的智慧》[法]帕斯卡尔·布吕克内 著　张叶　陈雪乔 译　张新木 校
109	《杀人执照：情报机构的暗杀行动》[德]埃格蒙特·科赫 著　张芸、孔令逊 译
110	《圣安布罗焦的修女们：一个真实的故事》[德]胡贝特·沃尔夫 著　徐逸群 译
111	《细菌》[德]汉诺·夏里修斯　里夏德·弗里贝 著　许嫚红 译
112	《千丝万缕：头发的隐秘生活》[英]爱玛·塔罗 著　郑嫄 译
113	《香水史诗》[法]伊丽莎白·德·费多 著　彭禄娴 译
114	《微生物改变命运：人类超级有机体的健康革命》[美]罗德尼·迪塔特 著　李秦川 译
115	《离开荒野：狗猫牛马的驯养史》[美]加文·艾林格 著　赵越 译
116	《不生不熟：发酵食物的文明史》[法]玛丽-克莱尔·弗雷德里克 著　冷碧莹 译
117	《好奇年代：英国科学浪漫史》[英]理查德·霍姆斯 著　暴永宁 译
118	《极度深寒：地球最冷地域的极限冒险》[英]雷纳夫·法恩斯 著　蒋功艳、岳玉庆 译
119	《时尚的精髓：法国路易十四时代的优雅品位及奢侈生活》[美]琼·德让 著　杨冀 译
120	《地狱与良伴：西班牙内战及其造就的世界》[美]理查德·罗兹 著　李阳 译
121	《骗局：历史上的骗子、赝品和诡计》[美]迈克尔·法夸尔 著　康怡 译
122	《丛林：澳大利亚内陆文明之旅》[澳]唐·沃森 著　李景艳 译
123	《书的大历史：六千年的演化与变迁》[英]基思·休斯敦 著　伊玉岩、邵慧敏 译
124	《战疫：传染病能否根除？》[美]南希·丽思·斯特潘 著　郭骏、赵谊 译
125	《伦敦的石头：十二座建筑塑名城》[英]利奥·霍利斯 著　罗隽、何晓昕、鲍捷 译
126	《自愈之路：开创癌症免疫疗法的科学家们》[美]尼尔·卡纳万 著　贾颋 译
127	《智能简史》[韩]李大烈 著　张之昊 译
128	《家的起源：西方居所五百年》[英]朱迪丝·弗兰德斯 著　珍栎 译
129	《深解地球》[英]马丁·拉德威克 著　史先涛 译
130	《丘吉尔的原子弹：一部科学、战争与政治的秘史》[英]格雷厄姆·法米罗 著　刘晓 译
131	《亲历纳粹：见证战争的孩子们》[英]尼古拉斯·斯塔加特 著　卢欣渝 译
132	《尼罗河：穿越埃及古今的旅程》[英]托比·威尔金森 著　罗静 译
133	《大侦探：福尔摩斯的惊人崛起和不朽生命》[美]扎克·邓达斯 著　肖洁茹 译
134	《世界新奇迹：在20座建筑中穿越历史》[德]贝恩德·英玛尔·古特贝勒特 著　孟薇、张芸 译
135	《毛奇家族：一部战争史》[德]奥拉夫·耶森 著　蔡玳燕、孟薇、张芸 译

136 《万有感官:听觉塑造心智》[美]塞思·霍罗威茨 著 蒋雨蒙 译 葛鉴桥 审校

137 《教堂音乐的历史》[德]约翰·欣里希·克劳森 著 王泰智 译

138 《世界七大奇迹:西方现代意象的流变》[英]约翰·罗谟、伊丽莎白·罗谟 著 徐剑梅 译

139 《茶的真实历史》[美]梅维恒、[瑞典]郝也麟 著 高文海 译 徐文堪 校译

140 《谁是德古拉:吸血鬼小说的人物原型》[英]吉姆·斯塔迈尔 著 刘芳 译

141 《童话的心理分析》[瑞士]维蕾娜·卡斯特 著 林敏雅 译 陈瑛 修订

142 《海洋全球史》[德]米夏埃尔·诺尔特 著 夏嬺、魏子扬 译

143 《病毒:是敌人,更是朋友》[德]卡琳·莫林 著 孙薇娜、孙娜薇、游辛田 译

144 《疫苗:医学史上最伟大的救星及其争议》[美]阿瑟·艾伦 著 徐宵寒、邹梦廉 译 刘火雄 审校

145 《为什么人们轻信奇谈怪论》[美]迈克尔·舍默 著 卢明君 译

146 《肤色的迷局:生物机制、健康影响与社会后果》[美]尼娜·雅布隆斯基 著 李欣 译

147 《走私:七个世纪的非法携运》[挪]西蒙·哈维 著 李阳 译